船舶流体力学

第二版

编 著◎朱仁庆 杨松林 王志东

上海交通大学出版社
SHANGHAI JIAO TONG UNIVERSITY PRESS

内容提要

本书系统介绍船舶与海洋工程专业所涉及的流体力学知识,内容包括绪论、流体静力学、流体运动学、理想流体动力学、流体涡旋运动基本理论、势流理论、水波理论、黏性流体动力学、相似理论与量纲分析、边界层理论等。

本书可作为船舶与海洋工程及其相近工科专业本科生的流体力学课程教材,也可供从事上述专业教学和研究人员参考。

图书在版编目(CIP)数据

船舶流体力学/朱仁庆,杨松林,王志东编著. —
2 版. —上海:上海交通大学出版社,2022.8(2024.7 重印)
ISBN 978 - 7 - 313 - 25859 - 5

Ⅰ.①船… Ⅱ.①朱…②杨…③王… Ⅲ.①船舶流
体力学 Ⅳ.①U661.1

中国版本图书馆 CIP 数据核字(2022)第 139103 号

船舶流体力学(第二版)
CHUANBO LIUTI LIXUE (DI ER BAN)

编　　著:朱仁庆　杨松林　王志东			
出版发行:上海交通大学出版社		地　　址:上海市番禺路 951 号
邮政编码:200030		电　　话:021 - 64071208
印　　制:上海景条印刷有限公司		经　　销:全国新华书店
开　　本:787mm×1092mm　1/16		印　　张:22.25
字　　数:523 千字		
版　　次:2022 年 8 月第 1 版		印　　次:2024 年 7 月第 4 次印刷
书　　号:ISBN 978 - 7 - 313 - 25859 - 5		
定　　价:68.00 元		

第一版前言

　　流体力学是船舶与海洋工程专业的一门核心专业基础课，是船舶与海洋结构物流体性能、载荷与响应研究和分析的理论基础。随着船舶与海洋工程的快速发展，一方面各种新型结构物不断提出，另一方面结构物所处的海洋环境日益复杂，为保证海洋结构物的营运安全，必须首先弄清结构物的流体性能。船舶流体力学领域所涉及的难点问题和热点问题不断涌现，使本学科成了开展前沿理论、技术创新研究最为活跃的一个领域。这也对船舶与海洋工程专业学生的流体力学工程应用及创新能力培养提出了更高的要求。

　　本书是在综合分析国内有关高校船舶与海洋工程本科专业所用流体力学教材内容、特点及存在问题的基础上，依据目前该专业培养方案和课程教学大纲要求，吸收其他专业流体力学教材的成果，结合教学团队20多年的教学体会和教学成果而编写成的。其主要特点：①知识体系与基础课程和专业课程密切衔接。根据教学大纲和人才培养目标的要求，与先修的《高等数学》《理论力学》《材料力学》及后修的《船舶原理》等课程在教学内容上做到相互衔接，互不重复；②课程内容与船舶流体力学实际应用紧密结合。在内容上既保留经典流体力学的理论，更突出船舶流体力学近20年发展的最新成果，特别增加与船舶水动力学关系密切的内容，且应用例子尽可能取之于船舶与海洋工程中的实际问题；③知识体系既注重船舶与海洋工程专业所需理论知识的独特性，又兼顾其他专业的使用，具有通用性；④课程内容充分体现本课程建设的成果。在介绍有关概念、推导有关公式、例题求解中，尽可能将教学团队近30年的教学体会、教学成果反映其中，以便学生更易理解概念、掌握习题求解技巧。

　　全书共分10章，朱仁庆负责第1章绪论、第2章流体静力学、第3章流体运动学、第4章理想流体动力学、第5章流体的涡旋运动、第6章势流理论的编写及全书统稿；杨松林负责第7章水波理论和第10章边界层理论的编写；王志东负责第8章黏性流体动力学和第9章量纲分析与相似理论的编写。另外倪永燕、刘永涛、徐刚、吴梓鑫也提供了一定帮助,最后江苏科技大学教务处组织同行专家对书稿进行了审定,专家们提出了许多有益的修改建议,作者在此一并表示衷心感谢!

本书编写过程中,吸纳了同类教材有关成果,特在此向有关作者和出版社致谢!

本书出版得到了江苏省高校优势学科建设工程项目、江苏省高校重点教材建设项目的资助。

由于作者水平有限,不妥与错误之处在所难免,恳请广大读者给予批评指正。

编 者

2015 年 4 月

第二版前言

本书是船舶与海洋工程、海洋工程与技术以及相近工科专业本科生的流体力学课程教材,为"十二五"江苏省高等学校重点教材。第一版于2015年7月由国防工业出版社出版,经过这几年的使用,得到了相关高校任课老师和学生较高的评价,2020年被遴选为"江苏省本科优秀培育教材"。

在第一版的基础上,本版主要在以下几方面做了修改和补充:

(1) 调整了部分章节的内容,使得有关概念更易理解和掌握。

(2) 补充了部分例题和习题,另外提供了习题参考答案,便于读者练习。

全书共分10章,朱仁庆负责第1~6章内容的编写及全书统稿;杨松林负责第7、10章内容的编写;王志东负责第8、9章内容的编写。另外江苏科技大学船舶与海洋工程学院船舶原理教研室的朱信尧、倪永燕、王树齐、陈淑玲、刘永涛、孙士艳等老师就本书的修编提出了宝贵的意见并给予了相应的支持,研究生谢彤、卢莉莉等为文中插图绘制提供了帮助,作者在此一并表示衷心感谢!

本书封面图片"蓝海101"号海洋渔业综合科学调查船由沪东中华造船(集团)有限公司于2019年建造和拍摄,由船东中国水产科学研究院黄海水产研究所无偿提供,对此深表谢意!

本书编写过程中吸纳了同类教材有关成果,特在此向有关作者和出版社致谢!

本书出版得到了国家自然科学基金委基金项目、江苏省高校优势学科建设工程项目、江苏省高校重点教材建设项目、江苏高校"青蓝工程"、国家一流专业建设点、江苏高校品牌专业二期建设工程、教育部第二批新工科研究与实践项目资助。

由于作者水平有限,书中存在的不妥与错误之处,恳请广大读者给予批评指正。

编　者

2022年5月

目录

第1章

绪　　论

　　众所周知,流体在我们周围无处不有、无时不在,与人类生活、生产密切相关,我们赖以生存的空气和水就是典型的流体,因此我们必须关注和研究流体的运动特性。流体力学广泛应用于各工程领域,如航空航天工程领域、船舶与海洋工程领域等,是各类航空航天飞行器、水面船舶和水下潜器及海洋装备设计制造和安全航运的重要理论基础,所以我们必须学习和掌握其基本理论、基本原理并加以应用。

1.1　流体力学研究对象

　　流体力学是力学的一个重要分支,也是研究流体运动规律及其应用的一门学科,它的主要任务是研究流体所遵循的宏观运动规律以及流体和周围物体间的相互作用。

　　流体力学具有四大支柱:一是连续介质假设。基于此假设,流场的宏观物理量可用空间点及时间的连续函数表达。二是物理学的基本定律。流体力学的基本方程组可按照有关物理学定律,采用数学方法导出。三是场论。场论是研究流体运动的基础,在流体力学中有着广泛的运用。四是边界层理论。它将流体与固体的相互作用有机地统一起来。

1. 研究对象

　　流体力学的研究对象为流体,按其存在的状态又可分为液体和气体。

2. 流体与固体特性异同

　　固体具有一定形状,不易变形,既能承受法向应力,也能承受切向力,其变形可以通过应力与应变的关系来描述;流体无固定的形状,且易于变形,只能承受压力,一旦受到剪切力,便连续不断地变形产生流动,其变形只能通过应力与应变速率来描述。

3. 液体与气体特性异同

　　液体与气体各有特性,但又有共性。液体呈现一定容积,压缩性小,通常存在自由液面;气体无固定容积,易压缩、膨胀,高速运动下还会产生激波。若不考虑压缩性和自由表面的影响,则两者遵循同一运动规律,例如空中的低速飞行器和水下的航行器,低速飞机的机翼和深潜的水翼等,它们的流体受力特性是一样的。因此,深水中的物体运动特性可以借助风洞来试验研究,反之低速运动的空中飞行器运动特性可借助低速水洞来试验研究。

4. 流体力学分类

由于流体静止是流体运动的特例,因而流体力学又可称为流体动力学。流体力学依据不同的分类方式,可分成不同的学科分支。根据研究对象不同,流体力学可分为水动力学和空气动力学。水动力学主要以液体为研究对象,而空气动力学主要以气体为研究对象。由于以上所提及的液体和气体既具共性,又各具特性,因此水动力学和空气动力学这两门学科既有相同的基本理论,又各具不同的特殊问题,如水动力学主要研究以水为代表的不可压缩流体流动,并专门讨论水波等复杂问题;而空气动力学主要研究以空气为代表的可压缩流体流动,需特别讨论激波等问题。

船舶流体力学主要研究船舶与海洋结构物所处的风、浪、流环境的水动力学问题。讲述计算预报水面、水中结构物水动力性能,如浮性、稳性、抗沉性、快速性、耐波性和操纵性以及其他运动性能等所涉及的流体力学基本知识以及在船舶与海洋工程专业中的应用。从理论体系方面讲,船舶流体力学主要讲述理想流体动力学、势流理论、水波理论、黏性流体动力学、相似性理论、边界层理论等;从内容体系来讲主要分为静力学、运动学、动力学(理想流、黏性流);从力学角度讲,其主要研究流场中速度和压力分布及其变化规律、物体与流体相互作用、流体对物体的作用力(矩)和产生的原因及影响因素。

5. 研究方法

流体力学研究方法通常归结为实验、理论分析和数值计算三大类。实验方法最先得到应用,其优点是能直接解决工程实际中的复杂问题,能发现流动中新的流动现象,经分析获得新原理,实验结果可以用于验证理论分析和数值计算方法是否正确。其缺点是对于不同的工况需做不同的实验,所得到的结果普适性较差。理论分析方法继实验方法之后建立,其优点是获得的解析解能够明确给出各种物理量与流动参数之间的变化关系,有较好的普适性。其缺点是一般需要对流动问题做较大简化后才能获得解析解,许多问题无法采用。数值计算方法是依靠电子计算机,结合有限差分、有限元、边界元或有限体积等概念,通过数值计算和图像显示,达到对流体运动特性研究的目的。数值计算方法随着计算机技术的不断突破而日新月异,其优点是许多理论分析无法求解的问题,可以通过此方法获得它们的数值解,但结果需要通过实验方法或其他方法的结果验证。其缺点是对复杂而尚未建立完善数学模型的流动问题,仍无能为力。在实际研究过程中,我们需要针对具体问题的特点合理选择和应用相应的方法,甚至同时采用这三种方法加以比对研究。

1.2 流体力学发展简史

流体力学是在人类不断发现自然、认识自然、适应自然的过程中和在生产实践中逐步发展起来的。

中国秦朝李冰父子带领劳动人民修建的都江堰,至今还在发挥着作用;大约与此同时,古罗马人建成了大规模的供水管道系统等,这些都是流体力学成功应用的范例。

古希腊的阿基米德建立了包括物理浮力定律和浮体稳定性在内的液体平衡理论,奠定了流体静力学的基础。此后千余年间,流体力学没有重大发展。

直到 15 世纪,意大利达·芬奇的著作才谈到水波、管流、水力机械、鸟的飞翔原理等问题;17 世纪,帕斯卡阐明了静止流体中压力的概念。但流体力学尤其是流体动力学作为一门严密的科学,却是随着经典力学建立了速度、加速度、力、流场等概念,以及质量、动量、能量三个守恒定律的奠定之后才逐步形成的。

17 世纪,力学奠基人牛顿研究了流体中运动物体所受到的阻力,得到阻力与流体密度、物体迎流截面积以及运动速度的平方成正比的关系。他针对黏性流体运动时的内摩擦力也提出了牛顿黏性定律。法国人皮托发明了测量流速的皮托管;达朗贝尔对运河中船只的阻力进行了许多实验工作,证实了阻力同物体运动速度之间的平方关系;瑞士的欧拉采用了连续介质的概念,把静力学中压力的概念推广到运动流体中,建立了欧拉方程,用微分方程组正确地描述了无黏流体的运动;伯努利从经典力学的能量守恒出发,研究供水管道中水的流动,精心地安排了实验并加以分析,得到了流体定常运动下的流速、压力、管道扬程之间的关系——伯努利方程。

欧拉方程和伯努利方程的建立,是流体动力学作为一个分支学科建立的标志,从此进入了用微分方程和实验测量进行流体运动定量研究的阶段。

从 18 世纪起,势流理论有了很大进展,在水波、潮汐、涡旋运动、声学等方面都阐明了很多规律。法国的拉格朗日对于无旋运动,德国亥姆霍兹对于涡旋运动都做了不少研究。

19 世纪,工程师们为了解决许多工程问题,开始研究有黏性影响的流动问题。1823 年,纳维建立了不可压缩黏性流体的基本运动方程;1829 年,泊松导出了可压缩黏性流体运动方程;1845 年,斯托克斯又以更合理的基础导出了这个方程,并将其所涉及的宏观力学基本概念论证得令人信服。这组方程就是沿用至今的纳维-斯托克斯方程(简称 N-S 方程),它是流体动力学的理论基础。普朗特学派又从推理、数学论证和实验测量等各个角度,建立了边界层理论,能实际计算简单情形下,边界层内的流动状态和流体同固体间的黏性力。

20 世纪初,飞机的出现极大地促进了空气动力学的发展。航空事业的发展,期望能够揭示飞行器周围的压力分布、飞行器的受力状况和阻力等问题,这就促进了流体力学在实验和理论分析方面的发展。20 世纪初,以茹科夫斯基、恰普雷金、普朗克等为代表的科学家,开创了以无黏不可压缩流体势流理论为基础的机翼理论,阐明了机翼怎样才会受到升力,从而空气能把很重的飞机托上天空。机翼理论的正确性,使人们重新认识无黏流体的理论,肯定了它指导工程设计的重大意义。

机翼理论、边界层理论的建立和发展是流体力学的一次重大进展,它使无黏流体理论同黏性流体的边界层理论很好地结合起来。随着汽轮机的完善和飞机飞行速度提高到 50 米每秒以上,又迅速扩展了从 19 世纪就开始的对空气密度变化效应的实验和理论研究,从而为高速飞行提供了理论指导。

20 世纪 40 年代以后,由于喷气推进和火箭技术的应用,飞行器的速度超过了声速,进而实现了航天飞行,促进了高速流动研究的快速发展,形成了气体动力学、物理-化学流体动力学等分支学科。

以这些理论为基础,20 世纪 40 年代,关于炸药或天然气等介质中发生的爆轰波又形成了新的理论,为研究原子弹、炸药等起爆后,激波在空气或水中的传播,发展了爆炸波理论。

此后,流体力学又发展了许多分支,如高超声速空气动力学、超声速空气动力学、稀薄空气动力学、电磁流体力学、计算流体力学、两相(气液或气固)流体力学等。

20 世纪 50 年代起，电子计算机技术的不断发展，使原先采用理论分析方法难以进行研究的课题，能够采用数值计算方法进行研究，并建立了计算流体动力学(computational fluid dynamics，CFD)这门新兴分支学科，这门学科方兴未艾，正发挥着越来越重要的作用。

从 20 世纪 60 年代起，流体力学开始了和其他学科的互相交叉渗透，形成新的学科或边缘学科，如物理-化学流体动力学、磁流体力学等；原来基本上只是定性描述的问题，逐步得到定量的研究，生物流变学就是一个例子。在船舶与海洋工程流体力学领域，则主要从线性水动力学向非线性发展、势流理论向黏性流体力学发展，特别是进入 21 世纪后，基于 CFD 的水动力学发展尤为迅速，各类处理自由液面运动的方法相继被提出，突破了以往经典流体力学求解自由液面强非线性运动的局限性，目前 CFD 正与人工智能相结合，使得流体力学焕发出了强盛的生机和活力。

1.3　连续介质假设

连续介质假设是研究流体运动的基础。

1. 连续介质假设的定义

根据物质结构理论，流体是由许多不连续的、存在一定间隔距离的分子组成；流体分子始终处于不规则运动之中，相互间存在碰撞，进行着质量、动量和能量的交换。所以从微观角度看，流体的物理量在空间和时间上都是不连续的。但从宏观而言，人们用肉眼或仪器测量到的流体物理量却又明显地表现出连续性和稳定性。

我们以流体密度为例来说明。从流场中取出一体积为 V、表面积为 S、质量为 m 的分离体(见图 1.1)。并在分离体内任取一体积为 δV、质量 δm 的微团以观察微团流体的密度的变化。从图 1.2 的密度曲线可以看出，当流体微团内的分子数没有达到足够数量时，测量得到的流体密度呈现明显的不稳定性，当达到临界值 δV_0 时，测量得到的流体密度达到稳定。

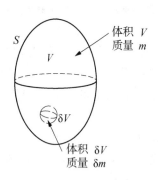

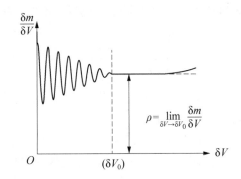

图 1.1　连续介质流体团　　　　　图 1.2　密度随微团大小变化的曲线

$$\rho = \lim_{\delta V \to \delta V_0} \frac{\delta m}{\delta V} \tag{1.1}$$

这里强调的是 δV 趋近 δV_0，而非趋近 0。

流体力学研究流体的宏观运动，其研究对象不是物质粒子本身，而是从这些物质抽象出来的物质模型——连续介质。连续介质假设：流体是以质点的形式连续地、无间隙地分布在流体所占有的空间，流体质点宏观物理量是空间点及时间的连续函数。所谓流体质点是具有相当数量分子组成的流体微团，所谓流体微团是能给出流体物理量稳定平均值的最小体积单位，它在微观上充分大，宏观上又充分小。流体的连续介质假设是由瑞士科学家欧拉在1753 年提出的。在连续介质假设下，物理上小体积 δV_0 可视作数学上的几何点，即忽略其几何体的大小，从而建立了流体质点与空间几何点之间一一对应的关系。

2. 连续介质假设的合理性

流体连续介质假设在许多情况下是合理的。通常遇到的问题中，流体质点在很多情况下，其体积微观大、宏观小；其时间微观长、宏观短。例如，在标准状态（0℃，1 atm*）下，$1~\text{mm}^3$ 体积内包含 2.69×10^{16} 个空气分子、3.4×10^{19} 个水分子。这样的体积在微观上是非常大的，这样庞大数量的分子数足以使流体物理量达到稳定的平均值，而从宏观看则是很小的，通常情况下，完全可以将这一流体微团视为空间上的一个几何点。另一方面，在上述情况下，在 $10^{-6}~\text{s}$ 内，气体分子要碰撞 10^{14} 次，这样的时间在微观上足够长而从宏观看则是一瞬间。再以速度为例，目前最精细的测速仪器感受体积（如激光测速聚焦点）可小至 $10^{-6}~\text{mm}^3$，包含约 2.7×10^{10} 个空气分子（标准状态），所测到的是确定的宏观速度值。

实验和实践表明，基于连续介质假设而建立起来的流体力学理论在大多数情况下是正确的。

3. 连续介质假设的重要意义

连续介质假设的提出具有十分重要的意义。只要这一假设是合理的，就可以应用数学方法描述流体的连续流动，即流体的各种物理量可表达为空间和时间的单值连续可微函数；可充分应用场论和微积分对流体运动加以描述和研究。这正说明了场论和微积分是流体力学理论的又一大支柱，所以数学基础对学好流体力学尤为重要。

4. 连续介质假设的适用性

连续介质假设也有适用性。丹麦物理学家克努森（Knudsen）提出了流体运动可以作为连续流的判断条件，即克努森数：

$$Kn=\frac{l}{L} \tag{1.2}$$

式中，l 为分子平均自由行程；L 为研究对象特征尺度（如船舶的长度、海洋立管的直径等）。在标准状态下，气体分子平均自由行程约为 $7\times10^{-8}~\text{m}$，水分子平均自由行程约为 $10^{-9}~\text{m}$，船舶的长度、海洋立管的直径等可作为特征尺度，为米级至百米级，极大型浮式结构则达到千米级。

当 Kn 小于 0.01 时称为连续流。从标准状态下液体、气体分子平均自由行程就可推算得：只要研究对象的特征尺度在 $10^{-6}~\text{m}$ 以上，流动就是连续流，此时可采用满足连续性条件

---

* $1~\text{atm}=1.013\,25\times10^5~\text{Pa}$。

的流体力学方程描述流体运动。对于船舶与海洋结构物来讲,其特征尺度远远大于 10^{-6} m,因而船舶与海洋工程中的流体流动一般都满足连续介质假设。当 Kn 在 $0.01\sim1$ 之间称为滑移流,可用有滑移边界条件的流体力学方程描述流体运动;Kn 在 $1.0\sim10$ 之间为过渡流;$Kn>10$ 为分子离散流,此时采用分子离散流假设,直接用分子运动的玻尔兹曼方程(Boltzmann equation)来描述流体运动,也就是说,宏观特征尺度小于 10^{-9} m,即为彻底的分子流运动(离散运动)。一旦进入连续流状态,个别分子的碰撞与穿插等效应对主流的影响几乎到了微乎其微的地步,如同大象的行为(物体尺度)凭大象身上个别蚂蚁(分子)的随机运动是撼不动大象的。

? 思考题 1

空气在标准状态下气体分子平均自由行程约为 7×10^{-8} m,在 120 km 高空处,气体分子平均自由行程约为 1.3 m,洲际弹道导弹低空飞行和高空飞行时,连续介质假设对空气是否成立?

? 思考题 2

水在标准状态下其分子平均自由行程约为 10^{-9} m,试问船舶和海洋立管在这水中运动或振动时,连续介质假设是否成立?

1.4　流体的主要物理性质

流体作为一类物质,有其内在的物理特性。下面将对流体的物理性质做必要的阐述和讨论。

1.4.1　流体的易流动性

流体静止时不能承受任何剪切应力的作用,只要受到微小的剪切作用,流体就会发生流动和变形。流体在静止时不能承受剪切力、不能抵抗剪切变形的性质称为流体的流动性。流动性是流体的固有特性,是流体与固体的根本区别。

1.4.2　流体密度、相对密度与比体积

根据牛顿第一运动定律,任何物体都具有惯性,即物体所具有的保持其原有运动状态不变的特性。表示物体惯性大小的物理度量是质量。流体与其他物体一样,也具有质量。由于流体力学问题所涉及的流体域大都是无比宽广的,因此不用流体的总质量来描述流体运动的惯性,而用其他物理量,如密度或相对密度等来替代。

1. 密度 ρ

密度是单位体积流体质量,它是描述流体质量在空间分布的物理量。用下式来定义某一流体体积 δV 中的平均密度 $\bar{\rho}$:

$$\bar{\rho}=\frac{\delta m}{\delta V} \tag{1.3}$$

式中，δm 为体积 δV 中所含有的流体质量。流场中任一点 M 的流体密度定义为

$$\rho_M = \lim_{\delta V \to 0} \frac{\delta m}{\delta V} = \frac{\mathrm{d}m}{\mathrm{d}V} = \rho(x, y, z, t) \tag{1.4}$$

密度的单位为 $\mathrm{kg/m^3}$。

2. 相对密度 S

在一些工程问题中，还经常用到相对密度的概念。流体的相对密度是该流体的重量与同体积的水在 4℃时的重量之比，或该流体的密度与 4℃水的密度之比，即

$$S = \frac{\rho_f}{\rho_{w4℃}} \tag{1.5}$$

3. 比体积 v_s

比体积是密度的倒数，即单位质量流体所占有的体积

$$v_s = \frac{1}{\rho} \tag{1.6}$$

其单位为 $\mathrm{m^3/kg}$。

流体的密度值，除了按流体种类不同外，还随温度和压强的变化而变化。实验证明，液体的变化甚微，而气体的变化较液体的大。在常温 15℃，一个标准大气压（$1.013\,25 \times 10^5$ Pa）下，淡水、海水和空气的密度分别为 $999.04\,\mathrm{kg/m^3}$、$1\,025.9\,\mathrm{kg/m^3}$ 和 $1.226\,\mathrm{kg/m^3}$。

1.4.3 流体的黏性、牛顿内摩擦定律

1. 黏性

流体黏性作用对流体速度分布的影响如图 1.3 所示。流体以均匀分布速度 v_0 流过固体表面，可以通过测量得到紧靠壁面处流体速度为零，紧靠静止流体的另一层受迟滞作用而速度降低，同时这种作用逐层向外传播，速度降低的流体厚度 δ 沿着流动方向逐渐增加，这种速度的迟滞作用是由流体黏性引起的，在内部产生了摩擦剪切力，这种内部摩擦力称为"内摩擦力"。

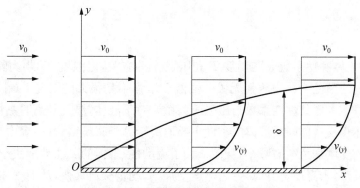

图 1.3　流体黏性对流体运动的影响

黏性的定义:流体运动时,具有抵抗剪切变形的能力。黏性是流体的固有属性。对于黏性可以借助理论力学关于物体间的摩擦概念加以理解。

2. 牛顿内摩擦定律

最先由牛顿于1686年对流体黏性进行了定量研究,其实验如图1.4所示,上下两板无限长,下板固定,上板以常力F拖动,上板上流体以恒速U移动。当拖动速度U不是很大时,两板之间的流体速度变化规律近似为线性。

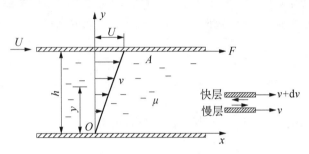

图1.4　牛顿内摩擦定律实验用图

经实验发现

$$\tau = \frac{F}{A} = \mu \frac{U}{h} \tag{1.7}$$

式中,A为上板面积;F为拖力;U为拖移速度;h为两板间距;μ为比例系数。

若速度分布为非线性,即$v = v(y)$,则

$$\tau = \mu \frac{\mathrm{d}v}{\mathrm{d}y} \tag{1.8}$$

式(1.8)为牛顿内摩擦定律。

3. 黏性系数

式(1.8)中的比例系数μ称为流体的动力黏性系数,其单位为$\mathrm{Pa \cdot s}(\mathrm{N \cdot s/m^2})$。在流体力学中,除了用动力黏性系数外,还常用到运动黏性系数ν,其与动力黏性系数μ的关系为

$$\nu = \frac{\mu}{\rho} \tag{1.9}$$

单位为$\mathrm{m^2/s}$。

实验表明:流体黏性系数μ与温度T和压强p都有关,但温度T的影响较为显著。通常认为水和空气的黏性系数与压强无关。油液在压强不是很大的情况下(小于200个大气压范围内),也可不考虑其黏性系数与压强的关系。对于液体,温度升高时黏性系数减小,而气体正好与液体相反。原因是液体的黏性主要取决于分子间集结力(内聚力),温度升高时,液体分子振荡速度增加集结力减小,从而加大了流动性;气体的μ主要取决于分子不规则运动中相互碰撞频率,当温度上升时,分子热运动加剧,动量交换加快,从而气体的黏性也就增加。表1.1给出了空气、淡水和海水在不同温度下的密度和黏性系数,图1.5给出了空气和水运动黏性系数随温度的变化。

表 1.1　空气、淡水和海水在不同温度下的密度和黏性系数(第 10 届 ITTC 提供)

温度	空气		淡水		海水	
t /℃	ρ /(kg·m^{-3})	$\nu \times 10^5$ /(m^2·s^{-1})	ρ /(kg·m^{-3})	$\nu \times 10^6$ /(m^2·s^{-1})	ρ /(kg·m^{-3})	$\nu \times 10^6$ /(m^2·s^{-1})
0	1.293	1.320	999.82	1.7867	1028.07	1.8284
4	—	—	999.92	1.5656	1027.77	1.6094
5	1.270	1.376	999.92	1.5170	1027.68	1.5614
8	—	—	999.82	1.3847	1027.19	1.4310
10	1.247	1.419	999.63	1.3064	1026.89	1.3538
12	—	—	999.43	1.2350	1026.60	1.2832
14	—	—	999.14	1.1696	1026.11	1.2186
15	1.226	1.455	999.04	1.1390	1025.91	1.1883
16	—	—	998.94	1.1097	1025.71	1.1592
18	—	—	998.55	1.0546	1025.22	1.1044
20	1.205	1.500	998.16	1.0337	1024.73	1.0537
22	—	—	997.76	0.9568	1024.15	1.0068
25	1.184	1.556	996.78	0.8731	1022.97	0.9226
28	—	—	996.20	0.8357	1022.28	0.8847
30	1.165	1.600	995.61	0.8009	1021.69	0.8493

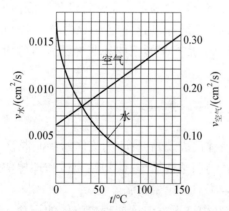

图 1.5　水和空气的运动黏性系数随温度变化

为便于数值计算,这里分别给出估算水和气体动力黏性系数的经验公式。

(1) 水的动力黏性系数随温度变化关系(泊肃叶公式):

$$\mu = \mu_0 \left(\frac{1}{1 + 0.03368t + 0.000221t^2} \right) \qquad (1.10)$$

式中，μ 为 $t℃$ 时的动力黏性系数；μ_0 为 $0℃$ 时的动力黏性系数。

（2）气体的动力黏性系数随温度变化的关系：

$$\mu = \mu_0 \frac{273+C}{T+C}\left(\frac{T}{273}\right)^{\frac{3}{2}} \tag{1.11}$$

式中，μ 为 $t℃$ 时的动力黏性系数；μ_0 为 $0℃$ 时的动力黏性系数；T 为开尔文热力学温度，$T(℃)=273+t(℃)$；C 为与气体性质有关的常数。

表 1.2 给出了几种常用气体 $0℃$ 时动力黏性系数 μ_0、运动黏性系数 ν_0 和常数 C。

表 1.2　常用气体的 μ_0、ν_0 和 C 值

流体名称	$\mu_0 \times 10^6/(Pa \cdot s)$	$\nu_0 \times 10^6/(m^2 \cdot s^{-1})$	C
空气	17.09	13.20	111
氧气	19.20	13.40	125
氢气	8.40	93.50	71
氮气	16.60	13.30	104
一氧化碳	16.80	13.50	100
二氧化碳	13.80	6.98	254
二氧化硫	11.60	3.97	306
水蒸气	8.93	11.12	961

注：为便于计算，表中水蒸气的数值已经推算到 $0℃$ 时的值。

4. 牛顿流体和非牛顿流体

牛顿内摩擦定律并非所有流体都满足。通常将满足牛顿内摩擦定律的流体称为"牛顿流体"，如水、空气、汽油、煤油、乙醇等；凡不符合牛顿内摩擦定律的流体称为"非牛顿流体"，如奶油、泥浆、树胶、血浆等。通常将牛顿流体和非牛顿流体剪切应力与变形速率之间的关系统一表达为

$$\tau = \tau_0 + k\left(\frac{\partial v}{\partial n}\right)^m \tag{1.12}$$

式中，τ_0 为屈服应力；k 为流体的表观黏度；m 为流体的特征常数。

图 1.6 给出了牛顿流体与胀塑性流体、假塑性流体和理想塑性流体（宾汉流体）切应力与速度梯度的关系曲线。本书只讨论牛顿流体。

在研究流体运动时，常常引进无黏流体或理想流体的概念。理想流体与真实流体的根本区别是前者没有黏性。理想流体只是在某种条件下对真实流体的一种简化模型，如当黏性系数很小或者速度梯度变化不大时，摩擦应力就可以忽略，流体黏性影响就可以不考虑。

【例 1.1】如图 1.7 所示，旋转圆筒黏度计由同轴的内外两个圆筒组成，两筒的间隙充满油液。外筒与转轴连接，其半径分别为 r_1、r_2，旋转角速度为 ω，且 $\omega = const$。内筒悬挂于一金属丝下，金属丝上所受的力矩 M 可以通过扭转角的值确定。外筒与内筒底面间原为 δ，外筒的高度为 H。试推出油液黏度 μ 的计算式。

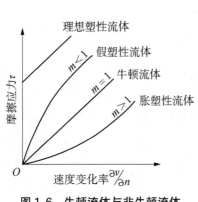

图 1.6　牛顿流体与非牛顿流体

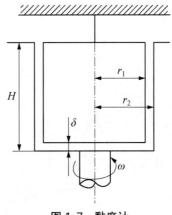

图 1.7　黏度计

解　应用牛顿内摩擦定律,内筒侧壁所受到的切应力为

$$\tau_1 = \mu \frac{\omega r_2}{\Delta}$$

式中,$\Delta = r_2 - r_1$,产生的周向合力为

$$F_1 = \tau_1 \cdot 2\pi r_1 l$$

式中,$l = H - \delta$,产生的力矩为

$$M_1 = F_1 \cdot r_1 = \tau_1 \cdot 2\pi r_1^2 l = \mu \frac{2\pi\omega r_1^2 r_2 l}{\Delta}$$

内部圆柱底部所受到的切应力 τ_2 为

$$\tau_2 = \mu \frac{\omega r}{\delta}$$

通过积分得到底部受到的力矩为

$$M_2 = \int_0^{r_1} \tau_2 \cdot 2\pi r \mathrm{d}r \cdot r = \mu \frac{\pi\omega r_1^4}{2\delta}$$

由于 $M = M_1 + M_2$,所以得到液体动力黏性系数为

$$\mu = \frac{2\delta\Delta M}{\pi r_1^2 \omega [4 r_2 \delta l + r_1^2 \Delta]}$$

1.4.4　流体压缩性和膨胀性

流体在外界压强作用下,其体积或密度可以改变的性质,称为流体的压缩性;而流体在温度改变时其体积或密度可以改变的性质,则称为流体的膨胀性。

对于单相流体如水或空气等,其密度随压强和温度变化,即

$$\rho = \rho(p, T)$$

密度的改变量为

$$\mathrm{d}\rho = \frac{\partial \rho}{\partial p}\mathrm{d}p + \frac{\partial \rho}{\partial T}\mathrm{d}T = \rho \alpha_p \mathrm{d}p - \rho \beta_T \mathrm{d}T$$

其中

$$\alpha_p = \frac{1}{\rho}\frac{\partial \rho}{\partial p} \tag{1.13}$$

称为流体的"压缩系数";

$$\beta_T = -\frac{1}{\rho}\frac{\partial \rho}{\partial T} \tag{1.14}$$

称为流体的"膨胀系数"。

α_p 表示在一定温度下,压强增加一个单位时,流体密度相对增加率。由式(1.13)及 $\rho v_s = 1$,得

$$\alpha_p = -\frac{1}{v_s}\frac{\partial v_s}{\partial p} = -\frac{1}{V}\frac{\partial V}{\partial p} \tag{1.15}$$

式中,α_p 表示在一定温度下,压强增加一个单位时,流体体积的相对缩小率。

α_p 的倒数称为流体的体积弹性模量(E),即

$$E = \frac{1}{\alpha_p} = \rho \frac{\partial p}{\partial \rho} = -v_s \frac{\partial p}{\partial v_s} = -V \frac{\partial p}{\partial V} \tag{1.16}$$

同样式(1.14)还可表达为

$$\beta_T = -\frac{1}{\rho}\frac{\partial \rho}{\partial T} = \frac{1}{V}\frac{\partial V}{\partial T} \tag{1.17}$$

不同的流体有不同的压缩性系数和膨胀系数,如表1.3所示,同一种流体在不同温度和压强下的系数也不相同。水的体积弹性模量和热膨胀系数的值列于表1.4中。由表可见,水的压缩性和膨胀性都很小,如压强由 1 atm 上升到 100 atm 时,水的体积变化率仅为 0.5%。其他液体的压缩系数也很小,因此在一般情况下,可认为液体为不可压缩流体,且一般认为密度为同一常数。严格讲,只有不可压缩均质流体,密度才处处、时时相同。有关此方面的内容,将在第3章做进一步叙述。

表 1.3　典型液体的热膨胀系数

液体	温度/K	膨胀系数 $\beta_T \cdot 10^3 / \mathrm{K}^{-1}$
润滑油	300	0.7
乙二醇	300	0.65
甘油	300	0.48
氟利昂	300	2.75
水银	300	0.181
饱和水	300	0.276

表 1.4 水的弹性模量、热膨胀系数(标准大气压下)

温度/℃	弹性模量 $E \cdot 10^{-6}/\text{kPa}$	膨胀系数 $\beta_T \cdot 10^4/\text{K}^{-1}$
0	2.02	−0.6
5	2.06	0.1
10	2.10	0.9
15	2.15	1.5
20	2.18	2.1
25	2.22	2.6
30	2.25	3.0

对于气体,在温度不过低、压强不过高时,其体积变化由完全气体状态方程来确定,即

$$\rho = \frac{p}{RT}$$

式中,p 为绝对压强;T 为绝对温度;R 为气体常数,空气为 $287.33 \dfrac{\text{N} \cdot \text{m}}{\text{kg} \cdot \text{K}}$。由此

$$\alpha_p = \frac{1}{p} \tag{1.18}$$

由式(1.18)计算得:当气体压强从 1 个大气压增加到 1.1 个大气压时,气体密度增加率 $\mathrm{d}\rho/\rho = \mathrm{d}p/p = 0.1$,即为 10%,可见气体较液体更容易压缩。

压缩性与黏性一样,都是真实流体的固有属性,只有在特定条件下才能忽略液体和气体的压缩性。利用式(1.13),密度变化微小,意味着

$$\frac{\delta\rho}{\rho} \approx \alpha_p \delta p$$

这可以有两种方式使上式满足:一是流体的压缩系数 α_p 很小(或体积弹性模量很大),即使压强的变化很大,所引起的密度变化依然很小。因此,在通常压强变化下的液体运动可以认为是不可压缩流动;二是压强的变化非常小,以致压缩性系数虽较大时,密度的变化仍然可忽略。例如,空气的压缩性虽然较液体大得多,但在低速运动时,压强的变化仍相当小,这时空气运动可视为不可压缩流动。反之,在水下爆炸等问题中,由于压强变化相当大,量级达到上千个大气压,这时的流动模型必须考虑水体的压缩性。有关流体的压缩性和膨胀性,在空气动力学中有专门叙述。

在流体力学中,常根据密度随温度和压强的变化关系,分为斜压流体、正压流体。若 $\rho = f(p, T)$ 则称为斜压流体;若 $\rho = f(p)$,则为正压流体,如等温过程($p/\rho = \text{const}$)和绝热过程($p/\rho^\gamma = \text{const}$)中的气体。

【例 1.2】在压力筒中的水受到高压,在压强为 1 MPa 时,其体积为 1 000 cm^3,当压强增加至 5 MPa 时,其体积变为 998 cm^3,求水的体积弹性模量 E。

解 将上述数据代入式(1.16),可得

$$E = -V\frac{\partial p}{\partial V} \approx -V\frac{\delta p}{\delta V} = -1\,000\frac{5-1}{(998-1\,000)} = 2\,000(\text{MPa}) = 2(\text{GPa})$$

1.5 作用在流体上的力

流体力学中心任务之一就是研究流体对物体作用力。我们解决问题的思路总是先以流体为研究对象,研究流体受力情况,然后再以物体为对象运用作用与反作用原理,求出流体对物体作用力。

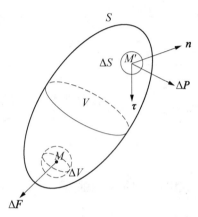

图 1.8 流场中的分离体

作用在流体上的力按其物理成分,有惯性力、重力、黏性力、压力、电磁力等,但这些力对流体的作用方式不外乎有以下3种类型:表面力、质量力和线力。从流场中取出一体积为 V、表面积为 S 的分离体(见图1.8),下面以分离体作为研究对象,讨论质量力和表面力。

1.5.1 质量力

作用在分离体 V 内的各流体质点上,大小与质量成正比的力称为"质量力"。在均质流体中,它与体积也成正比,故又称为"体积力"。属于这一类型的力有重力、电磁力及一般意义下的惯性力。

在分离体 V 内任取一点 $M(x, y, z)$,包围 M 作一微元体 ΔV,其内流体质量为 Δm,作用在 ΔV 内所有流体质点上的质量力合力为 $\Delta \boldsymbol{F}$(见图1.8),则 M 点处质量力分布密度(单位质量力)为

$$\boldsymbol{f}(x, y, z, t) = \lim_{\Delta m \to 0}\frac{\Delta \boldsymbol{F}}{\Delta m} = \lim_{\Delta V \to 0}\frac{\Delta \boldsymbol{F}}{\rho \Delta V} = \frac{\mathrm{d}\boldsymbol{F}}{\rho \mathrm{d}V} = \frac{\mathrm{d}\boldsymbol{F}}{\mathrm{d}m} \tag{1.19}$$

从牛顿第二定律知 $\mathrm{d}\boldsymbol{F} = \mathrm{d}m \cdot \boldsymbol{a}$,则 $\boldsymbol{f}$ 的物理意义为质量力所引起的加速度。对重力来说,$\boldsymbol{f} = \boldsymbol{g}$ 可将 $\boldsymbol{f}$ 分解为 $\boldsymbol{f} = f_x\boldsymbol{i} + f_y\boldsymbol{j} + f_z\boldsymbol{k}$。作用在有限体积 V 上质量力总和为

$$\boldsymbol{F} = \iiint\limits_{V}\rho\boldsymbol{f}(x, y, z, t)\mathrm{d}V \tag{1.20}$$

1.5.2 表面力

作用在分离体表面上,与作用面积成正比的力称为"表面力"。表面力可以由与分离体 V 相接触的流体产生,也可由物体表面或固体壁产生,因此固体表面对流体的压力、流体内部压力、摩擦力都属于表面力。

在分离体表面 S 上任取一点 M',作一包含 M' 点的微小面积元 ΔS,设作用于其上的表

面力总矢量为 $\Delta \boldsymbol{P}$（见图 1.8），则 M' 点的表面应力为

$$\boldsymbol{p}_n = \lim_{\Delta s \to 0} \frac{\Delta \boldsymbol{P}}{\Delta S} = \frac{\mathrm{d}\boldsymbol{P}}{\mathrm{d}S}$$

$\boldsymbol{p}_n$ 并不一定垂直于 ΔS，它可分解为沿表面法线方向和切线方向的两个分量，即

$$\boldsymbol{p}_n = p_{nn}\boldsymbol{n} + p_{n\tau}\boldsymbol{\tau}$$

$$\begin{cases} p_{nn} = \lim_{\Delta s \to 0} \dfrac{\Delta P_{nn}}{\Delta S} = \dfrac{\mathrm{d}P_{nn}}{\mathrm{d}S} \\[3mm] p_{n\tau} = \lim_{\Delta s \to 0} \dfrac{\Delta P_{n\tau}}{\Delta S} = \dfrac{\mathrm{d}P_{n\tau}}{\mathrm{d}S} \end{cases} \tag{1.21}$$

式中，p_{nn} 为 M' 点法向应力；$p_{n\tau}$ 为 M' 点剪切应力。当流体为理想流体时，$p_{nn} = p$，$p_{n\tau} = 0$，其中，p 为压强，习惯上仍称其为压力。

1.5.3　理想流体中一点处的应力

若 $\mu = 0$，则流体称为理想流体，它具有以下两个性质。

（1）压强是唯一表面力，指向作用面的内法线方向。因为在理想流体中 $\mu = 0$，根据牛顿内摩擦定律，没有剪切应力。同时流体只能承受压力，不能承受拉力。因此理想流体表面应力中只有法向应力，而且必定沿作用表面的内法线方向，即

$$\boldsymbol{p}_n = p_{nn}\boldsymbol{n} \tag{1.22}$$

（2）压强的大小与作用面方向无关，只是位置和时间的函数。理论上讲，过同一点 M 的作用面可有无数个，以图 1.9 中两个面为例，Ⅰ 和 Ⅱ 的法向不同，一般来说所作用的表面应力 $\boldsymbol{p}_\mathrm{I}$ 和 $\boldsymbol{p}_\mathrm{II}$ 也不同，但对于理想流体，两者却是相同的。下面用微元体法（又称微分体积法）加以证明。

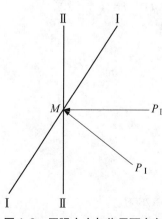

图 1.9　压强大小与作用面方向

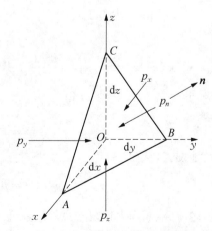

图 1.10　理想流体压强的性质

证明：在理想流体中以 O 点为顶点任作一微元体（四面体）$OABC$，其棱边分别为 $\mathrm{d}x$，$\mathrm{d}y$，$\mathrm{d}z$，如图 1.10 所示。现在来分析微元体的受力情况。

用 f_x，f_y 和 f_z 分别表示单位质量力沿各坐标轴的投影分量，则质量力在各坐标轴方向的分量分别为

$$\begin{cases} f_x \rho \, \mathrm{d}V \\ f_y \rho \, \mathrm{d}V \\ f_z \rho \, \mathrm{d}V \end{cases}$$

由第一条性质知，各表面上只有沿内法线的表面力，这些力分别为 p_x，p_y，p_z 和 p_n，从而各表面上所受到的微分表面力分别为

$$\begin{cases} \dfrac{1}{2} p_x \, \mathrm{d}y \, \mathrm{d}z \\[2mm] \dfrac{1}{2} p_y \, \mathrm{d}x \, \mathrm{d}z \\[2mm] \dfrac{1}{2} p_z \, \mathrm{d}y \, \mathrm{d}x \\[2mm] p_n S_{\triangle ABC} \end{cases}$$

根据达朗贝尔原理，惯性力在各坐标轴上的投影分别为

$$\begin{cases} -\rho \dfrac{\mathrm{d}v_x}{\mathrm{d}t} \mathrm{d}V \\[2mm] -\rho \dfrac{\mathrm{d}v_y}{\mathrm{d}t} \mathrm{d}V \\[2mm] -\rho \dfrac{\mathrm{d}v_z}{\mathrm{d}t} \mathrm{d}V \end{cases}$$

由达朗贝尔动平衡原理列出平衡方程式（以 x 方向为例）

$$f_x \rho \, \mathrm{d}V + \frac{1}{2} p_x \, \mathrm{d}y \, \mathrm{d}z - p_n S_{\triangle ABC} \cdot \cos(n, x) - \rho \frac{\mathrm{d}v_x}{\mathrm{d}t} \mathrm{d}V = 0$$

式中，$S_{\triangle ABC} \cdot \cos(n, x) = S_{\triangle OBC} = \dfrac{\mathrm{d}y \, \mathrm{d}z}{2}$，$\mathrm{d}V = \dfrac{1}{6} \mathrm{d}x \, \mathrm{d}y \, \mathrm{d}z$

略去高阶量，并令 $A, B, C \rightarrow O$ 得

$$p_x = p_n$$

同理可得其他两式，从而

$$p_x = p_y = p_z = p_n = p$$

因此对于理想流体，表面上任意一点处的表面力可以表示为

$$\boldsymbol{p}_n = p_{nn} \boldsymbol{n} = -p \boldsymbol{n} \tag{1.23}$$

❓ 思考题 3

对于静止流体，理想流体的两个性质是否适用？

习　题　1

1. 在两块相距 25 mm 的平行壁面之间充满了动力黏性系数 $\mu=0.7\,\mathrm{N\cdot s/m^2}$ 的液体。一块面积 $A=250\times250\,\mathrm{mm^2}$ 的薄平板（厚度忽略不计）通过这个空间，它的一面与壁面平行并相距 6 mm，设在平板和壁面之间的速度分布是线性的，当平板以 150 mm/s 速度运动时，求维持平板运动所需的力 F 和功率 N。

2. 如图习题 1-2 所示，一底部半径 $R=0.3\,\mathrm{m}$，高 $H=0.5\,\mathrm{m}$ 的圆锥绕其铅垂中心轴等速旋转，锥体与固壁之间的间隙 $\delta=1\,\mathrm{mm}$，其间充满动力黏性系数 $\mu=0.1\,\mathrm{N\cdot s/m^2}$ 的润滑油，当旋转角速度 $\omega=16\,\mathrm{rad/s}$ 时，求作用在圆锥体的阻力矩。

3. 当压强增量 $\Delta p=5\times10^4\ \mathrm{N/m^2}$ 时，某种液体的密度增长 0.02%。求此液体的体积弹性模量。

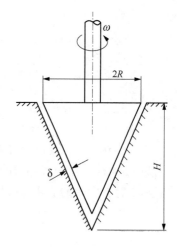

图习题 1-2

第2章

流体静力学

流体静力学主要研究静止流场的压强分布规律以及流体对物体的作用力。根据理论力学知识，流体静止是个相对的概念，即流体相对于参考系没有相对运动。流体静力学在工程实际中有着广泛的应用，它是船舶静力学的基础。

2.1 流体静力学基本方程及其应用

由于在静止流场中不存在速度梯度，根据牛顿内摩擦定律，流体中不存在剪切应力，因此理想流体压强的两个基本性质同样适用于静止流体：①流体静压强是唯一的表面力，指向作用面的内法线方向；②流场中任一点处静压强的大小与其作用面在空间的方向无关，只是位置的函数。

2.1.1 静止流体的平衡微分方程

1. 平衡微分方程的推导

下面采用"微分体积法"导出平衡微分方程。

在静止流场中任意取出一微元六面体，如图2.1所示。为简单起见，微元体的各边分别与直角坐标轴平行，边长分别为 dx，dy，dz。首先分析微元体上受力情况。

表面力：根据静止流体压强的两个基本性质，作用在微元体的表面力只有周围流体对它的压强。下面以 x 方向所受到的压强合力为例加以分析，忽略二阶以上的高阶小量。

设 $ABCD$ 面上的压强为 $p(x, y, z)$，$A'B'C'D'$ 面上的压强为 $p'(x', y', z')$，其中，$x' = x + dx$；$y' = y$；$z' = z$。按泰勒级数展开，并忽略高阶量得

$$p' = p + \frac{\partial p}{\partial x}dx$$

则作用在微元体上的沿 x 方向的表面力合力为

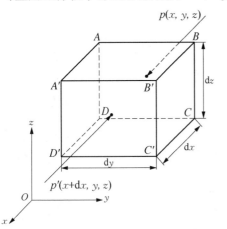

图2.1　微元体在 x 方向上所受到的压强合力

$$p\,dy\,dz - \left(p + \frac{\partial p}{\partial x}dx\right)dy\,dz$$

质量力:设作用在微元体上的单位质量力在各坐标轴上的分量分别为 f_x，f_y 和 f_z，则微元体在 x 向的质量力合力为

$$f_x \rho\,dx\,dy\,dz$$

微元体在外力作用下处于平衡状态，因此在 x 方向的分量之和应等于零，即

$$p\,dy\,dz - \left(p + \frac{\partial p}{\partial x}dx\right)dy\,dz + f_x \rho\,dx\,dy\,dz = 0$$

将上式化简，并令 dx，dy，$dz \rightarrow 0$ 得下面第一式，同理得其余两式

$$\begin{cases} f_x = \dfrac{1}{\rho}\dfrac{\partial p}{\partial x} \\[2mm] f_y = \dfrac{1}{\rho}\dfrac{\partial p}{\partial y} \\[2mm] f_z = \dfrac{1}{\rho}\dfrac{\partial p}{\partial z} \end{cases} \tag{2.1}$$

式(2.1)的矢量形式为

$$\boldsymbol{f} = f_x \boldsymbol{i} + f_y \boldsymbol{j} + f_z \boldsymbol{k} = \frac{1}{\rho}\left(\frac{\partial p}{\partial x}\boldsymbol{i} + \frac{\partial p}{\partial y}\boldsymbol{j} + \frac{\partial p}{\partial z}\boldsymbol{k}\right) = \frac{1}{\rho}\nabla p$$

即

$$\boldsymbol{f} = \frac{1}{\rho}\nabla p \tag{2.2}$$

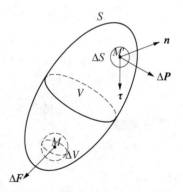

图 2.2　流体团所受到的作用力

式(2.2)即为流体的"平衡微分方程式"，由欧拉在 1775 年提出，所以又称欧拉平衡微分方程。它表示了表面力与质量力的平衡关系。

流体的平衡微分方程也可以采用物理与数学相结合的方法导出，具体过程如下。

流场中任取一流体团(见图 2.2)，其体积为 V，表面积为 S，外法线方向为 $\boldsymbol{n}$。

流体团受到的质量力为

$$\boldsymbol{F} = \iiint\limits_{V} \Delta \boldsymbol{F} = \iiint\limits_{V} \rho \boldsymbol{f}\,dV \tag{2.3}$$

表面力为

$$\boldsymbol{P} = \oiint\limits_{S} \boldsymbol{p}_n\,dS = \oiint\limits_{S} \Delta \boldsymbol{P} = \oiint\limits_{S} -p\boldsymbol{n}\,dS \tag{2.4}$$

由式(2.3)、式(2.4)，对流体团列出平衡方程式，有

$$\iiint_V \rho \boldsymbol{f} \mathrm{d}V + \oiint_S \boldsymbol{p}_n \mathrm{d}S = \iiint_V \rho \boldsymbol{f} \mathrm{d}V + \oiint_S - p\boldsymbol{n} \mathrm{d}S = \iiint_V (\rho \boldsymbol{f} - \nabla p) \mathrm{d}V = 0$$

上面用到了广义高斯公式：

$$\oiint_S \boldsymbol{n} \circ \boldsymbol{f} \mathrm{d}S = \iiint_V \nabla \circ \boldsymbol{f} \mathrm{d}V$$

式中，$\circ = \begin{cases} \cdot & （点积） & 当\ f\ 为向量 \\ \times & （叉积） & 当\ f\ 为向量 \\ 无 & （无运算符） & 当\ f\ 为标量 \end{cases}$

由于 V 是任意的，则 $\rho \boldsymbol{f} - \nabla p = 0$，则同样得到式(2.2)。

❓ 思考题 1

由流体平衡微分方程导出流体静止必要条件 $\boldsymbol{f} \cdot (\nabla \times \boldsymbol{f}) = 0$

2. 等压面

所谓等压面是指在此面上压强处处相等，即 $\mathrm{d}p = 0$。

等压面方程可从式(2.2)导出，即等式两边同时 $\cdot \mathrm{d}\boldsymbol{l}$（$\mathrm{d}\boldsymbol{l}$ 为等压面上任意微元线段），有

$$\boldsymbol{f} \cdot \mathrm{d}\boldsymbol{l} = \frac{1}{\rho} \nabla p \cdot \mathrm{d}\boldsymbol{l} = \frac{1}{\rho} \mathrm{d}p = 0 \tag{2.5}$$

式(2.5)为等压面方程，其物理意义为等压面与质量力 $\boldsymbol{f}$ 相互垂直。在重力场中，

$$\boldsymbol{f} = -g\boldsymbol{k} \tag{2.6}$$

式中，负号是因为 z 轴垂直向上。将式(2.6)代入式(2.5)得：$-g\mathrm{d}z = 0$，即 $z = C$。因此，在重力场中，水平面就是等压面。

推论：不同流体形成的自由面（交界面）必是水平面；同一流体连通的水平面必是等压面。

❓ 思考题 2

讨论图 2.3 中几种静止重力液体的情况，请问图中 AB 和 BC 面是否为等压面，为什么？

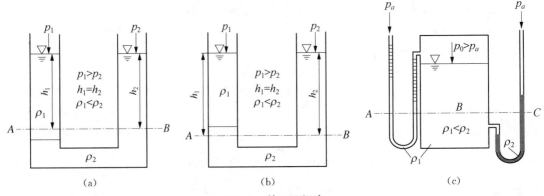

图 2.3 等压面概念

3. 静止流场压力分布

由式(2.2)两边任意点乘 $\mathrm{d}\boldsymbol{l}$($\mathrm{d}\boldsymbol{l}$ 为流场中任意微元线段,注意与前面提到的微元线段的区别),则 $\boldsymbol{f}\cdot\mathrm{d}\boldsymbol{l}=\dfrac{1}{\rho}\mathrm{d}p$,即

$$\mathrm{d}p=\rho\boldsymbol{f}\cdot\mathrm{d}\boldsymbol{l} \tag{2.7}$$

或者写为

$$\mathrm{d}p=\rho(f_x\mathrm{d}x+f_y\mathrm{d}y+f_z\mathrm{d}z) \tag{2.8}$$

式(2.8)即为求流体压强分布的微分方程,通过积分就可以获得静止流场的压强分布。

2.1.2 重力场中不可压缩静止流体的压力分布

1. 静力学基本方程

在重力场中,有 $\boldsymbol{f}=-g\boldsymbol{k}$,将其代入式(2.8),有

$$\mathrm{d}p=-\rho g\mathrm{d}z$$

若进一步假定流体为均质流体,即密度为常数,则

$$p=-\rho gz+C \tag{2.9}$$

式中,C 为积分常数。

设在自由面上有 $z=z_0$,$p=p_0$(见图 2.4),则得到流场内任一点 A 处的压强为

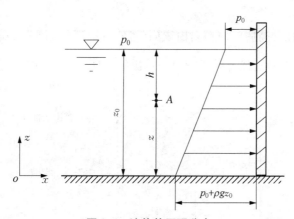

图 2.4 流体静压强分布

$$p=p_0+\rho g(z_0-z)=p_0+\rho gh \tag{2.10}$$

式中,$h=(z_0-z)$ 为距自由液面的深度。式(2.10)就是流体静力学基本方程,它反映了在重力场均质流体中静止流体的压强分布。

由此得到如下结论:

(1) 在重力作用下,静止液体内压强随深度 h 呈线性分布,在同种介质中,同深度点构成的面均为等压面。

（2）静止流体内部任一点压强 p 由两部分组成,一部分是由自由表面传来的压强 p_0,另一部分是由液体自身重量所产生的压强 ρgh,称之为"剩余压强"。

式（2.10）还可改写成

$$\frac{p}{\rho g} + z = \frac{p_0}{\rho g} + z_0 = C \qquad (2.11)$$

或

$$\frac{p_A}{\rho g} + z_A = \frac{p_B}{\rho g} + z_B = C \qquad (2.12)$$

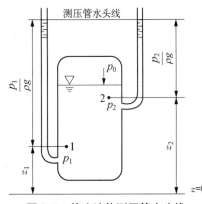

图 2.5　静止流体测压管水头线

式（2.11）中,$p/\rho g$ 称为压强高度。式（2.11）表示在静止流体中,压强将随位置高度升高而下降,任一高度上静止压强与基线以上位置水的压强之和为常数。通常将这一高度或线段称为"水头",$p/\rho g$ 称为"压强水头",z 称为"位置水头",$p/\rho g + z$ 称为"测压管水头"（见图 2.5）。

有时将式（2.10）改写

$$p = p_0 + \rho gh = \rho g\left(\frac{p_0}{\rho g} + h\right) = \rho g h_e \quad (2.13)$$

式中,$h_e = \dfrac{p_0}{\rho g} + h$ 称为"等效深度"。这样就可以假想把自由表面升高 $\dfrac{p_0}{\rho g}$,让升高后的假想自由表面（等效自由表面）上的压强变为零,这样算出的原自由表面以下流体中的压强与由式（2.10）算出的一样（见图 2.6）。

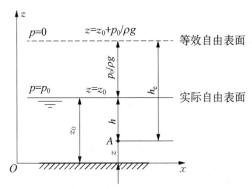

图 2.6　流体的等效自由表面

2. 连通器及帕斯卡原理

（1）连通器。连通器就是两个或几个相互连通的液体容器。最简单的就是常见的 U 形管连通器。下面利用重力作用下静止流体平衡的基本方程式来分析连通器的几种情况（见图 2.7）。

① 若连通器内装同种液体且两边液面上的压强相等,则两边液面高度必定平齐[见图2.7(a)]。

② 若连通器内装同种液体且两边液面上的压强不相等,$p_1 > p_2$,则两边液面一定不平齐,且 $h_1 < h_2$[见图2.7(b)]。

③ 若连通器内装有不同密度且互不相混的两种液体,$\rho_1 > \rho_2$,而两边液面上的压强相等,则液体1会流向液体2,使2中液面升高[见图2.7(c)]。

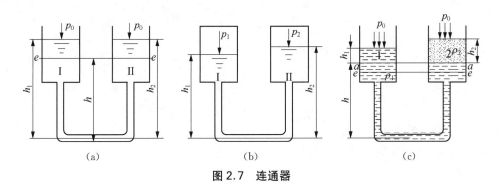

图2.7 连通器

(2) 流体静力传递——帕斯卡原理。由静力学基本方程(2.10)可知:若 p_0 有所增减,则平衡的流体中个点的压强 p 也随之有同样大小的变化,即如果静止均质流体的某一界面上施加外力作用而产生的压强 p_0 将均匀地传递到流场的各点,这就是著名的帕斯卡原理(1653年由帕斯卡提出)。图2.8中有两个活塞装置,在活塞 A_1 上施加作用力 F_1,从而产生压强增量 Δp,根据帕斯卡原理,这一 Δp 会数值不变地传遍整个流体直到活塞 A_2,于是对活塞 A_2 产生一个举力 F_2,从而有

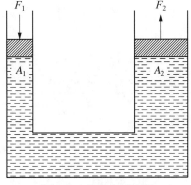

图2.8 帕斯卡原理图

$$\frac{F_2}{A_2} = \frac{F_1}{A_1} \qquad (2.14)$$

思考题3

敞口时,式(2.14)是否成立?

当 A_2 远远大于 A_1 时,F_2 要比原来施加的力 F_1 大得多,这个原理可用来设计制造机械液压设备,如水压机、液压千斤顶、液压制动闸等。

3. 绝对压强、相对压强和真空度

在工程技术中,常用3种计量单位来表示压强的数值:一是采用单位面积上的力来表示,其单位为 Pa(帕),即 N/m²。二是用大气压的倍数来表示,国际上规定1标准大气压相当于760 mm 汞柱对底部产生的压强,即 1 atm = 1.013×10^5 Pa。在工程上,常用工程大气压来表示压强,一个工程大气压相当于10 m水柱对底部产生的压强,即 1 atm = 9.81×10^4 Pa。三是用水柱或水银柱高度来表示,其单位为 mH₂O 或 mmHg。

在工程技术中,计量压强可以选择不同的基准来计算,因而有两种不同的表示方法,即

绝对压强 p_{abs} 和相对压强 p。绝对压强以绝对真空作为压强的零点,而相对压强以当地的大气压强 p_a 作为计量压强的零点。绝对压强总是为正值,而相对压强可以有正负,正压称为"表压",负压的绝对值称为"真空度",即

表压

$$p_m = p_{abs} - p_a$$

真空度

$$p_v = p_a - p_{abs}$$

工程中常用高度 h_v 来表示真空度,即

$$h_v = \frac{p_v}{\rho g}$$

式中,ρ 可以为水或水银的密度。

绝对压强、相对压强和真空度的相互关系如图 2.9 所示。

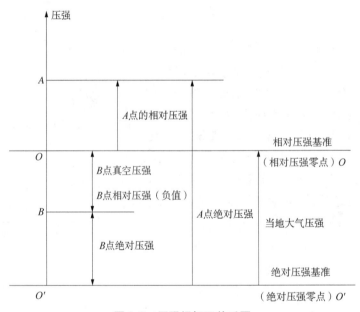

图 2.9 压强间相互关系图

由于船舶与海洋结构物的内外表面一般均受到大气压强的作用,在计算结构受力时,无需考虑大气压强的作用,因此常用相对压强来表示。对于船舶流体力学,提到的压强一般是相对压强;而在对气体的讨论和计算中,气体状态方程中的压强必须是绝对压强,若没有特定说明,一般都是指绝对压强。

2.1.3 静力学基本方程的应用——测压计

在用实验方法研究流体力学问题时,经常需用测压计来测量流体中的压强分布。例如为了求得流体对物体的作用力和力矩,需要测量沿物体表面(船体、水翼、舵等表面)的压强

分布。而且由于速度和压强有一定的联系,为了得到流体中的速度分布,也需要测量流场中的压强分布,然后依据伯努利方程,获得速度场(这将在第4章中讲述)。

根据静力学基本方程,可以设计各种各样的液体式测压计,常用的有测压管(压强计)、U形管测压计及差压计、倾斜管测压计等。下面简要介绍这几种常规测压计,更多更为详细的测压计介绍可参考有关实验流体力学教材。

1. 测压管

水银测压管是一根一端封闭的约为1 m长的玻璃管,其中充满水银后,将其倒置在水银杯中[见图2.10(a)]。这时玻璃管封闭端的顶部就形成真空,杯内水银面上是大气压,在大气压强的作用下,玻璃管中的水银高度为h。因此当地大气压为$p_a = \rho_{Hg} g h$。

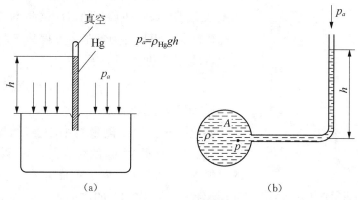

图 2.10　测压管

最简单的压强计是一根两端开口、直径一般为 $5 \sim 10\ mm$ 的玻璃管,将其一端直接连接到所需测压的管道或容器中[见图2.10(b)]即可通过液柱升高值h获得测点处的压强为 $p = \rho_{液} g h$。

测压管的优点是结构简单,测量准确,但只能测量较小的压强。

2. U形管测压计

U形管测压计一般是一根两端开口的U形玻璃管,管径不小于 $10\ mm$,管中盛有与待测流体不相混的某种液体,如测量气体压强时采用水或酒精,而测量液体压强时采用水银。U形管一端与待测点相连,另一端敞开。图2.11(a)、2.11(b)分别为容器中压强高于、低于大气压时测量情况。

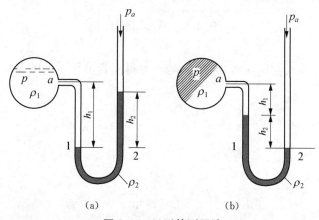

图 2.11　U形管测压计

针对图 2.11(a),由静力学基本方程得

$$p_1 = p + \rho_1 g h_1$$
$$p_2 = p_a + \rho_2 g h_2$$

根据连通器原理,1 和 2 两点的压强应该相等,即

$$p_1 = p + \rho_1 g h_1 = p_2 = p_a + \rho_2 g h_2$$

所以

$$p = p_a + \rho_2 g h_2 - \rho_1 g h_1$$

对于图 2.11(b)所示情况,请读者自行推导。

U 形管差压计可以用来测量流体中两点的压强差。如图 2.12 所示,其两端分别与两待测点 A,B 处的器壁小孔相接通。根据静力学基本方程和连通器中等压面的概念,可以得到两点间的压强差为

$$p_A - p_B = (\rho_3 - \rho_1) g h_3 + \rho_2 g h_2 - \rho_1 g h_1$$

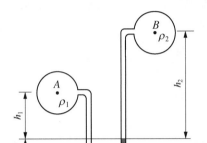

图 2.12　U 形管差压计

3. 杯形测压计

杯形测压计用于测量微小压强,结构如图 2.13 所示,一端为一截面为 A_2 的大容器,另一端为与其相连通的倾斜细管,倾斜角度为 α,截面为 A_1。图中虚线是两端液面没有压力差作用时的水平面。

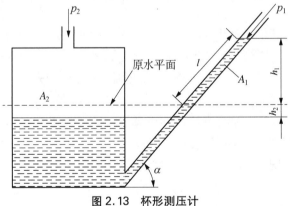

图 2.13　杯形测压计

当 $p_1 < p_2$ 时,将所测压强 p 接入小容器,测得斜管液面上升的距离 l 时,利用静力学基本方程可以得到

$$p_2 - p_1 = \rho g h = \rho g (h_1 + h_2) = \rho g \left(\frac{l A_1}{A_2} + l \sin \alpha \right) = \rho g l \left(\frac{A_1}{A_2} + \sin \alpha \right)$$

令

$$k = 1 + \frac{A_1}{A_2 \sin \alpha}$$

则

$$p_2 - p_1 = k\rho g l \sin\alpha$$

其中，k 称为杯形测压计的"校准系数"，可通过实验来确定。

当 $A_2 \gg A_1$ 时，有

$$p_2 - p_1 = \rho g l \sin\alpha$$

杯形测压计读数放大倍数为

$$n = \frac{l}{h_1} = \frac{1}{\sin\alpha}$$

在实验中，斜管和大容器间的夹角 α 做成可调的，通过调整来满足不同测压范围的要求，一般在 $11°\sim30°$ 之间。

当 $p_1 > p_2$ 时，应将大容器开口端与待测压强容器相连。

4. 双液体测压计(微压计)

双液体测压计的结构如图 2.14 所示，容器和 U 形连通管截面积分别为 A_2 和 A_1，U 形管和容器中液体密度分别为 ρ_1 和 ρ_2，且 $\rho_1 > \rho_2$。当 U 形管两端压强不等时，出现高度差 h_0。设 A，B 为双液体的分界面，根据图示，A 和 B 两点的压强分别为

$$p_A = p_2 + \rho_2 g h_1 \tag{2.15}$$

$$p_B = p_1 + \rho_2 g[(h_1 + h) - h_0] \tag{2.16}$$

同时根据连通器等压面的概念，又有如下关系：

$$p_A = p_B + \rho_1 g h_0 \tag{2.17}$$

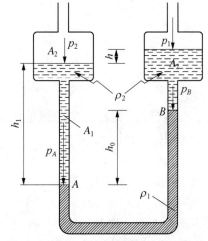

图 2.14　双液体测压计

联立式(2.15)~式(2.17)可以得到

$$p_2 - p_1 = (\rho_1 - \rho_2)g h_0 + \rho_2 g h \tag{2.18}$$

另外有

$$A_2 h = A_1 h_0 \tag{2.19}$$

将式(2.19)代入式(2.18)，最终得到两端容器中流体压强差为

$$p_2 - p_1 = \left[(\rho_1 - \rho_2) + \rho_2 \frac{A_1}{A_2}\right]g h_0 \tag{2.20}$$

从式(2.20)可以看出，当两端压强差不变，而 $\rho_1 - \rho_2$ 越小时，可产生的高度差 h_0 越大，因而测量结果更精确。

 思考题 4

如果两端容器相连的流体的密度 ρ_3 需计及，则式(2.20)应做怎样的修改？

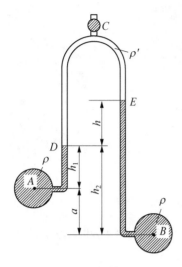

图 2.15 U 形管差压计

【例 2.1】图 2.15 所示为一 U 形管差压计,试写出下列两种情况下所测压差的表达式:顶部为空气;顶部充以密度为 ρ' ($\rho' < \rho$) 的液体。

解 根据静力学基本方程,A、B 两处压强分别为

$$p_A = p_D + \rho g h_1$$

$$p_B = p_E + \rho g (h + h_2)$$

两者压强差为

$$p_B - p_A = p_E - p_D + \rho g (h + h_2 - h_1) \quad (2.21)$$

(1) 由于顶部为空气,则空气柱产生的压强可以忽略,即 $p_D \approx p_E$,则

$$p_B - p_A = \rho g (h + h_2 - h_1) = \rho g (h + a)$$

(2) 由于顶部液柱产生的压强不可忽略,则

$$p_D = p_E + \rho' g h$$

代入(2.21)式得压差关系式

$$p_B - p_A = (\rho - \rho') g h + \rho g a$$

本题实际是静压实验测量装置,可用于测量待测液体的密度 ρ。

【例 2.2】图 2.16 为一测压装置,容器 A 中水面上压力表 M 的读数为 0.3 个大气压,$h_1 = 200\,\text{mm}$,$h_2 = 300\,\text{mm}$,$h = 500\,\text{mm}$,该测压装置中倒 U 形管上部是酒精,其相对密度为 0.8,试求容器 B 中气体的压强 p_0。ρ、ρ_{Hg} 和 ρ_0 分别为水、水银、酒精的密度。

解 水与水银面分界处 1 点的压强

$$p_1 = p_M + \rho g (h + h_1)$$

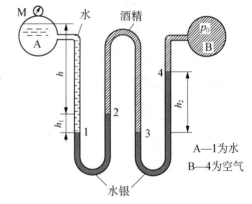

图 2.16 测压装置

酒精与水银分界处 2 点的压强

$$p_2 = p_1 - \rho_{Hg} g h_1 = p_M + \rho g (h + h_1) - \rho_{Hg} g h_1$$

酒精与水银分界处 3 点的压强

$$p_3 = p_2 + \rho_0 g h_1 = p_M + \rho g (h + h_1) - \rho_{Hg} g h_1 + \rho_0 g h_1$$

水银与气体分界处 4 点的压强

$$p_4 = p_3 - \rho_{Hg} g h_2 = p_M + \rho g (h + h_1) - \rho_{Hg} g h_1 + \rho_0 g h_1 - \rho_{Hg} g h_2$$

容器 B 中气体各点的压强可认为相等,即 $p_4 = p$,故得

$$p = p_M + \rho g(h_1 + h) - \rho_{Hg} g(h_1 + h_2) + \rho_0 g h_1$$
$$= 1.013 \times 10^5 \times 0.30 + 9.81 \times 10^3 \big[(0.5 + 0.2) - 13.6 \times (0.2 + 0.3) + 0.8 \times 0.2\big]$$
$$= -27.9 \times 10^3 (Pa)$$

p 为负值,表明容器 B 中为真空,其真空度为

$$p_v = -p = 27.9 \times 10^3 \ N/m^2 = 0.276 \ atm$$

2.1.4　非惯性坐标系中的静止流体的压强分布

上面讨论的静力学基本方程是针对惯性坐标系下静止的均质流体导出的,它同样适用于同刚体一样做匀速直线运动的均质流体,例如盛液容器做匀速直线运动时,容器中的液体相对于容器壁面是静止的,而容器本身就是一个惯性系。如果容器做变速运动,即使其中的流体相对于容器是静止的,也不能直接应用前面的结果,因为容器本身是个非惯性系。但在非惯性坐标系中可应用达朗贝尔原理建立流体动平衡的微分方程,并求解相对静止流体压强分布,只要将惯性力计入质量力项。下面将分别讨论盛液容器做匀加速直线运动和绕垂直轴做匀角速度旋转时,均质流体在重力场中的平衡规律。

1. 匀加速直线运动容器中液体相对平衡

如图 2.17 所示,盛有均质液体的容器以匀加速度 a 在 Oxz 平面内做直线运动,坐标系 $Oxyz$ 固联在容器上,运动前,z 轴垂直于水平面。容器运动一段时间后,液体相对容器处于相对静止状态。

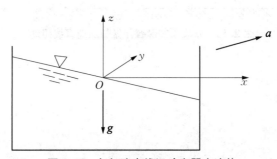

图 2.17　匀加速直线运动容器中液体

根据达朗贝尔原理,单位质量流体上的惯性力为 $-a$,因此作用于流体的单位质量力为

$$f = g - a \tag{2.22}$$

或写成分量式

$$\begin{cases} f_x = -a_x \\ f_y = 0 \\ f_z = -g - a_z \end{cases} \tag{2.23}$$

代入静止流体压强分布公式(2.8)并积分,可得到流体压强分布:

$$p = \int \rho(f_x \mathrm{d}x + f_y \mathrm{d}y + f_z \mathrm{d}z) = -\rho a_x x - \rho(g + a_z)z + C_1$$

可根据自由表面上 $p = p_0$ 的条件定出积分常数 C_1。

将式(2.23)代入等压面方程式 $\boldsymbol{f} \cdot \mathrm{d}\boldsymbol{l} = 0$，并积分得等压面方程为

$$a_x x + (g + a_z)z = C_2 \tag{2.24}$$

这是个斜直面，可以根据自由面上的条件获得自由表面方程。等压面的倾斜角度为

$$\alpha = -\arctan \frac{a_x}{g + a_z}$$

【例 2.3】如图 2.18 所示，一长方体水箱作沿 x 正向做匀加速直线运动，加速度为 a，请导出流体压强分布和自由表面方程。

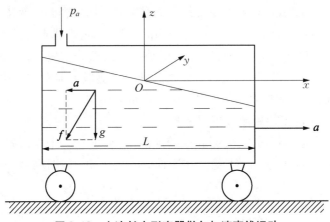

图 2.18　充液长方形容器做匀加速直线运动

解　根据给定条件，有

$$\begin{cases} f_x = -a_x = -a \\ f_y = 0 \\ f_z = -g - a_z = -g \end{cases}$$

代入静止流体压强分布公式(2.8)并积分，可得到流体压强分布为

$$p = -\rho a x - \rho g z + C_1$$

由于 $x = 0$，$z = 0$ 处，$p = p_a$，所以 $C_1 = p_a$，从而流体压强分布为

$$p = p_a - \rho(ax + gz)$$

由式(2.24)可得自由表面方程

$$ax + gz = C_2$$

由于 $x = 0$，$z = 0$，所以 $C_2 = 0$，即自由表面方程为

$$ax + gz = 0$$

即为一过坐标原点、与水平面夹角为 $\alpha=-\arctan\dfrac{a}{g}$ 的斜直面。

2. 匀角速度旋转容器中液体相对平衡

如图 2.19 所示,有一敞开的圆柱形容器绕垂直向上的 z 轴以匀角速度旋转。由于液体的黏性作用,开始时,紧靠容器壁面的液体随容器运动,逐渐向中心发展,使所有的液体质点都绕转动轴旋转,待运动稳定后,各质点都具有相同的角速度,从而液体处于相对平衡状态。下面将根据静力学基本方程导出流场的压强分布和液体的自由表面方程。

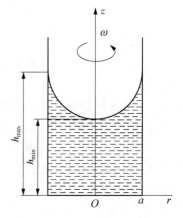

图 2.19 匀角速度旋转
容器中的液体

根据达朗贝尔原理,单位质量流体上的惯性力,即离心力为 $\omega^2 r e_r$,其中,r 是流体质点到 z 轴的距离,e_r 是径向单位向量。因此作用于流体的单位质量力为

$$\boldsymbol{f}=\boldsymbol{g}+\omega^2 r \boldsymbol{e}_r \tag{2.25}$$

或写成分量式

$$\begin{cases} f_x=\omega^2 x \\ f_y=\omega^2 y \\ f_z=-g \end{cases} \tag{2.26}$$

代入静止流体压强分布公式(2.8)并积分,可得到流体压强分布

$$p=\rho g\left(\frac{\omega^2 r^2}{2g}-z\right)+C_1$$

由边界条件:$r=0$,$z=0$ 时,$p=p_a$,推出 $C_1=p_a$。因此压强分布为

$$p=p_a+\rho g\left(\frac{\omega^2 r^2}{2g}-z\right) \tag{2.27}$$

将式(2.26)代入等压面方程式 $\boldsymbol{f}\cdot\mathrm{d}\boldsymbol{l}=0$,并积分得等压面方程

$$\frac{\omega^2 r^2}{2}-gz=C_2$$

上式表明等压面是一族以 z 为轴的旋转抛物面。由 $r=0$,$z=0$ 定出 $C_2=0$。因此自由表面方程为

$$z_s=\frac{\omega^2 r^2}{2g}$$

式(2.27)中的 $\left(\dfrac{\omega^2 r^2}{2g}-z\right)$ 就是在旋转后自由表面以下的深度 h,因此匀角速度旋转后在铅垂线上的压强分布和绝对静止压强一样,即液体中任一点的静压强等于自由液面上的压强 p_0 加上深度为 h、密度为 ρ 的液体所产生的压强:

$$p = p_0 + \rho g h$$

❓ 思考题 5

如何根据测量得到的自由表面的最低点 $h_{\min}$ 和最高点 $h_{\max}$ 之间的差值,推算出旋转角速度?

工程实际中常利用同一水平面上轴心处压强最低,边缘处最高的特点,设计出各类机械设备,如离心式铸造机、离心式水泵等。

【例 2.4】如图 2.20 所示,半径为 R 中心开口(实际是一微小气孔,图中作了放大)并通大气的圆筒内装满液体。当圆筒绕铅垂轴 z 以等角速度 ω 旋转,试分析顶盖的压强分布规律。

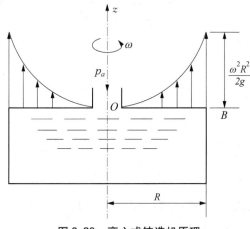

图 2.20 离心式铸造机原理

解 液体虽然因离心力向外甩,但由于受容器顶盖的限制,液面并不能形成旋转抛物面。此时因边界条件仍是:$r = 0$,$z = 0$ 时,$p = p_a$,故各点的压强分布就是式(2.27)即

$$p = p_a + \rho g \left(\frac{\omega^2 r^2}{2g} - z \right)$$

作用在顶盖上各点的相对压强仍按抛物面规律分布,如图中箭头所示。顶盖中心点 O 处的流体静压强为 p_a,顶盖边缘点 B 处的压强为

$$p = p_a + \rho g \frac{\omega^2 R^2}{2g}$$

可见,边缘点 B 处的流体压强最大。旋转角速度越大,边缘处的压强越大。这就是离心铸造机的原理。

2.2 静止流体对物体表面的作用力及力矩

前面导出了静力学基本方程,得到了计算流体压强分布的计算公式。对于船舶与海洋结构物等水中结构来讲,人们更关心的是它们所受到的流体合力和合力矩。下面将分别介绍如何应用静止流体静压强的分布规律计算流体对平板和曲面的作用力和力矩。

2.2.1 静止流体对平板作用力

图 2.21 表示的是一斜置的平板,其左侧浸没于密度为 ρ 的液体中,右侧为干背面,与水平面夹角为 α。AB 为平板的一部分,其面积为 S。为了更加清晰看到这一部分的形状,给出了正视图。坐标轴原点取在 AB 延长线与自由表面的交点上。下面将分析 AB 受到的流体合力以及压力中心。

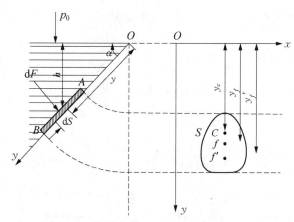

图 2.21 平板在静止流体中的受力示意图

1. 流体总合力

在 AB 上任取一微元面积 dS,其到 Ox 轴距离为 y,到液面垂直距离为 h,则 dS 上受到压力为

$$dF_p = (p_0 + \rho g h)dS = (p_0 + \rho g y \sin\alpha)dS$$

由于各微元面上的 dF_p 相互平行,作用于整个平板上合力 F_p 可由它们代数和求得,即

$$F_p = \iint_S dF_p = \iint_S p\,dS = \iint_S (p_0 + \rho g y \sin\alpha)dS = p_0 S + \rho g \sin\alpha \iint_S y\,dS$$

由理论力学知识,$\iint_S y\,dS$ 是平板对 x 轴的静面积矩,等于平板面积 S 与该面积形心到 x 轴的距离的乘积,即 $\iint_S y\,dS = y_C S$。因此

$$F_p = p_0 S + \rho g \sin\alpha\, y_C S = (p_0 + \rho g h_C)S \tag{2.28}$$

或简写为

$$F_p = p_C S \tag{2.29}$$

式中,p_C 为平板面积中心 C 处绝对压强,且 $p_C = p_0 + \rho g h_C$;h_C 为平板形心在自由液面下

的深度。

结论：静止流体对平板作用力大小等于平板面积 S 和平板形心 C 处绝对压强 p_C 的乘积，而与平板倾角 α 无关，作用力方向垂直于平板。

2. 压力中心 f

静水压强合力作用点称为"压力中心"，它可以用理论力学中求重心的方法求出压力中心位置 (x_f, y_f)：

$$
\left.
\begin{aligned}
F_p \cdot x_f &= \iint\limits_S x p \, \mathrm{d}S \\
F_p \cdot y_f &= \iint\limits_S y p \, \mathrm{d}S
\end{aligned}
\right\}
\tag{2.30}
$$

将式(2.28)代入式(2.30)得

$$
\begin{aligned}
x_f &= \frac{\iint\limits_S x(p_0 + \rho g y \sin\alpha)\mathrm{d}S}{(p_0 + \rho g h_C)S} = \frac{p_0 \iint\limits_S x \, \mathrm{d}S + \rho g \sin\alpha \iint\limits_S x y \, \mathrm{d}S}{(p_0 + \rho g h_C)S} \\
&= \frac{p_0 x_C S + \rho g \sin\alpha \, I_{xy}}{(p_0 + \rho g h_C)S}
\end{aligned}
\tag{2.31}
$$

$$
\begin{aligned}
y_f &= \frac{\iint\limits_S y(p_0 + \rho g y \sin\alpha)\mathrm{d}S}{(p_0 + \rho g h_C)S} = \frac{p_0 \iint\limits_S y \, \mathrm{d}S + \rho g \sin\alpha \iint\limits_S y^2 \, \mathrm{d}S}{(p_0 + \rho g h_C)S} \\
&= \frac{p_0 y_C S + \rho g \sin\alpha \, I_{Ox}}{(p_0 + \rho g h_C)S}
\end{aligned}
\tag{2.32}
$$

式中，I_{xy} 为面积 S 对 x，y 轴的二次矩；I_{Ox} 为面积 S 对 Ox 轴惯性矩。

根据移轴定理

$$
\begin{aligned}
I_{xy} &= I_{\xi\eta} + x_C y_C S \\
I_{Ox} &= I_{\xi\xi} + y_C^2 S
\end{aligned}
$$

式中，$I_{\xi\eta}$ 为面积 S 对通过形心 C 且平行于 x，y 轴的轴线 $\xi\eta$ 的二次矩；$I_{\xi\xi}$ 为面积 S 对通过形心 C 的 ξ 轴的惯性矩。因此式(2.31)、式(2.32)又可写成

$$
x_f = x_C + \frac{\rho g I_{\xi\eta} \sin\alpha}{(p_0 + \rho g y_C \sin\alpha)S}
\tag{2.33}
$$

$$
y_f = y_C + \frac{\rho g I_{\xi\xi} \sin\alpha}{(p_0 + \rho g y_C \sin\alpha)S}
\tag{2.34}
$$

结论：压力中心 f 与形心 C 一般来说不重合，若 AB 有一对称面，则 $I_{\xi\eta} = 0$，而有 $x_f = x_C$，但因恒有 $I_{\xi\xi} > 0$，因而必有 $y_f > y_C$，说明压力中心 f 必定位于形心 C 之下。

在一般情况下，自由表面上压力 p_0 多为大气压力 p_a，且器壁 AB 的右侧也为大气，所以只需计算相对压强对壁面作用，此时

$$\begin{cases} F'_P = \rho g h_C S \\ x'_f = x_C + \dfrac{I_{\xi\eta}}{y_C S} \\ y'_f = y_C + \dfrac{I_{\xi\xi}}{y_C S} \end{cases} \qquad (2.35)$$

从式(2.35)中看出：$y'_f > y_f$，即 $y_C < y_f < y'_f$。

？思考题 6

请从流体静压强分布说明上述结论的理由。

几种常用的平面几何图形的面积、形心和惯性矩如表 2.1 所示。

表 2.1　几种常见平面图形的面积、形心及惯性矩

名称	几何图形	面积	形心位置 η_C	惯性矩 $I_{\xi\xi}$
矩形	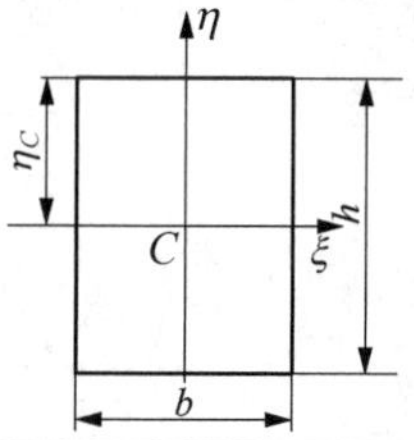	bh	$\dfrac{h}{2}$	$\dfrac{bh^3}{12}$
三角形	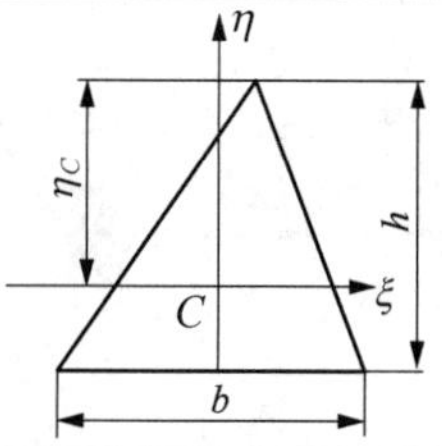	$\dfrac{bh}{2}$	$\dfrac{2h}{3}$	$\dfrac{bh^3}{36}$
梯形	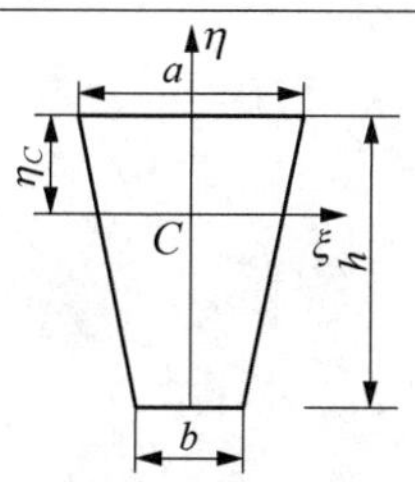	$\dfrac{h(a+b)}{2}$	$\dfrac{h}{3}\left(\dfrac{a+2b}{a+b}\right)$	$\dfrac{h^3}{36}\left(\dfrac{a^2+4ab+b^2}{a+b}\right)$
圆	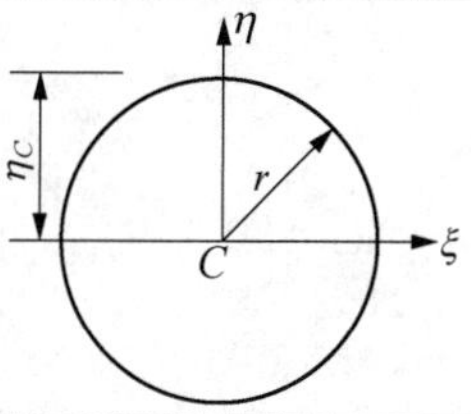	πr^2	r	$\dfrac{\pi r^4}{4}$
半圆	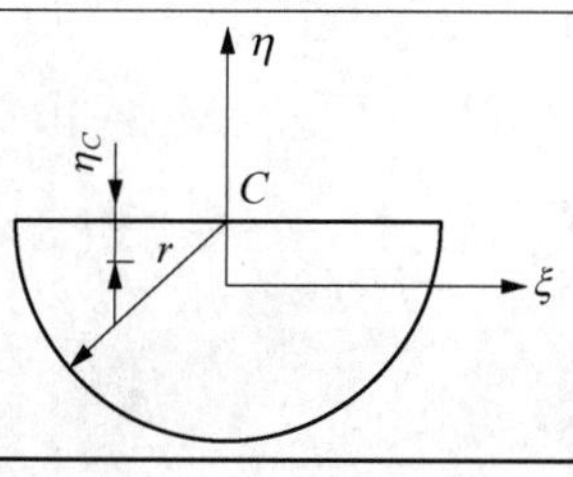	$\dfrac{\pi r^2}{2}$	$\dfrac{4r}{3\pi}$	$\dfrac{9\pi^2-64}{72\pi}r^4$

【例 2.5】 如图 2.22 所示，$B \times L$ 的平面矩形阀门将容器密闭，右方水深为 h_1，表面上压强为 p_1，左方水深为 h_2，表面上压强为零，试求使阀门开始绕 O 轴转动张力 T 为多少？

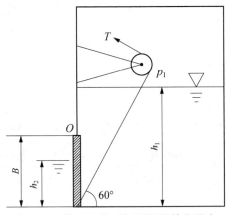

图 2.22 静止流体对矩形阀门的作用力

解 设阀门右侧受力为 F_1，则

$$F_1 = p_{C1} S_1 = (p_1 + \rho g h_{C1}) BL$$

因为

$$h_{C1} = \left(h_1 - \frac{B}{2} \right)$$

所以

$$F_1 = \rho g \left(h_1 - \frac{B}{2} \right) BL + p_1 BL = \rho g \left(h_1 + h_3 - \frac{B}{2} \right) BL$$

其中，$h_3 = \dfrac{p_1}{\rho g}$，右侧压力中心距离液面的深度为

$$h_{f1} = h_{C1} + \frac{\rho g I_{\xi\xi} \sin \alpha}{(p_1 + \rho g h_{C1}) BL}$$

$$= \left(h_1 - \frac{B}{2} \right) + \frac{\rho g \cdot \frac{1}{12} B^3 L}{\left[p_1 + \rho g \left(h_1 - \frac{B}{2} \right) \right] BL} \quad (\alpha = 90°)$$

右侧压力中心到 O 点的距离为

$$e_{f1} = h_{f1} - (h_1 - B) = \frac{B}{2} + \frac{B^2}{12 \left(h_1 + h_3 - \frac{B}{2} \right)}$$

阀门左侧受到压力为 F_2，则

$$F_2 = p_{c2}S_2 = \rho g\,\frac{h_2}{2}h_2L = \rho g\,\frac{h_2^2}{2}L$$

压力中心到 O 点的距离为

$$e_{f2} = B - \frac{1}{3}h_2$$

以 O 为轴,列出力矩平衡方程

$$TB\cos 60° + F_2 e_{f2} = F_1 e_{f1}$$

得到

$$T = \frac{F_1 e_{f1} - F_2 e_{f2}}{B\cos 60°} = \frac{F_1\left(\dfrac{B}{2}+l_1\right) - F_2\left(B-\dfrac{h_2}{3}\right)}{\dfrac{B}{2}}$$

式中,$l_1 = \dfrac{B^2}{12\left(h_1 + h_3 - \dfrac{B}{2}\right)}$; $h_3 = \dfrac{p_1}{\rho g}$。

2.2.2　静止流体对柱面作用力

如图 2.23 所示,壁面 AB 为一柱面,其母线平行于 y 轴,z 轴垂直向下,现分析柱面所受作用力。

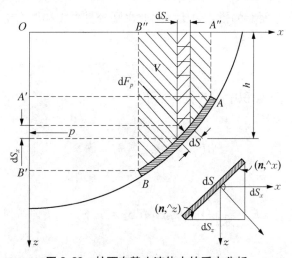

图 2.23　柱面在静止流体中的受力分析

在柱面上取一微分面积 $\mathrm{d}S$,深度为 h,其上受到压强 p 为

$$p = p_0 + \rho gh$$

微分面积 $\mathrm{d}S$ 受到流体合力为

$$dF_p = p\,dS = (p_0 + \rho gh)\,dS$$

由于 AB 面是曲面,组成它的各微分面上的 dF_p 不再是平行力系,因此要计算其合力必须先找出各个微分力在各坐标轴上的投影,然后再求投影之和。dF_p 在 x 轴上投影为

$$dF_{p_x} = [p\,dS]\cos(\boldsymbol{n}, x) = p[dS \cdot \cos(\boldsymbol{n}, x)] = p\,dS_x$$

式中,dS_x 为 dS 在 yOz 平面上投影,注脚 x 表示这个投影面与 x 轴垂直。

同理可得:

$$dF_{p_z} = p\,dS_z$$

曲面 AB 在 yOz,xOy 平面上的投影分别为 S_x,S_z。先计算 S_x 面上受力。S_x 上微分面积用 $dS_{(S_x)}$ 表示,其上作用力为

$$dF_{p(S_x)} = p\,dS_{(S_x)} = (p_0 + \rho gh)\,dS_{(S_x)}$$

因 dS 和 $dS_{(S_x)}$ 位于同一深度,所以

$$dS_x = dS_{(S_x)}$$
$$dF_{p_x} = dF_{p(S_x)}$$

因此作用在 dS 上微分力在水平方向上投影 dF_{p_x} 等于作用于投影面 S_x 上微分力 $dF_{p(S_x)}$,对整个柱面积分,可得

$$F_{p_x} = F_{p(S_x)}$$

结论 1:流体对柱面 AB 作用力的水平分量等于某一个垂直平板所受的作用力,这个平板就是柱面在 yOz 坐标面上的投影 $A'B'$,因此水平分量大小和压力中心位置可以根据平板计算的结果来计算,即

$$F_{p_x} = p_{C(S_x)} \cdot S_x$$

式中,$p_{C(S_x)}$ 为投影面 S_x 面积中心 C 处静压强。

dF_p 在 z 轴上投影为

$$dF_{p_z} = (p_0 + \rho gh)\,dS_z$$

对上式进行积分得

$$F_{p_z} = \iint\limits_{S_z} (p_0 + \rho gh)\,dS_z = p_0 S_z + \rho g V$$

式中,$V = \iint\limits_{S_z} h\,dS_z$ 为柱面 AB 向自由表面投影时,投影线所包围的体积,一般称为**"压力体"**,它由自由液面及柱面 AB 所包围,且中间必须是同一种液体。

结论 2:流体对 AB 作用力的垂直分量分为两部分:一部分由自由表面压力 p_0 产生,另一部分由压力体重量产生,前者作用线通过 S_z 面积中心,后者作用线通过压力体 V 的几何中心。

如果只考虑相对压强,且 p_0 为大气压强,则 $F'_{p_z} = \rho g V$。

综合上述,曲面 AB 上所受总压力为

$$F_p = \sqrt{F_{p_x}^2 + F_{p_z}^2}$$

液体总压力 F_p 的作用线与水平方向的夹角 α 为

$$\alpha = \arctan \frac{F_{p_z}}{F_{p_x}}$$

可以通过理论力学知识,求得柱面的压力中心。

将 $\mathrm{d}F_{p_x}$, $\mathrm{d}F_{p_z}$ 分别对 z, x 轴取矩,即

$$F_{p_z} x_f = \iint\limits_{S_z} x \,\mathrm{d}F_{p_z} = \iint\limits_{S_z} (p_0 + \rho g h) x \,\mathrm{d}S_z$$

$$F_{p_x} z_f = \iint\limits_{S_x} z \,\mathrm{d}F_{p_x} = \iint\limits_{S_x} (p_0 + \rho g h) z \,\mathrm{d}S_x$$

$$\begin{cases} x_f = \dfrac{p_0 x_C S_z + \rho g \iint\limits_{S_z} x z \,\mathrm{d}S_z}{p_0 S_z + \rho g V} \\[4mm] z_f = \dfrac{p_0 z_C S_x + \rho g \iint\limits_{S_x} z^2 \,\mathrm{d}S_x}{p_0 S_x + \rho g z_C S_x} \end{cases}$$

式中, x_C, z_C 分别为 S_z, S_x 的形心坐标。压力中心是 F_{p_x} 和 F_{p_z} 作用线的交点,但不一定在柱面上。静水压力在柱面上作用点,一般是指合力 F_p 作用线与柱面交点。

在上面分析的情况中,压力体 V 内确有流体,此时为实的压力体,如图 2.24(a)所示。但在有些情况下,压力体内没有任何液体,只是被气体所占据,此时为虚的压力体,如图 2.24(c)所示。压力体还可以部分实[见图 2.24(b)]、部分虚[见图 2.24(d)]。

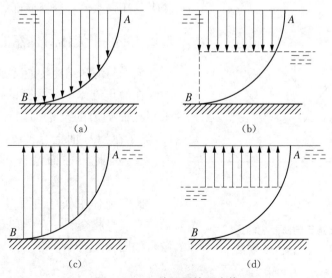

(a)   (b)

(c)   (d)

图 2.24 几种不同的压力体

下面介绍流体静力奇象及其在工程上应用。

图 2.25 为搁置在桌面上的 4 种不同形状的盛液容器,容器平底面积均为 S,盛液深度 h 也一样。试问图 2.25(a)~图 2.25(d)中,哪个容器底壁受到压力最大? 作用于桌面上的总压力哪个最大(不计容器自身的重量)?

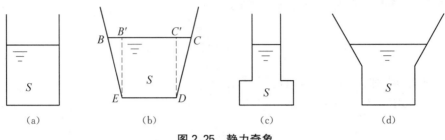

| (a) | (b) | (c) | (d) |

图 2.25 静力奇象

根据前面的知识,4 种容器内底受到的压力一样大,均为 $F_p = \rho g h S$,但每个容器对桌面的总压力却是不相同的,分别等于各容器内水的重量 G,它可能等于或大于或小于容器各内底所受的静水总压力。作用于容器各内底的静水总压力和作用于桌面的总压力,这两个概念引出的似乎矛盾的奇怪现象就是著名的"流体静力奇象"。这一奇象完全可以利用压力体的概念来解释。作用于桌面的总压力是容器全部壁面(包括内底和侧壁)所受静水总压力的铅垂分力;侧壁所受的铅垂总分力,经由容器传递到桌面上。对于图 2.25(a)的容器,侧壁是铅垂的,所以其内底所受的铅垂总分力为容器中水的重量,亦为内底所受的静水总压力,与桌面所受的总压力相等。对于图 2.25(b)的容器,侧壁所受的铅垂总分力为 $BB'E$ 和 $CC'D$ 压力体的水重,内底所受的铅垂总分力为 $B'C'DE$ 压力体的水重,所以作用于容器全部壁面的静水总压力的铅垂总分力为 $BCDE$ 的压力体的水重,即为容器中的水重,与桌面上所受的总压力相等,大于底壁所受的静水总压力。请读者自行分析其他两种情况。其中图 2.25(c)容器中装的液体最少,但对内底的作用力却与其他的一样,因此工程上可以通过此现象,利用很高的细管装满液体,以较少的液体产生较大的压强来检查容器底部焊缝的密闭性。

2.2.3 静止流体对任意曲面作用力

船舶与海洋结构物通常是三向曲面。三向曲面在静止流体中所受到的作用力,完全可以采用柱面受力的结论加以计算。对于三向曲面,除了在 yOz 面上有投影外,在 xOz 面上也有投影,因此较柱面情况,多了一个水平分力 F_{p_y}。

假定流体中任意曲面 S,它和平行于坐标轴的直线只相交于一点(如不满足,可以分割区域),如图 2.26 所示,则

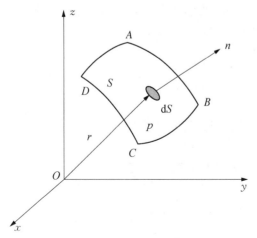

图 2.26 任意三向曲面在静止流体中的受力分析图

$$\begin{cases} F_{p_x} = F_{p(S_x)} \\ F_{p_y} = F_{p(S_y)} \\ F_{p_z} = p_0 S_z + \rho g V \end{cases}$$

必须注意的是,对于任意三向曲面,一般 F_{p_x},F_{p_y},F_{p_z} 不能归结为一个单力,亦即静水压强还将在曲面上产生一个力矩。

2.3　浮力及其浮体的稳定性

在船舶与海洋工程中,需要计算水面舰船和潜艇的浮力,并校核它们在水中的稳定性问题。本节内容是介绍船舶静力学中浮性和稳性理论的基础知识。

2.3.1　浮力——阿基米德定律

如图 2.27 所示,一物体完全浸没在液体中,为简便推导说明,假设其表面和平行于坐标轴的直线至多相交于两点(如果交点多于两个点,只要将物体分割成交点只有两点的部分,然后再进行计算)。

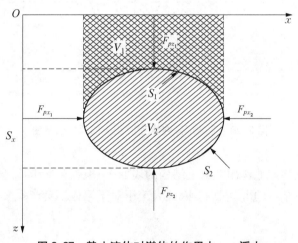

图 2.27　静止流体对潜体的作用力——浮力

计算水平分力 F_{p_x} 时,物体表面分为左右两个投影面,由于左右投影面积相同,法线方向相反,因此在这两个投影面上的作用力相互抵消。对于 F_{p_y},有同样的结论,所以

$$F_{p_x} = F_{p_y} = 0$$

计算 F_{p_z} 时,将物体分割为上下两个部分,如图 2.27 所示。由于上下两部分投影面积相同,所以自由表面传递下来的压强 p_0 对曲面的总压力为零,流体在铅垂方向的作用力只有流体重力引起的部分,它的大小为压力体中流体的重量。由图 2.27 得

$$F_{p_z} = F_{p_{z1}} - F_{p_{z2}} = \rho g V_1 - \rho g V_2 = -\rho g (V_2 - V_1) = -\rho g V \tag{2.36}$$

式中，V_1 为图中交叉斜直线部分体积即潜体上部分表面 S_1 与虚铅垂线和自由表面围成的体积；V_2 为图中所有阴影部分体积，即潜体下部分表面 S_2 与虚铅垂线和自由表面围成的体积；V 为完全浸没在流体中的潜体体积，式中负号表示作用力与 z 轴相反而向上。

式(2.36)是从静力学角度推导得出的浮力计算公式，通常用 F_B 表示，也可以直接采用数学物理方法直接导出，即

$$\boldsymbol{F}_B = \oiint_S - p\boldsymbol{n}\,\mathrm{d}S = -\oiint_S (p_0 + \rho g z)\boldsymbol{n}\,\mathrm{d}S = -\iiint_V \nabla(p_0 + \rho g z)\,\mathrm{d}V = -\rho g V\boldsymbol{k}$$

式中，S 为浸没物体表面积；$\boldsymbol{n}$ 为物体表面的法线，以指向流体为正。

可见，静止流体对完全浸没在液体中的物体，即"潜体"的作用力大小等于同体积的流体重量，其方向垂直向上。或用阿基米德的话："物体在静止流体中所失去的重量等于其所排开的同体积的流体重量"。

对于漂浮在液面上的浮体，如水面舰船，上述结论同样适用。如图 2.28 所示，下面用数学物理方法作简要推导（请读者用压力体方法自行推导）。

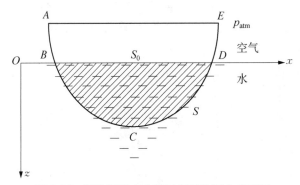

图 2.28　浮体漂浮在水面时所受的浮力示意图

由于大气压不仅均匀地作用在水上结构的表面上，根据帕斯卡原理，同样也均匀地以相同的数值作用在水下结构的湿表面上，因此大气压对于浮体不会产生合力，并注意到 S_0 上，$z = 0$。因而

$$\boldsymbol{F}_B = \iint_S - p\boldsymbol{n}\,\mathrm{d}S = \oiint_{S+S_0} - p\boldsymbol{n}\,\mathrm{d}S - \iint_{S_0} - p\boldsymbol{n}\,\mathrm{d}S = -\iiint_V \nabla(\rho g z)\,\mathrm{d}V + \iint_{S_0} (\rho g z)\,\mathrm{d}S = -\rho g V\boldsymbol{k}$$

古希腊科学家阿基米德总结了流体中物体所受浮力遵从的规律，这就是"阿基米德浮力定律"：全部或部分浸没在静止流体中物体，所受浮力大小等于其所排开流体的重力，方向铅垂向上，作用线通过其所排开流体的几何中心（浮心）。

需要注意的是，浮力是一种压差力。凡是和流体接触的物体表面都会受到流体压强的作用，各微分面的合力就是流体对物体的作用力，这种由于压强而引起的合力称为"压差力"。潜体四周都和流体接触，所以整个表面都受到压强的作用，由于前后、左右的合力相互抵消，因此只有铅垂方向的压差力。因上表面的压力小于下表面的压力，故压差力垂直向上，即为浮力。对于浮体来讲，虽然只有部分表面浸没在液体中，但由于自由表面上的压强

为常量,其对物体表面的合力为零,因此可以将物体在水下部分看作是一个刚好浸没在自由表面的潜体,该潜体的上表面为水平面。

但还应注意的是,当潜体潜深加大时,虽然浮力不变,但其表面所受到的压强却增大了,从而潜体结构的应力也变大了。另外如果潜体或浮体的某些表面不与流体接触,如船体搁浅、潜艇陷在泥沙中或用塞子堵水箱中出水孔时,式(2.36)不再适用。这时物体所受到的流体作用力不再垂直向上,而是垂直向下,将物体紧紧压在流体底部。这对潜艇来说,是十分危险的,此时需要通过向底部吹压缩空气,使底部与泥沙间产生缝隙,形成向上的力,从而上浮。

❓ 思考题 7

如果流体没有质量力,物体是否会受到浮力?

【例 2.6】一物体悬浮于两种互不相溶的液体的交界处(见图 2.29)。若两种液体的密度分别为 ρ_1 和 ρ_2($\rho_2 > \rho_1$),物体浸没在液体 1 中的体积为 V_1,浸没在液体 2 中的体积为 V_2,试求物体的浮力。

解 建立如图所示的坐标系,设 $z = 0$ 平面上的压强为 $p = p_0$,则

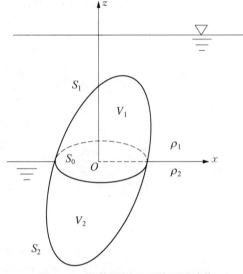

图 2.29 物体悬浮于两种不同液体

$$\boldsymbol{F} = \oiint\limits_{S} -p\boldsymbol{n}\,\mathrm{d}S = \iint\limits_{S_1} -p\boldsymbol{n}\,\mathrm{d}S + \iint\limits_{S_2} -p\boldsymbol{n}\,\mathrm{d}S$$

$$= -\iint\limits_{S_1}(p_0 - \rho_1 gz)\boldsymbol{n}\,\mathrm{d}S - \iint\limits_{S_2}(p_0 - \rho_2 gz)\boldsymbol{n}\,\mathrm{d}S$$

$$= \oiint\limits_{S_1+S_2} -p_0\boldsymbol{n}\,\mathrm{d}S + \iint\limits_{S_1}\rho_1 gz\boldsymbol{n}\,\mathrm{d}S + \iint\limits_{S_2}\rho_2 gz\boldsymbol{n}\,\mathrm{d}S$$

式中第一项 $\oiint\limits_{S_1+S_2} -p_0\boldsymbol{n}\,\mathrm{d}S = \oiint\limits_{S} -p_0\boldsymbol{n}\,\mathrm{d}S = 0$。由

于 S_0 上 $z = 0$,故 $\iint\limits_{S_0}\rho_1 gz\boldsymbol{n}\,\mathrm{d}S = \iint\limits_{S_0}\rho_2 gz\boldsymbol{n}\,\mathrm{d}S = 0$,因此

$$\boldsymbol{F} = \iint\limits_{S_1}\rho_1 gz\boldsymbol{n}\,\mathrm{d}S + \iint\limits_{S_2}\rho_2 gz\boldsymbol{n}\,\mathrm{d}S = \iint\limits_{S_1+S_0}\rho_1 gz\boldsymbol{n}\,\mathrm{d}S + \iint\limits_{S_2+S_0}\rho_2 gz\boldsymbol{n}\,\mathrm{d}S$$

$$= \iiint\limits_{V_1}\rho_1 g\boldsymbol{k}\,\mathrm{d}V + \iiint\limits_{V_2}\rho_2 g\boldsymbol{k}\,\mathrm{d}V = (\rho_1 gV_1 + \rho_2 gV_2)\boldsymbol{k}$$

说明物体只受到向上的压力合力,大小为 $\rho_1 gV_1 + \rho_2 gV_2$,这就是物体受到的浮力。

2.3.2 潜体及浮体的稳定性

所有潜体或浮体,均受到两个作用力:物体自身重力 G 和受到的流体浮力 F_B。重力的作用线通过重心且垂直向下,浮力的作用线通过浮心而垂直向上。根据 G 和 F_B 的大小,潜

体或浮体存在以下 3 种可能：

（1）当 $G > F_B$ 时，物体继续下沉。

（2）当 $G = F_B$ 时，物体可以在流体中的任何深度保持平衡。

（3）当 $G < F_B$ 时，物体上升，减少浸没在流体中的体积，从而减小浮力；当重力与浮力相等时，不再上升，则达到平衡位置。

所谓物体的稳定性（船舶静力学中叫做"稳性"），是指物体受到扰动后仍能维持平衡状态的能力。潜体或浮体在流体中维持平衡的充分必要条件是：重力与浮力相等；重心与浮心在同一垂直线上。

潜体或浮体在受到外界干扰，如风、浪或重物移动等作用，产生倾斜，如果外界干扰撤销后，能够恢复到原来平衡状态的能力，称为潜体或浮体的"稳定性"。我们可以根据重心和浮心的相对位置，讨论潜体或浮体的稳定性。

图 2.30 表示的是潜体重心 C 与浮心 B 的三种不同相对位置。

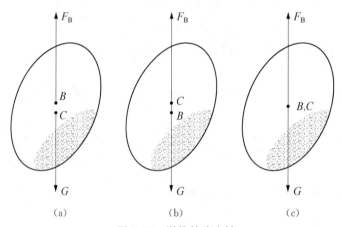

图 2.30 潜体的稳定性

(a)稳定平衡；(b)不稳定平衡；(c)随遇平衡

（1）稳定平衡。重心 C 位于浮心 B 之下，如图 2.30(a)所示。潜体在外力作用下发生倾斜，重力 G 与浮力 F_B 形成一个回复力矩，当外力消失后，这个回复力矩使潜体回复到原平衡位置。这种情况的平衡称为"稳定平衡"。

（2）不稳定平衡。重心 C 位于浮心 B 之上，如图 2.30(b)所示。潜体在外力作用下发生倾斜，重力 G 与浮力 F_B 形成一个继续倾斜的力矩，这个力矩使潜体不能回复到原平衡位置。这种情况的平衡称为"不稳定平衡"。

（3）随遇平衡（中性平衡）。重心 C 与浮心 B 重合，如图 2.30(c)所示。潜体在外力作用下发生倾斜，重力 G 与浮力 F_B 不形成任何力矩，潜体处于随遇平衡状态下而不再回复到原平衡位置。这种情况的平衡称为"随遇平衡"。

因此，在设计潜体时，必须使重心位于浮心之下，以保证其稳性基本要求。

漂浮在液面的浮体，其平衡的条件与潜体一样，但稳定性条件却与潜体不同，分析起来较复杂。下面以水面船舶为例，图 2.31 表示的是船舶重心 C 与浮心 B 的两种不同相对位置。

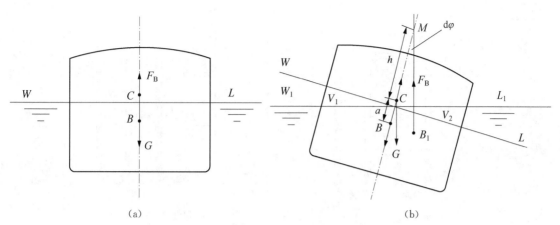

图 2.31　浮体的稳定性

　　船舶的重心位置一般是固定的(除非装有液货,倾斜后液货的重心改变,导致整船重心改变,此种复杂情况不在这里讨论),所受重力和浮力不变,但浮心却不同于潜体,其因船舶倾斜而改变,由原来的 B 移到了 B_1,如图 2.31(b)所示。此时重力和浮力的作用线不在一条直线上,将产生一个使船舶恢复到正浮状态的力矩,这个力矩称为"复原力矩",记为 M_R。在船舶静力学中,船舶横倾后浮力作用线与正浮状态时浮力作用线的交点 M 称为"稳心",稳心 M 与重心 C 之间的距离 h 称为"横稳心高"。当横倾角较小时,M 称为"初稳心",h 称为"初稳心高度"。根据复原力矩 M_R 与船舶倾斜后的状态,可以判断倾斜船舶是否稳定。

　　(1) 稳定平衡。重心 C 位于稳心 M 之下,$h > 0$,M_R 与横倾方向相反。当外力消失后,M_R 这个复原力矩使船舶回复到原平衡位置。这种情况的平衡称为"稳定平衡"。

　　(2) 不稳定平衡。重心 C 位于稳心 M 之上,$h < 0$,M_R 与横倾方向相同,使船舶继续倾斜,直至倾覆。这种情况的平衡称为"不稳定平衡"。

　　(3) 随遇平衡(中心平衡)。重心 C 与稳心 M 重合,在外力作用下船舶发生倾斜,$M_R = 0$,船舶处于随遇平衡状态下而不再回复到原平衡位置。这种情况的平衡称为"随遇平衡"。

习　题　2

　　1. 设输液管道上装有复式水银测压计,如图习题 2-1 所示。试问测压管中 1-2-3-4 水平液面上的压强 p_1,p_2,p_3,p_4 中哪个最大? 哪个最小? 哪些相等?

　　2. 如图习题 2-2 所示,一盛水的密闭容器,连接一复式水银测压计,已知各液面的位置高度分别为 $\nabla_1 = 2.3\,\text{m}$,$\nabla_2 = 1.2\,\text{m}$,$\nabla_3 = 2.5\,\text{m}$,$\nabla_4 = 1.4\,\text{m}$,$\nabla_5 = 3.0\,\text{m}$,水的密度为 $\rho = 1\,000\,\text{kg/m}^3$,$\rho_{\text{Hg}} = 13.6 \times 10^3\,\text{kg/m}^3$,试求密闭容器内水面上压强 p_0 的相对压强。

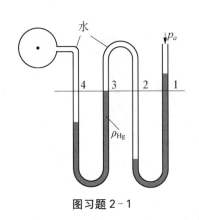

图习题 2-1

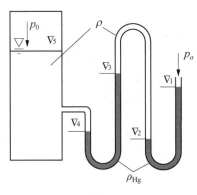

图习题 2-2

3. 如图习题 2-3 所示,矩形闸门高=3 m,宽=2 m,上游水深=6 m,下游水深=4.5 m,试求:(1)作用在闸门上的静水总压力;(2)压力中心的位置。水的密度为 $1\,000\,\text{kg/m}^3$,重力加速度为 $9.807\,\text{m/s}^2$。

4. 如图习题 2-4 所示,一弧形闸门,宽 2 m,圆心角 $\alpha = 30°$,半径 $R = 3$ m,闸门转轴与水平齐平,试求作用在闸门上的静水总压力的大小和方向。水的密度为 $1\,000\,\text{kg/m}^3$,重力加速度为 $9.807\,\text{m/s}^2$。

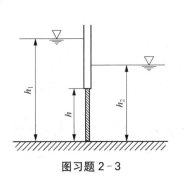

图习题 2-3

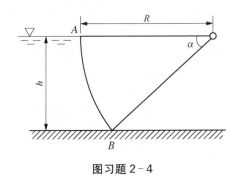

图习题 2-4

5. 如图习题 2-5 所示,正方形容器的底面积为 $b \times b = 200 \times 200\,\text{mm}^2$,质量为 $m_1 = 4$ kg。当其装有 $h = 150$ mm 高度水时,在 $m_2 = 25$ kg 的载荷作用下沿平面滑动。若容器的底部与平面的摩擦系数 $C_f = 0.13$,试问容器至少多高时才使得水不溢出?

6. 油轮的前后舱装有同一种油,液位分别为 h_1 和 h_2,前舱长 l_1,后舱长 l_2,前后舱的宽度均为 b,如图习题 2-6 所示。试问在前后舱隔板上的总压力等于零,即舱壁两侧油的深度相同时,油轮的加速度 a 应该是多少?(提示:液面倾斜后,隔板左右两侧液面在同一高度。)

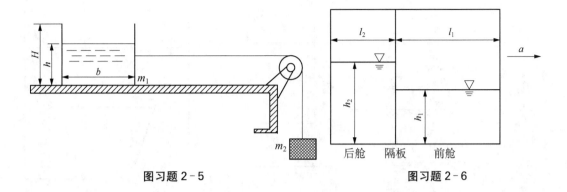

图习题 2-5

图习题 2-6

7. 如图习题 2-7 所示,半径为 R 边缘开口并通大气的圆筒内装满液体。当圆筒绕铅垂轴 z 以等角速度 ω 旋转,试分析顶盖的压强分布规律。

8. 假设一小船的横剖面沿船长都一样,如图习题 2-8 所示。其中,$AB = BC = 1.0\,\mathrm{m}$,$CD = 2.0\,\mathrm{m}$。斜边 BC 与 ED 的倾斜角度为 45°。试绘出横剖面受到水压强的分布图,并计算作用在各段的单位长度上的总压力大小及作用点。

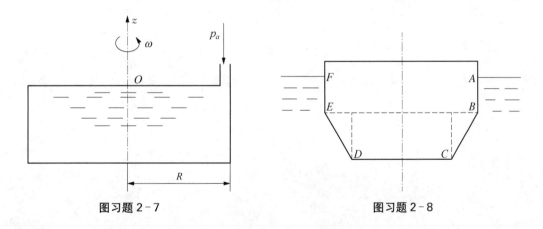

图习题 2-7

图习题 2-8

9. 试绘出如图习题 2-9 所示的各种曲面上的压力体图,并标出铅垂总分力是向上还是向下。

10. 如图习题 2-10 所示,容器内盛有密度为 ρ_1 的液体,底部圆形出口用锥形阀封闭,其密度为 ρ_2。如果 $H = 4r$,$h = 3r$,则将锥形阀提起需要多大力。

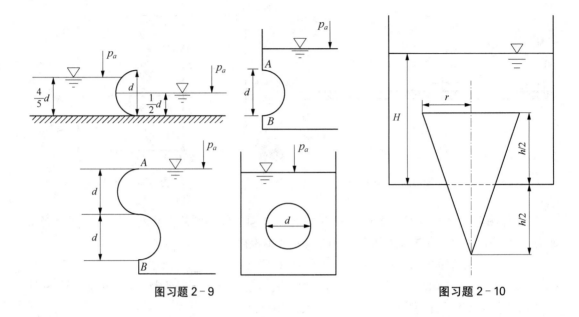

图习题 2-9   图习题 2-10

第3章

流体运动学

流体运动学只用几何的观点研究流体的运动,而不涉及力的问题。凡表征流体运动的各种物理量,如质量、表面力、速度、加速度、密度、动量、能量等,都称为流体的"运动要素"。流体运动学就是要建立运动要素与时间和空间之间的关系式,然后通过流体运动的基本方程和有关定理,将运动要素与流体作用力建立相应的关系。流体运动学是流体动力学的基础。

3.1 流动图形观察

"流动图形观察"又称"流动显示术",在日常生活中,我们可以通过烟囱冒出的烟、旗帜的飘扬等观察空气的流动;通过水面漂浮物等观察水的流动,根据这些经验,我们可以设计一些流动观察实验。下面只给出了3种经典的观察实验,更多的请参阅有关实验流体力学方面的教材和文献。

1. 雷诺实验

早在1883年,英国物理学家雷诺(O. Reynolds)就对圆管内的黏性流体运动进行了实验研究,其所采用的实验装置如图3.1所示。水流通过水平放置的玻璃圆管2从水箱1中流出,可以用小口径滴管5从上游注入有色液体4(如红墨水或蓝墨水等)来观察管内水的流动状态。

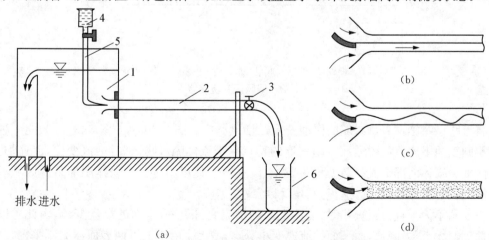

1—水箱;2—玻璃管;3—调节阀;4—有色液体;5—滴管;6—量筒。

图3.1 雷诺实验

当管中水流速度很慢时,玻璃圆管内的有色液体沿着管轴线平稳流动,呈直线状,如图3.1(b)所示。这时有色液体的形状反映管中水流是沿管轴线分层平稳流动的,这种流动状态称为层流。随着水流速度的逐渐加大到某一数值,管中有色液体开始出现波动,如图3.1(c)所示。这种波动表明管中水流已不稳定,水流不仅有沿管轴线的分速度,而且沿垂直于管轴线的方向也存在分速度,水流从层流状态开始向另一种流动状态过渡。当水流继续增大时超过某一数值后,有色液体很快与水流掺和在一起,如图3.1(d)所示。这时水流之间相互混合,除了管轴线的速度分量外,其他各方向都产生了不规则的脉动速度,这种流动状态称为"湍流"。除了管道流动,在物体绕流过程中,物体表面附近边界层中也存在两种流动状态。

黏性流体运动具有两种不同的流动状态——层流和湍流,这是一个重要的发现。由于存在两种不同的流动状态,因此流体在管道流动中的摩擦损失和壁面边界层流动中的摩擦阻力就存在两种不同的变化规律。关于黏性流体运动的层流与湍流流动的规律,将会在后续的管道流动和边界层理论中进一步阐述。

2. 烟风洞实验

烟风洞是利用烟流法观察空气流过物体时流动图形的设备,如图3.2所示。用电阻丝将矿物油加热,或用其他方法,如点香等方法产生烟,然后通过等距离分布的并排金属管将烟引入烟风洞中,这些管子装置在物体的前面,气流带着烟流过物体,这些烟便明显地让人看出气流的流动。

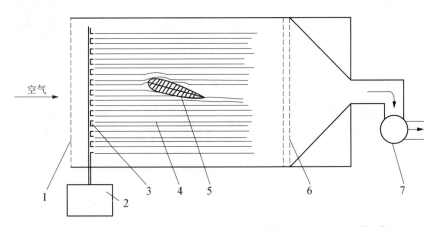

1—整流网;2—发烟器;3—梳状导管;4—烟线;5—模型;6—整流网;7—抽风机。

图3.2 烟风洞实验装置

将流线型物体,如水翼、舵的模型安装在烟风洞中。图3.3(a)～图3.3(c)为同一种模型在不同攻角下的流动图形。流动图形的特点是当流体流过物体时,烟流变密,流速加大,压力降低。物体前部烟流分叉处称为"驻点",在该点速度为零。在物体尾部某一区域烟流被冲散,反映流动极不规则,这里为"尾涡区"或"尾迹"。

当攻角不为零且为正攻角时,物体上部的烟流变得更密,下面的烟流变疏,由此可以判断上面流速大、压力降低,而下面的流速变小、压力增大。由于上下两表面压力不平衡,产生了向上的压差力,即"升力",这就是升力产生的原因。攻角越大,上下两表面处烟流的疏密

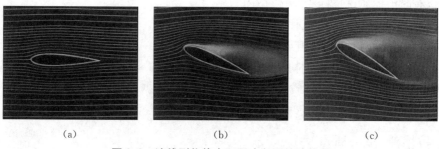

(a)　　　　　　　　　　　(b)　　　　　　　　　　　(c)

图3.3　流线型物体在不同攻角下的流线图

程度相差越大,压力相差越大,因而升力越大。当攻角增加时,尾涡区也在扩大,当达到某一定值后,由于尾涡区过于扩大,于是产生剧烈的振动,同时升力迅速下降,阻力也剧增,这种现象称为"失速"。有关流线型机翼方面的知识,请参阅机翼理论方面的专著。

3. 卡门涡街实验

卡门涡街是流体力学中的重要流动现象,在自然界中经常遇到。将一圆柱体垂直放入水槽中,在圆柱体前面撒上漂浮物,或利用粒子图像测速法(particle image velocimetry, PIV)作为一种流场测试技术,可以观察到绕圆柱体水的流动图形。在水的流速很慢时,产生两个黏附在圆柱体后面对称的旋涡。当水的流速继续增大至某一数值范围内,在圆柱体后面形成两列交错排列、转动方向相反、周期性的旋涡,如图3.4所示,这称为"卡门涡街"。这是水翼颤振、螺旋桨"唱音"的根源。潜水艇的潜望镜、海洋平台的张力腿和缆索也由于这个原因而产生涡激振动,导致疲劳破坏。

图3.4　卡门涡街

3.2　描述流体运动的两种方法

观察流体运动,可以有两种不同的方法:一种是烟风洞实验,在烟风洞中观察各个位置上的流动情况,哪个地方流线变密了,哪些地方流线变疏了,旋涡区在什么地方,驻点速度为多少等;另外一种是卡门涡街的实验,这是在水槽中观察涡街的发生和发展情况,跟随每一个涡旋,细心地观察它的运动情况。前一种方法称为"空间点法"或"欧拉法",后一种方法称为"质点法"或"拉格朗日法"。在采用数学方法描述流体运动时,也采用质点法和空间点法即拉格朗日法和欧拉法相结合的方法,这两种方法分别基于质点及空间点的概念。

3.2.1　流体质点和空间点

"流体质点"是个物理点,它是在连续介质中取出的,几何尺寸在宏观上无限小,可以看作一点,但微观上又充分大,包含许多分子,具有一定物理量,如速度、加速度、密度、压强、温度等,所以有时流体质点也称为"流体微团"。

"空间点"是个几何点,它表示空间的位置。

流体质点和空间点之间既相互联系又有区别:

(1) 根据连续介质假设,流体质点与空间点一一对应。流场中某一空间点,可先后由不同的流体质点所占据;某一流体质点,在不同时刻,先后占据不同的空间点。

(2) 流体质点的物理量会随时间发生变化,而空间点是固定不动的。

3.2.2　拉格朗日法(质点法)

拉格朗日法着眼于各个流体质点的运动,描述的是流体质点自始至终的运动过程及它们的物理量随时间的变化规律。研究思路:先跟踪某一运动的流体质点,观察其各物理量随时间的变化,然后转到相邻质点,观察它们的运动参数随时间变化,依次下去,了解所有流体质点的运动规律(流动全部情况)。由于采用的是理论力学中质点(系)概念,拉格朗日法又称为质点法。拉格朗日法是由瑞士科学家欧拉(Euler)提出,法国科学家拉格朗日(Lagrange)做了独立、完整的表达和具体应用。

1. 拉格朗日变数(坐标)

对于流体质点,需要对其进行识别。通俗讲,就是给它取名,以便加以区分而能够自始至终跟踪它。因每时刻、每一质点都占有唯一确定的空间位置,因此通常采用某时刻 $t = t_0$ (一般取 $t_0 = 0$)各质点的空间坐标 (a, b, c) 表征它们,显然不同的质点,将有不同的 (a, b, c) 值。 (a, b, c) 可以是曲线坐标,亦可为直角坐标。为了方便,先在直角坐标系中进行讨论。

某一质点 (a_1, b_1, c_1) 在空间运动时,运动规律为

$$
\begin{cases}
x = x(a_1, b_1, c_1, t) \\
y = y(a_1, b_1, c_1, t) \\
z = z(a_1, b_1, c_1, t)
\end{cases}
\tag{3.1}
$$

任意流体质点在任意时刻空间位置,将是 (a, b, c, t) 这 4 个量的函数,即

$$
\begin{cases}
x = x(a, b, c, t) \\
y = y(a, b, c, t) \quad 或 \quad \boldsymbol{r} = \boldsymbol{r}(a, b, c, t) \\
z = z(a, b, c, t)
\end{cases}
\tag{3.2}
$$

通常将 (a, b, c, t) 称为"拉格朗日变数"或"拉格朗日坐标"。当 a, b, c 固定时,式 (3.2) 表示确定的某个质点的运动轨迹; t 固定时,式 (3.2) 则为 t 时刻,空间各质点的位置分布;若 (a, b, c, t) 均为变数,则式 (3.2) 表示的是任意流体质点的运动轨迹。

2. 流体质点速度、加速度及其他物理量

根据理论力学的概念,速度是同一质点在单位时间内位移变化率,加速度是同一质点在单位时间内速度变化率。而对于固定质点, (a, b, c) 不随 t 变,因此由式 (3.2) 可得到质点的速度、加速度及其他物理量表达式,即式 (3.2) 对时间取偏导数得到速度表达式

$$
\boldsymbol{v} = \lim_{\Delta t \to 0} \frac{\Delta \boldsymbol{r}}{\Delta t} = \lim_{\Delta t \to 0} \frac{\boldsymbol{r}(a, b, c, t + \Delta t) - \boldsymbol{r}(a, b, c, t)}{\Delta t} = \frac{\partial \boldsymbol{r}}{\partial t} = \boldsymbol{v}(a, b, c, t)
\tag{3.3}
$$

速度分量式为

$$\begin{cases} v_x = \dfrac{\partial x}{\partial t} = v_x(a, b, c, t) \\[2mm] v_y = \dfrac{\partial y}{\partial t} = v_y(a, b, c, t) \\[2mm] v_z = \dfrac{\partial z}{\partial t} = v_z(a, b, c, t) \end{cases} \tag{3.4}$$

同样,式(3.3)对时间取偏导数可得到加速度表达式

$$\boldsymbol{a}(a, b, c, t) = \lim_{\Delta t \to 0} \frac{\Delta \boldsymbol{v}}{\Delta t} = \lim_{\Delta t \to 0} \frac{\boldsymbol{v}(a, b, c, t + \Delta t) - \boldsymbol{v}(a, b, c, t)}{\Delta t} = \frac{\partial \boldsymbol{v}}{\partial t} = \frac{\partial^2 \boldsymbol{r}}{\partial t^2} \tag{3.5}$$

加速度分量式为

$$\begin{cases} a_x = \dfrac{\partial v_x}{\partial t} = \dfrac{\partial^2 x}{\partial t^2} = a_x(a, b, c, t) \\[2mm] a_y = \dfrac{\partial v_y}{\partial t} = \dfrac{\partial^2 y}{\partial t^2} = a_y(a, b, c, t) \\[2mm] a_z = \dfrac{\partial v_z}{\partial t} = \dfrac{\partial^2 z}{\partial t^2} = a_z(a, b, c, t) \end{cases} \tag{3.6}$$

同样,流体密度、压力、温度等也为(a, b, c, t)的函数,即

$$\begin{cases} \rho = \rho(a, b, c, t) \\ p = p(a, b, c, t) \\ T = T(a, b, c, t) \\ \cdots\cdots \end{cases} \tag{3.7}$$

　　拉格朗日法在理论力学中得到广泛采用,因为其物理意义较易理解,便于识别质点(如质点系质量中心)等。当流体质点运动规律,即式(3.2)一旦确定,任意流体质点在任何时刻的速度和加速度就可获得。求得加速度后,通过牛顿第二定律建立运动与作用于该点上力的关系;反之亦然。因此,利用拉格朗日法研究流体运动的关键是求得流体质点运动规律,即式(3.2)。这个过程看起来似乎很简单,实际上求解却非常复杂,计算工作量大;其次,在大多数流体运动问题中,并不需要知道流体质点的运动轨迹及其沿轨迹的速度等物理量的变化,不需要知道流体质点从哪里来又到哪里去;再次,测量流体运动要素,若跟随流体质点移动测试,测出其不同瞬时的数值,这种测量方法较难,不易做到;最后,拉格朗日法中速度、加速度等物理量都是(a, b, c, t)函数,而不是空间坐标(x, y, z, t)函数,构不成场,因而无法采用场论知识以简化问题。因此,拉格朗日法在整个流体力学研究中较少采用,主要在分析某些流体运动(如波浪运动、卡门涡街、台风移动等)或在计算流体力学中计算某些问题时(如波面的追踪、流固耦合作用),才采用拉格朗日法。

3.2.3　欧拉法(空间点法)

　　欧拉法着眼点是空间点,描述的是各个时刻、各个空间点上流体质点物理量的变化情

况。其思路为先观察某一空间固定点上质点的各物理量随时间的变化,然后研究相邻空间点上质点的物理量的变化,最后获得整个流场空间点上质点物理量的变化。这种方法是由欧拉提出来的。

1. 欧拉变数(坐标)

在欧拉法中,物理量被表达成空间坐标及时间的函数,在直角坐标系中,速度和其他物理量可表达为

$$
\begin{cases}
v_x = v_x(x, y, z, t) \\
v_y = v_y(x, y, z, t) \quad \text{或} \quad \boldsymbol{v} = \boldsymbol{v}(\boldsymbol{r}, t) \\
v_z = v_z(x, y, z, t)
\end{cases} \tag{3.8}
$$

其他物理量

$$
\begin{cases}
p = p(x, y, z, t) \\
\rho = \rho(x, y, z, t) \\
T = T(x, y, z, t) \\
\cdots\cdots
\end{cases} \tag{3.9}
$$

式中,(x, y, z, t) 称为"欧拉变数"或者"欧拉坐标"。

若空间位置固定,即 (x, y, z) 不变,而时间变化,则式(3.8)和式(3.9)表示的是固定空间点上流体质点物理量随时间的变化(在某一固定空间点上,不同时刻,一般有不同的流体质点);若时间固定,(x, y, z) 改变时,代表的是某一时刻物理量在空间的分布规律。由于在欧拉法中,流体质点物理量均为空间坐标和时间的函数,构成了各物理量的场,因此,欧拉法可以采用场论的知识。

需要注意的是:欧拉坐标中的 x, y, z 与拉格朗日坐标中 x, y, z 是有区别的,前者的 x, y, z 是空间点位置,为 t 的独立变量,即与 t 无关,而后者的 x, y, z 是质点位置,是 t 的函数。

2. 流体质点加速度

加速度是质点的物理量,因此在计算质点物理量(如加速度等)随时间的变化时,必须采用拉格朗日法,即"质点的观点"。这时所选的空间点就不再是任意的空间点,而是同一个流体质点在运动过程中先后经过的位置,是同一轨迹上的空间点。所以在求加速度时,式(3.8)和式(3.9)中的 x, y, z 与 t 存在一定的函数关系,即

$$
x = x(t), \quad y = y(t), \quad z = z(t)
$$

在流体空间上和微小时段 Δt 内,跟踪某一质点一段距离 M - M'(即轨迹)来观察它的速度变化,如图 3.5 所示。

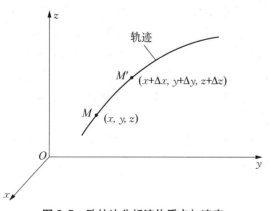

图 3.5　欧拉法分析流体质点加速度

先分析 x 方向的速度变化

$$a_x = \lim_{\Delta t \to 0} \frac{v_x(x+\Delta x, y+\Delta y, z+\Delta z, t+\Delta t) - v_x(x, y, z, t)}{\Delta t}$$

$$= \lim_{\Delta t \to 0} \frac{v_x(x, y, z, t+\Delta t) - v_x(x, y, z, t)}{\Delta t} +$$

$$\lim_{\Delta t \to 0} \frac{v_x(x+\Delta x, y+\Delta y, z+\Delta z, t+\Delta t) - v_x(x, y, z, t+\Delta t)}{\Delta t}$$

$$= \frac{\partial v_x}{\partial t} + \lim_{\Delta t \to 0} \frac{(v_x + \frac{\partial v_x}{\partial x}\Delta x + \frac{\partial v_x}{\partial y}\Delta y + \frac{\partial v_x}{\partial z}\Delta z) - v_x}{\Delta t}$$

$$= \frac{\partial v_x}{\partial t} + v_x\frac{\partial v_x}{\partial x} + v_y\frac{\partial v_x}{\partial y} + v_z\frac{\partial v_x}{\partial z}$$

即

$$a_x = \frac{\partial v_x}{\partial t} + \boldsymbol{v} \cdot \nabla v_x \tag{3.10}$$

式中，$\nabla = \boldsymbol{i}\frac{\partial}{\partial x} + \boldsymbol{j}\frac{\partial}{\partial y} + \boldsymbol{k}\frac{\partial}{\partial z}$，即场论中的"哈密顿算子"。

同理可得其他两式：

$$a_y = \frac{\partial v_y}{\partial t} + \boldsymbol{v} \cdot \nabla v_y \tag{3.11}$$

$$a_z = \frac{\partial v_z}{\partial t} + \boldsymbol{v} \cdot \nabla v_z \tag{3.12}$$

合并式(3.10)～式(3.12)得到欧拉法表达的质点加速度矢量式为

$$\boldsymbol{a} = \frac{\partial \boldsymbol{v}}{\partial t} + (\boldsymbol{v} \cdot \nabla)\boldsymbol{v} \tag{3.13}$$

式(3.13)也可根据质点加速度概念及数学上复合函数的全导数概念导出，即

$$\boldsymbol{a} = \frac{\mathrm{D}\boldsymbol{v}(x, y, z, t)}{\mathrm{D}t}$$

$$= \frac{\partial \boldsymbol{v}}{\partial t} + \frac{\partial \boldsymbol{v}}{\partial x}\frac{\mathrm{d}x}{\mathrm{d}t} + \frac{\partial \boldsymbol{v}}{\partial y}\frac{\mathrm{d}y}{\mathrm{d}t} + \frac{\partial \boldsymbol{v}}{\partial z}\frac{\mathrm{d}z}{\mathrm{d}t}$$

$$= \frac{\partial \boldsymbol{v}}{\partial t} + \frac{\partial \boldsymbol{v}}{\partial x}v_x + \frac{\partial \boldsymbol{v}}{\partial y}v_y + \frac{\partial \boldsymbol{v}}{\partial z}v_z$$

$$= \frac{\partial \boldsymbol{v}}{\partial t} + (\boldsymbol{v} \cdot \nabla)\boldsymbol{v}$$

对于其他物理量，也可得到

$$\frac{\mathrm{D}\rho}{\mathrm{D}t} = \frac{\partial \rho}{\partial t} + (\boldsymbol{v} \cdot \nabla)\rho \tag{3.14}$$

$$\frac{\mathrm{D}p}{\mathrm{D}t} = \frac{\partial p}{\partial t} + (\boldsymbol{v} \cdot \nabla)p \tag{3.15}$$

通常称 $\dfrac{\partial \boldsymbol{v}}{\partial t}$ 为"当地加速度(局部加速度)"；$(\boldsymbol{v} \cdot \nabla)\boldsymbol{v}$ 为"变位加速度(迁移加速度)"。

3. 质点导数(随体导数)概念

流体质点物理量对于时间变化率叫做该物理量的"质点导数"，在拉格朗日法中为 $\partial/\partial t$，欧拉法中为 $\mathrm{D}/\mathrm{D}t$(有的教材或文献用 $\mathrm{d}/\mathrm{d}t$ 表示)。这种运算方法表示跟随同一流体质点的运动，观察流体质点物理量随时间的变化率。在欧拉法求导过程中，$\mathrm{D}x/\mathrm{D}t$，$\mathrm{D}y/\mathrm{D}t$，$\mathrm{D}z/\mathrm{D}t$ 都有特定的含义，即流体质点沿 x，y，z 方向速度分量。

4. 拉格朗日法与欧拉法区别及联系

1) 数学描述

表 3.1 给出了两种方法的不同描述。

表 3.1   拉格朗日法与欧拉法的不同描述

参数	拉格朗日法	欧拉法
独立变量	a，b，c，t	x，y，z，t
因变量	x，y，z；ρ，p，T，$\cdots$	$\boldsymbol{v}$，ρ，p，T，$\cdots$
质点导数	$\dfrac{\partial(\ )}{\partial t}$	$\dfrac{\mathrm{D}(\ )}{\mathrm{D}t} = \dfrac{\partial(\ )}{\partial t} + \boldsymbol{v} \cdot \nabla(\ )$

2) 数学处理

欧拉法将流体质点各物理量定义在空间上，构成物理场，故广泛采用场论知识；拉格朗日法跟踪的是固定质点，采用的是质点系概念，主要用于波浪理论、台风预报等方面。可分别用"守株待兔"和"跟踪追击"形象地表示这两种方法的特点。

欧拉法中 $\dfrac{\mathrm{D}\boldsymbol{v}}{\mathrm{D}t}$ 是一阶导数，拉格朗日法中加速度 $\dfrac{\partial^2 \boldsymbol{r}}{\partial t^2}$ 是二阶导数，故求解问题时，欧拉法求解的是一阶微分方程。

3) 物理量测量

用欧拉法测量流体质点物理量时，可以将测试仪器、仪表固定在指定的空间点上，这自然要比用拉格朗日法跟随测量容易得多。

【例3.1】 就下面两种平面不可压缩流场的速度分布分别求加速度。

(1) $v_x = \dfrac{m}{2\pi} \cdot \dfrac{x}{x^2 + y^2}$，$v_y = \dfrac{m}{2\pi} \cdot \dfrac{y}{x^2 + y^2}$

(2) $v_x = \dfrac{Kt(y^2 - x^2)}{(x^2 + y^2)^2}$，$v_y = \dfrac{-2Ktxy}{(x^2 + y^2)^2}$，其中，$m$，$K$ 为常数。

解   (1) 流场的加速度表达式为

$$a_x = \frac{\partial v_x}{\partial t} + v_x \frac{\partial v_x}{\partial x} + v_y \frac{\partial v_x}{\partial y}$$

$$= 0 + \frac{m}{2\pi} \cdot \frac{x}{x^2 + y^2} \cdot \frac{m}{2\pi} \cdot \frac{y^2 - x^2}{(x^2 + y^2)^2} + \frac{m}{2\pi} \cdot \frac{y}{x^2 + y^2} \cdot \frac{m}{2\pi} \cdot \frac{-2xy}{(x^2 + y^2)^2}$$

$$= -\left(\frac{m}{2\pi}\right)^2 \cdot \frac{x}{(x^2 + y^2)^2}$$

$$a_y = \frac{\partial v_y}{\partial t} + v_x \frac{\partial v_y}{\partial x} + v_y \frac{\partial v_y}{\partial y}$$

$$= 0 + \frac{m}{2\pi} \cdot \frac{x}{x^2 + y^2} \cdot \frac{m}{2\pi} \cdot \frac{-2xy}{(x^2 + y^2)^2} + \frac{m}{2\pi} \cdot \frac{y}{x^2 + y^2} \cdot \frac{m}{2\pi} \cdot \frac{x^2 - y^2}{(x^2 + y^2)^2}$$

$$= -\left(\frac{m}{2\pi}\right)^2 \cdot \frac{y}{(x^2 + y^2)^2}$$

合成后的加速度为

$$\boldsymbol{a} = -\left(\frac{m}{2\pi}\right)^2 \cdot \frac{x}{(x^2 + y^2)^2} \boldsymbol{i} - \left(\frac{m}{2\pi}\right)^2 \cdot \frac{y}{(x^2 + y^2)^2} \boldsymbol{j}$$

$$= -\left(\frac{m}{2\pi}\right)^2 \cdot \frac{x\boldsymbol{i} + y\boldsymbol{j}}{(x^2 + y^2)^2} = -\left(\frac{m}{2\pi}\right)^2 \cdot \frac{\boldsymbol{r}}{r^4} = -\left(\frac{m}{2\pi}\right)^2 \cdot \frac{1}{r^3} \boldsymbol{e}_r$$

本题也可以转换到极坐标系来求解。由直角坐标系的速度表达可以得到极坐标系下速度分量为

$$v_x = \frac{m}{2\pi} \cdot \frac{x}{x^2 + y^2} = \frac{m}{2\pi} \cdot \frac{\cos\theta}{r}, \ v_y = \frac{m}{2\pi} \cdot \frac{y}{x^2 + y^2} = \frac{m}{2\pi} \cdot \frac{\sin\theta}{r}$$

$$v_r = v_x \cos\theta + v_y \sin\theta = \frac{m}{2\pi} \cdot \frac{\cos^2\theta + \sin^2\theta}{r} = \frac{m}{2\pi r}$$

$$v_\theta = -v_x \sin\theta + v_y \cos\theta = 0$$

代入极坐标系下加速度计算公式得

$$a_r = \frac{\partial v_r}{\partial t} + v_r \frac{\partial v_r}{\partial r} + v_\theta \frac{\partial v_r}{r \partial \theta} - \frac{v_\theta^2}{r} = -\left(\frac{m}{2\pi}\right)^2 \cdot \frac{1}{r^3}$$

$$a_\theta = \frac{\partial v_\theta}{\partial t} + v_r \frac{\partial v_\theta}{\partial r} + v_\theta \frac{\partial v_\theta}{r \partial \theta} + \frac{v_r v_\theta}{r} = 0$$

合成的加速度为

$$\boldsymbol{a} = a_r \boldsymbol{e}_r + a_\theta \boldsymbol{e}_\theta = -\left(\frac{m}{2\pi}\right)^2 \cdot \frac{1}{r^3} \boldsymbol{e}_r$$

（2）流场的加速度表达式为

$$a_x = \frac{\partial v_x}{\partial t} + v_x \frac{\partial v_x}{\partial x} + v_y \frac{\partial v_x}{\partial y}$$

$$= K \cdot \frac{y^2 - x^2}{(x^2 + y^2)^2} + \frac{Kt(y^2 - x^2)}{(x^2 + y^2)^2} \cdot \frac{2Ktx(x^2 - 3y^2)}{(x^2 + y^2)^3} - \frac{Kt \cdot 2xy}{(x^2 + y^2)^2} \cdot \frac{2Kty(3x^2 - y^2)}{(x^2 + y^2)^3}$$

$$= \frac{K(y^2 - x^2)}{(x^2 + y^2)^2} - \frac{2K^2 t^2 x}{(x^2 + y^2)^3}$$

$$a_y = \frac{\partial v_y}{\partial t} + v_x \frac{\partial v_y}{\partial x} + v_y \frac{\partial v_y}{\partial y}$$

$$= -\frac{2Kxy}{(x^2+y^2)^2} + \frac{Kt(y^2-x^2)}{(x^2+y^2)^2} \cdot \frac{(-2Kty) \cdot (y^2-3x^2)}{(x^2+y^2)^3} - \frac{2Ktxy}{(x^2+y^2)^2} \cdot \frac{(-2Ktx) \cdot (x^2-3y^2)}{(x^2+y^2)^3}$$

$$= -\frac{2Kxy}{(x^2+y^2)^2} - \frac{2K^2 t^2 y}{(x^2+y^2)^3}$$

3.2.4　拉格朗日法和欧拉法之间的转换

拉格朗日法着眼于流体质点,将物理量视为随体坐标与时间的函数;欧拉法着眼于空间点,将物理量视为空间坐标与时间的函数,但它们描述的均是流体质点物理量在运动中的变化,因此,两者之间必定可以相互转换。

1. 把 Lagrange 变数表示的物理量转化为 Euler 变数表示的物理量

设 $f=f(a,b,c,t)$ 表示用拉格朗日变数表达的物理量;$f=F(x,y,z,t)$ 表示用欧拉变数表示的物理量。转换的命题为:已知 $\boldsymbol{r}=\boldsymbol{r}(a,b,c,t)$ 及 $f=f(a,b,c,t)$,求 $F(x,y,z,t)$。

如果行列式

$$D = \frac{\partial \boldsymbol{r}}{\partial(a,b,c)} = \begin{vmatrix} \dfrac{\partial x}{\partial a} & \dfrac{\partial y}{\partial a} & \dfrac{\partial z}{\partial a} \\[2mm] \dfrac{\partial x}{\partial b} & \dfrac{\partial y}{\partial b} & \dfrac{\partial z}{\partial b} \\[2mm] \dfrac{\partial x}{\partial c} & \dfrac{\partial y}{\partial c} & \dfrac{\partial z}{\partial c} \end{vmatrix} \neq 0 \text{ 或} \infty$$

则存在单值解

$$\begin{cases} a = a(x,y,z,t) \\ b = b(x,y,z,t) \\ c = c(x,y,z,t) \end{cases}$$

将 (a,b,c) 代入 $f=f(a,b,c,t)$ 中,则

$$f = f(a,b,c,t) = f[a(x,y,z), b(x,y,z), c(x,y,z), t] = F(x,y,z,t)$$

上式就是以欧拉变数表示的物理量。

2. 欧拉变数表达的物理量变换为以拉格朗日变数表示的物理量

转换的命题为:已知 $\boldsymbol{v}(x,y,z,t)$ 及 $f=F(x,y,z,t)$,求 $f=f(a,b,c,t)$。

由

$$\begin{cases} v_x = \dfrac{\mathrm{D}x}{\mathrm{D}t} = v_x(x,y,z,t) \\[2mm] v_y = \dfrac{\mathrm{D}y}{\mathrm{D}t} = v_y(x,y,z,t) \\[2mm] v_z = \dfrac{\mathrm{D}z}{\mathrm{D}t} = v_z(x,y,z,t) \end{cases}$$

积分求得

$$\begin{cases} x = x(C_1, C_2, C_3, t) \\ y = y(C_1, C_2, C_3, t) \\ z = z(C_1, C_2, C_3, t) \end{cases} \tag{3.16}$$

式中，C_1，C_2，C_3 由 $t = t_0$ 时，$\boldsymbol{r} = (a, b, c)$ 定出，所以可得

$$\begin{cases} C_1 = c_1(a, b, c, t) \\ C_2 = c_2(a, b, c, t) \\ C_3 = c_3(a, b, c, t) \end{cases} \tag{3.17}$$

将式(3.17)代入式(3.16)可得

$$\boldsymbol{r} = \boldsymbol{r}(a, b, c, t)$$

或者

$$\begin{cases} x = x(a, b, c, t) \\ y = y(a, b, c, t) \\ z = z(a, b, c, t) \end{cases}$$

将此式代入 $f = F(x, y, z, t)$ 中，则

$$f = F[x(a, b, c), y(a, b, c), z(a, b, c), t] = f(a, b, c, t)$$

这就将欧拉法的表达转换成了拉格朗日变数的表达。上述转换过程实际是由欧拉法表达的速度求轨迹的过程。

【例 3.2】已知拉格朗日变数表示的速度分布 $v_x = (a+1)\mathrm{e}^t - 1$，$v_y = (b+1)\mathrm{e}^t - 1$，且 $t = 0$ 时，$x = a$，$y = b$。求：

（1）$t = 2$ 时质点分布。

（2）$a = 1$，$b = 2$ 质点运动规律。

（3）质点的加速度。

（4）用欧拉变数表示的速度表达式。

解　根据拉格朗日方法中速度与质点位置的关系

$$v_x = \frac{\partial x}{\partial t} = v_x(a, b, c, t)$$

$$v_y = \frac{\partial y}{\partial t} = v_y(a, b, c, t)$$

可得到

$$v_x = \frac{\partial x}{\partial t} = (a+1)\mathrm{e}^t - 1$$

$$v_y = \frac{\partial y}{\partial t} = (b+1)\mathrm{e}^t - 1$$

对上式积分得

$$x = (a+1)e^t - t + C_1$$
$$y = (b+1)e^t - t + C_2$$

由初始条件可得到积分常数

$$C_1 = -1$$
$$C_2 = -1$$

所以

$$x = (a+1)e^t - t - 1$$
$$y = (b+1)e^t - t - 1 \tag{3.18}$$

(1) 将 $t=2$ 代入式(3.18),得到此时质点分布为

$$x = (a+1)e^2 - 3$$
$$y = (b+1)e^2 - 3$$

(2) 将 $a=1$, $b=2$ 代入式(3.18),可得到该质点运动规律

$$x = 2e^t - t - 1$$
$$y = 3e^t - t - 1$$

(3) 质点速度对时间求导可得质点加速度

$$a_x = \frac{\partial v_x}{\partial t} = (a+1)e^t$$

$$a_y = \frac{\partial v_y}{\partial t} = (b+1)e^t$$

(4) 由式(3.18)得到

$$(a+1)e^t = x + t + 1$$
$$(b+1)e^t = y + t + 1$$

将此代入拉格朗日速度表达式中,消去拉格朗日变数(a,b),便可得到用欧拉变数表达的质点速度表达式

$$v_x = x + t$$
$$v_y = y + t$$

3.3　迹线与流线

前面主要从数学方面讲述流体运动。本节将介绍流体运动的几何表示,它是流体运动显示的技术基础。

3.3.1　迹线

迹线是流体质点在连续时间内描绘出来的曲线,它是拉格朗日法的范畴。在拉格朗日法中,质点位置函数为

$$\begin{cases} x = x(a, b, c, t) \\ y = y(a, b, c, t) \\ z = z(a, b, c, t) \end{cases} \quad \text{或} \quad \boldsymbol{r} = \boldsymbol{r}(a, b, c, t) \qquad (3.19)$$

式(3.19)为流体质点运动的轨迹。

若给出的是以欧拉变数表示的速度场,即 $\boldsymbol{v} = \boldsymbol{v}(\boldsymbol{r}, t)$,则需通过欧拉法与拉格朗日法之间的转换关系来求解流体质点的轨迹,这在 3.2.4 节已讲述过,即由

$$\begin{cases} v_x = \dfrac{\mathrm{D}x}{\mathrm{D}t} = v_x(x, y, z, t) \\[2mm] v_y = \dfrac{\mathrm{D}y}{\mathrm{D}t} = v_y(x, y, z, t) \\[2mm] v_z = \dfrac{\mathrm{D}z}{\mathrm{D}t} = v_z(x, y, z, t) \end{cases}$$

积分求得

$$\begin{cases} x = x(C_1, C_2, C_3, t) \\ y = y(C_1, C_2, C_3, t) \\ z = z(C_1, C_2, C_3, t) \end{cases}$$

式中,C_1, C_2, C_3 由 $t = t_0$ 时,通过 $\boldsymbol{r} = (a, b, c)$ 定出,即

$$\begin{cases} C_1 = C_1(a, b, c, t) \\ C_2 = C_2(a, b, c, t) \\ C_3 = C_3(a, b, c, t) \end{cases}$$

从而可得轨迹方程

$$\boldsymbol{r} = \boldsymbol{r}(a, b, c, t)$$

或者

$$\begin{cases} x = x(a, b, c, t) \\ y = y(a, b, c, t) \\ z = z(a, b, c, t) \end{cases}$$

流场中每一点在不同时刻都有流体质点通过,而各个流体质点都有自己的轨迹,因此在求轨迹线具体形状时,必须给出初始条件以确定积分常数。

对照 3.2.4 节内容,上述由欧拉法表达的速度分布求流体质点运动轨迹的过程,实际就是欧拉法转换为拉格朗日法表达流体运动的过程。

3.3.2 流线

流线是速度场的矢量线,它是一条瞬时曲线,这一曲线上的流体质点速度均与此线相切。显然,流线的概念与欧拉法有关。

1. 流线微分方程

根据流线定义,有

$$\boldsymbol{v} \times \mathrm{d}\boldsymbol{r} = 0 \tag{3.20}$$

或者

$$\frac{\mathrm{d}x}{v_x} = \frac{\mathrm{d}y}{v_y} = \frac{\mathrm{d}z}{v_z} \tag{3.21}$$

这就是流线方程,其中,t 为参变量,积分时做常数处理。

2. 流线性质

(1) 具有瞬时性。

(2) 切线方向为速度方向,流线密处速度高,疏处速度低。

(3) 流线在流场中不能相交或分叉,如有交叉点,则该点速度必为零(驻点),或无限大(奇点)。

(4) 流线不能在流体内中断。

(5) 定常运动时,流线与迹线重合,且流线形状不随时间改变,因此流线可以看作理想流体中的固壁。

【例 3.3】已知流场的速度分布为 $v_x = x + t$,$v_y = -y + t$,$v_z = 0$,试求 $t = 0$ 时,经过 $x = a$,$y = b$,$z = c$ 的流线和迹线,并用拉格朗日变数写出速度分布。

解 (1) 将欧拉法表示的速度代入流线方程(3.21)得

$$\frac{\mathrm{d}x}{x+t} = \frac{\mathrm{d}y}{-y+t} = \frac{\mathrm{d}z}{0} \tag{3.22}$$

将时间变量作为常数,对式(3.22)求积分得

$$(x+t)(-y+t) = C_1, \quad z = C_2$$

由已知条件 $t = 0$,$x = a$,$y = b$,$z = c$ 得到 $C_1 = -ab$,$C_2 = c$。因此 $t = 0$ 时,过点 $x = a$,$y = b$,$z = c$ 的流线为

$$\begin{cases} xy = ab \\ z = c \end{cases}$$

(2) 将已知速度分量代入迹线微分方程得

$$\begin{cases} \dfrac{\mathrm{d}x}{\mathrm{d}t} = x + t \\[2mm] \dfrac{\mathrm{d}y}{\mathrm{d}t} = -y + t \\[2mm] \dfrac{\mathrm{d}z}{\mathrm{d}t} = 0 \end{cases} \tag{3.23}$$

根据常系数微分方程求解方法,由式(3.23)求解得

$$\begin{cases} x = C_3 e^t - t - 1 \\ y = C_4 e^{-t} + t - 1 \\ z = C_5 \end{cases} \qquad (3.24)$$

由已知条件 $t = 0$, $x = a$, $y = b$, $z = c$ 得到 $C_3 = a + 1$, $C_4 = b + 1$, $C_5 = c$, 代入式(3.24)得到迹线参数方程为

$$\begin{cases} x = (a + 1)e^t - t - 1 \\ y = (b + 1)e^{-t} + t - 1 \\ z = c \end{cases} \qquad (3.25)$$

(3) 拉格朗日变数表示的速度可通过两种方式获得:一是由式(3.25)直接对时间变量求导得到

$$\begin{cases} v_x = \dfrac{\partial x}{\partial t} = (a + 1)e^t - 1 \\ v_y = \dfrac{\partial y}{\partial t} = -(b + 1)e^{-t} + 1 \\ v_z = 0 \end{cases}$$

二是由式(3.25)中求得 $x + t = (a + 1)e^t - 1$;$-y + t = -(b + 1)e^{-t} + 1$,代入欧拉法表达的速度表达式中,同样可以求得拉格朗日参数表达的速度分布。

3.3.3 流面、流管、流束、过流断面、元流、总流

1. 流面

由流线构成的空间曲面称为"流面",如图 3.6(a)所示。定常运动时,流面与理想流体中的壁面可以互换。

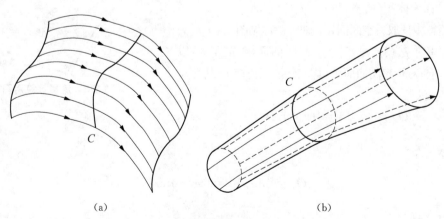

(a)   (b)

图 3.6 流面与流管

(a)流面;(b)流管

2. 流管与流束

流场中做一任意封闭曲线 C，该曲线为非流线，在 C 上每一点绘出该瞬时流线，这些流线构成的管状曲面称为"流管"，如图 3.6(b) 所示。流管内的流体称为"流束"。流管具有类似流线的性质，具有瞬时性。当流体做定常运动时，流管形状将不随时间改变，可当作理想流体中的真管子，此时流管与实际管子可互换。

流管横截面积称为"流管截面"。若某一段流管两端的横截面积分别为 A_1 和 A_2，截面上法向平均流速为 v_1，v_2，则根据质量守恒定理，对不可缩压流有 $v_1 A_1 = v_2 A_2 = Q$，若 $A \to 0$，则 $v \to \infty$，实际流动不可能，因此流管不可能在流场内部中断，它只能始于及终于流场边界或自行封闭或伸展到无限远。

3. 过流断面、元流和总流

沿流体流动方向，在流束上取一横断面，使它在所有各点上都和流线正交，这一横断面称为"过流断面"（见图 3.7）。过流断面面积无限小的流束称为"元流"；相应的流管称为"微元流管"，如图 3.7 中的虚线所示。在元流同一过流断面上各点的运动物理量认为是相等的。过流断面积具有一定大小的有限尺寸的流束称为总流，相应的流管称为有限流管。总流可以看作由流动边界内无数元流所组成的总和。总流过流断面在流线为平行直线时为平面，在其他情况下则为曲面。总流同一过流断面上各点的运动物理量不一定相等，但工程上常常利用过流断面上的平均量，如平均速度等，来分析问题。

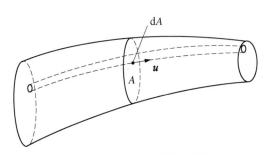

图 3.7　过流断面、元流和总流

3.3.4　流量与断面平均速度

单位时间内通过某一空间曲线面的流体体积（质量、重量）称为体积（质量、重量）流量。

在流场中任取一空间固定的曲面 A（见图 3.8），n 为曲面 A 的单位法线向量，对于非封闭曲面，A 需定侧，以决定 n 方向；对于封闭曲面 A，均取外法线方向 n 为正。

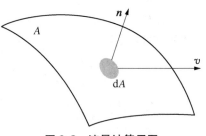

图 3.8　流量计算用图

体积流量

$$Q_1 = \iint_A v_n \, \mathrm{d}A = \iint_A \boldsymbol{v} \cdot \boldsymbol{n} \, \mathrm{d}A$$

质量流量

$$Q_2 = \iint_A \rho v_n \, \mathrm{d}A = \iint_A \rho \boldsymbol{v} \cdot \boldsymbol{n} \, \mathrm{d}A$$

重量流量

$$Q_3 = \iint_A \rho g v_n \, \mathrm{d}A = \iint_A \rho g \boldsymbol{v} \cdot \boldsymbol{n} \, \mathrm{d}A$$

它们的单位分别为 m^3/s, kg/s 和 N/s。工程中常使用体积流量(简称流量),并用 Q 表示。

对于封闭曲面上的流量还可通过高斯公式,用体积分来获得,即

$$Q = \oiint_A \boldsymbol{v} \cdot \boldsymbol{n} \, \mathrm{d}A = \iiint_V \nabla \cdot \boldsymbol{v} \mathrm{d}V$$

式中,V 为封闭体的体积。

总流过流断面上的平均速度为

$$v_a = \frac{Q}{A} = \frac{\iint_A v_n \mathrm{d}A}{A}$$

3.4　流动的分类

3.4.1　定常流动和非定常流动

定常流动是指在任何固定点,所有物理量均不随时间而变化的流体运动。此时的流场称为"定常场"。图 3.9 所示为一水箱放水实验图,图 3.9(a)水箱中的液面保持不变,图 3.9(b)水箱中的水位因泄水而不断降低。经观察发现,3.9(a)中的水柱形状保持不变,而 3.9(b)中水柱随时间变化而不断变化。前者为定常流动,而后者为非定常流动。

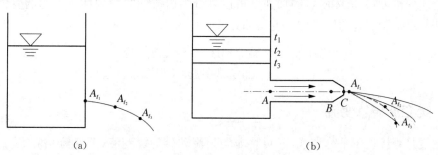

图 3.9　定常流动与非定常流动

(a)定常流动;(b)非定常流动

定常流动和非定常流动属欧拉法范畴,而且还与研究问题时采取的坐标系有关,即具有相对性。例如,一艘船舶在无界静水中匀速直线航行时,站在船上的人观察到的船体周围的水体运动是定常的,而在大地坐标系中观察到的水体运动却是非定常的。

在定常运动中,流体质点物理量可表达为

$$\begin{cases} \boldsymbol{v} = \boldsymbol{v}(\boldsymbol{r}) \\ \boldsymbol{a} = \boldsymbol{a}(\boldsymbol{r}) \\ \rho = \rho(\boldsymbol{r}) \\ p = p(\boldsymbol{r}) \\ \cdots\cdots \end{cases}$$

式中，$r = x\boldsymbol{i} + y\boldsymbol{j} + z\boldsymbol{k}$。

物理量 f 对时间偏导数为零，随体导数或物质导数改写为

$$\frac{\mathrm{D}f}{\mathrm{D}t} = (\boldsymbol{v} \cdot \nabla)f$$

式中，f 可以是标量也可以是矢量。

3.4.2　均匀流动与非均匀流动

均匀流动是指流场中质点的所有物理量不随空间点而变化，仅随时间变化的流动。例如，如图 3.9(b) 所示，直管 A—B 段中的流体运动就是均匀流动。

在均匀流场中，各物理量数学表达为

$$\begin{cases} \boldsymbol{v} = \boldsymbol{v}(t) \\ \boldsymbol{a} = \boldsymbol{a}(t) \\ \rho = \rho(t) \\ p = p(t) \\ \cdots\cdots \end{cases}$$

物理量的随体导数或物质导数为

$$\frac{\mathrm{D}f}{\mathrm{D}t} = \frac{\partial f}{\partial t}$$

由上述分析可知，流体质点的加速度可以划分为由流动非均匀性所引起的变位加速度和由流动非定常所引起的局部加速度两部分，即

$$总加速度 = 局部加速度 + 变位加速度$$
$$(非定常引起)\quad(非均匀引起)$$

3.4.3　缓变流与急变流

按流线是否接近于平行直线，又可将非均匀流动分为缓变流（渐变流）和急变流。各流线间夹角很小，即各流线几乎平行，且各流线的曲率半径很大，即各流线几乎是直线的流体运动称为"缓变流"或"渐变流"。在图 3.9(b) 中，沿直径变化不大的圆锥管中的流体运动，可认为是缓变流。由于缓变流所有流线是一组几乎平行的直线，所以缓变流的过流断面可认为是一平面，均匀流是缓变流的一种特殊情况。

各流线之间夹角很大，或者流线的曲率半径小的流体运动称为"急变流"。在图 3.9(b) 中，B—C 管径突然扩大或缩小处的流体运动应作为急变流处理。

急变流和缓变流的这种分类不是绝对的。缓变流的情况较简单些，易于进行分析、计算。哪些流动区域为缓变流或急变流需要具体分析，要依据所需计算精度以及由于当作渐变流来处理后所引起的误差大小而定。

3.4.4　有压流、无压流与射流

按限制总流的边界情况，可将流体运动分为有压流、无压流和射流。边界全部为固体

（如为液体流动则没有自由液面）的流体运动称为"有压流"或"有压管流"。管道流动即为有压流。

边界部分为固体、部分为大气,具有自由表面的液体运动称为"无压流"或"明渠流"。在河渠中的水流运动即为无压流。

流体经由孔口或管嘴喷射到某一空间,由于运动流体脱离了原来限制它的固体边界,在充满流体的空间继续流动的这种流体运动称为射流。水经孔口射入大气的水流运动即为射流。

3.4.5　空间流动、平面流动和轴对称流动

1. 空间流动

一般情况下,流体在一定空间范围内流动,这属于三维空间问题,此时质点的物理量与空间的 3 个坐标变量有关。

2. 平面流动和轴对称流动

在某些条件下,可以将空间运动简化为二维平面流动及轴对称流动。

1）二维平面流动

如果能在空间中做一个相互平行的平面族,每一个流体质点都只在一个对应的平面内运动,并且所有这些平面上流动情况均相同,则这种流动称为"平面平行流",简称"平面流"。如绕无限长圆柱、无限长机翼的流动(见图 3.10)。如果作一个相互平行的平面族 P, Q 等,便可以看到流动包含在各个平面内,并且所有平面上的流动图形都是相同的。在空泡水洞中,虽然模型不是无限长,但由于模型的两端紧贴壁面,使得流动的情况完全符合定义所规定的条件,所以也是平面流动。当流体流动不是沿着垂直于轴线方向时,或者流体流动不是沿轴线均匀分布的,流动就不是平面流动了。

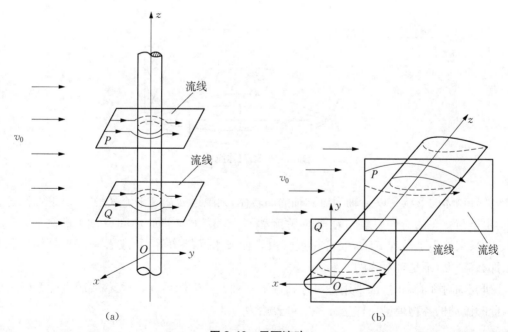

图 3.10　平面流动

(a)绕圆柱的流动;(b)绕机翼的流动

平面流动在直角坐标系中的物理量表达为

$$\begin{cases} v_x = v_x(x, y, t) \\ v_y = v_y(x, y, t) \\ v_z = 0 \\ p = p(x, y, t) \\ \cdots\cdots \end{cases}$$

或者在柱坐标系中的物理量表达为

$$\begin{cases} v_r = v_r(r, \theta, t) \\ v_\theta = v_\theta(r, \theta, t) \\ v_z = 0 \\ p = p(r, \theta, t) \\ \cdots\cdots \end{cases}$$

2) 轴对称流动

如果流动位于包含 z 轴的子午面中,并且在每一个这样的子午面中,流动分布的图形和对应点的所有物理量都是相同的,这种流动称为"轴对称流动"(见图 3.11)。所谓对应点就是在子午面上圆心在 z 轴的圆周上的各点。

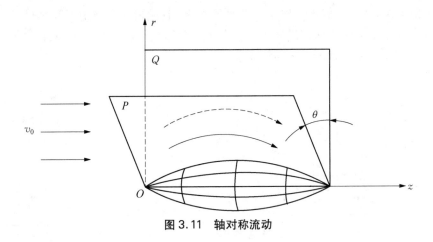

图 3.11　轴对称流动

如果物体的形状是以 z 轴为对称轴的回转体,无限远处均匀来流又是沿 z 轴的,则这种流动由于与 z 轴的对称关系成为"轴对称流动"。图 3.11 中平面 P 和 Q 面上的流动完全相同。如果来流不是沿着 z 轴,或者靠近自由表面或水底等边界面,或者来流不是均匀分布的,那么流动就不是轴对称的。

研究轴对称流动时,常采用将对称轴置于 z 轴上柱坐标系(r, θ, z)或球坐标系(R, β, θ),此时流动的各物理量在柱坐标系中可表达为

$$\begin{cases} v_r = v_r(r,z,t) \\ v_z = v_z(r,z,t) \\ v_\theta = 0 \\ p = p(r,z,t) \\ \cdots\cdots \end{cases}$$

或者在球坐标系中表达为

$$\begin{cases} v_r = v_r(R,\beta,t) \\ v_z = v_z(R,\beta,t) \\ v_\theta = 0 \\ p = p(R,\beta,t) \\ \cdots\cdots \end{cases}$$

3）一维流动

若流体质点物理量仅是空间一个坐标和时间的函数，这种流动称为"一维流动"。由于元流的同一过流断面上的运动物理量可认为是相等的，所以元流中任意点的运动物理量只与流程坐标 s（通常为曲线坐标）有关，即为一维流动。在实际工程中，通常利用"过流断面"平均速度的概念，将管道总流近似处理为一维流动。

3.5　连续方程

流体运动遵循质量守恒定理，其具体形式就是连续方程。在导出连续方程之前，首先讲述理论分析需要用到的系统和控制体以及输运定理。

3.5.1　系统与控制体

1. 系统

包含确定不变物质的任何集合称为"系统"。系统外的一切称为"外界"，系统的边界是系统和外界分开的真实的或假想的表面。在流体力学中，系统是指由确定的流体质点所组成的流体团。

系统边界具有以下特点：

（1）在系统边界处随流体一起运动，系统的体积和边界面的形状和大小可以随时间变化。

（2）在系统边界处没有质量交换，即没有流体流进或流出系统的边界。

（3）在系统边界上受到外界作用在系统上的表面力。

（4）在系统边界上可以有能量交换，即可以有能量（热和功）进入或外出系统。

由于力学中的一些基本定律是建立在质点或质点系上的，因此当研究对象为系统时，流体力学中的一些运动定律就可以直接用原始的数学形式表示出来。显然，用系统的概念来研究流体运动是拉格朗日方法的范畴。

但是在大多数流体力学问题中,将系统作为研究对象得出的一些基本方程,应用起来并不方便。而且工程上更关心流体物理量在空间的分布,如速度分布、压强分布和温度分布等,因此需要引进与欧拉法相对应的控制体的概念。

2. 控制体

控制体是指被流体流过的,相对于某个坐标系来说,固定不变的任何空间体积。控制体的边界面称为"控制面"(一些复杂问题,如液货船弹性液舱晃荡问题,还需用到可运动、可变形的控制体,但本书不作介绍)

控制面有如下特点:

(1) 控制体的边界(控制面)相对于坐标系来说是固定不变的。

(2) 控制面上可以有质量交换,即有流体流进或流出控制面。

(3) 在控制面上受到控制体以外物体,加在控制体内物体上的力。

(4) 在控制面上可以有能量交换,即可以有能量(热和功)进入或外出系统。

常用 S 表示控制面,V 表示控制体体积(有时也用 CS 和 CV 表示)。

显然要将力学基本定律建立在控制体上,必须对建立在系统上的基本方程作适当的转换。下面就介绍用于转换的输运公式。

3.5.2　输运公式(流体系统内物理量对时间随体导数公式)

1. 定理

任一瞬时系统 $V(t)$ 内物理量随时间的变化率等于该瞬时同形状、同体积控制体 V 内物理量的变化率与通过控制面 S 的输运量之和

$$\frac{\mathrm{D}N}{\mathrm{D}t} = \frac{\mathrm{D}}{\mathrm{D}t}\left[\iiint\limits_{V(t)} Q\mathrm{d}V\right] = \frac{\partial}{\partial t}\iiint\limits_{V} Q\mathrm{d}V + \oiint\limits_{S} Qv_n\mathrm{d}A = \iiint\limits_{V} \frac{\partial Q}{\partial t}\mathrm{d}V + \oiint\limits_{S} Q\boldsymbol{v}\cdot\boldsymbol{n}\mathrm{d}A \quad (3.26)$$

式(3.26)即为"输运公式",也称为"雷诺输运定理",在非惯性坐标系中同样适用。其中

$$N = \iiint\limits_{V(t)} Q\mathrm{d}V = \iiint\limits_{V(t)} \eta\rho\mathrm{d}V$$

当 $\eta=1$ 时,N 表示系统 $V(t)$ 内流体质量;当 $\eta=v$ 时,N 表示系统 $V(t)$ 内流体动量;当 $\eta = \boldsymbol{r}\times\boldsymbol{v}$ 时,N 表示系统 $V(t)$ 内流体动量矩;当 $\eta = e + \dfrac{v^2}{2}$ 时,N 表示系统 $V(t)$ 内流体能量。

2. 定理证明

如图 3.12 所示,t 时刻体积为 $V(t)$ 的系统(图中虚线包围区域,此时与控制体重合)经历 Δt 后,运动到新的位置 $V(t+\Delta t)$ (图中实线包围区域),系统边界面由 $S(t)$ 变为 $S(t+\Delta t)$。

根据时间导数定义

$$\frac{\mathrm{D}N}{\mathrm{D}t} = \lim_{\Delta t \to 0} \frac{N(t+\Delta t) - N(t)}{\Delta t} \quad (3.27)$$

将 $V(t+\Delta t)$ 分成两部分,即与 $V(t)$ 重合部分 V_2 和新占空间部分 V_1,同时系统又从

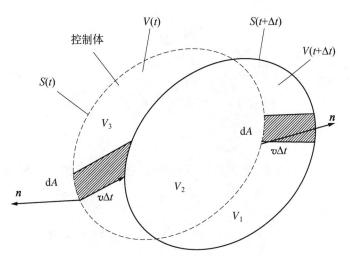

图 3.12　可变体积上积分的时间导数

$V(t)$ 内空出区域 V_3。因此有

$$V(t + \Delta t) = V_1 + V_2 = V_1 + (V_2 + V_3) - V_3 = V_1 + V - V_3$$

于是

$$N(t + \Delta t) = N_{V_1}(t + \Delta t) + N_V(t + \Delta t) - N_{V_3}(t + \Delta t) \tag{3.28}$$

将式(3.28)代入式(3.27)式得

$$\frac{\mathrm{D}N}{\mathrm{D}t} = \lim_{\Delta t \to 0} \frac{N(t + \Delta t) - N(t)}{\Delta t} = \lim_{\Delta t \to 0} \frac{N_{V_1}(t + \Delta t) + N_V(t + \Delta t) - N_{V_3}(t + \Delta t) - N_V(t)}{\Delta t}$$

$$= \lim_{\Delta t \to 0} \frac{N_V(t + \Delta t) - N_V(t)}{\Delta t} + \lim_{\Delta t \to 0} \frac{N_{V_1}(t + \Delta t)}{\Delta t} - \lim_{\Delta t \to 0} \frac{N_{V_3}(t + \Delta t)}{\Delta t}$$

$$\tag{3.29}$$

式(3.29)右端第一项是同一空间上不同时刻的积分,所以为

$$\lim_{\Delta t \to 0} \frac{N_V(t + \Delta t) - N_V(t)}{\Delta t} = \frac{\partial N}{\partial t} \tag{3.30}$$

对于式(3.29)右端第二项,注意到体积分

$$N_{V_1}(t + \Delta t) = \iiint\limits_{V_1} \boldsymbol{Q}(\boldsymbol{r}, t + \Delta t)\mathrm{d}V$$

式中,积分元 $\mathrm{d}V$ 可以取为图 3.12 所示 V_1 中的柱形体元,其底面积为空间 V 的边界面上的面元 $\mathrm{d}A$,棱边长为 $|\boldsymbol{v}\Delta t|$,这里 $\boldsymbol{v}$ 为流体质点相对于面元 $\mathrm{d}A$ 的速度矢量。因为 V 边界上的外法线单位向量为 $\boldsymbol{n}$,则体积元为

$$\mathrm{d}V = \boldsymbol{v} \cdot \boldsymbol{n}\mathrm{d}A\,\Delta t$$

所以式(3.29)右端第二项可写为

$$\lim_{\Delta t \to 0} \frac{N_{V_1}(t + \Delta t)}{\Delta t} = \lim_{\Delta t \to 0} \frac{\iiint\limits_{V_1} Q(\boldsymbol{r}, t + \Delta t) \mathrm{d}V}{\Delta t} = \lim_{\Delta t \to 0} \frac{\iint\limits_{S_1} Q(\boldsymbol{r}, t + \Delta t) \boldsymbol{v} \cdot \boldsymbol{n} \mathrm{d}A \, \Delta t}{\Delta t}$$

$$= \iint\limits_{S_1} Q(\boldsymbol{r}, t + \Delta t) \boldsymbol{v} \cdot \boldsymbol{n} \mathrm{d}A$$

$$(3.31)$$

其中,S_1 为 V 与 V_1 之公共表面,上式右端表示单位时间内从 V 的表面 S_1 上移出的物理量。

同理可得到式(3.29)右端第三项

$$-\lim_{\Delta t \to 0} \frac{N_{V_3}(t + \Delta t)}{\Delta t} = \iint\limits_{S_2} Q(\boldsymbol{r}, t + \Delta t) \boldsymbol{v} \cdot \boldsymbol{n} \mathrm{d}A \qquad (3.32)$$

式(3.32)表示单位时间内从 V 的表面 S_3 上移入的物理量。此处注意到了 $\mathrm{d}V = -\boldsymbol{v} \cdot \boldsymbol{n} \mathrm{d}A \Delta t$,因为 V_3 中的速度方向与法线方向成钝角。

另外注意到 $S = S_1 + S_2$,即 V 的封闭表面,所以将式(3.30)~式(3.32)代入到式(3.29)中得

$$\frac{\mathrm{D}N}{\mathrm{D}t} = \frac{\mathrm{D}}{\mathrm{D}t} \left[\iiint\limits_{V(t)} Q \mathrm{d}V \right] = \frac{\partial}{\partial t} \iiint\limits_{V} Q \mathrm{d}V + \oiint\limits_{S} Q \boldsymbol{v} \cdot \boldsymbol{n} \mathrm{d}A$$

由于考虑的控制体是固定的,则

$$\frac{\mathrm{D}N}{\mathrm{D}t} = \frac{\mathrm{D}}{\mathrm{D}t} \left[\iiint\limits_{V(t)} Q \mathrm{d}V \right] = \iiint\limits_{V} \frac{\partial Q}{\partial t} \mathrm{d}V + \oiint\limits_{S} Q \boldsymbol{v} \cdot \boldsymbol{n} \mathrm{d}A$$

3. 输运公式物理意义

输运公式表明某一时刻可变体积上系统的总物理量随时间的变化率,等于该时刻所在空间域(控制体)中物理量的时间变化率与单位时间内通过该空间域边界(控制面)净输运的流体物理量之和。输运公式的作用是将拉格朗日型的系统物理量导数表示成欧拉型。

3.5.3 连续方程

1. 方程的推导

推导连续方程的方法有多种。首选采用"微分体积法"导出直角坐标系下的连续方程。为了直观方便,在流场中取出一固定不动、形状为规则六面体的微分体积(控制体),其各侧面分别与三个坐标轴平行,棱边分别为 $\mathrm{d}x$,$\mathrm{d}y$,$\mathrm{d}z$(见图 3.13)。

当流体运动时,流体将通过控制面流入和流出控制体,并使控制体内的流体质量发生变化,下面来计算流入和流出控制体的流体质量。

设 t 时刻 A 点流体的密度为 $\rho(x, y, z, t)$,速度为 $\boldsymbol{v}(x, y, z, t)$,其分量为 v_x,v_y,v_z。六面体每个面元上只有一个速度分量使相应的质量流入和流出控制体,下面先计算与 x 轴垂直的两个面上的质量流量。

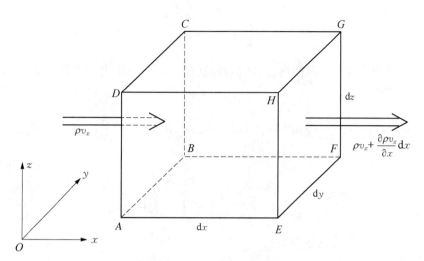

图 3.13　规则六面体微分体积

在 $ABCD$ 面上，Δt 时间内将有

$$\rho v_x \Delta t \, \mathrm{d}y \, \mathrm{d}z$$

的流体质量流入控制体，而在 $EFGH$ 面上，Δt 时间内将有

$$\rho v_x \Delta t \, \mathrm{d}y \, \mathrm{d}z + \frac{\partial}{\partial x}(\rho v_x \Delta t \, \mathrm{d}y \, \mathrm{d}z) \mathrm{d}x$$

的流体质量流出该六面体。因此，Δt 时间内，通过这两个面净流出的流体质量为

$$\frac{\partial}{\partial x}(\rho v_x) \Delta t \, \mathrm{d}y \, \mathrm{d}z \, \mathrm{d}x$$

同理可以计算出 Δt 时间内，通过 $DAEH$ 及 $BFGC$ 这两个面净流出的流体质量为

$$\frac{\partial}{\partial y}(\rho v_y) \Delta t \, \mathrm{d}x \, \mathrm{d}z \, \mathrm{d}y$$

Δt 时间内，通过 $AEFB$ 及 $DHGC$ 这两个面净流出的流体质量为

$$\frac{\partial}{\partial z}(\rho v_z) \Delta t \, \mathrm{d}x \, \mathrm{d}y \, \mathrm{d}z$$

由上述可以得到 Δt 时间内，通过微元六面体净流出的流体质量为

$$\left[\frac{\partial}{\partial x}(\rho v_x) + \frac{\partial}{\partial y}(\rho v_y) + \frac{\partial}{\partial z}(\rho v_z) \right] \mathrm{d}x \, \mathrm{d}y \, \mathrm{d}z \Delta t$$

另一方面，微元体内流体质量在 Δt 时间内的变化为

$$\left[\rho \, \mathrm{d}x \, \mathrm{d}y \, \mathrm{d}z + \frac{\partial}{\partial t}(\rho \, \mathrm{d}x \, \mathrm{d}y \, \mathrm{d}z) \Delta t \right] - \rho \, \mathrm{d}x \, \mathrm{d}y \, \mathrm{d}z = \frac{\partial}{\partial t}(\rho \, \mathrm{d}x \, \mathrm{d}y \, \mathrm{d}z) \Delta t$$

由于计算时以流出微元体的质量为正，因此微元体内流体质量在 Δt 时间内减少量为

$$-\frac{\partial}{\partial t}(\rho \,\mathrm{d}x\,\mathrm{d}y\,\mathrm{d}z)\Delta t$$

依据质量守恒定律：Δt 时间内通过空间控制体六个面净流出的质量应等于单位时间控制体内的质量减少，有

$$\left[\frac{\partial}{\partial x}(\rho v_x)+\frac{\partial}{\partial y}(\rho v_y)+\frac{\partial}{\partial z}(\rho v_z)\right]\mathrm{d}x\,\mathrm{d}y\,\mathrm{d}z\,\Delta t=-\frac{\partial}{\partial t}(\rho \,\mathrm{d}x\,\mathrm{d}y\,\mathrm{d}z)\Delta t$$

简化得

$$\frac{\partial \rho}{\partial t}+\frac{\partial}{\partial x}(\rho v_x)+\frac{\partial}{\partial y}(\rho v_y)+\frac{\partial}{\partial z}(\rho v_z)=0 \tag{3.33}$$

这就是直角坐标系下导出的连续方程。

利用散度公式

$$\mathrm{div}\,\boldsymbol{A}=\frac{\partial A_1}{\partial x}+\frac{\partial A_2}{\partial y}+\frac{\partial A_3}{\partial z}=\nabla\cdot\boldsymbol{A}$$

式中，A_1，A_2，A_3 为向量 $\boldsymbol{A}$ 的各分量，∇ 为哈密顿算子。

式（3.33）可以改写为矢量形式：

$$\frac{\partial \rho}{\partial t}+\mathrm{div}(\rho \boldsymbol{v})=0 \tag{3.34}$$

根据散度运算，上式进一步改写为

$$\frac{\mathrm{D}\rho}{\mathrm{D}t}+\rho\,\mathrm{div}\,\boldsymbol{v}=0 \tag{3.35}$$

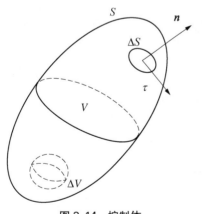

图 3.14 控制体

推导连续方程还可以采用数学物理的方法。在流场中任取一流域 V（控制体），其控制面为 S（见图 3.14）。

此时质量守恒定律的描述为单位时间内 V 中流体质量增加＝单位时间内流进 S 的质量，即

$$\frac{\partial}{\partial t}\iiint_V \rho \,\mathrm{d}V=-\oiint_S \rho(\boldsymbol{v}\cdot\boldsymbol{n})\mathrm{d}A=-\iiint_V \nabla\cdot(\rho\boldsymbol{v})\mathrm{d}V$$

或写成

$$\iiint_V\left[\frac{\partial \rho}{\partial t}+\nabla\cdot(\rho\boldsymbol{v})\right]\mathrm{d}V=0 \tag{3.36}$$

式（3.36）为积分形式的连续方程。

由于 V 是任取的，所以 $\dfrac{\partial \rho}{\partial t}+\nabla\cdot(\rho\boldsymbol{v})=0$ 即式（3.34）。或 $\dfrac{\mathrm{D}\rho}{\mathrm{D}t}+\rho(\nabla\cdot\boldsymbol{v})=0$，即式（3.35）

注意：无论理想流体还是真实流体，均应满足连续方程，否则流动为不可能。因此，在求解流体力学问题时，首先应该判断流动是否符合连续性条件。

2. 不同流动状态下的连续方程形式

（1）可压缩非定常流动的连续方程为

$$\frac{\partial \rho}{\partial t} + \nabla \cdot (\rho \boldsymbol{v}) = 0$$

（2）可压缩定常流动的连续方程为

$$\nabla \cdot (\rho \boldsymbol{v}) = 0$$

（3）不可压缩非定常流动和定常流动。当流体不可压缩时，$\dfrac{\mathrm{D}\rho}{\mathrm{D}t} = 0$，所以由式(3.35)得到

$$\nabla \cdot \boldsymbol{v} = 0$$

需特别指出，不可压缩流体的数学表达 $\dfrac{\mathrm{D}\rho}{\mathrm{D}t} = 0$ 和不可压缩均质流体的数学表示 $\rho = $ 常数不是等价的。$\dfrac{\mathrm{D}\rho}{\mathrm{D}t} = 0$ 表示流场中每个质点的密度在它的全过程中不变，但不同质点的密度可以不同，因此不可压缩流体的密度不一定处处都是同一常数，只有不可压缩均质流体，密度才处处时时为同一常数。

3. 连续方程的几种不同表达形式

1）管内定常运动（一维流动）

根据图 3.15 可得

$$\rho_1 v_1 A_1 = \rho_2 v_2 A_2 \quad \text{或} \quad \rho v A = \text{const}$$

式中，A_1，A_2 为横截面积；v_1，ρ_1，v_2，ρ_2 为横截面上平均流速和密度。

对于不可压缩流体

$$v_1 A_1 = v_2 A_2$$

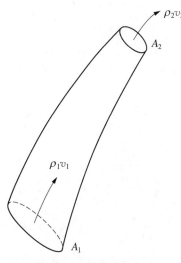

图 3.15　管内定常运动

2）平面流动

（1）直角坐标系。

$$\frac{\partial \rho}{\partial t} + \frac{\partial (\rho v_x)}{\partial x} + \frac{\partial (\rho v_y)}{\partial y} = 0$$

（2）极坐标系。

$$\frac{\partial \rho}{\partial t} + \frac{1}{r}\frac{\partial (\rho v_r r)}{\partial r} + \frac{1}{r}\frac{\partial (\rho v_\theta)}{\partial \theta} = 0$$

3）空间流动

（1）直角坐标系。

$$\frac{\partial \rho}{\partial t} + \frac{\partial (\rho v_x)}{\partial x} + \frac{\partial (\rho v_y)}{\partial y} + \frac{\partial (\rho v_z)}{\partial z} = 0$$

（2）柱坐标系(r, θ, z)。

$$\frac{\partial \varrho}{\partial t} + \frac{\partial(\rho v_r r)}{r \partial r} + \frac{\partial(\rho v_\theta)}{r \partial \theta} + \frac{\partial(\rho v_z)}{\partial z} = 0$$

（3）球坐标系(R, β, θ)。

$$\frac{\partial \varrho}{\partial t} + \frac{1}{R^2 \sin\beta}\left[\frac{\partial(\rho v_R R^2 \sin\beta)}{\partial R} + \frac{\partial(\rho v_\beta R \sin\beta)}{\partial \beta} + \frac{\partial(\rho v_\theta R)}{\partial \theta}\right] = 0$$

【例 3.4】已知二维不可压缩流体的运动速度分布为 $v_x = x^2 - y^2 + x$，$v_y = -(2xy + y)$，试问该流场连续流动是否可能？并求出经过点$(1, 2)$的流线方程。

解（1）对于不可压缩流动，其连续方程应该为速度的散度等于零。而

$$\nabla \cdot \boldsymbol{v} = \frac{\partial v_x}{\partial x} + \frac{\partial v_y}{\partial y} = (2x + 1) - (2x + 1) = 0$$

所以该流动是连续的。

（2）将速度分量代入流线方程(3.21)得

$$\frac{\mathrm{d}x}{x^2 - y^2 + x} = \frac{\mathrm{d}y}{-(2xy + y)}$$

上式满足全微分条件，因此采用全微分方法积分上式得（下面在求解流函数和速度势时将进一步用到此方法）

$$x^2 y + xy - \frac{1}{3}y^3 = C$$

由已知条件 $x = 1$，$y = 2$ 得到 $C = \frac{4}{3}$。因此过点 $x = 1$，$y = 2$ 的流线为

$$x^2 y + xy - \frac{1}{3}y^3 - \frac{4}{3} = 0$$

3.6 流函数及其性质

3.6.1 流函数的定义

1. 流函数的定义

先回顾一下平面格林定理：

如果函数 $p(x, y)$，$Q(x, y)$在封闭区域及其边界上具有一阶连续偏导数，则曲线积分 $\int P\mathrm{d}x + Q\mathrm{d}y$ 与路径无关之必要且充分条件是 $\frac{\partial P}{\partial y} = \frac{\partial Q}{\partial x}$ 恒能满足。

根据连续方程可知，不可压缩平面流动满足 $\frac{\partial v_x}{\partial x} + \frac{\partial v_y}{\partial y} = 0$，即 $\frac{\partial v_x}{\partial x} = \frac{\partial}{\partial y}(-v_y)$。令

$P = -v_y$，$Q = v_x$，则存在一积分函数

$$\psi = (x , y , t) = \int P \mathrm{d}x + Q \mathrm{d}y = \int -v_y \mathrm{d}x + v_x \mathrm{d}y \tag{3.37}$$

与路径无关，我们称 $\psi = (x , y , t)$ 为流函数。

注意：流函数定义式中的正负号顺序是人为规定的，且约定成俗，这种取法与后面讲到用流函数计算速度和流量时应保持一致。

极坐标系下，流函数表达形式由 $\nabla \cdot v = 0$，即 $\dfrac{1}{r} \left[\dfrac{\partial (rv_r)}{\partial r} + \dfrac{\partial (v_\theta)}{\partial \theta} \right] = 0$，亦即 $\dfrac{\partial (rv_r)}{\partial r} = -\dfrac{\partial v_\theta}{\partial \theta}$ 导出

$$\psi = \int -v_\theta \mathrm{d}r + rv_r \mathrm{d}\theta \tag{3.38}$$

2. 流函数存在条件

不管是理想流体还是真实流体，不可压缩流体的平面流动、轴对称流动均存在流函数；对于可压缩流体，只要流动是定常的，平面流动和轴对称流动，同样存在流函数，因为连续方程依然可以用对空间坐标求偏导的两项表达。例如对平面定常流动，有

$$\psi = \psi(x , y) = \int \rho v_x \mathrm{d}y - \rho v_y \mathrm{d}x \tag{3.39}$$

3.6.2　流函数与速度的关系

$\psi = (x , y , t)$ 与 v_x，v_y 关系为

$$\begin{cases} \dfrac{\partial \psi}{\partial x} = -v_y \\[2mm] \dfrac{\partial \psi}{\partial y} = v_x \end{cases} \tag{3.40}$$

为了便于记忆，可简述如下：ψ 对某一方向的导数反映了这一方向顺时针旋转 $90°$ 后所在方向的速度分量。在极坐标系中

$$\begin{cases} \dfrac{\partial \psi}{\partial r} = -v_\theta \\[2mm] \dfrac{\partial \psi}{\partial \theta} = rv_r \end{cases} \tag{3.41}$$

根据流函数的定义和速度之间的关系，一般求解流函数的方法有以下两种。

（1）根据定义求解。根据定义，求流函数的积分与路径无关，所以

$$\psi = \int_{M_0}^{M_1} -v_y \mathrm{d}x + v_x \mathrm{d}y = \int_{x_0}^{x} -v_y(x , y_0 , t)\mathrm{d}x + \int_{y_0}^{y} v_x(x , y , t)\mathrm{d}y$$

其中，M_0 是积分区域 D 内一个内点，一般取 $(0,0)$。

(2) 根据 v 与 ψ 关系求解偏微分方程组。由 $\dfrac{\partial \psi}{\partial x} = -v_y$ 积分得

$$\psi = \int -v_y \,\mathrm{d}x + f(y,t)$$

代入 $\dfrac{\partial \psi}{\partial y} = v_x$，得

$$\frac{\partial}{\partial y}\left[\int -v_y \,\mathrm{d}x\right] + \frac{\partial f(y,t)}{\partial y} = v_x$$

定出 $f(y,t)$，从而得到 ψ。

3.6.3　流函数与流线、流量的关系

1. 流函数与流线关系

因为 $\mathrm{d}\psi = \dfrac{\partial \psi}{\partial x}\mathrm{d}x + \dfrac{\partial \psi}{\partial y}\mathrm{d}y = -v_y \,\mathrm{d}x + v_x \,\mathrm{d}y$，所以若 $\psi = C$，则 $-v_y \,\mathrm{d}x + v_x \,\mathrm{d}y = 0$，即 $\dfrac{\mathrm{d}x}{v_x} = \dfrac{\mathrm{d}y}{v_y}$，这就是前面讲到的流线方程。因此

$$\psi = C$$

代表流线方程,这是一流线族。

注意：ψ 仅存在于连续方程只含两项空间偏导的流动中,而流线存在于所有可能流动中。

2. 流函数与流量关系

流过任意曲线的流量(由于是平面运动,故曲面退缩成了曲线),等于曲线两端点流函数值之差,即

$$Q_{AB} = \psi_B - \psi_A\,(\psi\ \text{为单值函数})$$

下面根据图 3.16 做一简要推导：

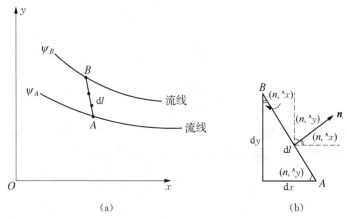

(a)　　　　　　　　　(b)

图 3.16　流函数与流量的关系

$$Q_{AB} = \int_A^B v_n \mathrm{d}l = \int_A^B [v_x \cos(n,x) + v_y \cos(n,y)] \mathrm{d}l$$

$$= \int_A^B v_x \mathrm{d}y - v_y \mathrm{d}x = \int_A^B \frac{\partial \psi}{\partial y} \mathrm{d}y + \frac{\partial \psi}{\partial x} \mathrm{d}x$$

$$= \int_A^B \mathrm{d}\psi = \psi_B - \psi_A$$

注意: 为了与 $\mathrm{d}\psi$ 中符号规定相一致,这里 n 规定绕 B 点为逆时针方向为正,若 $Q_{AB} > 0$,表示流动为从左向右穿过 AB。

【例3.5】 假设不可压缩流动速度分布为 $\begin{cases} v_x = \dfrac{m}{2\pi} \dfrac{x}{x^2+y^2} \\ v_y = \dfrac{m}{2\pi} \dfrac{y}{x^2+y^2} \end{cases}$,试求 ψ 及流线族。

解　首先验证 ψ 是否存在,即 $\nabla \cdot v$ 是否等于零。

$$\nabla \cdot v = \frac{\partial v_x}{\partial x} + \frac{\partial v_y}{\partial y} = \frac{m}{2\pi} \cdot \left[\frac{y^2 - x^2}{(x^2+y^2)^2} + \frac{x^2 - y^2}{(x^2+y^2)^2} \right] = 0$$

故流动满足 ψ 存在条件,下面求 ψ。

方法一:

$$\psi = \int -v_y \mathrm{d}x + v_x \mathrm{d}y = \int -\frac{m}{2\pi} \frac{y}{x^2+y^2} \mathrm{d}x + \frac{m}{2\pi} \frac{x}{x^2+y^2} \mathrm{d}y$$

$$= \frac{m}{2\pi} \int \frac{x\,\mathrm{d}y - y\,\mathrm{d}x}{x^2+y^2} = \frac{m}{2\pi} \int \frac{\mathrm{d}(y/x)}{1 + \left(\dfrac{y}{x}\right)^2}$$

$$= \frac{m}{2\pi} \arctan \frac{y}{x} + C$$

方法二:
由

$$\frac{\partial \psi}{\partial y} = v_x = \frac{m}{2\pi} \frac{x}{x^2+y^2}$$

对 y 积分得

$$\psi = \int v_x \mathrm{d}y = \frac{m}{2\pi} \int \frac{x}{x^2+y^2} \mathrm{d}y$$

$$= \frac{m}{2\pi} \int \frac{\mathrm{d}\dfrac{y}{x}}{1 + (y/x)^2} = \frac{m}{2\pi} \arctan(y/x) + f(x)$$

又 $\dfrac{\partial \psi}{\partial x} = -v_y$,即 $\dfrac{m}{2\pi} \dfrac{-\dfrac{y}{x^2}}{1 + \left(\dfrac{y}{x}\right)^2} + f'(x) = -\dfrac{m}{2\pi} \dfrac{y}{x^2+y^2}$

因此 $f'(x)=0$, 即 $f(x)=C$

最终

$$\psi=\frac{m}{2\pi}\arctan\left(\frac{y}{x}\right)+C$$

方法三:

由 $\psi=\int-v_y\mathrm{d}x+v_x\mathrm{d}y$, 得

$$\psi=\int_{(x_0,y_0)}^{(x,y)}[-v_y\mathrm{d}x+v_x\mathrm{d}y]=\int_{(x_0,y_0)}^{(x,y_0)}-v_y\mathrm{d}x+\int_{(x,y_0)}^{(x,y)}v_x\mathrm{d}y$$

注意到 $(0,0)$ 是奇点, 取 $(1,0)$ 点作为 (x_0,y_0)。经积分最终得 $\psi=\frac{m}{2\pi}\arctan\left(\frac{y}{x}\right)$。

方法四:

采用极坐标

$$\boldsymbol{v}=v_x\boldsymbol{i}+v_y\boldsymbol{j}=\frac{m}{2\pi}\cdot\frac{\cos\theta}{r}\boldsymbol{i}+\frac{m}{2\pi}\cdot\frac{\sin\theta}{r}\boldsymbol{j}$$

因而

$$v_r=v_x\cos\theta+v_y\sin\theta=\frac{m}{2\pi r}$$

$$v_\theta=-v_x\sin\theta+v_y\cos\theta=0$$

即

$$\begin{cases}v_r=\dfrac{m}{2\pi r}\\[2mm]v_\theta=0\end{cases}$$

得

$$\psi=\int(rv_r)\mathrm{d}\theta=\frac{m}{2\pi}\theta=\frac{m}{2\pi}\arctan\left(\frac{y}{x}\right)$$

流线族 $\psi=C$。

3.7 流体微团的运动分析

3.7.1 亥姆霍兹速度分解定理

根据理论力学知识, 刚体运动可分解为平动和转动两部分:

$$\boldsymbol{V}_M=\boldsymbol{V}_{M_0}+\boldsymbol{\omega}\times\boldsymbol{r}$$

式中，$\boldsymbol{V}_{M_0}$ 为参考点 M_0 的运动速度；$\boldsymbol{r}$ 为动点 M 到参考点 M_0 矢径；$\boldsymbol{\omega}$ 为旋转角速度。

在流体力学中，为研究流体运动，在流场中取出一微团，微团上某点 $M_0(x, y, z)$，其邻近一点为 $M(x+\mathrm{d}x, y+\mathrm{d}y, z+\mathrm{d}z)$（见图 3.17）。

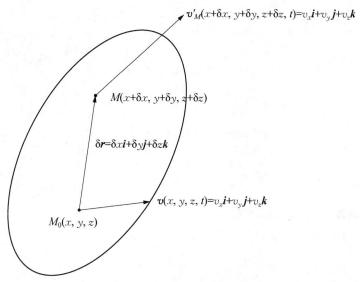

图 3.17　一点邻域的速度

设 M_0 点处流体速度为 $\boldsymbol{v}$，M 点处速度为 $\boldsymbol{v}'$，则

$$\boldsymbol{V}' = \boldsymbol{V}_M = (\boldsymbol{V}_{M_0} + \delta\boldsymbol{V}) = \boldsymbol{V} + \delta\boldsymbol{V} = \boldsymbol{V} + \frac{\partial \boldsymbol{V}}{\partial x}\mathrm{d}x + \frac{\partial \boldsymbol{V}}{\partial y}\mathrm{d}y + \frac{\partial \boldsymbol{V}}{\partial z}\mathrm{d}z + \cdots$$

或分量形式

$$\begin{cases} v'_x = v_x + \delta v_x = \left(v_x + \dfrac{\partial v_x}{\partial x}\mathrm{d}x + \dfrac{\partial v_x}{\partial y}\mathrm{d}y + \dfrac{\partial v_x}{\partial z}\mathrm{d}z \right) + \cdots \\[3mm] v'_y = v_y + \delta v_y = \left(v_y + \dfrac{\partial v_y}{\partial x}\mathrm{d}x + \dfrac{\partial v_y}{\partial y}\mathrm{d}y + \dfrac{\partial v_y}{\partial z}\mathrm{d}z \right) + \cdots \\[3mm] v'_z = v_z + \delta v_z = \left(v_z + \dfrac{\partial v_z}{\partial x}\mathrm{d}x + \dfrac{\partial v_z}{\partial y}\mathrm{d}y + \dfrac{\partial v_z}{\partial z}\mathrm{d}z \right) + \cdots \end{cases}$$

$\delta\boldsymbol{V}$ 是 M 点相对于 M_0 点的相对运动速度，略去高阶小量，则它可以采用矩阵的形式表示为

$$\begin{bmatrix} \delta v_x \\ \delta v_y \\ \delta v_z \end{bmatrix} = \begin{bmatrix} \dfrac{\partial v_x}{\partial x} & \dfrac{\partial v_x}{\partial y} & \dfrac{\partial v_x}{\partial z} \\[2mm] \dfrac{\partial v_y}{\partial x} & \dfrac{\partial v_y}{\partial y} & \dfrac{\partial v_y}{\partial z} \\[2mm] \dfrac{\partial v_z}{\partial x} & \dfrac{\partial v_z}{\partial y} & \dfrac{\partial v_z}{\partial z} \end{bmatrix} \begin{bmatrix} \mathrm{d}x \\ \mathrm{d}y \\ \mathrm{d}z \end{bmatrix}$$

其中方阵又可分解为另外两个方阵之和，即

$$
\begin{bmatrix}
\dfrac{\partial v_x}{\partial x} & \dfrac{\partial v_x}{\partial y} & \dfrac{\partial v_x}{\partial z} \\[2mm]
\dfrac{\partial v_y}{\partial x} & \dfrac{\partial v_y}{\partial y} & \dfrac{\partial v_y}{\partial z} \\[2mm]
\dfrac{\partial v_z}{\partial x} & \dfrac{\partial v_z}{\partial y} & \dfrac{\partial v_z}{\partial z}
\end{bmatrix}
=
\begin{bmatrix}
\dfrac{\partial v_x}{\partial x} & \dfrac{1}{2}\left(\dfrac{\partial v_x}{\partial y}+\dfrac{\partial v_y}{\partial x}\right) & \dfrac{1}{2}\left(\dfrac{\partial v_x}{\partial z}+\dfrac{\partial v_z}{\partial x}\right) \\[2mm]
\dfrac{1}{2}\left(\dfrac{\partial v_y}{\partial x}+\dfrac{\partial v_x}{\partial y}\right) & \dfrac{\partial v_y}{\partial y} & \dfrac{1}{2}\left(\dfrac{\partial v_y}{\partial z}+\dfrac{\partial v_z}{\partial y}\right) \\[2mm]
\dfrac{1}{2}\left(\dfrac{\partial v_z}{\partial x}+\dfrac{\partial v_x}{\partial z}\right) & \dfrac{1}{2}\left(\dfrac{\partial v_z}{\partial y}+\dfrac{\partial v_y}{\partial z}\right) & \dfrac{\partial v_z}{\partial z}
\end{bmatrix}
+
$$

$$
\begin{bmatrix}
0 & \dfrac{1}{2}\left(\dfrac{\partial v_x}{\partial y}-\dfrac{\partial v_y}{\partial x}\right) & \dfrac{1}{2}\left(\dfrac{\partial v_x}{\partial z}-\dfrac{\partial v_z}{\partial x}\right) \\[2mm]
\dfrac{1}{2}\left(\dfrac{\partial v_y}{\partial x}-\dfrac{\partial v_x}{\partial y}\right) & 0 & \dfrac{1}{2}\left(\dfrac{\partial v_y}{\partial z}-\dfrac{\partial v_z}{\partial y}\right) \\[2mm]
\dfrac{1}{2}\left(\dfrac{\partial v_z}{\partial x}-\dfrac{\partial v_x}{\partial z}\right) & \dfrac{1}{2}\left(\dfrac{\partial v_z}{\partial y}-\dfrac{\partial v_y}{\partial z}\right) & 0
\end{bmatrix}
$$

$$
= \boldsymbol{S} + \boldsymbol{A}
$$

$$(3.42)$$

式中,$\boldsymbol{S}$ 是对称矩阵,$\boldsymbol{A}$ 是反对称矩阵。

反对称矩阵 $\boldsymbol{A}$ 的九个分量只有 3 个分量,即 ω_x,ω_y,ω_z

$$
\begin{cases}
\omega_x = \dfrac{1}{2}\left(\dfrac{\partial v_z}{\partial y}-\dfrac{\partial v_y}{\partial z}\right) \\[3mm]
\omega_y = \dfrac{1}{2}\left(\dfrac{\partial v_x}{\partial z}-\dfrac{\partial v_z}{\partial x}\right) \\[3mm]
\omega_z = \dfrac{1}{2}\left(\dfrac{\partial v_y}{\partial x}-\dfrac{\partial v_x}{\partial y}\right)
\end{cases}
$$

$$(3.43)$$

这 3 个分量正好为速度矢量旋度的一半,即

$$
\boldsymbol{\omega} = \frac{1}{2}(\nabla \times \boldsymbol{v})
$$

$$(3.44)$$

它代表的是流体质点绕 M_0 点的瞬时转动轴旋转的角速度,因此由于其引起的速度增量为

$$
\boldsymbol{\omega} \times \delta \boldsymbol{r} = \frac{1}{2}(\nabla \times \boldsymbol{v}) \times \delta \boldsymbol{r}
$$

对称矩阵 $\boldsymbol{S}$ 中只有 6 个分量(ε_x,ε_y,ε_z,γ_x,γ_y,γ_z),是相互独立的,即

$$
\begin{cases}
\varepsilon_x = \dfrac{\partial v_x}{\partial x} \\[3mm]
\varepsilon_y = \dfrac{\partial v_y}{\partial y} \\[3mm]
\varepsilon_z = \dfrac{\partial v_z}{\partial z} \\[3mm]
\gamma_x = \dfrac{1}{2}\left(\dfrac{\partial v_y}{\partial z}+\dfrac{\partial v_z}{\partial y}\right) = \varepsilon_{yz} \\[3mm]
\gamma_y = \dfrac{1}{2}\left(\dfrac{\partial v_x}{\partial z}+\dfrac{\partial v_z}{\partial x}\right) = \varepsilon_{xz} \\[3mm]
\gamma_z = \dfrac{1}{2}\left(\dfrac{\partial v_x}{\partial y}+\dfrac{\partial v_y}{\partial x}\right) = \varepsilon_{xy}
\end{cases}
$$

$$(3.45)$$

3.7.2　流体微团的运动分析

因为流体运动相当复杂,流体力学只研究流体微团的运动,而不研究有限体积的流体运动。不失一般性,下面仅对流体平面运动开展讨论,分析流体微团运动,阐述式(3.44)、式(3.45)中各项的物理含义。为便于说明问题,在流场中取出一方形微元体 $ABCD$(见图 3.18),微元体 $ABCD$ 运动将包含以下几种运动形式。

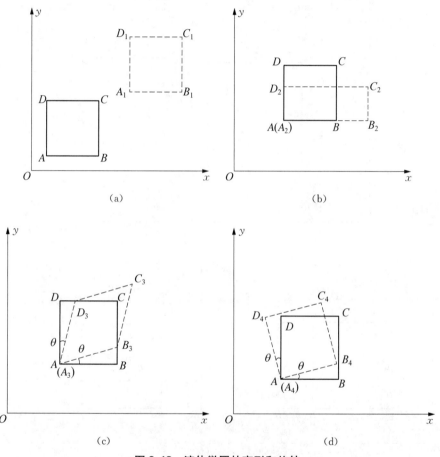

图 3.18　流体微团的变形和旋转

(a)平移运动;(b)线变形运动;(c)角变形运动;(d)旋转运动

(1) 平移运动。经过 dt 以后,若流体微元移动到如图 3.18(a)所示的 $A_1B_1C_1D_1$ 的位置,它的形状和各边的方位都与原来一样,这样的运动为流体的纯平移运动。

(2) 线变形运动。经过 dt 以后,若流体微元移动到如图 3.18(b)所示的 $A_2B_2C_2D_2$,原来的方形变成了矩形,而各边的方位不变,这样的运动为流体的纯线变形运动。

(3) 角变形运动。经过 dt 以后,若流体微元变成了图 3.18(c)所示的 $A_3B_3C_3D_3$,各边长度没有变,但原来相互垂直的两边各有转动,转动的方向相反,转角的大小相等(AC 对角线没有转动),这是一种纯角变形运动。

(4) 旋转运动。经过 dt 以后,若流体微元变成了如图 3.18(d)所示的 $A_4B_4C_4D_4$,各边长度没有变,但原来相互垂直的两边各有转动,转动的方向相同,转角的大小相等,这是一种纯旋转运动。

下面用数学表示的形式,具体给出式(3.44)、式(3.45)中各项的物理含义。

设矩形微元 $ABCD$ 的边长分别为 dx,dy(见图 3.19),各点的速度表达式在图 3.19(a) 中已列出。经过 dt 以后,微元各点将按各自速度运动,产生平移、旋转和变形等各种运动。

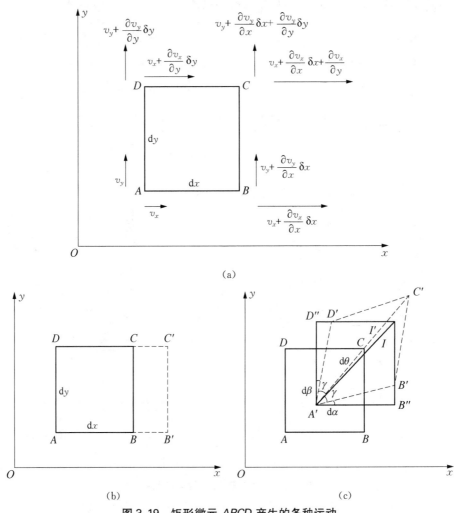

(a)

(b)　　　　　　　　(c)

图 3.19　矩形微元 *ABCD* 产生的各种运动

(a)矩形微元 $ABCD$;(b)线变形运动;(c)角变形运动

1. 线变形速度(速率)

先考虑 x 方向的变形速度,即假设其他方向速度为 0,微元体变形前后形状如图 3.19 (b)所示。经 dt 时间后,$\overline{AB}$,$\overline{DC}$ 同时伸长,且伸长量 $\overline{BB'}=\overline{CC'}$。$\overline{AB}$ 的伸长由 B 点相对 A 点的运动速度来确定

$$\overline{AB'}=\overline{AB}+\overline{BB'}=dx+(v_{xB}-v_x)dt$$

$$=dx+\left(v_x+\frac{\partial v_x}{\partial x}dx+\cdots-v_x\right)dt$$

$$= \mathrm{d}x + \frac{\partial v_x}{\partial x}\mathrm{d}x\,\mathrm{d}t + \cdots$$

单位长度伸长量

$$\overline{AB'} - \overline{AB} \approx \frac{\partial v_x}{\partial x}\mathrm{d}t$$

单位长度伸长速度

$$\varepsilon_x = \frac{\partial v_x}{\partial x}$$

同理可得到 y 和 z 方向单位长度伸长速度：$\varepsilon_y = \dfrac{\partial v_y}{\partial y}$，$\varepsilon_z = \dfrac{\partial v_z}{\partial z}$。因此，$\varepsilon_x$，$\varepsilon_y$，$\varepsilon_z$ 称为线变形速度(速率)，即直线距离单位长度的伸长速度。这是仿照材料力学中线变形概念来定义的。

微元体经过 $\mathrm{d}t$ 以后，体积发生了膨胀或收缩，其相对膨胀率为

$$\lim_{\substack{\delta V \to 0 \\ \delta t \to 0}} \frac{\delta(\delta V)}{\delta V \delta t} = \lim_{\substack{\delta x \to 0 \\ \delta y \to 0 \\ \delta z \to 0 \\ \delta t \to 0}} \frac{\left(\delta x + \dfrac{\partial v_x}{\partial x}\delta x\,\delta t\right)\left(\delta y + \dfrac{\partial v_y}{\partial y}\delta y\,\delta t\right)\left(\delta z + \dfrac{\partial v_z}{\partial z}\delta z\,\delta t\right) - \delta x\,\delta y\,\delta z}{\delta x\,\delta y\,\delta z\,\delta t}$$

$$\approx \frac{\partial v_x}{\partial x} + \frac{\partial v_y}{\partial y} + \frac{\partial v_z}{\partial z} = \nabla \cdot v$$

即

$$\varepsilon_x + \varepsilon_y + \varepsilon_z = \nabla \cdot \boldsymbol{v} \tag{3.46}$$

式中表明，速度散度为微元体体积的相对膨胀率，即 3 个方向的线变形速度之和。

2. 角变形速率(速度)

微元体经 $\mathrm{d}t$ 以后移动到 $A'B'C'D'$(见图 3.19c)，$\angle BAD$ 的减小量为 $\mathrm{d}\alpha + \mathrm{d}\beta$，其中

$$\mathrm{d}\alpha \approx \frac{\overline{B'B''}}{\overline{A'B''}} = \left(\frac{\partial v_y}{\partial x}\mathrm{d}x\,\mathrm{d}t\right) \Big/ \left(\mathrm{d}x + \frac{\partial v_x}{\partial x}\mathrm{d}x\,\mathrm{d}t\right)$$

$$= \frac{\partial v_y}{\partial x}\mathrm{d}t$$

同理

$$\mathrm{d}\beta = \frac{\partial v_x}{\partial y}\mathrm{d}t$$

其平均角变形速度为

$$\gamma_z = \varepsilon_{xy} = \frac{1}{2}\left(\frac{\mathrm{d}\alpha + \mathrm{d}\beta}{\mathrm{d}t}\right) = \frac{1}{2}\left(\frac{\partial v_y}{\partial x} + \frac{\partial v_x}{\partial y}\right)$$

表示流体微团中某一直角的角度减小速度的一半，称为"角变形速度"或称"剪变形角速度"。同理可得 Oxz 和 Oyz 平面上的平均角变形速度

$$\gamma_x = \varepsilon_{yz} = \frac{1}{2}\left(\frac{\partial v_y}{\partial z} + \frac{\partial v_z}{\partial y}\right)$$

$$\gamma_y = \varepsilon_{xz} = \frac{1}{2}\left(\frac{\partial v_x}{\partial z} + \frac{\partial v_z}{\partial x}\right)$$

这是仿照材料力学中角变形概念来定义的。

3. $\boldsymbol{\omega} = \frac{1}{2}(\nabla \times \boldsymbol{v})$——平均旋转角速度

平均旋转角速度为流体微团中无限多条直线段旋转角速度的平均值。为证明简单起见,只考虑平面运动,且微团取圆面,半径为 δr,设 M_0 点处速度为 $\boldsymbol{v}$,则 M 点处速度为 $\boldsymbol{v} + \delta \boldsymbol{v}$,其中

$$\delta \boldsymbol{v} = \left(\frac{\partial v_x}{\partial x}\delta x + \frac{\partial v_x}{\partial y}\delta y\right)\boldsymbol{i} + \left(\frac{\partial v_y}{\partial x}\delta x + \frac{\partial v_y}{\partial y}\delta y\right)\boldsymbol{j}$$

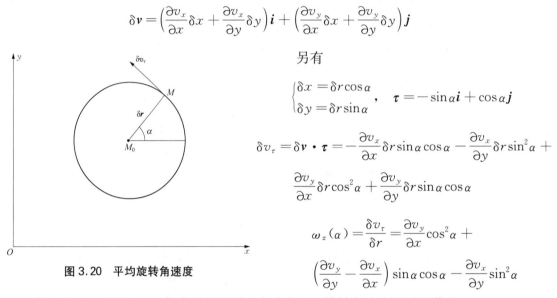

图 3.20　平均旋转角速度

另有

$$\begin{cases} \delta x = \delta r \cos\alpha \\ \delta y = \delta r \sin\alpha \end{cases}, \quad \boldsymbol{\tau} = -\sin\alpha\,\boldsymbol{i} + \cos\alpha\,\boldsymbol{j}$$

$$\delta v_\tau = \delta \boldsymbol{v} \cdot \boldsymbol{\tau} = -\frac{\partial v_x}{\partial x}\delta r \sin\alpha\cos\alpha - \frac{\partial v_x}{\partial y}\delta r \sin^2\alpha + \frac{\partial v_y}{\partial x}\delta r \cos^2\alpha + \frac{\partial v_y}{\partial y}\delta r \sin\alpha\cos\alpha$$

$$\omega_z(\alpha) = \frac{\delta v_\tau}{\delta r} = \frac{\partial v_y}{\partial x}\cos^2\alpha + \left(\frac{\partial v_y}{\partial y} - \frac{\partial v_x}{\partial x}\right)\sin\alpha\cos\alpha - \frac{\partial v_x}{\partial y}\sin^2\alpha$$

从而以 M_0 为圆心,δr 为半径的圆周上各点绕 M_0 旋转角速度的平均值为

$$\omega_z = \frac{1}{2\pi}\int_0^{2\pi}\omega_z(\alpha)\mathrm{d}\alpha = \frac{1}{2}\left(\frac{\partial v_y}{\partial x} - \frac{\partial v_x}{\partial y}\right)$$

同理可得:$\omega_x = \frac{1}{2}\left(\frac{\partial v_z}{\partial y} - \frac{\partial v_y}{\partial z}\right)$, $\omega_y = \frac{1}{2}\left(\frac{\partial v_x}{\partial z} - \frac{\partial v_z}{\partial x}\right)$。

合并得:$\boldsymbol{\omega} = \frac{1}{2}(\nabla \times \boldsymbol{v}) = \frac{1}{2}\mathrm{rot}\,\boldsymbol{v}$。

4. 平均旋转角速度的度量

设 $\angle BAD$ 等分角线为 I,$t + \mathrm{d}t$ 后移动至 I',如图 3.19(c)所示,则其转动角度为

$$\mathrm{d}\theta = \gamma + \mathrm{d}\alpha - \frac{\pi}{4}$$

而 $2\gamma + \mathrm{d}\alpha + \mathrm{d}\beta = \frac{\pi}{2}$,因此 $\mathrm{d}\theta = \frac{1}{2}(\mathrm{d}\alpha - \mathrm{d}\beta)$。

等分角线的旋转角速度为

$$\omega_I = \frac{\mathrm{d}\theta}{\mathrm{d}t} = \frac{1}{2}\frac{(\mathrm{d}\alpha - \mathrm{d}\beta)}{\mathrm{d}t} = \frac{1}{2}\frac{(\mathrm{d}\theta_B - \mathrm{d}\theta_D)}{\mathrm{d}t} = \frac{1}{2}(\omega_B + \omega_D)$$

因此等分角线的旋转角速度可作为平均旋转角速度的度量。

综上所述,亥姆霍兹速度分解定理将流体微团中任意一点的速度分解为三部分:与 M_0 点相同的平移速度;绕 M_0 点转动引起的速度;变形引起的速度,即

$$v_M = v + \delta v = v + \boldsymbol{\omega} \times \delta r + \boldsymbol{E} \cdot \delta r$$

另外定义 $\boldsymbol{\Omega} = \nabla \times v = 2\boldsymbol{\omega}$ 为涡量场。

3.7.3　流体有旋运动与无旋运动

根据流体微团平均旋转角速度 $\nabla \times v$ 是否为 0,将流体运动划分有旋运动和无旋运动两种。这种划分十分重要,因为它们的物理意义和处理方法是完全不同的。

因为流体微团很小,通常用肉眼难以观察到它的运动,判别流体运动是有旋运动还是无旋运动,不能光从流体质点运动轨迹来判断,认为流体质点做圆周运动,流体运动就是有旋的;或者看到流体质点做直线运动,流体运动就判别为无旋运动。这都是错误的。日常生活中看到河流中的漩涡,仅仅是流体有旋运动的一种特别形式,流体力学中的有旋运动与无旋运动的概念非常广泛。

流体运动是有旋运动还是无旋运动,判别的基本准则就是看流体微团运动的平均旋转角速度是否为 0。下面分别就流体质点做圆周运动和直线运动来进一步说明如何判断流体运动是有旋运动还是无旋运动。

1. 圆周运动

圆周运动是指流线都是同心圆族的流动。例如,大气中的台风、龙卷风是一种螺旋形的流动,这种流动可以看作是向心流动和圆周流动两部分的叠加。如图 3.21 所示的是实际测得的龙卷风圆周流动的切向速度分布,其内部和外部的风速分布是不同的。整个区域的流动是圆周运动,但各个部分运动是否有旋需要加以判断。

速度分布的两种形式

1) 流体质点的速度与矢径 r 成正比

$$v_\theta = r\omega, \text{即} \begin{cases} v_x = -\omega y \\ v_y = \omega x \end{cases}$$

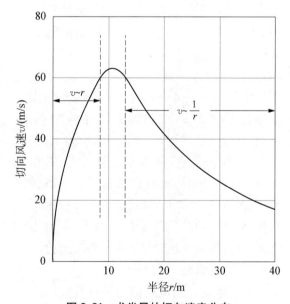

图 3.21　龙卷风的切向速度分布

通过计算得

$$\nabla \times v = 2\omega\boldsymbol{k}$$
$$\varepsilon_x = \varepsilon_y = 0$$
$$\varepsilon_{xy} = \varepsilon_{xz} = \varepsilon_{yz} = 0$$

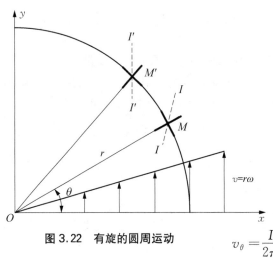

图 3.22 有旋的圆周运动

可见这是一种有旋运动,但无变形,类似于理论力学中刚体做圆周运动,如图 3.22 所示。日常生活中看到的所谓漩涡往往属于这种,这是台风和龙卷风核心区的速度分布。

2) 流体质点的速度与矢径 r 成反比

$$v_\theta = \frac{\Gamma}{2\pi r}, \text{即} \begin{cases} v_x = -\dfrac{\Gamma}{2\pi} \dfrac{y}{x^2+y^2} \\ v_y = \dfrac{\Gamma}{2\pi} \dfrac{x}{x^2+y^2} \end{cases} (x, y \neq 0)$$

经计算得

$$\omega_x = \omega_y = 0, \ \omega_z = \frac{1}{2}\left(\frac{\partial v_y}{\partial x} - \frac{\partial v_x}{\partial y}\right) = 0$$

$$\varepsilon_x = \frac{\Gamma}{2\pi} \frac{xy}{(x^2+y^2)} = -\varepsilon_y \neq 0, \ \varepsilon_z = 0$$

$$\varepsilon_{xy} = \varepsilon_{yx} = \varepsilon_{zx} = 0$$

此流动为有变形、无旋的运动,其可用来描述台风或龙卷风的核心区外流体运动(见图 3.23),但实际存在黏性衰减作用,实际速度大小有所下降。由于等分角线的旋转角速度可为平均旋转角速度的度量,因此可以用图示方式来表示流体的有旋和无旋运动,具体见图 3.22 和图 3.23 中的"十字架"和等分角线的运动。图 3.22 中的"十字架"始终保持垂直,但其等分角线 I-I 和 I'-I' 发生了转动,因此这是有旋无变形运动;而图 3.23 中"十字架"在运动过程中不再保持垂直,但等分角线 I-I 和 I'-I' 始终保持平行,因此该运动是无旋有变形运动。

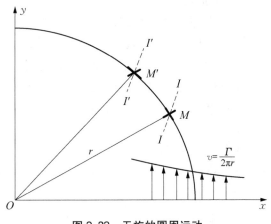

图 3.23 无旋的圆周运动

2. 直线运动

直线运动是指流线都是平行直线的流体运动。

1) 非匀速直线运动

下面为一典型的平行平板间流体层流运动的速度分布形式:

$$\begin{cases} v_x = \dfrac{v_{\max}}{h}\left(2y - \dfrac{y^2}{h}\right) \\ v_y = 0 \end{cases}$$

经计算得

$$\varepsilon_x = \varepsilon_y = \varepsilon_z = 0$$

$$\omega_x = \omega_y = 0, \quad \omega_z = \frac{1}{2}\left(\frac{\partial v_y}{\partial x} - \frac{\partial v_x}{\partial y}\right) = \frac{v_{\max}}{h}\left(1 - \frac{y}{h}\right) \neq 0$$

$$\gamma_z = \varepsilon_{xy} = \frac{1}{2}\left(\frac{\partial v_y}{\partial x} + \frac{\partial v_x}{\partial y}\right) = \frac{v_{\max}}{h}\left(1 - \frac{y}{h}\right) \neq 0$$

可见这是一种有旋、有变形的流动(见图 3.24)。

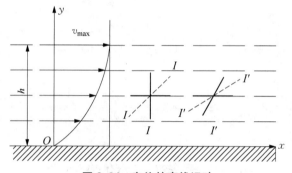

图 3.24　有旋的直线运动

2)匀速直线运动

$$\begin{cases} v_x = v_0 = \text{const} \\ v_y = 0 \end{cases}$$

通过计算得

$$\varepsilon_x = \varepsilon_y = \varepsilon_z = 0, \quad \gamma_x = \gamma_y = \gamma_z = 0, \quad \omega_x = \omega_y = \omega_z = 0$$

这种流动是一种既无旋又无变形的运动(见图 3.25)。

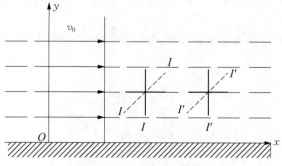

图 3.25　无旋的直线运动

【例 3.6】已知平面流动的速度分布规律为

$$v_x = x^2 + 2x - 4y, \quad v_y = -2xy - 2y。$$

(1) 判断流函数 ψ 是否存在,若存在求之。

(2) 判断流动是否有旋。

(3) 求单位时间内通过 $A(1, 2)$ 和 $B(2, 5)$ 两点连线的体积流量。

解 (1) 因为 $\dfrac{\partial v_x}{\partial x} + \dfrac{\partial v_y}{\partial y} = (2x + 2) + (-2x - 2) = 0$

所以流动存在流函数。

由流函数求解公式可得

$$\psi = \int -v_y \mathrm{d}x + v_x \mathrm{d}y = \int -(-2xy - 2y)\mathrm{d}x + (x^2 + 2x - 4y)\mathrm{d}y = x^2 y + 2xy - 2y^2$$

所以 $\psi = x^2 y + 2xy - 2y^2$。

(2) 由于 $\nabla \times \boldsymbol{v} = \left(\dfrac{\partial v_y}{\partial x} - \dfrac{\partial v_x}{\partial y} \right) \boldsymbol{k} = (-2y + 4)\boldsymbol{k} \neq \boldsymbol{0}$

所以流动是有旋流动。

(3) $Q_v = \displaystyle\int_{(1, 2)}^{(2, 5)} \mathrm{d}\psi = \psi_{(2, 5)} - \psi_{(1, 2)} = 20 + 20 - 50 - (2 + 4 - 8) = -8$

3.8 无旋运动的势函数

本节将从无旋运动概念引出一个非常重要的函数:速度势 φ。

3.8.1 速度势的定义

速度势在分析流体(无论是理想流体还是黏性流体)无旋运动问题中有重要而广泛的应用,特别是在水动力学处理波浪运动问题中,如果能求得流动的速度势,就很容易决定流场的速度分布和压强分布。下面将通过数学中的空间格林定理引出速度势的定义,并讨论其存在的条件。

空间格林定理:设 $P(x, y, z)$,$Q(x, y, z)$,$R(x, y, z)$ 及其偏导数 $\dfrac{\partial P}{\partial y}$,$\dfrac{\partial P}{\partial z}$,$\dfrac{\partial Q}{\partial z}$,$\dfrac{\partial Q}{\partial x}$,$\dfrac{\partial R}{\partial x}$,$\dfrac{\partial R}{\partial y}$ 等在空间闭区域中及其边界上皆为单值连续函数,若在区域中如下关系式处处成立:

$$\begin{cases} \dfrac{\partial Q}{\partial z} = \dfrac{\partial R}{\partial y} \\ \dfrac{\partial R}{\partial x} = \dfrac{\partial P}{\partial z} \\ \dfrac{\partial P}{\partial y} = \dfrac{\partial Q}{\partial x} \end{cases} \tag{3.47}$$

则必存在一个由如下线积分所定义的函数 $F(x, y, z)$

$$F(x, y, z) = \int P\mathrm{d}x + Q\mathrm{d}y + R\mathrm{d}z$$

这一积分与路径无关,且有如下关系

$$\begin{cases} \dfrac{\partial F}{\partial x} = P \\[2mm] \dfrac{\partial F}{\partial y} = Q \\[2mm] \dfrac{\partial F}{\partial z} = R \end{cases}$$

当流体作无旋运动时,$\boldsymbol{\omega} = \boldsymbol{o}$,即

$$\begin{cases} \dfrac{\partial v_y}{\partial x} = \dfrac{\partial v_x}{\partial y} \\[2mm] \dfrac{\partial v_x}{\partial z} = \dfrac{\partial v_z}{\partial x} \\[2mm] \dfrac{\partial v_z}{\partial y} = \dfrac{\partial v_y}{\partial z} \end{cases}$$

对照式(3.39)

$$\begin{cases} v_x - P \\ v_y - Q \\ v_z - R \end{cases}$$

从而存在一个函数

$$\varphi(x, y, .z; t) = \int v_x\mathrm{d}x + v_y\mathrm{d}y + v_z\mathrm{d}z \tag{3.48}$$

且有如下关系

$$\begin{cases} v_x = \dfrac{\partial \varphi}{\partial x} \\[2mm] v_y = \dfrac{\partial \varphi}{\partial y}, \text{即 } \boldsymbol{v} = \nabla \varphi \\[2mm] v_z = \dfrac{\partial \varphi}{\partial z} \end{cases} \tag{3.49}$$

我们称 φ 为"速度势",存在速度势的流动称为势流(无论是理想流体还是黏性流体),因此存在关系:$\nabla \times \boldsymbol{v} = \boldsymbol{o} \Leftrightarrow \varphi \Leftrightarrow$ 势流。速度势与理论力学中的"力势"的概念具有同样的含义。

3.8.2　速度势与速度投影的关系

根据方向导数的定义有

$$\frac{\partial \varphi}{\partial l} = \nabla \varphi \cdot \boldsymbol{l_0} = \boldsymbol{v} \cdot \boldsymbol{l_0} = v_l$$

因此

$$\begin{cases} v_n = \dfrac{\partial \varphi}{\partial n} \\[3mm] v_\tau = \dfrac{\partial \varphi}{\partial \tau} \end{cases} \tag{3.50}$$

所以速度势对坐标的偏导数等于速度在该坐标方向的分量。

在极坐标系中有

$$\varphi = \int \boldsymbol{v} \cdot \mathrm{d}\boldsymbol{l} = \int (v_r \boldsymbol{e}_r + v_\theta \boldsymbol{e}_\theta) \cdot (\mathrm{d}r \boldsymbol{e}_r + r \mathrm{d}\theta \boldsymbol{e}_\theta) = \int v_r \mathrm{d}r + r v_\theta \mathrm{d}\theta \tag{3.51}$$

其中，

$$\begin{cases} v_r = \dfrac{\partial \varphi}{\partial r} \\[3mm] r v_\theta = \dfrac{\partial \varphi}{\partial \theta} \end{cases} \tag{3.52}$$

在柱坐标系中有

$$\begin{aligned} \varphi &= \int \boldsymbol{v} \cdot \mathrm{d}\boldsymbol{l} = \int (v_r \boldsymbol{e}_r + v_\theta \boldsymbol{e}_\theta + v_z \boldsymbol{e}_z) \cdot (\mathrm{d}r \boldsymbol{e}_r + r \mathrm{d}\theta \boldsymbol{e}_\theta + \mathrm{d}z \boldsymbol{e}_z) \\ &= \int v_r \mathrm{d}r + r v_\theta \mathrm{d}\theta + v_z \mathrm{d}z \end{aligned} \tag{3.53}$$

其中，

$$\begin{cases} v_r = \dfrac{\partial \varphi}{\partial r} \\[3mm] v_\theta = \dfrac{1}{r} \dfrac{\partial \varphi}{\partial \theta} \\[3mm] v_z = \dfrac{\partial \varphi}{\partial z} \end{cases} \tag{3.54}$$

3.8.3 速度势与流线、流函数的关系

设速度势函数 φ 等于某一任意常数 C

$$\varphi = \varphi(x, y, z, t) = C \tag{3.55}$$

式(3.55)表示空间中的一个曲面，称为等势面。根据梯度性质可知

$$\nabla \varphi \perp \varphi = C$$

因 $v = \nabla \varphi$，所以

$$v \perp \varphi = C$$

而流线的切线方向为质点速度方向，故流线处处垂直于等势面。

如果流动是不可压缩平面势流，那么速度势 φ 和流函数 ψ 均存在，且存在如下关系式：

$$\varphi = C_1 \perp \psi = C_2$$

同时可以得到如下相互关系：

$$\begin{cases} \dfrac{\partial \varphi}{\partial x} = \dfrac{\partial \psi}{\partial y} \\[2mm] \dfrac{\partial \varphi}{\partial y} = -\dfrac{\partial \psi}{\partial x} \end{cases}$$

或

$$\begin{cases} \dfrac{\partial \varphi}{\partial r} = \dfrac{1}{r}\dfrac{\partial \psi}{\partial \theta} \\[2mm] \dfrac{1}{r}\dfrac{\partial \varphi}{\partial \theta} = -\dfrac{\partial \psi}{\partial r} \end{cases} \tag{3.56}$$

若流体为不可压缩无旋平面势流，则速度势和流函数都是调和函数，且满足拉普拉斯方程

（1）空间不可压缩势流。

$$\left. \begin{array}{c} \nabla \cdot v = 0 \\ \nabla \times v = 0 \end{array} \right\} \Rightarrow \nabla^2 \varphi = 0 \tag{3.57}$$

（2）平面不可压缩势流。

$$\nabla^2 \psi = \nabla^2 \varphi = 0 \tag{3.58}$$

表示 φ 和 ψ 是共轭调和函数。

实际上可将 ψ 理解为 $v = -v_y i + v_x j$ 的速度势。

3.8.4　速度势和流函数的求解

φ 和 ψ 均是数量场（标量场），求解流场问题可转化为求解 $\nabla^2 \varphi (\nabla^2 \psi) = 0$，每个问题的定解与边界条件和初始条件密切相关。例如：若流场是定常理想的，物面是流线，则物面作为一边界条件，其数学描述为

$$\left. \frac{\partial \varphi}{\partial n} \right|_b = v_n = 0 \quad \text{或} \quad \psi |_b = C$$

对于复杂问题，在实际求解过程中往往避开直接求解方程，而是根据拉普拉斯方程的线性性质，采用叠加法求解，即分解为简单流动的叠加

$$\varphi = \varphi_1 + \varphi_2 + \varphi_3 + \cdots + \varphi_n$$

同样，对于平面不可压缩势流中的流函数也可进行类似的叠加，而得到相应的结果。

3.8.5　不可压缩流体平面势流

通过本节内容,一方面熟悉求解速度势和流函数的方法,另一方面掌握几种典型的平面势流运动,为采用叠加法求得复杂流动的速度势和流函数奠定基础。

1. 匀速直线运动

设在流场中所有流体质点沿着与 x 轴平行的方向作匀速运动,速度分布为

$$\begin{cases} v_x = v_0 \\ v_y = 0 \end{cases}$$

根据速度势和流函数求解公式,可得

$$\begin{cases} \varphi = \int v_x \, \mathrm{d}x + v_y \, \mathrm{d}y = v_0 x = v_0 r \cos\theta \\ \psi = \int -v_y \, \mathrm{d}x + v_x \, \mathrm{d}y = v_0 y = v_0 r \sin\theta \end{cases} \tag{3.59}$$

若运动方向与 x 轴有一个夹角 α,如图 3.26 所示,即速度分布为

$$\begin{cases} v_x = v_0 \cos\alpha \\ v_y = v_0 \sin\alpha \end{cases}$$

则

$$\begin{cases} \varphi = \int v_x \, \mathrm{d}x + v_y \, \mathrm{d}y = v_0 x \cos\alpha + v_0 y \sin\alpha = v_0 r \cos(\theta - \alpha) \\ \psi = \int -v_y \, \mathrm{d}x + v_x \, \mathrm{d}y = -v_0 x \sin\alpha + v_0 y \cos\alpha = v_0 r \sin(\theta - \alpha) \end{cases} \tag{3.60}$$

在图 3.26 中还绘出了等势线(虚线)和流线(实线),它们是相互垂直的。

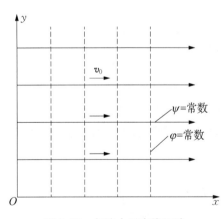

图 3.26　匀速水平直线运动

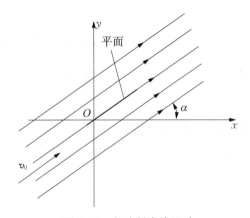

图 3.27　匀速斜直线运动

根据理想流体定常流动的流线和固体表面互换性可知,以上结果同样适用于平行平壁之间的均匀流动,或者绕很薄平板的纵向流动,如图 3.28 所示。这说明对于图 3.28 所示的流动,其满足流动边界条件的速度势或流函数拉普拉斯方程的解就是

式(3.59)。

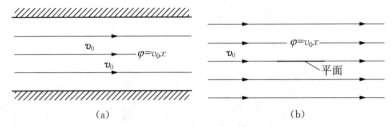

图 3.28　平行平壁之间的均匀流动

2. 平面点源和点汇

设平面上某一点有流体流出(进),其体积流量 Q 为定值,这种流动称为"源(汇)",Q 称为"源强"。$Q > 0$ 为点源,$Q < 0$ 为点汇。由于对称关系,流线都是以这一点为中心的矢径,速度方向沿矢径指向外(内),如图 3.29 所示。在极坐标系中描述流体的运动,并设原点位于点源(汇),则根据不可压缩流体运动质量守恒条件,即连续方程得

$$Q = 2\pi r v_r$$

速度分布为

$$\begin{cases} v_r = \dfrac{Q}{2\pi r} \\ v_\theta = 0 \end{cases}$$

根据速度势和流函数在极坐标系中的积分形式,可得

$$\begin{cases} \varphi = \int r v_\theta \, \mathrm{d}\theta + v_r \mathrm{d}r = \dfrac{Q}{2\pi} \ln r \\ \psi = \int - v_\theta \mathrm{d}r + r v_r \mathrm{d}\theta = \dfrac{Q}{2\pi} \theta \end{cases} \tag{3.61}$$

在图 3.29 中同时给出了等势线和流线。等势线族为同心圆族(虚线),流线族为从圆心引出的半射线族(实线),它们相互正交。

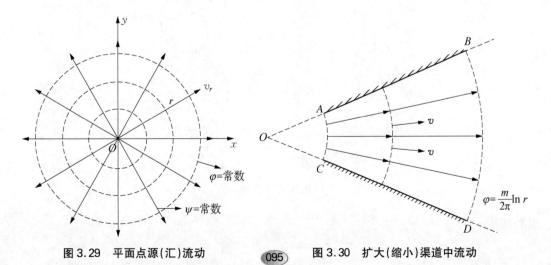

图 3.29　平面点源(汇)流动　　　　图 3.30　扩大(缩小)渠道中流动

根据流线与固体壁面的互换性可知,上述结果同样适用于扩大(缩小)渠道中的理想流体流动(见图 3.30)。注意此时源强仍是 $Q = \int_0^{2\pi} v_r \cdot r \mathrm{d}\theta = 2\pi r v_r$,而不是 $r\alpha v_r$,因此 $\varphi = \dfrac{Q}{2\pi}\ln r$。

如果点源或点汇的原点不在 $(0,0)$,而在 (x_0,y_0),则

$$\begin{cases} \varphi = \dfrac{Q}{2\pi}\ln r_1 = \dfrac{Q}{2\pi}\ln\sqrt{(x-x_0)^2+(y-y_0)^2} \\[3mm] \psi = \dfrac{m}{2\pi}\theta_1 = \dfrac{Q}{2\pi}\arctan\dfrac{y-y_0}{x-x_0} \end{cases} \tag{3.62}$$

3. 平面点涡

$$\begin{cases} v_r = 0 \\[2mm] v_\theta = \dfrac{\Gamma}{2\pi r} \end{cases} \Rightarrow \begin{cases} \varphi = \dfrac{\Gamma}{2\pi}\theta \\[2mm] \psi = -\dfrac{\Gamma}{2\pi}\ln r \end{cases} \tag{3.63}$$

式中 Γ 为代数值:逆时针时代正值,顺时针时代负值。

4. 平面偶极

下面采用叠加原理,将以上简单的势流叠加为较为复杂的流动。

定义:两个相距距离为无限小而流量相等的源和汇,流量和距离乘积的极限等于有限值,这样的源和汇组合称为"偶极"。

根据定义,偶极满足如下关系:

$$\lim_{\delta x \to 0} Q \cdot \delta x = M(\text{有限值})$$

式中,δx 为源和汇之间的距离(见图 3.31);Q 为源和汇的强度;M 为偶极强度。

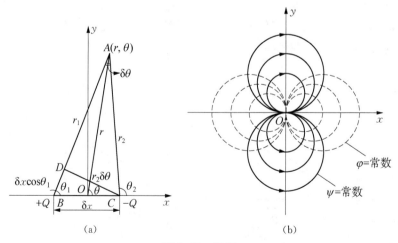

图 3.31　偶极

由叠加法

$$\varphi = \varphi_1 + \varphi_2 = \frac{Q}{2\pi}\ln r_1 - \frac{Q}{2\pi}\ln r_2 = \frac{Q}{2\pi}\ln\frac{r_1}{r_2}$$

其中，$r_1 = r_2 + \delta x \cos\theta_1$，所以

$$\varphi = \frac{Q}{2\pi}\left[\ln\left(1 + \frac{\delta x \cos\theta_1}{r_2}\right)\right] = \frac{Q}{2\pi}\left(\frac{\delta x \cos\theta_1}{r_2} - L\right)$$

这里应用了对数泰勒级数展开公式：

$$\ln(1 + x) = x - \frac{x^2}{2} + \frac{x^3}{3} - \cdots$$

当 $\delta x \to 0$ 时，$Q \cdot \delta x \to M$，$\theta_1 \to \theta$，$r_2 \to r$。忽略高阶量，得到偶极的速度势为

$$\varphi = \lim_{\delta x \to 0}\frac{Q}{2\pi}\left[\ln\left(1 + \frac{\delta x \cos\theta_1}{r_2}\right)\right] = \frac{Q}{2\pi}\lim_{\delta x \to 0}\left(\frac{\delta x \cos\theta_1}{r_2} - L\right) = \frac{M}{2\pi}\frac{\cos\theta}{r} \tag{3.64}$$

对于流函数，也可以采用上述方法获得。

$$\psi = (\psi_1 + \psi_2) = \frac{Q}{2\pi}(\theta_1 - \theta_2) = \frac{Q}{2\pi}(-\delta\theta)$$

由图 3.31 进行几何分析得：$AD \approx AC = r_2$，$CD \approx r_2\delta\theta$。因此

$$r_2\delta\theta = \delta x \sin\theta_1，即\ \delta\theta = \frac{\delta x \sin\theta_1}{r_2}$$

所以

$$\psi = \lim_{\delta x \to 0}\frac{Q}{2\pi}(-\delta\theta) = \lim_{\delta x \to 0}\frac{Q}{2\pi} \cdot \frac{\delta x \sin\theta_1}{r_2} = -\frac{M}{2\pi} \cdot \frac{\sin\theta}{r} \tag{3.65}$$

式(3.65)也可以根据速度势和流函数的关系式积分获得，即

$$\psi = \int v_r r\mathrm{d}\theta - v_\theta \mathrm{d}r = \int \frac{\partial\varphi}{\partial r}r\mathrm{d}\theta - \frac{1}{r}\frac{\partial\varphi}{\partial\theta}\mathrm{d}r = -\frac{M}{2\pi}\frac{\sin\theta}{r}$$

偶极强度 M 为代数值，存在正负号问题，其根据偶极的方向来定。定义汇为指向源为偶极子的方向。当偶极是由 x 轴负轴上的源和正轴上汇无限靠近组成时，为 x 负向偶极，但总体流向是沿 x 正向，此时 M 取正值，反之取负值。

根据速度势和流函数，可以汇出如图 3.31(b)的等势线族和流线族，可见等势线族为与 y 轴相切的一系列圆，同样流线族为与 x 轴相切的一系列圆。

习 题 3

1. 已知流场的速度分布为 $v_x = xy + 20t$，$v_y = x - \frac{1}{2}y^2 + t^2$，试求 $t = 4$ 时，在点 $(2,1)$

的流体质点加速度。

2. 已知流场的速度分布为 $v_x = x + t$，$v_y = -(y+t)$，试求在 $t=0$ 时，质点经过 $x=a$，$y=b$ 的迹线和流线。

3. 流场内流体质点的迹线方程为 $x = c_1 e^t - t - 1$，$y = c_2 e^t + t - 1$，$z = c_3$ 其中 c_1，c_2，c_3 为常数。求①$t=0$ 时，在 $x=a$，$y=b$，$z=c$ 处流体质点的迹线方程；②任意质点的速度；③欧拉法表示的速度场；④用欧拉法直接求加速度与用拉格朗日法求得的质点加速度再转换成欧拉法表示的加速度场，两者结果是否一致？

4. 有一不可压缩流体的流动，三个速度分量为 $v_x = ax$，$v_y = -ay$，$v_z = 0$，(1)流动是否连续？(2)若连续，则求出流函数和流线方程。

5. 有一不可压缩流体的流动，其中两个速度分量为 $v_x = cx^2 yzt$，$v_y = y^2 z - cxy^2 zt$，试求另一个速度分量 v_z。

6. 试导出极坐标形式下的平面流动连续方程。

7. 绘出下列流函数所表示的流动图形(标明流动方向)，计算其速度、加速度，并求速度势(如果存在的话)，绘出等势线。

①$\psi = x + y$；②$\psi = xy$；③$\psi = x/y$；④$\psi = x^2 + y^2$

8. 已知流场的速度分布为 $v_x = yz + t$，$v_y = xz + t$，$v_z = xy$，(1)求 $t=2$ 时，在点$(1,2,3)$处流体质点的加速度；(2)该流场是否有旋运动？(3)任意点处的微团的线变形速率和角变形速率。

9. 设一流动其流函数 $\psi = 3x^2 y - y^3$，问此流动是否为势流，如果是，求其速度势。

10. 已知平面不可压缩流体运动的速度场为 $v_x = -2ay$，$v_y = -2ax$，a 为常数。①求流函数 ψ；②是否有旋流？若流动无旋，求速度势 φ；③求过$(1,2)$点的流线方程；④求单位时间内通过 $A(1,2)$ 和 $B(2,5)$ 两点连线的体积流量。

第4章

理想流体动力学

第3章讲述的流体运动学,是用几何观点来研究流体的运动,而不涉及力的问题。本章将采用力学观点来研究流体的运动,研究速度和压强之间关系。由于真实流体具有黏性,运动问题往往比较复杂,所以先介绍理想流体动力学,为后续学习黏性流体动力学奠定基础。

理想流体实际上是不存在的,但当工程问题中流体黏性的影响可以忽略时,就可以采用理想流体运动所得到的结果近似真实流体的结果。在船舶与海洋工程领域中,常采用理想流体模型处理有关水动力学问题,最典型的是波浪运动理论。另外,对理想流体运动的有关结论可以通过适当的修正、补充,直接应用到真实的流体运动中。

4.1 理想流体运动方程——欧拉运动微分方程

流体运动同样遵循牛顿第二定律,下面通过该定律来导出流体运动方程。

4.1.1 欧拉运动微分方程的导出

首选采用"微分体积法"导出直角坐标系下的理想流体运动方程。为了直观方便,某一瞬时在流场中取出一固定不动、形状为规则六面体的微分体积(控制体),其各面分别与三个坐标轴平行,棱边分别为 dx,dy,dz(见图4.1)。

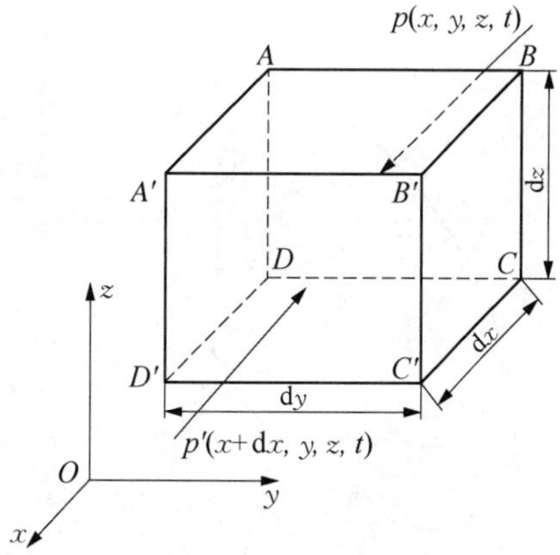

先分析在六面体内流体所受到的作用力。由于流体是理想的,根据第1章中理想流体表面应力的基本性质,流体只受到垂直于六面体表面的压力。设面 $ABCD$ 上的流体压强为

$$p = p(x, y, z, t)$$

则作用在面 $A'B'C'D'$ 上的压强为

$$p' = p(x, y, z, t) + \frac{\partial p}{\partial x} dx + \cdots$$

图4.1 微六面体元

舍去高阶量,则作用在这两个面上的压力合力为

$$p \, \mathrm{d}y \, \mathrm{d}z - \left(p + \frac{\partial p}{\partial x} \mathrm{d}x\right) \mathrm{d}y \, \mathrm{d}z = -\frac{\partial p}{\partial x} \mathrm{d}x \, \mathrm{d}y \, \mathrm{d}z$$

同样可以得到其他两个方向上的压力合力。

设作用在六面体上的单位质量力在 x,y,z 坐标轴上的分量分别为 f_x,f_y,f_z,则作用在六面体上的质量力在三个坐标轴上的分量分别为

$$\begin{cases} f_x \rho \, \mathrm{d}x \, \mathrm{d}y \, \mathrm{d}z \\ f_y \rho \, \mathrm{d}x \, \mathrm{d}y \, \mathrm{d}z \\ f_z \rho \, \mathrm{d}x \, \mathrm{d}y \, \mathrm{d}z \end{cases}$$

根据牛顿第二定律,沿 x 方向可以列出平衡方程

$$\rho \, \mathrm{d}x \, \mathrm{d}y \, \mathrm{d}z \frac{\mathrm{D}v_x}{\mathrm{D}t} = -\frac{\partial p}{\partial x} \mathrm{d}x \, \mathrm{d}y \, \mathrm{d}z + f_x \rho \, \mathrm{d}x \, \mathrm{d}y \, \mathrm{d}z$$

令 $\mathrm{d}x \to 0$,$\mathrm{d}y \to 0$,$\mathrm{d}z \to 0$,并简化得下面第一式,同理可以得到其他两式

$$\begin{cases} \dfrac{\mathrm{D}v_x}{\mathrm{D}t} = f_x - \dfrac{\partial p}{\rho \partial x} \\[2mm] \dfrac{\mathrm{D}v_y}{\mathrm{D}t} = f_y - \dfrac{\partial p}{\rho \partial y} \\[2mm] \dfrac{\mathrm{D}v_z}{\mathrm{D}t} = f_z - \dfrac{\partial p}{\rho \partial z} \end{cases} \tag{4.1}$$

式(4.1)是理想流体运动微分方程,由欧拉于 1755 年提出,故又称欧拉运动微分方程。

另外一种常用方法是采用数学物理方法推导。某一瞬时在流场中取出一流体团(见图 4.2),现利用理论力学中的达朗贝尔原理对其力学分析。

表面力:对于理想流体,表面力只有法向压力,无剪切力,即

$$\boldsymbol{P} = \oiint\limits_{S} -p\boldsymbol{n} \, \mathrm{d}A = \iiint\limits_{V} -\nabla p \, \mathrm{d}V$$

质量力:

$$\boldsymbol{F} = \iiint\limits_{V} \rho \boldsymbol{f} \, \mathrm{d}V$$

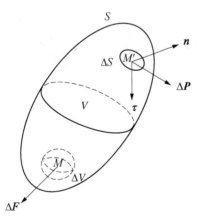

图 4.2 流体团

其中,$\boldsymbol{f} = f_x \boldsymbol{i} + f_y \boldsymbol{j} + f_z \boldsymbol{k}$,即单位质量力

惯性力(动量的变化率):

$$\boldsymbol{I} = -\frac{\mathrm{D}}{\mathrm{D}t}\left[\iiint\limits_{V} \rho \boldsymbol{v} \, \mathrm{d}V\right]$$

根据输运公式(3.26)，惯性力可以改写为

$$I = -\frac{D}{Dt}\left[\iiint\limits_{V(t)}\rho v\,dV\right] = -\frac{\partial}{\partial t}\left[\iiint\limits_{V}\rho v\,dV\right] - \left[\oiint\limits_{S}\rho vv \cdot n\,dA\right] = -\iiint\limits_{V}\rho\frac{Dv}{Dt}dV$$

式中的推导过程已引入控制体是固定不动的假定，这对于惯性坐标系来讲是成立的，并且还用到了连续方程。

应用达朗贝尔原理得

$$P + F + I = 0$$

即

$$\iiint\limits_{V}\left(-\nabla p + \rho f - \rho\frac{Dv}{Dt}\right)dV = 0$$

由于控制体 V 是任意取的，所以积分项为 0，即

$$\frac{Dv}{Dt} = f - \frac{1}{\rho}\nabla p \tag{4.2}$$

4.1.2　欧拉运动方程的各种形式

1) 分量形式

$$\begin{cases} \dfrac{Dv_x}{Dt} = f_x - \dfrac{\partial p}{\rho\partial x} \\[2mm] \dfrac{Dv_y}{Dt} = f_y - \dfrac{\partial p}{\rho\partial y} \\[2mm] \dfrac{Dv_z}{Dt} = f_z - \dfrac{\partial p}{\rho\partial z} \end{cases} \tag{4.3}$$

2) 矢量形式

$$\frac{Dv}{Dt} = f - \frac{1}{\rho}\nabla p \quad 或 \quad \frac{\partial v}{\partial t} + (v \cdot \nabla)v = f - \frac{1}{\rho}\nabla p \tag{4.4}$$

3) 兰姆-葛罗米柯形式

根据场论有

$$\nabla\left(\frac{v^2}{2}\right) = \frac{1}{2}\nabla(v \cdot v) = (v \cdot \nabla)v - (\nabla \times v) \times v$$

因此

$$\frac{\partial v}{\partial t} + \nabla\left(\frac{v^2}{2}\right) + (\nabla \times v) \times v = f - \frac{1}{\rho}\nabla p \tag{4.5}$$

上式是由葛罗米柯在 1881 年提出的，也可以从分量式导出，以 x 向为例：

$$\frac{\mathrm{D}v_x}{\mathrm{D}t} = \frac{\partial v_x}{\partial t} + v_x \frac{\partial v_x}{\partial x} + v_y \frac{\partial v_x}{\partial y} + v_z \frac{\partial v_x}{\partial z}$$

$$= \frac{\partial v_x}{\partial t} + v_x \frac{\partial v_x}{\partial x} + v_y \frac{\partial v_y}{\partial x} + v_z \frac{\partial v_z}{\partial x} + v_y \left(\frac{\partial v_x}{\partial y} - \frac{\partial v_y}{\partial x} \right) + v_z \left(\frac{\partial v_x}{\partial z} - \frac{\partial v_z}{\partial x} \right)$$

$$= \frac{\partial v_x}{\partial t} + \frac{\partial}{\partial x} \left(\frac{v_x^2}{2} + \frac{v_y^2}{2} + \frac{v_z^2}{2} \right) + 2(-v_y \omega_z + v_z \omega_y)$$

同样可得其他两式,经矢量形式合并,便可得式(4.5)。葛罗米柯形式的运动方程是推导理想流体运动的两个重要积分(伯努利积分和拉格朗日积分)的基础。

4.1.3　理想流体运动微分方程组的封闭性

对于三维运动,未知物理量共有 8 个,其中,速度 3 个,压强和密度各 1 个,质量力 3 个。通常认为质量力为已知,因此未知量为 5 个,现在只有 3 个方程,为了使方程组封闭,还需补充两个方程,其中一个为连续方程,另一个为状态方程。下面对流体不同形式的状态方程作简要介绍。

1) 不可压缩流体

在前面已经讨论过,状态方程可以写为

$$\rho = C \tag{4.6}$$

2) 正压流体

对于正压流体,流体密度与压强关系为

$$\rho = f(p) \tag{4.7}$$

对于等温和等熵绝热变化气体,它们的状态方程分别为

$$p/\rho = c \tag{4.8}$$

和

$$p/\rho^k = c \tag{4.9}$$

其中,k 为绝热系数,对于空气 $k = 1.408$。

3) 斜压流体

$$\rho = f(p, T) \tag{4.10}$$

对于斜压流体,由于出现了温度未知量,为使方程组封闭,又需补充一个能量方程。

下面就在一定条件下的方程简化进行讨论。假定流体正压、质量力有势,则由流体正压条件,$\rho = f(p)$,引入压强函数 P,其满足

$$P = \int \frac{\mathrm{d}p}{\rho} = \int \frac{\mathrm{d}p}{f(p)} = P(x, y, z, t) \tag{4.11}$$

则

$$\frac{1}{\rho} \mathrm{d}p = \mathrm{d}P, \text{即} \frac{1}{\rho} \nabla p = \nabla P \tag{4.12}$$

根据理论力学知识,由质量力有势条件,可以引入一个力势函数

$$U = -\int f_x \, \mathrm{d}x + f_y \, \mathrm{d}y + f_z \, \mathrm{d}z \tag{4.13}$$

即

$$f = -\nabla U \tag{4.14}$$

将式(4.12)和式(4.14)代入式(4.5)可得

$$\frac{\partial \boldsymbol{v}}{\partial t} + \nabla \left(\frac{v^2}{2} + P + U \right) + (\nabla \times \boldsymbol{v}) \times \boldsymbol{v} = 0 \tag{4.15}$$

在理想流体条件下推导得到的欧拉运动方程依然是一个复杂的非线性运动方程,一般难以求解,只有在一些特定条件下才能获得解析解。下面将分别导出流体力学中两个非常著名的积分式:伯努利积分和拉格朗日积分,也称为伯努利方程和拉格朗日方程。

4.2　伯努利积分(定常运动、沿流线或涡线的积分)

假设:(1) 流体是理想的,运动是定常的。

(2) 质量力有势。

(3) 流体正压。

(4) 沿流线(涡线)积分。

由假设(1)知,流体运动满足欧拉运动方程,$\dfrac{\partial \boldsymbol{v}}{\partial t} = 0$;由假设(2)得 $-\nabla U = f$;由假设(3)得 $\rho = f(p)$,即 $\nabla P = \dfrac{\nabla p}{\rho}$;由假设(4)得 $\boldsymbol{v} \times \mathrm{d}\boldsymbol{l} = 0$。

将上述假设(1)~(3)引出的结论代入式(4.5)得

$$\nabla \left(\frac{v^2}{2} + P + U \right) + (\nabla \times \boldsymbol{v}) \times \boldsymbol{v} = 0 \tag{4.16}$$

两边乘以 $\mathrm{d}\boldsymbol{l}$($\mathrm{d}\boldsymbol{l}$ 为流线段或涡线段),即

$$\mathrm{d}\boldsymbol{l} \cdot \nabla \left(\frac{v^2}{2} + P + U \right) + \mathrm{d}\boldsymbol{l} \cdot \left[(\nabla \times \boldsymbol{v}) \times \boldsymbol{v} \right] = 0 \tag{4.17}$$

由于 $(\nabla \times \boldsymbol{v}) \times \boldsymbol{v}$ 的方向与 $\boldsymbol{v}$ 的方向相互垂直,而 $\mathrm{d}\boldsymbol{l}$ 的方向又与 $\boldsymbol{v}$ 的方向一致,根据向量运算法则,式(4.17)左端第二项为 0。注意到梯度性质,$\mathrm{d}\boldsymbol{l} \cdot \nabla \varphi = \mathrm{d}\varphi$,式(4.17)则简化为

$$\mathrm{d} \left(\frac{v^2}{2} + P + U \right) = 0$$

式中积分得

$$\frac{v^2}{2} + P + U = C_l \tag{4.18}$$

式(4.18)就是伯努利积分,其中,C_l 为沿流线(涡线)积分常数。下面讨论积分的具体形式。

1. 质量力只有重力的流体

重力场中单位质量力为 $f_x=f_y=0$, $f_z=-g$, 则重力势函数为 $U=gz$, 从而式(4.18)可改写为

$$\frac{v^2}{2}+P+gz=C_l \tag{4.19}$$

2. 不可压缩均质流体

不可压缩均质流体的密度为 $\rho=C$, 则压力函数 $P=\dfrac{\int \mathrm{d}p}{\rho}=\dfrac{p}{\rho}$, 从而式(4.18)可改写为

$$\frac{v^2}{2}+\frac{p}{\rho}+U=C_l \tag{4.20}$$

3. 等温变化气体

等温气体状态方程为 $\dfrac{p}{\rho}=C$, 则压力函数 $P=\displaystyle\int \frac{C}{p}\mathrm{d}p=C\ln p$, 从而式(4.18)可改写为

$$\frac{v^2}{2}+C\ln p+U=C_l \tag{4.21}$$

4. 绝热等熵气体

绝热等熵气体状态方程为 $\dfrac{p}{\rho^k}=C$, 则压力函数 $P=\displaystyle\int \left(\frac{C}{p}\right)^{\frac{1}{k}}\mathrm{d}p=\frac{k}{k-1}\frac{p}{\rho}$, 从而式(4.18)可改写为

$$\frac{v^2}{2}+\frac{k}{k-1}\frac{p}{\rho}+U=C_l \tag{4.22}$$

下面进一步讨论上述条件不同组合下的伯努利方程形式。

(1) 不可压缩重力流体:

$$\frac{v^2}{2}+\frac{p}{\rho}+gz=C_l \tag{4.23}$$

或者

$$\frac{v^2}{2g}+\frac{p}{\rho g}+z=C_l \tag{4.24}$$

这是由伯努利在1738年首先通过对容器的小孔出流和变截面管道流动进行仔细观察和广泛测量后提出的。1757年,欧拉将其推广至可压缩流体运动。

(2) 质量力影响可忽略的不可压缩流体:

$$\frac{v^2}{2g}+\frac{p}{\rho g}=C_l \tag{4.25}$$

或者

$$\frac{1}{2}\rho v^2 + p = C_l \tag{4.26}$$

(3) 绝热等熵气体。一般气体的质量力影响可以忽略不计,因此伯努利方程为

$$\frac{v^2}{2} + \frac{k}{k-1}\frac{p}{\rho} = C_l \tag{4.27}$$

应用伯努利积分时,应注意以下几点:

(1) 伯努利积分仅对理想正压流体,在质量力有势和定常运动下沿同一流线的各点成立。但若各流线的起始处(如无穷远处或容器的液面处)具有相同的速度、压强和位置高度,则各流线的积分常数 C_l 相同,因而,伯努利积分在任何时间对全流场的任何点都成立。

(2) 伯努利积分虽然只沿同一流线成立,但在工程实践中也往往近似地用于准一维定常的管道流动。这时有两种处理方法:一种是取各截面上速度和压强等运动参数的平均值;另一种是对各项引进修正因子以补偿各流动参数在截面上分布的不均匀性。

(3) 伯努利积分是从无黏性流体的运动方程导出的,因而不含机械能损耗项。但从能量的角度看,伯努利积分是个能量守恒方程,因此在研究管道等流动时,只需加上一个机械能损耗项,就可以考虑黏性的影响。这将在管道流动章节中专门讨论。

(4) 对于时间变化非常缓慢的流动,有时可以近似地认为每一时刻的流动是定常的,随之采用准定常流动的方法处理。

(5) 伯努利积分不宜应用于有较大逆压梯度和强烈掺和的流动,即急变流。

(6) 伯努利积分不宜用于局部压强等于或小于液体饱和蒸汽压强的区域,因为此区域发生了空化现象,流动不再连续。

(7) 伯努利积分也不宜应用于通过动力装置(如泵、涡轮机等)的流动,因为此时在流动中往往有机械能的输入或输出。

4.3　拉格朗日积分(无旋流场的伯努利积分)

假设:(1) 流体是理想的、运动是无旋的。

(2) 质量力有势。

(3) 流体正压。

由假设(1)知流体运动满足欧拉运动方程,无旋条件得 $\nabla \times v = 0$,即 $v = \nabla \varphi$;由假设(2)得 $f = -\nabla U$;由假设(3)得 $\rho = f(p)$,即 $\nabla P = \dfrac{\nabla p}{\rho}$。将上述各式代入(4.5)式,并注意到

$$\frac{\partial v}{\partial t} = \frac{\partial(\nabla \varphi)}{\partial t} = \nabla \frac{\partial \varphi}{\partial t} \quad 得$$

$$\nabla \left(\frac{\partial \varphi}{\partial t} + \frac{v^2}{2} + P + U \right) = \mathbf{0}$$

积分得

$$\frac{\partial \varphi}{\partial t} + \frac{v^2}{2} + P + U = f(t) \tag{4.28}$$

令

$$\frac{\partial \Phi}{\partial t} = \frac{\partial \varphi}{\partial t} - f(t)$$

则

$$\Phi = \varphi - \int f(t) \mathrm{d}t$$

而 $v = \nabla \varphi = \nabla \Phi$，因此式(4.28)可改写为

$$\frac{\partial \Phi}{\partial t} + \frac{v^2}{2} + P + U = 0 \tag{4.29}$$

式(4.28)或式(4.29)为不同形式的拉格朗日积分。

如果流动又是定常的，则

$$\nabla \left(\frac{v^2}{2} + P + U \right) = 0$$

积分得

$$\frac{v^2}{2} + P + U = C \tag{4.30}$$

这里须注意 C_l 与 C 区别：C_l 是沿流线(涡线)积分常数，沿同一流线(涡线)C_l 相同，而 C 是通用常数(全场常数)，即场中各点都为同一常数。下面讨论在具体条件下的拉格朗日积分。

对于不可压缩重力流场，$U = gz$，$P = \dfrac{p}{\rho}$，则

$$\frac{\partial \Phi}{\partial t} + \frac{v^2}{2} + \frac{p}{\rho} + gz = 0 \tag{4.31}$$

若运动又是定常的，则拉格朗日积分和伯努利积分为同一形式

$$\frac{v^2}{2} + \frac{p}{\rho} + gz = C \tag{4.32}$$

或者写为

$$\frac{v^2}{2g} + \frac{p}{\rho g} + z = C \tag{4.33}$$

4.4　两种积分意义及其应用

4.4.1　积分的意义

对于理想重力流体的定常运动,沿流线或涡线的伯努利积分为

$$\frac{v^2}{2g} + \frac{p}{\rho g} + z = C_l \tag{4.34}$$

如果理想重力流体运动不仅是定常的,而且是无旋的,那么全场可应用拉格朗日积分

$$\frac{v^2}{2g} + \frac{p}{\rho g} + z = C \tag{4.35}$$

现在来讨论式(4.34)和式(4.35)中的各项意义。

1. 几何意义

式(4.34)和式(4.35)中的各项几何意义均表示高度。

(1) $\frac{v^2}{2g}$ 为速度高度,用动压头 h_v 表示。

(2) $\frac{p}{\rho g}$ 为压力高度,用静压头 h_p 表示。

(3) z 为几何位置高度。

因此式(4.34)表示在同一流线(涡线上),总水头 $H = z + h_p + h_v$ 保持不变,具体如图 4.3 所示。而式(4.35)表示在全流场中,H 处处相等。

2. 物理意义

式(4.34)和式(4.35)中的各项物理意义都表示单位重量流体所具有的某种能量。

(1) $\frac{v^2}{2g}$ 为单位重量流体的动能,用 e_v 表示。

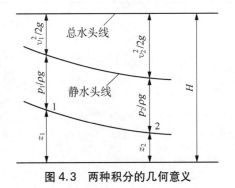

图 4.3　两种积分的几何意义

(2) $\frac{p}{\rho g}$ 为单位重量流体的压能,即单位重量流体压力所做的功,用 e_p 表示。

(3) z 为单位重量流体的势能,用 e_z 表示。

因此式(4.34)表示在同一流线(涡线)上,单位重量的总能量 $E = e_z + e_p + e_v$ 始终保持不变,而式(4.35)表示全场中单位重量的总能量 E 处处相等。

结论:在定常运动中,同一流体质点的各能量之和保持不变,这是能量守恒定律在流体力学中具体体现。

上面提到的压能与位能和动能一样,是流体机械能的一种形式,它是由于流体压强做功所产生的,可以与其他能量相互转换。另外流体的总能量保持不变,不等于每部分的能量都保持不变,它们之间是可以相互转换的。从图 4.3 就可以看出,当位能保持不变时,流体速

度变大,即动能增加时,压能就相应减小,即压能转变为动能,反之动能转变为压能。

根据能量守恒观点,还可以将伯努利方程从只能在理想流中应用推广至黏性流体(真实流体)中,即

$$z_1 + \frac{p_1}{\rho g} + \frac{v_1^2}{2g} = z_2 + \rho g + \frac{v_2^2}{2g} + h_f \tag{4.36}$$

式中,h_f 为单位重量损失的能量,称为水头损失。

4.4.2 测速计——伯努利积分的应用

在第 2 章中,讲述了测压计原理,下面将讲述基于伯努利积分的测速计原理。

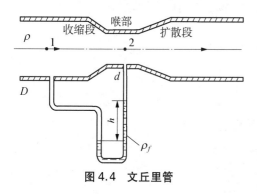

图4.4 文丘里管

1. 文丘里管

文丘里管(Venturi tube)如图 4.4 所示,它由一节截面是两头大,中间小的水平管组成的。大端的直径等于所需测量的管道直径,中间截面的最小部分称为喉部,约为大端截面的一半。设大端的截面面积为 A_1,待测流体密度为 ρ,速度为 v_1,喉部截面积为 A_2,U 型管中的液体密度为 ρ_f,液面高度差为 h。下面根据连续方程和伯努利积分导出 v_1 的表达式。

列出连续方程

$$A_1 v_1 = A_2 v_2 \tag{4.37}$$

假定各截面上的流动参数是均匀的,且不计管道中流体的质量力作用,对于一维管道流动,在管轴线 1—2 两点列出伯努利积分

$$\frac{p_1}{\rho g} + \frac{v_1^2}{2g} = \frac{p_2}{\rho g} + \frac{v_2^2}{2g} \tag{4.38}$$

由测压计测量得到

$$p_1 = p_2 + \rho_f g h \tag{4.39}$$

由式(4.37)~式(4.39)得

$$v_1 = \sqrt{\frac{2gh}{\left(\dfrac{A_1}{A_2}\right)^2 - 1} \dfrac{\rho_f}{\rho}} \tag{4.40}$$

实际流速 $v_1' < v_1$,即有一个修正量:

$$v_1 = \xi \sqrt{\frac{2gh}{\left(\dfrac{A_1}{A_2}\right)^2 - 1} \dfrac{\rho_f}{\rho}} \tag{4.41}$$

流量

$$Q = v_1 A_1 = \xi \sqrt{\dfrac{2gh}{\dfrac{1}{A_2^2} - \dfrac{1}{A_1^2}} \dfrac{\rho_f}{\rho}} \qquad (4.42)$$

其中，ξ 为"修正系数"，以修正理论计算和实际测量过程中的误差，其可以通过实验来测定。在式 (4.41)、式(4.42)中，只要测得压力计的液面高度差，就可以计算管道中的流动速度和流量。

另外从导出的公式看出，液面高度与被测流体速度平方成成正比，因此当管道中流体速度增加到一定程度时，测量液体就会被吸入管道中，随流动的流体一起流走，这就是各类喷雾器和抽气、抽水机的工作原理。

思考题 1

如果管道中的流体重力需要考虑，这时的计算公式将如何修改？

2. 皮托管

首先介绍驻点概念。如图 4.5 所示，一物体置于来流中，在 A，B 两点处速度为 0，则 A，B 称为"驻点"。

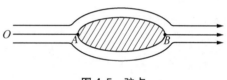

图 4.5　驻点

选 OA 作为一条流线，两端物理量分别为 O：p，v；A：p_A，0。在此流线上应用伯努利积分（不考虑质量力作用）：

$$p + \frac{1}{2}\rho v^2 = p_A \qquad (4.43)$$

即总压由静压 p 和动压 $p_v = \dfrac{1}{2}\rho v^2$ 组成。只要知道 p，p_A，便可求出远前方的来流速度

$$v = \sqrt{\frac{2(p_A - p)}{\rho}} \qquad (4.44)$$

皮托管分为敞开式、组合式两种方式（见图 4.6）。

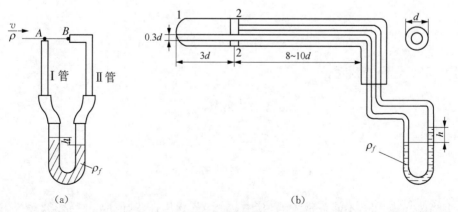

(a)　　　　　　　　　　　　　　(b)

图 4.6　皮托管

为了测量流体的流速,在同一水平位置 A, B 两点上各放一根管子,Ⅰ管的管口截面平行于来流,Ⅱ管的关口截面垂直于来流,如图 4.6(a)所示。假设Ⅰ管的存在对于Ⅰ管管口处原来的流动没有影响,测压计所测得的 A 点压强为来流的压强,而Ⅱ管管口的压强为驻点压强。根据测压计原理有

$$p_B - p_A = \rho_f g h$$

而 A, B 两点的速度分别为

$$v_A = v, \quad v_B = 0$$

对 A, B 两点列出伯努利积分方程:

$$\frac{p_A}{\rho g} + \frac{v^2}{2g} = \frac{p_B}{\rho g} + 0$$

$$v = \sqrt{\frac{2g(p_B - p_A)}{\rho g}} = \sqrt{2gh\frac{\rho_f}{\rho}} \tag{4.45}$$

实际测量需要给予修正,即

$$v = \xi\sqrt{2gh\frac{\rho_f}{\rho}} \tag{4.46}$$

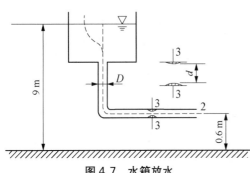

图 4.7　水箱放水

通常将Ⅰ管和Ⅱ管合在一起,形成如图 4.6(b)所示的皮托管,其中 1 为总压孔,2 为静压孔。

【例 4.1】设水箱的水位保持 9 m,通过管径 $D = 75$ mm 的管道把水引至距地面 0.6 m 处,如图 4.7 所示,计算管道内流量有多少?设想在截面 3 处安装一收缩口,如附图。问该收缩口的直径 d 小于怎样的一个数值后,将影响管道内流量?

解　(1) 取流线 1~2,两点处相应参数分别为

$$1: v_1 = 0, \quad p_1 = p_a, \quad z_1 = 9 \text{ m}$$

$$2: v_2 = ?, \quad p_2 = p_a, \quad z_2 = 0.6 \text{ m}$$

对 1,2 点应用伯努利积分

$$\rho g z_1 = \frac{1}{2}\rho v_2^2 + \rho g z_2$$

$$v_2 = \sqrt{2g(z_1 - z_2)} = 12.84 \text{(m/s)}$$

$$Q = v_2 \cdot \frac{\pi}{4}d_2^2 = 57 \text{(dm}^3\text{/s)}$$

(2) 当 $p_3 \leqslant p_v$ 时,不能正常流动,其中,p_v 为气化压强,其值取 $p_v = 2\,332.4 \text{ N/m}^2$。对

1—3 列出伯努利积分方程：

$$p_a + \rho g z_1 = \frac{1}{2}\rho v_3^2 + \rho g z_3 + p_v$$

$$v_3 \geqslant 19.04(\text{m/s})$$

$$d \leqslant \sqrt{\dfrac{Q}{\dfrac{\pi}{4}v_3}} = 61.7(\text{mm})$$

【例 4.2】由水池通过虹吸管引水到 D 点，如图 4.8 所示，A 点为管进口处，取过 A 的水平面为基准面，B 点与水池液面等高，$h_B = 6\,\text{m}$，C 点为虹吸管中最高点，$h_c = 7.5\,\text{m}$；D 为管出口处，$h_D = 4\,\text{m}$，若不计流动中水头损失，求 A，B，C 和 D 点各断面上位能，压能和动能及总机械能。

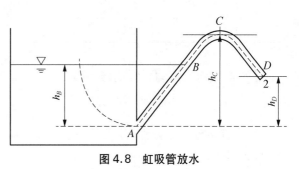

图 4.8　虹吸管放水

解　根据连续方程得

$$v_A = v_B = v_C = v_D = v_0$$

取流线 1~2，列出伯努利积分方程

$$z_1 + \frac{p_1}{\rho g} + \frac{v_1^2}{2g} = z_2 + \frac{p_2^2}{\rho g} + \frac{v_2^2}{2g}$$

由于

$$p_1 = p_2 = p_a,\ v_1 \approx 0,\ z_1 = h_B = 6\,\text{m},\ z_2 = h_D = 4\,\text{m},\ v_2 = v_D$$

所以

$$\frac{v_A^2}{2g} = \frac{v_B^2}{2g} = \frac{v_C^2}{2g} = \frac{v_D^2}{2g} = \frac{v_2^2}{2g} = z_1 - z_2 = 2.0\,\text{m}$$

对 1~A 列出伯努利积分方程

$$z_1 + \frac{p_1}{\rho g} + \frac{v_1^2}{2g} = z_A + \frac{p_A}{\rho g} + \frac{v_A^2}{2g}$$

$$\frac{p_A}{\rho g} = z_1 + \frac{p_1}{\rho g} - z_A - \frac{v_A^2}{2g} = 6 - 2 = 4.0(\text{m})\quad(\text{考虑相对压力})$$

同理　　　$$\frac{p_B}{\rho g} = z_1 - z_B - \frac{v_B^2}{2g} = 6 - 6 - 2.0 = -2.0(\text{m})$$

$$\frac{p_C}{\rho g} = z_1 - z_C - \frac{v_C^2}{2g} = 6 - 7.5 - 2.0 = -3.5(\text{m})$$

上述计算表明：虹吸管顶部 C 点真空度最大。

各点高度如表 4.1 所示。

表 4.1 各点各项高度值　　　　　　　　　　　　　　　　单位:m

位置	位置高度(z)	压力高度($p/\rho g$)	速度高度$\left(\dfrac{v^2}{2g}\right)$	总水头高
A	0	4.0	2.0	6.0
B	6.0	-2.0	2.0	6.0
C	7.5	-3.5	2.0	6.0
D	4.0	0	2.0	6.0

【例 4.3】有一流动,其速度分量为

$$v_x = 3x,\ v_y = -3y,\ v_z = 0$$

试求其运动微分方程,并求其当表面上(0,0)处压力的为零时,处于表面以下 1 m 处 $A(2,2)$ 点压强。

解　由欧拉运动方程 $\dfrac{\mathrm{D}\boldsymbol{v}}{\mathrm{D}t} = \boldsymbol{f} - \dfrac{1}{\rho}\nabla p$,即

$$
\begin{cases}
\dfrac{\mathrm{D}v_x}{\mathrm{D}t} = \dfrac{\partial v_x}{\partial t} + v_x\dfrac{\partial v_x}{\partial x} + v_y\dfrac{\partial v_x}{\partial y} + v_z\dfrac{\partial v_x}{\partial x} = f_x - \dfrac{1}{\rho}\dfrac{\partial p}{\partial x} \\[2mm]
\dfrac{\mathrm{D}v_y}{\mathrm{D}t} = \dfrac{\partial v_y}{\partial t} + v_x\dfrac{\partial v_y}{\partial x} + v_y\dfrac{\partial v_y}{\partial y} + v_z\dfrac{\partial v_y}{\partial z} = f_y - \dfrac{1}{\rho}\dfrac{\partial p}{\partial y} \\[2mm]
\dfrac{\mathrm{D}v_z}{\mathrm{D}t} = \dfrac{\partial v_z}{\partial t} + v_x\dfrac{\partial v_z}{\partial x} + v_y\dfrac{\partial v_z}{\partial y} + v_z\dfrac{\partial v_z}{\partial z} = f_z - \dfrac{1}{\rho}\dfrac{\partial p}{\partial z}
\end{cases}
$$

得

$$
\begin{cases}
9x = 0 - \dfrac{1}{\rho}\dfrac{\partial p}{\partial x} \\[2mm]
9y = 0 - \dfrac{1}{\rho}\dfrac{\partial p}{\partial y} \\[2mm]
0 = -g - \dfrac{1}{\rho}\dfrac{\partial p}{\partial z}
\end{cases}
\Rightarrow
\begin{cases}
\dfrac{1}{\rho}\dfrac{\partial p}{\partial x} + 9x = 0 \\[2mm]
\dfrac{1}{\rho}\dfrac{\partial p}{\partial y} + 9y = 0 \\[2mm]
\dfrac{1}{\rho}\dfrac{\partial p}{\partial z} + g = 0
\end{cases}
$$

利用上式得

$$-g \cdot \mathrm{d}z - \dfrac{1}{\rho}\mathrm{d}p = 9x\,\mathrm{d}x + 9y\,\mathrm{d}y$$

$$\dfrac{p}{\rho} = -\dfrac{9}{2}(x^2 + y^2) - gz + C$$

由(0,0,0)处, $p=0$ 的条件,得到 $C=0$

在(2,2,-1)处, $p = \rho(9.81 - 36) = -26.19\rho\,(\mathrm{Pa})$

本题也可以采用拉格朗日积分求解。

【例 4.4】已知流场速度分布为 $\begin{cases} v_\theta = r\omega \\ v_r = 0 \end{cases} r \leqslant r_0$ 或 $\begin{cases} v_x = -\omega y \\ v_y = \omega x \end{cases}$。在 r_0 处，$p = p_0$ 试求 $r \leqslant r_0$ 区域内压力分布。

解　判断流动连续性：

$$\frac{\partial r v_r}{\partial r} + \frac{\partial v_\theta}{\partial \theta} = 0$$

满足连续性要求。

$$\nabla \times \boldsymbol{v} = 2\omega \boldsymbol{k}$$

这是定常、有旋运动。

上述判断表明该运动完全满足伯努利积分的条件。但由于流线为 $r = C$，为圆周线，无法求得整个区域内压力分布，故只能从欧拉运动方程出发进行求解。

由欧拉运动方程

$$\begin{cases} \dfrac{\mathrm{D}v_x}{\mathrm{D}t} = f_x - \dfrac{1}{\rho}\dfrac{\partial p}{\partial x} \\ \dfrac{\mathrm{D}v_y}{\mathrm{D}t} = f_y - \dfrac{1}{\rho}\dfrac{\partial p}{\partial y} \end{cases} \quad \text{即} \ -\rho\omega^2(x\,\mathrm{d}x + y\,\mathrm{d}y) = -\mathrm{d}p$$

积分得

$$p = \frac{\rho}{2}\omega^2(x^2 + y^2) + C = \frac{\rho}{2}r^2\omega^2 + C$$

❓ 思考题 2

是否速度越大的地方，压强一定越小？

4.4.3　拉格朗日积分的应用

【例 4.5】图 4.9 为一盛液 U 型管。当水体平衡时，两边液面处于同样的水平高度。假定管子等截面，水体的黏性和表面张力可以忽略，请分析管中液体的自由晃荡频率。

解　取如图所示的坐标系和位置高度基准线（任意水平线即可）。当管内水体受到扰动后，就开始自由晃荡。设左边液面下降高度为 z，则右边液面高度升高 z，高度差为 $2z$。对液面 1 和 2 列出拉格朗日积分方程：

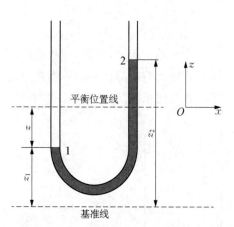

图 4.9　U 型管液体振荡模型

$$\frac{\partial \varphi}{\partial t}\bigg|_1 + \frac{v_1^2}{2} + \frac{p_1}{\rho} + gz_1 = \frac{\partial \varphi}{\partial t}\bigg|_2 + \frac{v_2^2}{2} + \frac{p_2}{\rho} + gz_2$$

$$(4.47)$$

由连续方程得到任一横截面处的速度相等,同时速度仅为时间的函数,即

$$v_1 = v_2 = v(t) \tag{4.48}$$

由速度势定义有

$$\varphi = \varphi_0 + \int_1^2 v \, dl \tag{4.49}$$

式(4.49)对时间求导,并注意到式(4.48)得

$$\frac{\partial \varphi}{\partial t}\Big|_1^2 = \frac{\partial}{\partial t}\int_1^2 v \, dl = \int_1^2 \frac{dv}{dt} dl = L\frac{dv}{dt} \tag{4.50}$$

因两边管口敞开,所以

$$p_1 = p_2 = p_a \tag{4.51}$$

将式(4.48)、式(4.50)、式(4.51)代入式(4.47),注意到 $z_2 - z_1 = 2z$,得

$$L\frac{dv}{dt} + 2gz = 0$$

即

$$L\frac{d^2 z}{dt^2} + 2gz = 0 \tag{4.52}$$

式(4.52)就是管中水体振荡方程。根据理论力学振动理论,可以求得振荡圆频率为

$$\omega = \sqrt{\frac{2g}{L}}$$

周期为

$$T = 2\pi\sqrt{\frac{L}{2g}}$$

在船舶工程中,常常采用"减摇水舱"来降低船舶在风浪中摇荡程度,即根据船舶摇荡的周期调整液舱的摇荡周期和相位,以抵消外界扰动引起的摇荡程度。该例题求解方法可用于计算减摇水舱的晃荡固有频率。

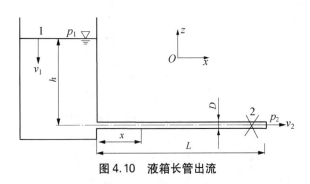

图 4.10　液箱长管出流

【例 4.6】水箱的底部与一长度为 L 直径为 D 的圆管相连,圆管出口处装有一阀门,开始时阀门关闭,水箱内水位高为 h,如图 4.10 所示。在阀门突然开启以后的短暂时间内,流动是非定常的,圆管内的体积流量随时间变化,假设:①圆管内流动为一维流动;②流动中没有能量损失;③除圆管进口附近外,忽略水箱中水体的下降速度;④液面上方和圆管

出口处的压强均为大气压,试求出水流量随时间的变化规律。

　　解　建立如图所示的坐标系,基准线取在管轴线上。对液面 1 和出口 2 列出拉格朗日积分

$$\frac{\partial \varphi}{\partial t}\Big|_1 + \frac{v_1^2}{2} + \frac{p_1}{\rho} + gz_1 = \frac{\partial \varphi}{\partial t}\Big|_2 + \frac{v_2^2}{2} + \frac{p_2}{\rho} + gz_2 \tag{4.53}$$

由连续方程得到圆管内任一横截面处的速度相等,同时速度仅为时间的函数,而水箱内水体下降速度较管内的要远远小得多,即

$$v_1 \approx 0, \ v_2 = v(t) \tag{4.54}$$

由速度势定义有

$$\varphi = \varphi_0 + \int_1^2 v \, \mathrm{d}l \tag{4.55}$$

式(4.55)对时间求导,并注意到式(4.54)得

$$\frac{\partial \varphi}{\partial t}\Big|_1^2 = \frac{\partial}{\partial t}\int_1^2 v \, \mathrm{d}l = \int_1^2 \frac{\mathrm{d}v}{\mathrm{d}t} \mathrm{d}l = h\frac{\mathrm{d}v_1}{\mathrm{d}t} + L\frac{\mathrm{d}v}{\mathrm{d}t} = L\frac{\mathrm{d}v}{\mathrm{d}t} \tag{4.56}$$

因液面和管口敞开,所以

$$p_1 = p_2 = p_a \tag{4.57}$$

将式(4.54)、式(4.56)、式(4.57)代入式(4.53),注意到 $z_2 - z_1 = -h$ 得

$$2L\frac{\mathrm{d}v}{\mathrm{d}t} = 2gh - v^2$$

即

$$\frac{\mathrm{d}t}{2L} = \frac{\mathrm{d}v}{2gh - v^2} \tag{4.58}$$

对式(4.58)积分,并注意到初始条件,即 $t = 0$ 时,$v = 0$ 得

$$t = \frac{2L}{\sqrt{2gh}}\mathrm{artanh}\frac{v}{\sqrt{2gh}}$$

或

$$v = \sqrt{2gh}\tanh\left(\frac{t}{2L}\sqrt{2gh}\right)$$

4.5　动量定理、动量矩定理及其应用

　　对于不可压缩理想流体,欧拉运动方程和连续方程构成了封闭的方程组,可以求得 v,p

4个未知量,当然对于具体问题还必须加上适当的初始条件和边界条件。初始条件和边界条件总称为问题的"定解条件"。如果已经求得满足条件的欧拉运动方程的解,即

$$\begin{cases} \boldsymbol{v} = \boldsymbol{v}(x, y, z, t) \\ p = p(x, y, z, t) \end{cases}$$

通过物面积分,就可以求出作用在物体上的力 $\boldsymbol{F}$ 和力矩 $\boldsymbol{M}$:

$$\begin{cases} \boldsymbol{F} = \iint\limits_{S} - p\boldsymbol{n}\,\mathrm{d}A \\ \boldsymbol{M} = \iint\limits_{S} - \boldsymbol{r} \times \boldsymbol{n}p\,\mathrm{d}A \end{cases} \tag{4.59}$$

但欧拉方程是一个非线性方程,在一般情况下,对它积分是很困难的,只有在几种特殊情况下,才能获得解析解。例如前面获得的伯努利积分、拉格朗日积分,而且它们仅是速度和压力之间关系式,只有在速度分布已知情况下,才能用于确定压力分布。

本节将推导流体力学中动量和动量矩定理形式,从而根据边界条件直接求解作用在物体上力和力矩。它们无须知道流体内部速度分布,也无须区分内部流动是有旋的还是无旋的,只要知道速度,压强等物理量在某些边界上的分布就可以求出作用在物体上合力(矩)。

动量和动量矩定理在船舶流体力学中有广泛的应用,如快艇滑行原理,喷水推进器和气垫船原理等。

4.5.1 动量定理及动量矩定理

下面将根据理论力学中质点系动量和动量矩定理推导出流体力学中动量和动量矩定理。

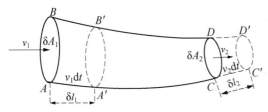

图 4.11 微流管的动量定理推导图

1. 定常运动的微流管动量定理

在流场中取出一微流管(见图 4.11),由于流动是定常的,流管就如真实管子一样。

设微流管两端截面分别为 δA_1,δA_2 方向以外法线方向为正,两端流体的平均速度为 $\boldsymbol{v}_1$,$\boldsymbol{v}_2$。经过 δt 时间后,微流管由 $ABCD$ 移至 $A'B'C'D'$。由于公共部分 $A'B'CD$ 之间动量不变,δt 时间内动量变化为

$$\mathrm{d}(m\boldsymbol{v}) = K_{CDC'D'} - K_{ABA'B'} = (\rho_2 \delta A_2 v_{2n} \delta t)\boldsymbol{v}_2 - (\rho_1 \delta A_1 v_{1n} \delta t)\boldsymbol{v}_1$$

根据质点系动量定理:动量变化率等于所有外力合力,即

$$\frac{\mathrm{D}}{\mathrm{D}t}(m\boldsymbol{v}) = \sum_i \boldsymbol{F}_i$$

得到定常运动的微流管动量定理

$$(\rho_2 v_{2n} \delta A_2)\boldsymbol{v}_2 - (\rho_1 v_{1n} \delta A_1)\boldsymbol{v}_1 = \sum_i \boldsymbol{F}_i = \boldsymbol{F} \tag{4.60}$$

式中，$v_n = \boldsymbol{v} \cdot \boldsymbol{n}$ 以流出流管为正，流进流管为负，与坐标系的选取无关，而 $\boldsymbol{v}$，$\boldsymbol{F}$ 分量的正负根据坐标系定。

结论：对于微流管，在定常条件下，通过其两端截面单位时间内流出的动量减去流入的动量等于作用在整个流管上质量力和表面力的合力。

2. 定常运动的一般形式动量定理、动量矩定理

现在把微流管的动量定理推广到一般到任意封闭体内流体的流动。

在流场中任取一封闭表面 S，如图 4.12 所示，可在其中划分出无限多的微流管，对于每一微流管应用式（4.60），然后求和得

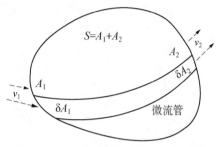

图 4.12　一般形式的动量定理推导图

$$\iint_{A_2} \rho v_n \boldsymbol{v} \, \mathrm{d}A - \iint_{A_1} \rho v_n \boldsymbol{v} \, \mathrm{d}A = \boldsymbol{F} \qquad (4.61)$$

或者

$$\oiint_S \rho v_n \boldsymbol{v} \, \mathrm{d}A = \boldsymbol{F} \qquad (4.62)$$

同样可以得到动量矩定理

$$\oiint_S (\boldsymbol{r} \times \boldsymbol{v}) \rho v_n \, \mathrm{d}A = \boldsymbol{M} \qquad (4.63)$$

式中，$\boldsymbol{r}$ 为矢径；$\boldsymbol{M}$ 为所有外力对于原点的合力矩。

3. 更为一般形式的动量定理、动量矩定理

下面将根据理论力学中的动量、动量矩定理，直接采用数学物理方法导出流体力学中最为一般式的动量、动量矩定理。

对于流场中的任意封闭体（见图 4.13）内的流体应用理论力学中的动量定理，即动量的变化率等于外力之和，可得

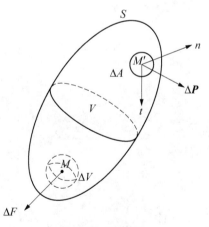

图 4.13　流体团

$$\frac{\mathrm{D}}{\mathrm{D}t} \iiint_V \rho \boldsymbol{v} \, \mathrm{d}V = \sum_i \boldsymbol{F}_i = \boldsymbol{F} = \iiint_V \rho \boldsymbol{f} \, \mathrm{d}V + \oiint_S - p \boldsymbol{n} \, \mathrm{d}A$$

$$(4.64)$$

式中，ρ 为流体密度；$\boldsymbol{v}$ 为流体速度；$\boldsymbol{f}$ 为流体受到的单位质量力；p 为流体表面压强；$\boldsymbol{n}$ 为封闭体的外法线方向；V 为控制体；S 为控制面。

根据输运定理

$$\frac{\mathrm{D}}{\mathrm{D}t} \iiint_V \rho \boldsymbol{v} \, \mathrm{d}V = \frac{\partial}{\partial t} \iiint_V \rho \boldsymbol{v} \, \mathrm{d}V + \oiint_S \rho \boldsymbol{v} v_n \, \mathrm{d}A$$

所以式（4.64）可以改写为

$$\frac{\partial}{\partial t}\iiint\limits_{V}\rho \boldsymbol{v}\mathrm{d}V + \oiint\limits_{S}\rho \boldsymbol{v}v_n\mathrm{d}A = \iiint\limits_{V}\rho \boldsymbol{f}\mathrm{d}V - \oiint\limits_{S}p\boldsymbol{n}\mathrm{d}A \tag{4.65}$$

式(4.65)即为一般形式的动量定理。

类似动量方程推导,可以得到流体运动的动量矩定理:

$$\oiint\limits_{S}(\boldsymbol{r}\times\boldsymbol{v})\rho v_n\mathrm{d}A = \iiint\limits_{\Omega}(\boldsymbol{r}\times\boldsymbol{f})\rho\mathrm{d}V + \oiint\limits_{S}(-\boldsymbol{r}\times\boldsymbol{n})p\mathrm{d}A \tag{4.66}$$

动量、动量矩定理不仅适用于理想流体,而且还可以应用于黏性流,也可以用它来校核由微分方程求得的结果。

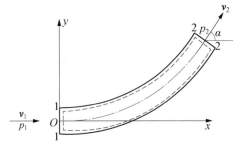

图 4.14 定常流体运动对弯管的作用力

4.5.2 动量及动量矩定理的应用

【**例 4.7**】如图 4.14 所示,不可压缩流体定常流过弯管,求流体作用于弯管上的合力 $\boldsymbol{R}$。假设进出口截面流动均匀,忽略黏性和质量力的影响,且已知 v_1,A_1,A_2,ρ,p_1 及出口截面的方向。

解 取如图所示坐标系和控制体。

在该坐标系下

$$\boldsymbol{n}_1 = -\boldsymbol{i},\ \boldsymbol{n}_2 = \boldsymbol{i}\cos\alpha + \boldsymbol{j}\sin\alpha$$

则

$$\boldsymbol{p}_{n1} = -\boldsymbol{n}_1 p_1 = p_1\boldsymbol{i},\ \boldsymbol{p}_{n2} = -\boldsymbol{n}_2 p_2 = -p_2(\boldsymbol{i}\cos\alpha + \boldsymbol{j}\sin\alpha) \tag{4.67}$$

对不可压缩流体应用连续方程

$$v_1 A_1 = v_2 A_2 \tag{4.68}$$

对 1—2 两点列出伯努利积分

$$\frac{p_1}{\rho} + \frac{v_1^2}{2} = \frac{p_2}{\rho} + \frac{v_2^2}{2} \tag{4.69}$$

由式(4.68),式(4.69)得

$$\begin{cases} v_2 = \dfrac{v_1 A_1}{A_2} \\[2mm] p_2 = p_1 + \dfrac{1}{2}\rho v_1^2\left(1 - \dfrac{A_1^2}{A_2^2}\right) \end{cases} \tag{4.70}$$

对控制体内的流体应用动量定理

$$\oiint\limits_{S}\rho v_n\boldsymbol{v}\mathrm{d}A = \iiint\limits_{V}\rho \boldsymbol{f}\mathrm{d}V + \oiint\limits_{S} -p\boldsymbol{n}\mathrm{d}A \tag{4.71}$$

式中

$$\oiint\limits_{S} \rho v_n \boldsymbol{v} \mathrm{d}A = \iint\limits_{A_1} \rho v_n \boldsymbol{v} \mathrm{d}A + \iint\limits_{A_2} \rho v_n \boldsymbol{v} \mathrm{d}A + \iint\limits_{A_b} \rho v_n \boldsymbol{v} \mathrm{d}A$$

$$= (-\rho v_1) v_1 A_1 \boldsymbol{i} + \rho v_2 A_2 v_2 (\boldsymbol{i}\cos\alpha + \boldsymbol{j}\sin\alpha)$$

$$\iiint\limits_{V} \rho \boldsymbol{f} \mathrm{d}V = 0 \,(\text{因忽略质量力})$$

$$-\oiint\limits_{S} p\boldsymbol{n}\mathrm{d}A = -\left[\iint\limits_{A_1} p\boldsymbol{n}\mathrm{d}A + \iint\limits_{A_b} p\boldsymbol{n}\mathrm{d}A + \iint\limits_{A_2} p\boldsymbol{n}\mathrm{d}A\right]$$

$$= p_1 A_1 \boldsymbol{i} + \boldsymbol{R} + [-p_2(\boldsymbol{i}\cos\alpha + \boldsymbol{j}\sin\alpha)]A_2$$

将上面几式代入式(4.71)得

$$-\rho_1 v_1^2 A_1 \boldsymbol{i} + \rho v_2^2 A_2 (\boldsymbol{i}\cos\alpha + \boldsymbol{j}\sin\alpha) = p_1 A_1 \boldsymbol{i} + \boldsymbol{R} - p_2 A_2 (\boldsymbol{i}\cos\alpha + \boldsymbol{j}\sin\alpha)$$

根据作用力与反作用力原理,由此解得弯管受到的流体作用力为

$$\boldsymbol{R}' = -\boldsymbol{R} = (p_1 A_1 + \rho v_1^2 A_1 - \rho v_2^2 A_2\cos\alpha - p_2 A_2\cos\alpha)\boldsymbol{i} - \\ (p_2 A_2\sin\alpha + \rho v_2^2 A_2\sin\alpha)\boldsymbol{j}$$

即

$$\begin{cases} R'_x = p_1 A_1 + \rho v_1^2 A_1 - \rho v_1^2 \dfrac{A_1^2}{A_2}\cos\alpha - p_1 A_2\cos\alpha - \dfrac{1}{2}\rho v_1^2\left(A_2 - \dfrac{A_1^2}{A_2}\right)\cos\alpha \\ R'_y = -\left[p_1 A_2\sin\alpha + \dfrac{1}{2}\rho v_1^2\left(A_2 - \dfrac{A_1^2}{A_2}\right)\sin\alpha + \rho v_1^2 \dfrac{A_1^2}{A_2}\sin\alpha\right] \end{cases}$$

【例 4.8】图 4.15 为水箱小孔出流。假设水箱中的液面高度 h 保持不变,出流小孔面积为 S_B,流动能量损失不计,试求小孔出流对水箱的反推力。

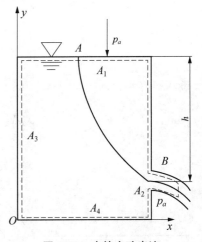

解　选取如图所示坐标系及控制面

对 A,B 断面列出连续方程:

$$A_1 \cdot v_A = A_2 \cdot v_B \qquad (4.72)$$

因为 $A_1 \gg A_2$,所以

$$v_A \approx 0 \qquad (4.73)$$

对端点在 A,B 断面的流线应用伯努利积分:

$$p_a + \frac{1}{2}\rho v_A^2 + \rho g h = p_a + \frac{1}{2}\rho v_B^2$$

图 4.15　水箱小孔出流

求得

$$v_B = \sqrt{2gh} \qquad (4.74)$$

这与理论力学中物体在无阻力作用下的自由落体速度完全一样。

对控制体应用动量定理:

$$\oiint_S \rho v_n \boldsymbol{v} \mathrm{d}A = \iiint_V \rho \boldsymbol{f} \mathrm{d}V - \oiint_S p \boldsymbol{n} \mathrm{d}A \tag{4.75}$$

由于除了出口处外,其他各侧面 v_n 都为 0,则

$$\oiint_S \rho v_n \boldsymbol{v} \mathrm{d}A = \iint_{A_1+A_2+A_3+A_4} \rho \boldsymbol{v} v_n \mathrm{d}A = \iint_{A_2} \rho v_n \boldsymbol{v} \mathrm{d}A = \rho v_B^2 A_2 \boldsymbol{i} \tag{4.76}$$

另

$$-\oiint_S p \boldsymbol{n} \mathrm{d}A = -\iint_{A_1+A_2+A_3+A_4} p \boldsymbol{n} \mathrm{d}A$$

$$= -\left[\iint_{A_1} p_a \boldsymbol{j} \mathrm{d}A + \iint_{A_3+A_2} p \boldsymbol{n} \mathrm{d}A - \iint_{A_2} p \boldsymbol{n} \mathrm{d}A + \iint_{A_2} p_a \boldsymbol{i} \mathrm{d}A - \left(\iint_{A_4} p_a \boldsymbol{j} \mathrm{d}A + \rho g V \boldsymbol{j} \right) \right]$$

式中,A_3 为容器侧壁减去 A_2 的面积,A_4 为底部面积,V 为水箱中的流体体积。

而

$$\iint_{A_1} p_a \boldsymbol{j} \mathrm{d}A - \iint_{A_4} p_a \boldsymbol{j} \mathrm{d}A = 0$$

$$\iint_{A_2+A_3} p \boldsymbol{n} \mathrm{d}A = 0 \text{(侧投影面上的合力相互抵消)}$$

所以

$$-\oiint_S p \boldsymbol{n} \mathrm{d}A = -\left[\iint_{A_2} (p_a - p) \mathrm{d}A \right] \boldsymbol{i} + \rho g V \boldsymbol{j} \tag{4.77}$$

$$\iiint_V \rho \boldsymbol{f} \mathrm{d}V = -\rho g V \boldsymbol{j} \tag{4.78}$$

将式(4.76)~式(4.78)代入式(4.75)得

$$\rho v_B^2 A_2 \boldsymbol{i} = \iint_{A_2} (p - p_a) \mathrm{d}A \boldsymbol{i} = R_x \boldsymbol{i} + R_y \boldsymbol{j}$$

最终获得

$$R_x = \rho v_B^2 A_2$$

根据作用力与反作用力概念,水箱受到的反推力为

$$R_x' = -R_x = -\rho v_B^2 S_B = -2\rho g h S_B$$

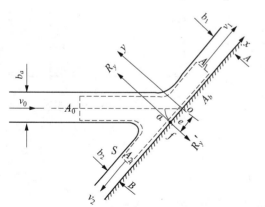

图 4.16　流体对平板的斜冲击

【例 4.9】流体对直平板斜向冲击如图 4.16 所示。设宽为 b_0 的二维流,以速度 v_0 向平板 AB 冲击,流束和平板夹角为 α,求理想流体对平板作用力及作用点位置。

120

解　取坐标系及控制面如图 4.16 所示。

已知 v_0，b_0，v_1，b_1，v_2，b_2 及 α，因流体周围与大气相接触,因此除了挡板 AB 表面 A_b 外,均受到大气压 p_a 作用。

对控制面的进出口断面列出连续方程:

$$b_0 v_0 = b_1 v_1 + b_2 v_2 \tag{4.79}$$

对流线 0—1 和 0—2 分别列出伯努利积分方程:

$$\begin{cases} \dfrac{v_0^2}{2} + \dfrac{p_a}{\rho} = \dfrac{v_1^2}{2} + \dfrac{p_1}{\rho} \\[2mm] \dfrac{v_0^2}{2} + \dfrac{p_a}{\rho} = \dfrac{v_2^2}{2} + \dfrac{p_2}{\rho} \end{cases}$$

得到

$$v_0 = v_1 = v_2 \tag{4.80}$$

由式(4.79)又得到

$$b_0 = b_1 + b_2 \tag{4.81}$$

对控制体内流体应用动量定理:

$$\oiint_S \rho v_n \boldsymbol{v} \mathrm{d}A = \oiint_S - p\boldsymbol{n} \mathrm{d}A \tag{4.82}$$

式中

$$\oiint_S \rho v_n \boldsymbol{v} \mathrm{d}A = \iint_{A_0} \rho v_n \boldsymbol{v} \mathrm{d}A + \iint_{A_1 + A_2} \rho v_n \boldsymbol{v} \mathrm{d}A + \iint_{A_b} \rho v_n \boldsymbol{v} \mathrm{d}A \tag{4.83}$$

$$= -\rho v_0^2 b_0 (\boldsymbol{i} \cos\alpha - \boldsymbol{j} \sin\alpha) + \rho v_1^2 b_1 \boldsymbol{i} - \rho v_2^2 b_2 \boldsymbol{i}$$

$$\oiint_S - p\boldsymbol{n} \mathrm{d}A = \underbrace{\iint_{S - A_b} - \boldsymbol{n} p_a \mathrm{d}A + \iint_{A_b} - \boldsymbol{n} p \mathrm{d}A = \iint_S - \boldsymbol{n} p_a \mathrm{d}A}_{0} + \underbrace{\iint_{A_b} (- p\boldsymbol{n} + p_a \boldsymbol{n}) \mathrm{d}A}_{\boldsymbol{R}}$$

$$\tag{4.84}$$

将式(4.83)、式(4.84)代入式(4.82)得

$$\boldsymbol{R} = (- \rho v_0^2 b_0 \cos\alpha + \rho v_1^2 b_1 - \rho v_2^2 b_2) \boldsymbol{i} + (\rho v_0^2 b_0 \sin\alpha) \boldsymbol{j}$$

由于流体是理想的,因此 $\boldsymbol{R}$ 与平板相互垂直。所以

$$\begin{cases} \boldsymbol{R} = R_y \boldsymbol{j} = (\rho v_0^2 b_0 \sin\alpha) \boldsymbol{j} \\ - \rho v_0^2 b_0 \cos\alpha + \rho v_0^2 b_1 - \rho v_0^2 b_2 = 0 \end{cases}$$

即

$$\begin{cases} R_y = \rho v_0^2 b_0 \sin\alpha \\[2mm] b_1 = \dfrac{1 + \cos\alpha}{2} b_0 \\[2mm] b_2 = \dfrac{1 - \cos\alpha}{2} b_0 \end{cases}$$

根据作用力与反作用力关系,挡板受到力沿 y 轴负向,即

$$R'_y = -\rho v_0^2 b_0 \sin \alpha$$

根据动量矩定理(o 为矩心)

$$\iint\limits_{S-A_b} (xv_y - yv_x)\rho v_n \mathrm{d}A = \oiint\limits_{S} p(xn_y - yn_x)\mathrm{d}A$$

$$左端 = \iint\limits_{A_0}(\cdots) + \iint\limits_{A_1}(\cdots) + \iint\limits_{A_2}(\cdots) = 0 + \left(-\frac{b_1 v_1^2}{2}b_1\rho\right) + \frac{b_2^2}{2}v_2^2\rho$$

$$右端 = xR_y - yR_x = R_y e(这里假设作用点在 x 轴正向)$$

所以

$$-\rho v_1^2 \frac{b_1^2}{2} + \rho v_2^2 \frac{b_2^2}{2} = R_y e = e\rho v_0^2 b_0 \sin \alpha$$

由此得到合力作用点

$$e = -\frac{b_0}{2}\cot \alpha$$

式中负号表示作用点与假设相反,在负 x 轴上(见图 4.16)。

根据以上几道例题,对于动量和动量矩定理的应用可以总结如下:

(1)控制面尽可能选取:边界面或流面。这些面上没有流体进出,因而动量通量为零;速度及压力分布已知的面。如壁面、自由表面等。

(2)$\oiint\limits_{S} -p\boldsymbol{n}\mathrm{d}S$ 中包含了物体对流体作用力,此时分量式

$$R_x = \iint\limits_{S-A_b}[p\cos(\boldsymbol{n},x) + \rho v_x v_n]\mathrm{d}A - \iiint\limits_{V}\rho f_x \mathrm{d}V$$

$$R_y = \iint\limits_{S-A_b}[p\cos(\boldsymbol{n},y) + \rho v_y v_n]\mathrm{d}A - \iiint\limits_{V}\rho f_y \mathrm{d}V$$

$$R_z = \iint\limits_{S-A_b}[p\cos(\boldsymbol{n},z) + \rho v_z v_n]\mathrm{d}A - \iiint\limits_{V}\rho f_z \mathrm{d}V$$

至于大气压 p_a,一概不予考虑$\left(因为 \oiint\limits_{S} p_a \mathrm{d}A = 0\right)$

(3)实际计算时,无须写出中间繁杂过程,根据相应问题及动量定理、动量矩定理:

动量变化率=合外力(同坐标轴正向一致的为正)

动量矩变化率=合外力矩(规定逆时针方向为正)

可直接写出表达式,只是应注意:①v_n 以流出控制面为正,流进控制面为负;②速度 $\boldsymbol{v}$ 和外力 $\boldsymbol{R}$ 等有向物理量的分量的正负,由所取的坐标系来判定,与坐标轴正向一致的为正,反之为负;③求力矩时,将 $\boldsymbol{v}$ 对矩心取矩,其方向代表动量矩方向。力矩和动量矩一般规定逆时

针方向为正。

按照上述总结的几条,请读者对前几道例题重新演算一遍,会发现推导、计算过程将大大简化。

【例 4.10】气垫船基本原理。

气垫船基本原理如图 4.17 所示。气体由顶部风扇抽入,从底部向周围喷出。气体喷出时喷柱宽度为 b_0,其速度 v_0 的方向先是与底部水平线成 θ 夹角,然后转为水平向两侧沿地面喷出。气垫船重量为 W,底部面积为 A。试求底部间隙 h 和艇重 W 之间的关系。

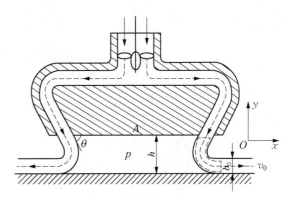

图 4.17　气垫船基本原理

解　假设艇底的气体压强为 p,以单位厚度的喷柱为讨论对象,选取如图 4.17 所示的坐标系和控制体(图中封闭虚线)。沿水平方向应用动量定理可得

$$\rho v_0^2 b_0 . 1 - \rho v_0 b_0 . 1(-v_0 \cos\theta) = ph . 1 \tag{4.85}$$

艇体重量全部由气垫形成的压强合力所承担,即

$$W = pA \tag{4.86}$$

将式(4.86)代入式(4.85)得

$$h = \rho v_0^2 b_0 (1 + \cos\theta)\frac{A}{W} = K_0(1 + \cos\theta)\frac{A}{W}$$

其中,$K_0 = \rho v_0^2 b_0$ 为喷出的气体动量,有风扇的功率所决定。艇重愈大时,间隙愈小;底面积愈大时,则间隙增大。因此气垫船的形状比较扁平,以使得底面积较大,从而获得较大间隙。

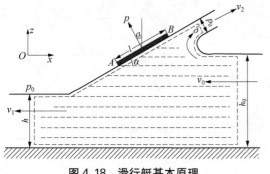

图 4.18　滑行艇基本原理

类似【例 4.9】,根据伯努利积分可知

【例 4.11】滑行艇基本原理。

假设滑行艇 AB 与水面夹角为 α,水以速度 v_0 从右向左流动,如图 4.18 所示。水原来的深度为 h_0,流经滑行艇后分为两部分,一部分宽度为 δ,以速度 v_2 沿艇艏喷出,另一部分水深为 h,以速度向艇艉流去。试求作用在滑行艇上的力。

解　建立如图所示的坐标系,选取相应的控制面(图中封闭虚线)。

$$v_0 = v_1 = v_2 \tag{4.87}$$

由式(4.87)及连续方程又得到

$$h_0 = h + \delta \tag{4.88}$$

对选取的控制体应用动量定理列出 x 向动量方程,得

$$-\rho v_0^2 h + \rho v_0^2 \delta \cos\alpha + \rho v_0^2 h_0 = -P\sin\alpha \tag{4.89}$$

所以

$$P = -\rho v_0^2 \delta \frac{1 + \cos\alpha}{\sin\alpha} = -\rho v_0^2 \delta \cot\frac{\alpha}{2}$$

由于上述研究对象为流体,根据作用与反作用的原理,滑行艇受到的流体作用力方向与图中一致,大小与流体受到的力一样。

【例 4.12】 理想推进器基本原理。

所谓理想推进器是指:①推进器为一轴向尺度趋于零,水可以自由通过的圆盘,此盘可以拨水向后,具有吸收外来功率并推水向后的功能;②水流速度和压力在盘面上均匀分布;③水为不可压缩的理想流体。

设推进器在无限静止流体中以速度 V_A 前进,为了采用定常流动的动量和动量矩定理,应用运动转换原理,认为水流以 V_A 速度流向静止的圆盘,圆盘的面积为 A_0。图 4.19 表示包围推进器的流管。由于推进器的作用,在流管中水质点的速度与流管外不同,在流管以外的水流速度和压力处处相等,均为 V_A 和 p_0,故流管的边界 ABC 和 $A'B'C'$ 是分界面。由于理想推进器具有吸收外来功率并推水向后的功能,因此当水流流经圆盘时,在盘的两侧的水流速度和压强均会有突变,分别见图 4.19(b) 和 4.19(c),其中速度 u_{a1} 和 u_a 均为推进器的轴向诱导速度。根据上述假设和条件,试求理想推进器的推力和诱导速度。

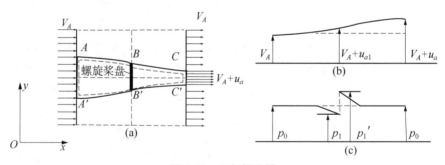

图 4.19　理想推进器

解　建立如图所示的坐标系,并选取相应的控制体(图中封闭虚线)。

设推力为 T_1。根据动量定理有

$$\rho A_0 (V_A + u_{a1})(V_A + u_a) - \rho A_0 (V_A + u_{a1}) V_A = T_1 \tag{4.90}$$

即

$$T_1 = \rho A_0 (V_A + u_{a1}) u_a$$

为了寻求速度 u_{a1} 和 u_a 之间的关系,在盘前和盘后分别应用伯努利积分:

$$p_0 + \frac{1}{2}\rho V_A^2 = p_1 + \frac{1}{2}\rho(V_A + u_{a1})^2 \tag{4.91}$$

$$p_0 + \frac{1}{2}\rho(V_A + u_a)^2 = p_1' + \frac{1}{2}\rho(V_A + u_{a1})^2 \tag{4.92}$$

又由图 4.19(c) 及式(4.90)得

$$(p_1' - p_1)A_0 = T_1 = \rho A_0(V_A + u_{a1})u_a \tag{4.93}$$

故从式(4.91)～式(4.93)求得

$$u_{a1} = \frac{1}{2}u_a$$

同时看出,轴向诱导速度越大,推进器的推力就越大。

【例 4.13】明渠水流经过闸门的流动如图 4.20 所示,假定流体是理想的,流动是平面定常的,1—1 和 2—2 截面上流速均匀,压力分布与静水情况相同。若已知 ρ, h_1, h_2,试求单位宽度闸门上所受到的力。

解 建立如图所示的坐标系,并选取相应的控制体(图中封闭虚线)。

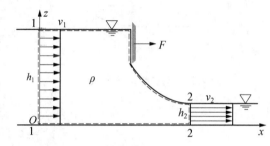

图 4.20 明渠水流作用在闸门上的力

分析控制面上受力情况,列出 x 向动量方程:

$$P_1 - P_2 - F = \rho v_2^2 h_2 - \rho v_1^2 h_1 \tag{4.94}$$

其中,P_1, P_2 分别为 1—1 和 2—2 面上受到的表面力,根据题意按静水压力计算,即

$$\begin{cases} P_1 = \rho g \cdot \dfrac{h_1^2}{2} \\ P_2 = \rho g \cdot \dfrac{h_2^2}{2} \end{cases} \tag{4.95}$$

v_1, v_2 关系由伯努利方程和连续方程定出,沿自由表面取流线 1—2(见图 4.20)列出伯努利方程:

$$\begin{cases} p_1 + \rho g z_1 + \dfrac{1}{2}\rho v_1^2 = p_2 + \rho g z_2 + \dfrac{1}{2}\rho v_2^2 \\ p_1 = p_2 = p_a \\ z_1 = h_1, \ z_2 = h_2 \end{cases} \Rightarrow h_1 + \dfrac{v_1^2}{2g} = h_2 + \dfrac{v_2^2}{2g} \tag{4.96}$$

列出连续方程得

$$v_1 h_1 = v_2 h_2 \tag{4.97}$$

由式(4.96)、式(4.97)得

$$\begin{cases} v_1^2 = \dfrac{2gh_2^2}{h_1 + h_2} \\[3mm] v_2^2 = \dfrac{2gh_1^2}{h_1 + h_2} \end{cases} \qquad (4.98)$$

将式(4.95)、式(4.98)代入式(4.94)并经整理得

$$F = \frac{\rho g(h_1 - h_2)^3}{2(h_1 + h_2)}$$

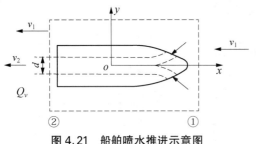

图 4.21　船舶喷水推进示意图

【例 4.14】船舶可通过喷水装置加以推进（见图 4.21）。水由船头进入船内喷水管道，经泵增压后以速度 v_2 从船艉喷出，假定已知船速为 v_1，所需的推力为 F，喷管的直径为 d，如果忽略推进系统的损失，试求:体积流量 Q_v，喷水效率和所需功率。

解　取控制体如图 4.21 所示，坐标系取在船上。假定进口与水平面夹角很小，则根据动量定理有:

$$F = \rho Q_v (v_2 - v_1)$$

所需流量为

$$Q_v = \frac{F}{\rho(v_2 - v_1)}$$

所需输出功率为

$$P_0 = F \cdot v_1 = \rho Q_v (v_2 - v_1) v_1$$

所需输入功率为

$$P_1 = \frac{\mathrm{d}w_s}{\mathrm{d}t} = \left[\frac{1}{2}\rho v_2^2 - \frac{1}{2}\rho v_1^2\right] Q_v$$

$$\eta = \frac{P_0}{P_1} = \frac{v_1(v_2 - v_1)}{\dfrac{1}{2}(v_2^2 - v_1^2)} = \frac{1}{1 + \dfrac{v_2 - v_1}{2v_1}}$$

【例 4.15】在一低速水槽中进行实验测量以确定圆柱的阻力，在圆柱前后各截面上测量速度分布，它们的压强均相等且均匀，如图 4.22 所示，实验的条件与结果如下:

$$v = 50 \text{ m/s}, \ \rho = 1.2 \text{ kg/m}^3,$$
$$D = 30 \text{ mm}, \ a = 2.2D,$$

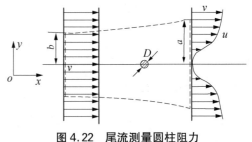

图 4.22　尾流测量圆柱阻力

$$u = \begin{cases} v\sin\left(\dfrac{\pi y}{2a}\right), & 0 \leqslant y \leqslant a \\ v, & y > a \end{cases}$$

试求每单位宽度圆柱的阻力。

解　取控制体如图 4.22 所示（图中封闭虚线）。

$2a$ 之间流量为

$$Q = 2\int_0^a u \cdot \mathrm{d}y = 2\int_0^a v\sin\left(\frac{\pi y}{2a}\right)\mathrm{d}y \cdot 1 = -2v \cdot \frac{2a}{\pi}\cos\frac{\pi y}{2a}\Big|_0^a = \frac{4av}{\pi}$$

根据连续方程，对应均匀流宽度 $b = \dfrac{1}{2}\dfrac{Q}{v} = \dfrac{2a}{\pi}$

应用动量定理：

$$R = -\rho Q \cdot v + 2\int_0^a \rho u^2 \mathrm{d}y \cdot 1$$

$$= -\rho \cdot \frac{4av^2}{\pi} + 2\rho\int_0^a v^2\sin^2\left(\frac{\pi y}{2a}\right)\mathrm{d}y \cdot 1$$

$$= -\rho \cdot \frac{4av^2}{\pi} + 2\rho v^2\int_0^a \frac{2a}{\pi}\sin^2\left(\frac{\pi y}{2a}\right)\mathrm{d}\frac{\pi y}{2a}$$

$$= -\rho \cdot \frac{4av^2}{\pi} + \rho\frac{4av^2}{\pi}\left(\frac{1}{2}\cdot\frac{\pi y}{2a} - \frac{1}{4}\sin\frac{\pi y}{a}\right)\Big|_0^a$$

$$= \rho\frac{4av^2}{\pi}\left(\frac{\pi}{4} - 1\right)$$

$$= 1.2 \times \frac{4 \times 2.2 \times 30 \times 10^{-3} \times 50^2}{\pi}\left(\frac{\pi}{4} - 1\right) = -54.18(\mathrm{N/m})$$

这道例题说明，动量定理同样可以应用于黏性流体的运动。

习　题　4

1. 一利用文丘里管抽吸船舶舱底污水的装置如图习题 4-1 所示，设污水密度为 ρ_m，液面距文丘里管中心线的高度为 h，截面 1 与 2 处的横截面面积分别为 A_1 与 A_2，假定流体为无黏性和不可压缩的，忽略重力的影响，当空气在文丘里管中作定常运动时，v 为何值时方能将液体吸入管内。

2. 证明文丘里管无论是水平放置，还是倾斜放置，如图习题 4-2 所示，所测得的流量完全相同。

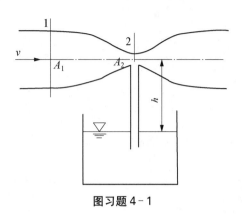

图习题 4-1

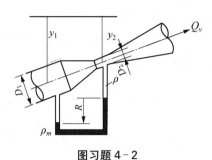

图习题 4-2

3. 两平板组成的收缩渠道如图习题 4-3 所示，流体黏性忽略不计且为不可压缩的，流动对称于两平板延长线的交点 O（即以 O 点为圆心的圆周上流速大小相等）。设 $OA=1\,\text{m}$，$OB=2\,\text{m}$，A 点处流向 O 点的流速为 $2\,\text{m/s}$。求沿壁面的压强分布，并求作用在壁面 AB 段的合力。

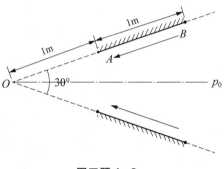

图习题 4-3

4. 已知平面不可压缩势流在 x 方向的速度分量为 $v_x=yt-x$，且 $x=y=0$ 处，$v_y=0$，$p=p_0$。试求 $t=0$ 时过 $(1,1)$ 点的流线，并求压强分布。

5. 鱼雷在 $5\,\text{m}$ 深的水下以 $50\,\text{kn}(1\,\text{kn}=1.85\,\text{km/h})$ 的速度运动，根据理论力学相对性原理，可以假设鱼雷不动，流体从无限远处以流速 $50\,\text{kn}$ 流过。若水体流过雷身表面时最大速度为无限远处的 1.15 倍，求雷身表面的最小压强为多少？又如水温 $t=15\,℃$ 时，产生空泡的绝对压强为 $2\,332.4\,\text{N/m}^2$。求雷身开始出现空泡时的速度（自由表面压强为 1 个大气压）。

6. 将一平板水柱内，板垂直于水柱的轴线。已知水柱流速为 $v=30\,\text{m/s}$，流量 $Q=0.036\,\text{m}^3/\text{s}$，分流量 $Q=0.012\,\text{m}^3/\text{s}$，如图习题 4-6 所示。求作用在平板上的力 R 和偏转角 α。液体的黏性力和质量力忽略不计。

7. 一喷水推进船逆水流航行，如图习题 4-7 所示。已知水流速度为 $v=1.5\,\text{m/s}$，船舶相对于陆地的航速 $v_0=9\,\text{m/s}$，相对于船身水泵向船尾喷出的水射流速度为 $v_r=18\,\text{m/s}$，水是船首沿吸水道进入的。当水泵输出功率（即从水泵获得的功率）为 $21\,000\,\text{W}$，流量为 $Q=0.15\,\text{m}^3/\text{s}$ 时，求射流对船身的反推力和泵喷推进系统的效率。

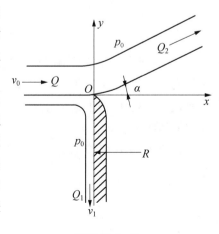

图习题 4-6

8. 管路系统中有一突然扩大管，小管与大管的横

截面积分别为 A_1 与 A_2，它们的速度与强分别为 v_1，p_1 与 v_2，p_2，如果液体是无黏性和不可压缩的，试证突然扩大段的损失为

$$h_1 = \frac{1}{2}\rho v_1^2 \left(1 - \frac{A_1}{A_2}\right)^2$$

提示：由于突然扩大，形成一个涡旋区，此区域压强近似为 p_1，如图习题 4-8 所示。

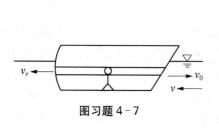

图习题 4-7

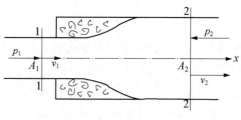

图习题 4-8

9. 如图习题 4-9 所示，水由总管流入两个对称交叉管，叉管以总管中心线为轴转动，转速为 ω，叉管角度为 α，水流量为 Q，水的密度为 ρ，进入总管时无转动力矩，叉管内径为 d，且 $d \ll L$，求所需转动力矩。

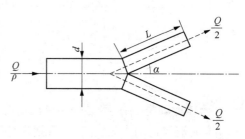

图习题 4-9

第5章

流体涡旋运动基本理论

根据第 3 章的知识,流体运动可以分解为 3 种运动的组合,其中之一就是以平均旋转角速度进行的有旋运动。在日常生活和船舶与海洋工程中,随处可见流体的涡旋运动,如龙卷风、台风、船舶舭部、尾部和海洋立管、平台张力腿等周围的涡旋。涡旋运动会形成船舶的形状阻力,会引起立管、张力腿等桩柱的涡激振动。因此,涡旋运动理论在流体力学中占有重要的地位,它是船舶与海洋工程中分析结构形状阻力、桨舵升力和涡激振动的理论基础。本章只介绍理想流体涡旋运动基本理论,它是机翼理论的基础,且可拓展应用于黏性流体的涡旋运动。

5.1 涡线 涡面 涡管 涡通量和涡管强度

流体运动是否有旋,必须通过流场的涡量,即 $\boldsymbol{\Omega} = \mathrm{rot}\,\boldsymbol{v} = \nabla \times \boldsymbol{v}$ 是否等于零来判断。当 $\boldsymbol{\Omega} = \boldsymbol{0}$ 时流体运动为无旋流动,否则为有旋流动。

质点速度矢量 $\boldsymbol{v}$ 构成了速度场,同样质点涡量 $\boldsymbol{\Omega}$ 构成了涡量场(涡旋场)。根据场论知识 $\nabla \cdot \boldsymbol{\Omega} = \nabla \cdot (\nabla \times \boldsymbol{v}) = 0$,所以 $\boldsymbol{\Omega}$ 构成的涡量场同不可压缩流场一样是个无源场,它与不可压缩流体速度场具有相同的几何性质(物理意义不同),亦即用于速度场的一些描述方法,可直接用到涡量场中来。下面将根据不可压缩流体运动的一些基本概念,采用"对比法"讲述涡旋运动的基本概念,具体如表 5.1 所示。

表 5.1 速度场与涡量场描述相互对比

速度场	涡量场(涡旋场)
(1) 表达形式:$\boldsymbol{v} = v_x\boldsymbol{i} + v_y\boldsymbol{j} + v_z\boldsymbol{k}$ (2) 流线 ① 定义:速度场中一条瞬时光滑线,其上任一点切线方向与该点处质点流速方向一致 ② 性质:流线不能相交或突然转折(中断);定常流动,流线形状保持不变 ③ 流线方程 $\qquad \mathrm{d}\boldsymbol{r} \times \boldsymbol{v} = 0,$ 即 $\dfrac{\mathrm{d}x}{v_x} = \dfrac{\mathrm{d}y}{v_y} = \dfrac{\mathrm{d}z}{v_z}$	(1) 表达形式:$\boldsymbol{\Omega} = \Omega_x\boldsymbol{i} + \Omega_y\boldsymbol{j} + \Omega_z\boldsymbol{k}$ (2) 涡线 ① 定义:旋涡场中一条瞬时光滑线,其上任一点处切线方向代表该点处质点旋转方向 ② 性质:涡线不能相交或突然转折(中断);定常流中,涡线形状保持不变 ③ 涡线方程 $\qquad \mathrm{d}\boldsymbol{r} \times \boldsymbol{\Omega} = 0, \quad$ 即 $\dfrac{\mathrm{d}x}{\Omega_x} = \dfrac{\mathrm{d}y}{\Omega_y} = \dfrac{\mathrm{d}z}{\Omega_z}$

速度场	涡量场（涡旋场）
（3）流管：任意一束流线所占据的管状空间 在流管表面有 $v \cdot n = 0$	（3）涡管：任意一束涡线所占据的管状空间 在涡管表面有 $\omega \cdot n = 0$
（4）流束：充满在流管内部的流线总称	（4）涡束：充满在涡管内部的涡线总称
（5）流量 $$Q = \iint\limits_{S} (v \cdot n)\mathrm{d}S$$	（5）涡通量（涡旋强度） $$J = \iint\limits_{S} (\boldsymbol{\Omega} \cdot n)\mathrm{d}S$$
（6）连续方程 不可压缩流：$\nabla \cdot v = 0$，即 $$\oiint\limits_{S} (v \cdot n)\mathrm{d}S = 0$$ 微流管 $v \cdot \mathrm{d}s = $ 常数 表示沿同一流管各截面的体积流量相同	（6）涡管强度守恒定理 $\nabla \cdot \boldsymbol{\Omega} = 0$，即 $$\oiint\limits_{S} (\boldsymbol{\Omega} \cdot n)\mathrm{d}S = 0$$ 涡管 $\boldsymbol{\Omega} \cdot \mathrm{d}s = $ 常数 表示沿同一涡管各截面上涡通量相同

速度场和涡量场可通过速度环量定理相互联系起来。5.2 节介绍速度环量定理。

【例 5.1】求速度场为 $v = x^2 yz \boldsymbol{i} + xy^2 z \boldsymbol{j} + xyz^2 \boldsymbol{k}$ 的涡量场和涡线。

解 涡量场：$\boldsymbol{\Omega} = \nabla \times v = \mathrm{rot}\, v = \left(\dfrac{\partial v_z}{\partial y} - \dfrac{\partial v_y}{\partial z} \right) \boldsymbol{i} + \left(\dfrac{\partial v_x}{\partial z} - \dfrac{\partial v_z}{\partial x} \right) \boldsymbol{j} + \left(\dfrac{\partial v_y}{\partial x} - \dfrac{\partial v_x}{\partial y} \right) \boldsymbol{k}$

$\qquad = (-xy^2 + xz^2) \boldsymbol{i} + (x^2 y - yz^2) \boldsymbol{j} + (y^2 z - x^2 z) \boldsymbol{k}$

$\qquad = x(z^2 - y^2) \boldsymbol{i} + y(x^2 - z^2) \boldsymbol{j} + z(y^2 - x^2) \boldsymbol{k}$

涡线方程：$\dfrac{\mathrm{d}x}{\Omega_x} = \dfrac{\mathrm{d}y}{\Omega_y} = \dfrac{\mathrm{d}z}{\Omega_z}$，即 $\dfrac{\mathrm{d}x}{x(z^2 - y^2)} = \dfrac{\mathrm{d}y}{y(x^2 - z^2)} = \dfrac{\mathrm{d}z}{z(y^2 - x^2)}$

积分得：$\begin{cases} x^2 + y^2 - 2z^2 \ln(xy) = C_1 \\ y^2 + z^2 - 2x^2 \ln(yz) = C_2 \end{cases}$

5.2 速度环量定理（斯托克斯定理）

5.2.1 速度环量

某一瞬时，在流场中任取一条曲线 l，其起点为 A，终点为 B，如图 5.1 所示。在曲线 l 上，任取一微分段 $\mathrm{d}l$，速度 v 在 $\mathrm{d}l$ 上的投影为 v_l。$v \cdot \mathrm{d}l$ 是沿曲线 l 从 A 到 B 的线积分，也称为"速度环流"，通常用 Γ 表示，即

$$\Gamma = \int_l v \cdot \mathrm{d}l = \int_A^B v_l \,\mathrm{d}l \tag{5.1}$$

或者

$$\Gamma = \int_l v \cos(v,\ \mathrm{d}l)\mathrm{d}l \tag{5.2}$$

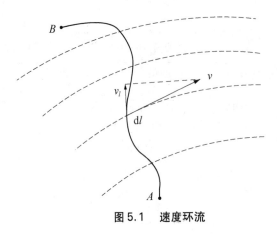

图 5.1　速度环流

$$\Gamma = \int_l v_x \mathrm{d}x + v_y \mathrm{d}y + v_z \mathrm{d}z \quad (5.3)$$

当 l 为封闭曲线时,常称作"速度环量",由开尔文在 1869 年引进此概念。

速度环流具有瞬时性,在积分过程中,t 作为参变量,其物理意义类似于理论力学中功的概念,在这里可以理解为 v 沿 l 运动做的功。速度环流是个标量,但有正、负号,其正、负号由 v 与 $\mathrm{d}l$ 夹角来定,锐角时为正,钝角时为负。若线积分反向,则积分值相差一个负号,即

$$\Gamma_{AB} = \int_A^B v_l \mathrm{d}l = -\int_B^A v_l \mathrm{d}l = -\Gamma_{BA} \quad (5.4)$$

速度环量的符号,不仅与流场的速度方向有关,而且与线积分时所取的绕行方向有关。积分路线的方向一般取曲线边界的正向,即使得曲线所围区域永远保持在它的左侧。图 5.1 中正方向为沿封闭曲线的逆时针方向。

5.2.2　速度环量定理

速度环量定理:依据图 5.2,沿任意封闭曲线 C 的速度环量 Γ_C 等于通过以这一曲线为周界的任意曲面 A 的涡通量,即

$$\Gamma_C = J \text{ 或} \oint_C \boldsymbol{v} \cdot \mathrm{d}\boldsymbol{l} = \iint_A \boldsymbol{\Omega} \cdot \mathrm{d}\boldsymbol{A} = 2\iint_A \boldsymbol{\omega} \cdot \mathrm{d}\boldsymbol{A} = 2\iint_A \omega_n \mathrm{d}A \quad (5.5)$$

这就是速度环量定理,实际上为高等数学中的曲线积分与曲面积分转换公式,即"斯托克斯公式"。下面作简要证明。

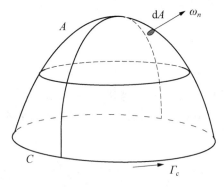

图 5.2　速度环量定理

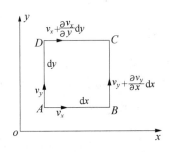

图 5.3　微分表面速度环量

在 oxy 平面上任取一封闭曲线 $ABCD$，它们组成一个微元矩形，如图 5.3 所示。因为所取线段为微分段，故用两端点速度的平均值替代线段上每一点的真实速度。则

$$\mathrm{d}\Gamma_{ABCDA} = \mathrm{d}\Gamma_{AB} + \mathrm{d}\Gamma_{BC} + \mathrm{d}\Gamma_{CD} + \mathrm{d}\Gamma_{DA}$$

其中

$$\mathrm{d}\Gamma_{AB} = \frac{1}{2}\left[v_x + \left(v_x + \frac{\partial v_x}{\partial x}\mathrm{d}x\right)\right]\mathrm{d}x$$

$$\mathrm{d}\Gamma_{BC} = \frac{1}{2}\left[\left(v_y + \frac{\partial v_y}{\partial x}\mathrm{d}x\right) + \left(v_y + \frac{\partial v_y}{\partial x}\mathrm{d}x + \frac{\partial v_y}{\partial y}\mathrm{d}y\right)\right]\mathrm{d}y$$

$$\mathrm{d}\Gamma_{CD} = -\frac{1}{2}\left[\left(v_x + \frac{\partial v_x}{\partial x}\mathrm{d}x + \frac{\partial v_x}{\partial y}\mathrm{d}y\right) + \left(v_x + \frac{\partial v_x}{\partial y}\mathrm{d}y\right)\right]\mathrm{d}x$$

$$\mathrm{d}\Gamma_{DA} = -\frac{1}{2}\left[v_y + \left(v_y + \frac{\partial v_y}{\partial y}\mathrm{d}y\right)\right]\mathrm{d}y$$

因此

$$\mathrm{d}\Gamma = \left(\frac{\partial v_y}{\partial x} - \frac{\partial v_x}{\partial y}\right)\mathrm{d}x\,\mathrm{d}y = 2\omega_z\mathrm{d}A = \mathrm{d}J \tag{5.6}$$

将上述结果推广到有限大小的平面面积上去，将任意封闭曲线 C 所包围的面积划分为若干个微分面积，对每一个微分矩形应用式(5.6)。根据图内沿内部线段速度环流两两抵消，剩下沿外部边界的速度环流，如果矩形数目趋于无限多，它的微分面积趋于零时，其外边界趋于封闭曲线 C。可以得到

$$\Gamma_C = 2\iint\limits_{A}\omega_n\mathrm{d}A = J \tag{5.7}$$

同样可推广到三维，如图 5.4 所示。

注意：$\boldsymbol{\Omega} = \boldsymbol{0} \Rightarrow \Gamma_C = 0$，但 $\Gamma_C = 0$ 不等于 $\boldsymbol{\Omega}$ 一定为 0。

定理适用性：仅适用于单连域，对于复连域和多连域，必须将其划分为单连域。这里简述一下连通域等概念。如果在某个空间区域中任意两点以连线连结，在任何地方都不超越这个区域的边界，这样的空间区域称为"连通域"。如果在连通域中任意封闭曲线能连续收缩成一点，而不越过此域边界，这种连通域称为"单连域"，如球内部空间区域，两个同心球之间的区域。凡是不具有单连域性质的连通域称为"多连域"，如两个柱形面之间的区域为复连域（双连域）。

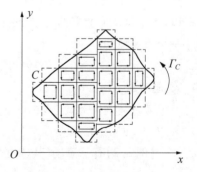

图 5.4　有限面积的速度环量

5.2.3　复连域斯托克斯定理

定理：外边界速度环量减去内边界速度环量等于边界所包围面积涡通量，即

$$\Gamma_{C_1} - \Gamma_{C_2} = \iint\limits_S \Omega_n \, dA = 2\iint\limits_S \omega_n \, dA \tag{5.8}$$

证明:将复连域划分为单连域,即在 AB 处切开,如图 5.5 所示,这样就可以应用斯托克斯定理:

$$\Gamma_{ABDB'A'EA} = \Gamma_{AB} + \Gamma_{BDB'} + \Gamma_{B'A'} + \Gamma_{A'EA} = 2\iint\limits_S \omega_n \, dA$$

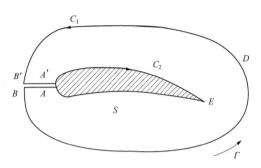

图 5.5　复连域的斯托克斯定理

式中,S 为物体表面 AEA' 和围线 BDB' 所包围的面积。根据图 5.5 可知:

$$\Gamma_{AB} = -\Gamma_{B'A'}, \quad \Gamma_{A'EA} = -\Gamma_{AEA'}$$

所以

$$\Gamma_{BDB'} - \Gamma_{AEA'} = 2\iint\limits_S \omega_n \, dA$$

即

$$\Gamma_{C_1} - \Gamma_{C_2} = 2\iint\limits_S \omega_n \, dA$$

推论:若 S 中流体运动是无旋的,则 $\Gamma_{C_1} = \Gamma_{C_2}$,即沿内外边界的速度环量相等。

根据斯托克斯定理,可以通过分析速度环量来研究有旋流,并确定涡的强弱。另外,根据速度环量可以推算涡通量和平均旋转角速度,或者根据涡通量和平均旋转角速度可以求得速度环量。因为速度环量是线积分,被积函数是速度本身,而涡通量则是面积分,被积函数是速度的偏导数,从数学角度讲,计算线积分往往比计算面积分简单些。目前,流体质点速度是可以测量的,但涡通量和角速度尚不能直接测量,也就不能由角速度推算涡通量。所以,无论是从实验和理论方面来讲,速度环量是研究有旋流的一个重要概念。

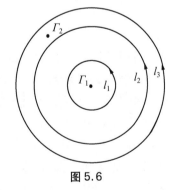

图 5.6

❓ 思考题

若流体运动无旋,则在图 5.6 中,Γ_{l_1},Γ_{l_2},Γ_{l_3} 各为多少?其中 Γ_1,Γ_2 为已知点涡。

【例 5.2】有一流场,其速度分布为

$$r > a \text{ 时,} \begin{cases} v_x = -\dfrac{\Gamma}{2\pi} \dfrac{y}{x^2 + y^2} \\[2mm] v_y = \dfrac{\Gamma}{2\pi} \dfrac{x}{x^2 + y^2} \\[2mm] v_z = 0 \end{cases} ; r \leqslant a \text{ 时,} \begin{cases} v_x = -\omega y \\ v_y = \omega x \\ v_z = 0 \end{cases}$$

求沿图 5.7 所表达曲线 l_1，l_2，l_3 和 l_4 的环量。

解　先判断运动的有旋与无旋性。$r > a$ 时，$\nabla \times \boldsymbol{v} = \boldsymbol{o}$，为无旋运动；$r \leqslant a$ 时，$\nabla \times \boldsymbol{v} = 2\omega \boldsymbol{k}$，该运动为有旋运动。

设半径为 r_0 的圆形区域为 A_0，半径为 a 的圆形区域为 A_a，半径为 r_1 和 a 两同心圆之间的环形区域为 A_1，即

$$A_0 : 0 \leqslant r \leqslant r_0$$
$$A_a : 0 \leqslant r \leqslant a$$
$$A_1 : a \leqslant r \leqslant r_1$$

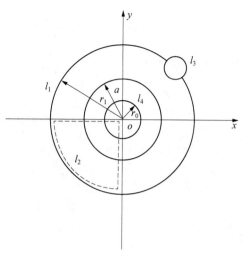

图 5.7　求环量用图

采用 stokes 定理得

$$\Gamma_{l_1} = 2\iint_s \omega_n \mathrm{d}A = 2\left(\iint_{A_1} \omega \, \mathrm{d}A + \iint_{A_a} \omega \, \mathrm{d}A \right) = 2\iint_{A_a} \omega \, \mathrm{d}A$$
$$= 2\omega \pi a^2$$

同样可得

$$\Gamma_{l_2} = \frac{1}{4}\Gamma_{l_1} = \frac{1}{4} \times 2\omega \pi a^2 = \frac{\pi a^2}{2}\omega$$

$$\Gamma_{l_3} = 0$$

$$\Gamma_{l4} = 2\iint_{A_0} \omega_n \mathrm{d}A = 2\omega \pi r_0^2$$

【例 5.3】已知不可压缩流体速度分布为

$$\begin{cases} v_x = a\sqrt{y^2 + z^2}, \\ v_y = v_z = 0 \end{cases}$$

试求涡线方程及沿封闭围线 $\begin{cases} x^2 + y^2 = b^2 \\ z = 0 \end{cases}$ 的速度环量，其中 a，b 为常数。

解　（1）根据速度分布求得平均旋转角速度：

$$\begin{cases} \omega_x = \frac{1}{2}\left(\dfrac{\partial v_z}{\partial y} - \dfrac{\partial v_y}{\partial z} \right) = 0 \\[2mm] \omega_y = \frac{1}{2}\left(\dfrac{\partial v_x}{\partial z} - \dfrac{\partial v_z}{\partial x} \right) = \frac{1}{2}\dfrac{az}{\sqrt{y^2 + z^2}} \\[2mm] \omega_z = \frac{1}{2}\left(\dfrac{\partial v_y}{\partial x} - \dfrac{\partial v_x}{\partial y} \right) = -\frac{1}{2}\dfrac{ay}{\sqrt{y^2 + z^2}} \end{cases}$$

根据涡线方程，有

$$\frac{dx}{0} = \frac{dy}{\omega_y} = \frac{dz}{\omega_z}, \quad 即 \quad \frac{dx}{0} = \frac{dy}{z} = -\frac{dz}{y}$$

求得涡线方程为

$$\begin{cases} y^2 + z^2 = C_1 \\ x = C_2 \end{cases}$$

(2) 在 $z = 0$ 上，有

$$\begin{cases} \omega_x = 0 \\ \omega_y = 0 \\ \omega_z = -\frac{1}{2}\frac{ay}{|y|} = \begin{cases} -\dfrac{a}{2}, & y > 0 \\ \dfrac{a}{2}, & y < 0 \end{cases} \end{cases}$$

应用 stokes 定理得

$$\Gamma = \oint_C v_n dl = \iint_S 2\omega_n dA = \iint_S -\frac{ay}{|y|} dA = 0$$

或者

$$\Gamma = \oint_C \boldsymbol{v} \cdot d\boldsymbol{l} = \int_C v_x dx$$
$$= \int_b^{-b} a\sqrt{y^2}\, dx + \int_{-b}^{b} a\sqrt{y^2}\, dx$$
$$= \int_b^{-b} ay\, dx - \int_{-b}^{b} ay\, dx$$

由
$$x^2 + y^2 = b^2$$

得
$$y = \begin{cases} \sqrt{b^2 - x^2} & y > 0 \\ -\sqrt{b^2 - x^2} & y < 0 \end{cases}$$

因此

$$\Gamma = \int_b^{-b} a\sqrt{b^2 - x^2}\, dx + \int_{-b}^{b} a\sqrt{b^2 - x^2}\, dx$$
$$= \int_b^{-b} a\sqrt{b^2 - x^2}\, dx - \int_b^{-b} a\sqrt{b^2 - x^2}\, dx = 0$$

【例 5.4】在平面环行区域 $a_1 < r < a_2$ 中涡量等于一常数，而在 $r < a_1$，$r > a_2$ 区域中流体静止。设 $r = a_1$，$r = a_2$ 是流线，在 $r = a_1$ 上流体速度是 U_0，$r = a_2$ 上流体速度趋于零。求环行区域内涡量值。

解　这是典型复连域问题(见图 5.8),应用复连域斯托克斯定理:

$$\iint_S \boldsymbol{\Omega} \cdot \boldsymbol{n}\,\mathrm{d}A = \oint_l \boldsymbol{v} \cdot \mathrm{d}\boldsymbol{l} = \oint_{l_2} \boldsymbol{v} \cdot \mathrm{d}\boldsymbol{l} - \oint_{l_1} \boldsymbol{v} \cdot \mathrm{d}\boldsymbol{l}$$

$$= 0 - \oint_{l_1} U_0 a_1\,\mathrm{d}\theta = -2\pi a_1 U_0$$

而 $\iint_S \boldsymbol{\Omega} \cdot \boldsymbol{n}\,\mathrm{d}A = \iint \Omega\,\mathrm{d}A = \Omega \cdot \iint\limits_{a_1 < r < a_2} \mathrm{d}A = \Omega \cdot \pi(a_2^2 - a_1^2)$,故求得

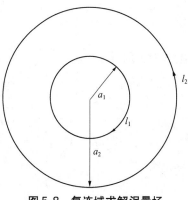

图 5.8　复连域求解涡量场

$$\Omega = -\frac{2U_0 a_1}{a_2^2 - a_1^2} = \frac{2U_0 a_1}{a_1^2 - a_2^2}$$

5.3　涡旋运动基本定理

5.3.1　开尔文定理(汤姆逊定理)

开尔文定理　如果流体是理想的,且质量力有势、正压,那么对于始终由某些流体质点所组成的任意封闭曲线的速度环量不随时间而变,即对时间的全微分为零。

$$\frac{\mathrm{D}\Gamma}{\mathrm{D}t} = 0 \tag{5.9}$$

下面对该定理进行适当证明。

在流场中任取一由流体质点所组成封闭曲线 l(见图 5.9),沿此曲线上有一弧段 AB,其速度环流为

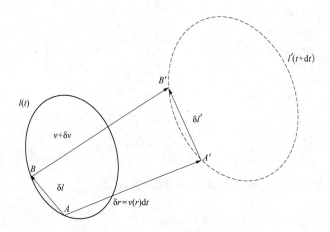

图 5.9　开尔文定理证明用图

$$\Gamma_{AB} = \int_A^B (v_x \, \mathrm{d}x + v_y \, \mathrm{d}y + v_z \, \mathrm{d}z)$$

上式对 t 取导数

$$
\begin{aligned}
\frac{\mathrm{D}\Gamma}{\mathrm{D}t} &= \frac{\mathrm{D}}{\mathrm{D}t} \left(\int_A^B v_x \, \mathrm{d}x + v_y \, \mathrm{d}y + v_z \, \mathrm{d}z \right) \\
&= \int_A^B \frac{\mathrm{D}}{\mathrm{D}t} \left[v_x \, \mathrm{d}x + v_y \, \mathrm{d}y + v_z \, \mathrm{d}z \right]
\end{aligned}
\tag{5.10}
$$

其中

$$\frac{\mathrm{D}}{\mathrm{D}t} \left[v_x \, \mathrm{d}x \right] = \frac{\mathrm{D}v_x}{\mathrm{D}t} \mathrm{d}x + v_x \frac{\mathrm{D}}{\mathrm{D}t} (\mathrm{d}x) = \frac{\mathrm{D}v_x}{\mathrm{D}t} \mathrm{d}x + v_x \, \mathrm{d}v_x \tag{5.11}$$

同理

$$\frac{\mathrm{D}}{\mathrm{D}t} \left[v_y \, \mathrm{d}y \right] = \frac{\mathrm{D}v_y}{\mathrm{D}t} \mathrm{d}y + v_y \, \mathrm{d}v_y \tag{5.12}$$

$$\frac{\mathrm{D}}{\mathrm{D}t} \left[v_z \, \mathrm{d}z \right] = \frac{\mathrm{D}v_z}{\mathrm{D}t} \mathrm{d}z + v_z \, \mathrm{d}v_z \tag{5.13}$$

将式(5.11)～式(5.13)代入式(5.10)得

$$
\begin{aligned}
\frac{\mathrm{D}\Gamma}{\mathrm{D}t} &= \int_A^B \left(\frac{\mathrm{D}v_x}{\mathrm{D}t} \mathrm{d}x + \frac{\mathrm{D}v_y}{\mathrm{D}t} \mathrm{d}y + \frac{\mathrm{D}v_z}{\mathrm{D}t} \mathrm{d}z \right) + \int_A^B (v_x \, \mathrm{d}x + v_y \, \mathrm{d}y + v_z \, \mathrm{d}z) \\
&= \int_A^B \frac{\mathrm{D}\boldsymbol{v}}{\mathrm{D}t} \cdot \mathrm{d}\boldsymbol{l} + \int_A^B (\boldsymbol{v} \cdot \mathrm{d}\boldsymbol{v})
\end{aligned}
\tag{5.14}
$$

由流体是理想的,质量力有势、正压的条件得

$$\frac{\mathrm{D}\boldsymbol{v}}{\mathrm{D}t} = \boldsymbol{f} - \frac{1}{\rho} \nabla p = -\nabla U - \nabla P \tag{5.15}$$

将式(5.15)代入式(5.14)得

$$\frac{\mathrm{D}\Gamma}{\mathrm{D}t} = \int_A^B \nabla (-U - P) \cdot \mathrm{d}\boldsymbol{l} + \int_A^B \mathrm{d}\left(\frac{v^2}{2} \right) = \int_A^B \mathrm{d}\left[-U - P + \frac{v^2}{2} \right] = \left(-U - P + \frac{v^2}{2} \right) \Big|_A^B$$

若 $-U - P + \dfrac{v^2}{2}$ 是单值函数,则

$$\frac{\mathrm{D}\Gamma}{\mathrm{D}t} = \left[-U - P + \frac{v^2}{2} \right]_B - \left[-U - P + \frac{v^2}{2} \right]_A$$

若是封闭曲线,则积分起点和终点重合,即 AB 重合,则

$$\frac{\mathrm{D}\Gamma}{\mathrm{D}t} = 0$$

开尔文定理还可以用下述方法直接证明。

由于

$$\Gamma = \oint_C v \cdot dl$$

上式求物质导数得

$$
\begin{aligned}
\frac{D\Gamma}{Dt} &= \frac{D}{Dt}\oint_C v \cdot dl = \oint_C \frac{D}{Dt}(v \cdot dl) \\
&= \oint_C \left(\frac{Dv}{Dt} \cdot dl + v \cdot dv\right) = \oint_C \left[\frac{Dv}{Dt} \cdot dl + d\left(\frac{v^2}{2}\right)\right] \\
&= \oint_C \left[\left(f - \frac{1}{\rho}\nabla P\right) \cdot dl + d\left(\frac{v^2}{2}\right)\right] \\
&= \oint_C d\left(-U - P + \frac{v^2}{2}\right)
\end{aligned}
$$

注意到 $-U - P + \dfrac{v^2}{2}$ 是单值函数，故

$$\frac{D\Gamma}{Dt} = 0$$

开尔文定理又称为汤姆逊定理。

5.3.2　拉格朗日涡保持性定理（涡量不生不灭定理）

定理　如果流体是理想的，且质量力有势、正压，若某一时刻流场无旋，则在以前和以后的流动中，流场也无旋。

可采用开尔文定理证明上述定理。假定在 t_0 时刻，质量力有势、正压的理想流体中没有涡旋，即 $\Omega = 0$。在流场中任取一封闭周线 C，S 是以闭周线 C 为周界的流体面。由斯托克斯公式知，沿 C 的速度环量为

$$\Gamma = \oint_C v \cdot dl = \iint_S \Omega \cdot n\, dA = 0$$

这说明在所讨论的那部分流场中，沿任意封闭曲线的速度环量在 t_0 时刻为 0。

依据开尔文定理在 t_0 之前和之后的任何时刻，该流场中绕任意封闭曲线的速度环量 Γ 为 0。再次应用斯托克斯公式，对流场中的任何流体曲面 S，总有

$$\iint_S \Omega \cdot n\, dA = \oint_C v \cdot dl = \Gamma = 0$$

由于曲面是任意取的，要使上式成立，则必须处处有 $\Omega = 0$，这就证明了拉格朗日定理。拉格朗日定理反映了在一定条件下，流场中的涡旋既不会产生也不会消失，故又称为涡量不生不灭定理，它是判断流场是否有旋的重要定理。

？ 思考题

对于理想、正压、质量力有势的流体，下列流动流场是否有旋：

（1）船舶在静水中航行时的流场。

（2）远方均匀来流绕过海洋结构物的流场。

（3）风吹过平静水面引起的波浪。

5.3.3 亥姆霍兹三定理

亥姆霍兹定理包括涡强、涡线和涡管保持定理。

1. 亥姆霍兹第一定理(涡管强度守恒定理)

同一瞬时,沿涡管长度的旋涡强度保持不变,即

$$\iint_{A_1} \Omega_n \mathrm{d}A = \iint_{A_2} \Omega_n \mathrm{d}A \tag{5.16}$$

或

$$J_1 = J_2 \tag{5.17}$$

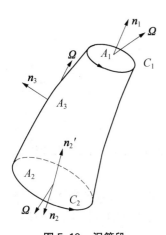

图 5.10 涡管段

为证明这一定理,在流场中任取一涡管,涡管两端截面分别为 A_1 和 A_2,相应的周界分别为 C_1 和 C_2,涡管表面为 A_3,如图 5.10 所示。

1）证法 1

整个涡管段,即整个封闭曲面 S 上的涡通量为

$$J = \oiint_S \boldsymbol{\Omega} \cdot \boldsymbol{n} \mathrm{d}A = \iint_{A_1} \boldsymbol{\Omega} \cdot \boldsymbol{n} \mathrm{d}A + \iint_{A_2} \boldsymbol{\Omega} \cdot \boldsymbol{n} \mathrm{d}A + \iint_{A_3} \boldsymbol{\Omega} \cdot \boldsymbol{n} \mathrm{d}A$$

$$= \iint_{A_1} \boldsymbol{\Omega} \cdot \boldsymbol{n}_1 \mathrm{d}A - \iint_{A_2} \boldsymbol{\Omega} \cdot \boldsymbol{n}_2' \mathrm{d}A$$

$$= J_1 - J_2$$

由于

$$\oiint_S \boldsymbol{\Omega} \cdot \boldsymbol{n} \mathrm{d}A = \iiint_V \nabla \cdot \boldsymbol{\Omega} \mathrm{d}V = 0$$

因此 $\qquad\qquad J_1 = J_2$

2）证法 2

由于 A_2 与 A_3 组成的曲面周界和截面 A_1 的周界均为 C_1,所以应用斯托克斯公式得

$$\Gamma_1 = \iint_{A_2} \boldsymbol{\Omega} \cdot \mathrm{d}\boldsymbol{A} + \iint_{A_3} \boldsymbol{\Omega} \cdot \mathrm{d}\boldsymbol{A} = \iint_{A_2} \boldsymbol{\Omega} \cdot \mathrm{d}\boldsymbol{A} = J_2$$

又

$$\Gamma_1 = \iint_{A_1} \boldsymbol{\Omega} \cdot \boldsymbol{n} \mathrm{d}A = J_1$$

从而 $\qquad\qquad J_1 = J_2$

根据涡管强度守恒定理,有如下结论:

(1) 对于同一涡管,截面积越小的地方,涡量越大,流体的旋转角速度越大。

(2) 涡管截面不可能收缩到零,因为收缩到零,则意味着涡量将增加到无穷大,这是不符合实际的。因此,涡管不可能在流体内终止或开始,只能在流体中形成封闭涡环,或始于、终于边界,或伸展至无限远处。例如抽烟吐出的烟圈是环形封闭的,自然界中如龙卷风始于云层止于地面或水面(见图 5.11)。

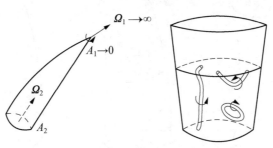

图 5.11　涡管不能在流体内部产生或终止

2. 亥姆霍兹第二定理(涡管保持性定理)

如果质量力有势,流体是理想的,而且是正压的,那么构成涡管的流体质点在任何瞬时还构成涡管。

证明:在 t_0 时刻,流场中任取一涡管,在此涡管侧面上任取一封闭曲线 C,设在 t_0 之前和之后的任何时刻,组成封闭曲线 C 的质点组成了封闭曲线 C_1 和 C_2,如图 5.12 所示。由于流体涡量处处与涡面相切,所以根据斯托克斯公式,绕封闭曲线 C 的速度环量 Γ 为零,由开尔文定理判断,绕封闭曲线 C_1 和 C_2 的环量也为零,即 $\Gamma = \oint_{C_1} \boldsymbol{v} \cdot \mathrm{d}\boldsymbol{l} = \oint_{C_2} \boldsymbol{v} \cdot \mathrm{d}\boldsymbol{l} = \oint_{C} \boldsymbol{v} \cdot \mathrm{d}\boldsymbol{l} = 0$。

应用斯托克斯公式,通过 C_1 和 C_2 所在质点侧面的涡通量始终为 0,即

$$\iint_{A_1} \boldsymbol{\Omega} \cdot \boldsymbol{n} \, \mathrm{d}A = \iint_{A_2} \boldsymbol{\Omega} \cdot \boldsymbol{n} \, \mathrm{d}A = \iint_{A} \boldsymbol{\Omega} \cdot \boldsymbol{n} \, \mathrm{d}A = 0$$

由涡管定义,知这些质点依然组成涡管表面。涡管保持性定定理可以推广到涡面、涡线。

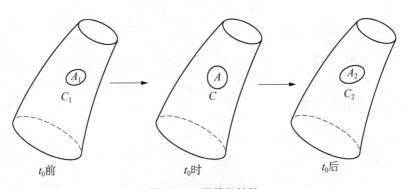

图 5.12　涡管保持性

3. 亥姆霍兹第三定理

如果质量力有势,流体是理想的,而且是正压的,那么涡管的旋涡强度不随时间而变。

这也可由开尔文定理证明:

在 t_0 时刻,任取一围绕涡管的封闭周线 C,周线上质点同时在涡管上,而在 t_0 之前和之后的任何时刻,组成封闭曲线 C 的质点组成了封闭曲线 C_1 和 C_2,如图 5.13 所示。

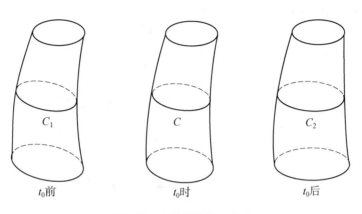

t_0前 $\qquad\qquad$ t_0时 $\qquad\qquad$ t_0后

图 5.13 亥姆霍兹第三定理

根据开尔文定理,绕封闭曲线 C 的速度环量 Γ 不随时间变化,即 $\dfrac{D\Gamma}{Dt}=0$,从而 $\Gamma=\Gamma_1=\Gamma_2$。另外由第二定理,涡管保持不变,所以涡管的旋涡强度不随时间而变。

这里应注意到:第一定理指同一瞬时沿涡管强度不变,描述空间上变化情况,没有任何前提条件,故适合任何流体;第三定理指任何时刻沿涡管强度不变,描述时间上变化情况。

【例 5.5】理想不可压缩均质流体在质量力有势条件下作平面定常运动,试证明沿流线,涡量 Ω 保持不变。

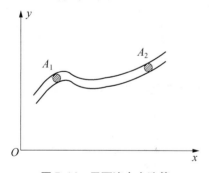

图 5.14 平面流中小流管

证明 在流动平面上任取一小流管,见图 5.14 所示,并在此流管中作面积为 A_1 的微元涡管(涡管与流动平面垂直)。由于流动是定常的,因此流线与迹线是重合的,且保持不变,此微元涡管随流体质点一起沿着流管运动,另一时刻涡管截面积成为 A_2。根据亥姆霍兹涡管强度保持定理,有

$$\Omega_1 A_1 = \Omega_2 A_2 \qquad (5.18)$$

式中 Ω_1 为截面 A_1 上的涡量,Ω_2 是另一时刻截面 A_2 的涡量。由于为不可压缩均质流体,则密度为常数,同时运动定常,则根据连续方程得

$$A_1 = A_2$$

代入到式(5.18)得

$$\Omega_1 = \Omega_2$$

这就证明了均匀理想流体平面定常运动中,沿流线的涡量保持不变。

5.4　理想流体的涡量输运方程

对于理想流体,由第 4 章中导出的欧拉运动方程有

$$\frac{\mathrm{D}v}{\mathrm{D}t} = \frac{\partial v}{\partial t} + (v \cdot \nabla)v = \frac{\partial v}{\partial t} + \nabla \frac{v^2}{2} + \boldsymbol{\Omega} \times v = f - \frac{1}{\rho}\nabla p \qquad (5.19)$$

对式(5.19)两边同时取旋度,并注意到向量运算法则

$$\nabla \times (a \times b) = (b \cdot \nabla)a - (a \cdot \nabla)b + a(\nabla \cdot b) - b(\nabla \cdot a) \text{ 及 } \nabla \cdot \boldsymbol{\Omega} = 0$$

得

$$\frac{\partial \boldsymbol{\Omega}}{\partial t} + (v \cdot \nabla)\boldsymbol{\Omega} - (\boldsymbol{\Omega} \cdot \nabla)v + \boldsymbol{\Omega}(\nabla \cdot v) = \nabla \times f - \nabla \times \left(\frac{1}{\rho}\nabla p\right) \qquad (5.20)$$

整理后,式(5.20)变为

$$\frac{\mathrm{D}\boldsymbol{\Omega}}{\mathrm{D}t} = (\boldsymbol{\Omega} \cdot \nabla)v - \boldsymbol{\Omega}(\nabla \cdot v) + \nabla \times f + \frac{1}{\rho^2}\nabla \rho \times \nabla p \qquad (5.21)$$

从式(5.21)可以看出,影响涡量随体变化的因素有:①外力;②流体的非正压性;③右端第一、第二项的作用。对于右端第一、第二项,下面稍作分析。

第一项,$(\boldsymbol{\Omega} \cdot \nabla)v$ 表示了速度沿涡线的变化。由于速度是矢量,这种变化可以分解成两部分:一部分平行于涡线,另一部分垂直于涡线。平行于涡线的速度变化,使得涡线上相邻两点产生沿涡线的相对位移,或分开或靠拢,涡线就将伸长或缩短,因此是一种拉伸作用。垂直于涡线的速度变化,使得涡线上相邻两点产生垂直于涡线的相对位移,涡线将扭曲起来,使得原来的直线涡线变成了曲线型涡线,因此是一种扭曲效应。

第二项,$-\boldsymbol{\Omega}(\nabla \cdot v)$ 与流体散度有关。流体运动过程中,流体质点的体积若收缩,即 $\nabla \cdot v < 0$,则流体涡量随之增加,反之涡量将减少。这可以用理论力学有关知识加以解释:当物体不受外力时,当转动惯量减少时,必然有角度增加,同样,当流体质点收缩时,涡量将增加。

【例 5.6】无黏性不可压缩的均质流体在质量力有势条件下作平面运动,证明 $\frac{\partial \Omega^2}{\partial t} + \nabla \cdot (\Omega^2 v) = 0$。

证明　由已知条件,式(5.20)简化为

$$\frac{\partial \boldsymbol{\Omega}}{\partial t} + (v \cdot \nabla)\boldsymbol{\Omega} - (\boldsymbol{\Omega} \cdot \nabla)v = 0 \qquad (5.22)$$

由于流体作平面运动(假设平面为 oxy),则 $\boldsymbol{\Omega} = \Omega k$,式(5.22)两边点乘 $2\boldsymbol{\Omega}$,则

$$\frac{\partial \Omega^2}{\partial t}k + (v \cdot \nabla)\Omega^2 k = 0, \text{ 即}$$

$$\frac{\partial \Omega^2}{\partial t} + (\boldsymbol{v} \cdot \nabla)\Omega^2 = 0 \tag{5.23}$$

因流体不可压缩，有

$$\Omega^2 (\nabla \cdot \boldsymbol{v}) = 0 \tag{5.24}$$

将式(5.23)和式(5.24)合并得

$$\frac{\partial \Omega^2}{\partial t} + (\boldsymbol{v} \cdot \nabla)\Omega^2 + \Omega^2 (\nabla \cdot \boldsymbol{v}) = \frac{\partial \Omega^2}{\partial t} + \nabla \cdot (\Omega^2 \boldsymbol{v}) = 0$$

所以命题得证。

5.5　涡旋诱导的速度场（毕奥-萨伐尔定理）

高等数学中的一些公式可以同时描述不同的自然现象，因为自然界中许多现象描述具有相通地方，如电学、磁学和流体力学就有许多类似之处，相互间可以比拟。根据比拟的性质，可以在电磁场中进行流体力学的试验，或者在流体中进行电磁学的试验，也可以相互采用对方已有的理论或实验结果。下面将电磁学与流体力学进行对比（见表 5.2）。

表 5.2　电磁学与流体力学对比

电磁学	流体力学
磁场强度 $\boldsymbol{H}$	速度 $\boldsymbol{v}$
势函数 V	速度势 φ
电流密度 $\boldsymbol{\delta}$	涡量 $\boldsymbol{\Omega}$
电流 i	旋涡强度 J 或 Γ

电磁学中，毕奥-萨伐尔定理描述了电流及它所诱导的电磁场强度间关系：

$$\mathrm{d}\boldsymbol{H} = \frac{i}{4\pi} \frac{\mathrm{d}\boldsymbol{l} \times \boldsymbol{r}}{r^3} \tag{5.25}$$

根据对应比拟关系，如图 5.15 所示，式(5.25)可应用于流体力学中描述涡束对周围流体产生诱导速度：

$$\mathrm{d}\boldsymbol{v} = \frac{\Gamma}{4\pi} \frac{\mathrm{d}\boldsymbol{l} \times \boldsymbol{r}}{r^3} \tag{5.26}$$

大小为

$$\mathrm{d}v = \frac{\Gamma}{4\pi} \frac{\sin\alpha \, \mathrm{d}l}{r^2} \tag{5.27}$$

方向由右手法则定。

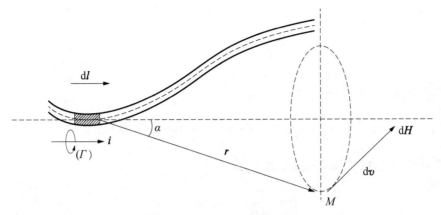

图 5.15　空间涡线及诱导速度

5.5.1　直线涡束诱导的速度场

如图 5.16 所示,将采用毕奥-萨伐尔定理求离涡束距离为 R 处诱导速度。

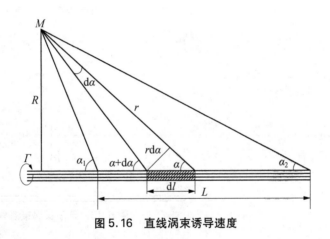

图 5.16　直线涡束诱导速度

微分段涡束诱导速度为

$$d\boldsymbol{v} = \frac{\Gamma}{4\pi} \frac{d\boldsymbol{l} \times \boldsymbol{r}}{r^3}$$

速度大小为

$$|d\boldsymbol{v}| = \frac{\Gamma}{4\pi} \frac{\sin\alpha \, dl}{r^2}$$

其中

$$r = \frac{R}{\sin\alpha}$$

$$dl = r d\alpha / \sin\alpha = R d\alpha / \sin^2\alpha$$

因此

$$dv = \frac{\Gamma}{4\pi R}\sin\alpha\, d\alpha$$

将上式进行积分后可得

$$v = \int_{\alpha_2}^{\alpha_1} \frac{\Gamma}{4\pi R}\sin\alpha\, d\alpha = \frac{\Gamma}{4\pi R}(\cos\alpha_2 - \cos\alpha_1) \tag{5.28}$$

为了便于记忆,将式(5.28)改写为

$$v = \frac{\Gamma}{4\pi R}(\cos\beta_1 + \cos\beta_2) \tag{5.29}$$

其中,$\beta_1 = 180° - \alpha_1$,$\beta_2 = \alpha_2$
这样,只需记两内角余弦之和即可。

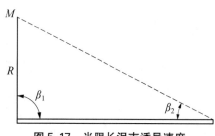

图 5.17　半限长涡束诱导速度

1) 半无限涡束

如图 5.17 所示,有

$$\beta_1 = 90°\quad \beta_2 = 0°$$

因此

$$v = \frac{\Gamma}{4\pi R} \tag{5.30}$$

2) 无限长涡束

如图 5.18 所示,有

$$\beta_1 = \beta_2 = 0°$$

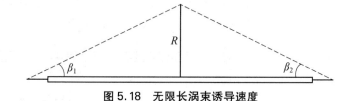

图 5.18　无限长涡束诱导速度

因此

$$v = \frac{\Gamma}{2\pi R} \tag{5.31}$$

对于无限长涡束(丝),在垂直于涡束的任何平面内流动均相同,故为二元平面流动,将涡丝作为 z 轴,则在 xoy 平面内,用极坐标表示速度分量为

$$\begin{cases} v_r = 0 \\ v_\theta = \dfrac{\Gamma}{2\pi r} \end{cases} \tag{5.32}$$

前已讨论过,此为无旋运动,存在速度势

$$\varphi = \int v_r\, dr + rv_\theta\, d\theta = \frac{\Gamma}{2\pi}\theta$$

$$\psi = \int -v_\theta\, dr + rv_r\, d\theta = -\frac{\Gamma}{2\pi}\ln r \tag{5.33}$$

由此可见,虽然涡丝本身是有旋的,但其诱导速度场却是无旋的。

5.5.2　涡群的运动

单根直线涡束,由于对其自身不产生诱导速度($r \times \mathrm{d}l = o$),故单独一个点涡不会产生运动。对于曲线涡(如烟圈运动)就不一样了。下面讨论两根及两根以上直线涡束在一起时,相互诱导情况。

先讨论两平行直线涡的运动。如图 5.19 所示,在 M_1,M_2 点处分别有两个强度为 Γ_1,Γ_2 点涡。根据毕奥-萨伐尔定理,Γ_1,Γ_2 在流场内任一点 $P(x, y)$ 处诱导速度为

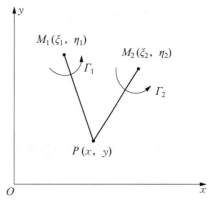

$$\begin{cases} v_x = -\dfrac{\Gamma_1}{2\pi r_1}\dfrac{y-\eta_1}{r_1} - \dfrac{\Gamma_2}{2\pi r_2}\dfrac{y-\eta_2}{r_2} \\ v_y = \dfrac{\Gamma_1}{2\pi r_1}\dfrac{x-\xi_1}{r_1} + \dfrac{\Gamma_2}{2\pi r_2}\dfrac{x-\xi_2}{r_2} \end{cases} \quad (5.34)$$

图 5.19　两平行直线涡的运动

式中,Γ 为代数值,逆时针为正,顺时针为负。

在 $M_1(\xi_1, \eta_1)$ 点处诱导速度为

$$v_{x_1} = -\frac{\Gamma_2}{2\pi r_2}\frac{y_1-\eta_2}{r_2} = -\frac{\Gamma_2}{2\pi}\frac{\eta_1-\eta_2}{r_2^2} = \frac{\mathrm{d}\xi_1}{\mathrm{d}t} \quad (5.35)$$

$$v_{y_1} = \frac{\Gamma_2}{2\pi r_2}\frac{x_1-\xi_2}{r_2} = \frac{\Gamma_2}{2\pi r_2^2}(\xi_1-\xi_2) = \frac{\mathrm{d}\eta_1}{\mathrm{d}t} \quad (5.36)$$

在 $M_2(\xi_2, \eta_2)$ 点处诱导速度为

$$v_{x_2} = -\frac{\Gamma_1(\eta_2-\eta_1)}{2\pi r_1^2} = \frac{\mathrm{d}\xi_2}{\mathrm{d}t} \quad (5.37)$$

$$v_{y_2} = \frac{\Gamma_1}{2\pi r_1^2}(\xi_2-\xi_1) = \frac{\mathrm{d}\eta_2}{\mathrm{d}t} \quad (5.38)$$

式中,$r_1^2 = r_2^2 = (\xi_2-\xi_1) + (\eta_2-\eta_1)^2$

式(5.35)$\cdot\Gamma_1 +$式(5.37)$\cdot\Gamma_2$ 得

$$\Gamma_1\frac{\mathrm{d}\xi_1}{\mathrm{d}t} + \Gamma_2\frac{\mathrm{d}\xi_2}{\mathrm{d}t} = 0 \ \text{即}$$

$$\Gamma_1\xi_1 + \Gamma_2\xi_2 = \text{const}$$

同理可得

$$\Gamma_1\eta_1 + \Gamma_2\eta_2 = \text{const}$$

由于
$$\Gamma_1 + \Gamma_2 = \text{const}$$

所以
$$\xi_c = \frac{\Gamma_1\xi_1 + \Gamma_2\xi_2}{\Gamma_1 + \Gamma_2} = \text{const} \quad (5.39\text{a})$$

$$\eta_c = \frac{\Gamma_1 \eta_1 + \Gamma_2 \eta_2}{\Gamma_1 + \Gamma_2} = \text{const} \tag{5.39b}$$

通常称(ξ_c, η_c)为"涡丝群重心"。

更一般

$$\xi_c = \frac{\sum \Gamma_i \xi_i}{\sum \Gamma_i} = C_1 \tag{5.40a}$$

$$\eta_c = \frac{\sum \Gamma_i \eta_i}{\sum \Gamma_i} = C_2 \tag{5.40b}$$

讨论：一对旋涡初始位置如图 5.20 所示，分别求在图 5.20(a)、图 5.20(b)情况下旋涡中心 A 点和 B 点运动。

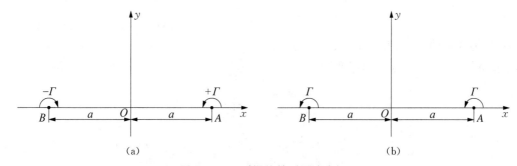

(a)   (b)

图 5.20　一对涡旋的诱导速度场

(1) 由于 $\Gamma_1 + \Gamma_2 = 0$，故 Γ_1 和 Γ_2 相对位置始终保持不变，从而有

$$\begin{cases} \xi_A = a \\ \dfrac{\mathrm{d}\eta_A}{\mathrm{d}t} = -\dfrac{\Gamma}{4\pi a} \end{cases} \quad \text{即} \quad \begin{cases} \xi_A = a \\ \eta_A = -\dfrac{\Gamma}{4\pi a}t \end{cases}$$

同理可得

$$\begin{cases} \xi_B = -a \\ \eta_B = -\dfrac{\Gamma}{4\pi a}t \end{cases}$$

表明两个等强度旋向相反的点涡对作平移运动

(2) 由于 $\Gamma_1 = \Gamma_2$，故 $\xi_c = 0$，$\eta_c = 0$

$$\begin{cases} \dfrac{\mathrm{d}\xi_A}{\mathrm{d}t} = -\dfrac{\Gamma}{2\pi} \dfrac{\eta_A - \eta_B}{r^2} \\ \dfrac{\mathrm{d}\eta_A}{\mathrm{d}t} = \dfrac{\Gamma}{2\pi} \dfrac{\xi_A - \xi_B}{r^2} \\ \xi_A + \xi_B = 0 \\ \eta_A + \eta_B = 0 \end{cases}$$

$$\frac{\mathrm{d}\xi_A}{\mathrm{d}t} = -\frac{\Gamma}{2\pi}\frac{2\eta_A}{r^2}$$

因此
$$\frac{\mathrm{d}\eta_A}{\mathrm{d}t} = \frac{\Gamma}{2\pi}\frac{2\xi_A}{r^2}$$

$$\frac{\mathrm{d}\xi_A}{\mathrm{d}\eta_A} = -\frac{\eta_A}{\xi_A}$$

即 $\xi_A^2 + \eta_A^2 = C$。

由初始条件 $\xi_A = a$，$\eta_A = 0 \Rightarrow C = a^2$

即轨迹方程为 $\xi_A^2 + \eta_A^2 = a^2$，做圆周运动，半径为 a。

习　题　5

1. 已知流线为同心圆族，其速度分布为

$$r \leqslant 5,\begin{cases} v_x = -\dfrac{1}{5}y \\ v_y = \dfrac{1}{5}x \end{cases};\quad r \geqslant 5,\begin{cases} v_x = -\dfrac{5y}{x^2+y^2} \\ v_y = \dfrac{5x}{x^2+y^2} \end{cases};$$

试求沿圆周 $x^2 + y^2 = R^2$ 的速度环量，其中圆的半径 R 分别为 (1) $R = 3$；(2) $R = 5$；(3) $R = 10$。

2. 设在 $(1, 0)$ 点放置 $\Gamma = \Gamma_0$ 的旋涡，在 $(-1, 0)$ 点放置 $\Gamma = -\Gamma_0$ 的旋涡。试求沿下列周线的速度环量：

(1) $x^2 + y^2 = 4$；(2) $(x-1)^2 + y^2 = 1$；(3) $x = \pm 2$，$y = \pm 2$；(4) $x = \pm 0.5$，$y = \pm 0.5$

3. 设流场的速度分布为 $u = y + 2z$，$v = z + 2x$，$w = x + 2y$。试求

(1) 涡量及涡线方程。

(2) $z = 0$ 平面上通过面积 $\mathrm{d}A = 1\,\mathrm{mm}^2$ 上的涡通量。

(3) 通过涡管截面面积为 $\mathrm{d}A = 1\,\mathrm{mm}^2$ 涡通量。

(4) $x + y + z = 1$ 平面上通过横截面积 $\mathrm{d}A = 1\,\mathrm{mm}^2$ 的涡通量。

4. 有一马蹄形线涡（II形涡），如图习题 5-4 所示，两端向右延伸至无限远处。试分别计算 P，Q 和 R 三点处的诱导速度。

5. 在初始瞬时，在 $(1, 0)$，$(-1, 0)$，$(0, 1)$，$(0, -1)$ 4 个点分别放置一个环量为 Γ_0 的旋涡。求这四个点涡的运动轨迹。

6. 证明涡对的下述性质：

(1) 如两个点涡旋转方向相同，则涡旋惯性中心位于两点涡联线上近强点涡的一侧。

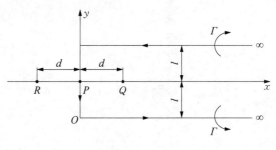

图习题 5-4

（2）如两个点涡旋转方向相反,则涡旋惯性中心位于两点涡联线的延长线上近强点涡的一侧。

（3）如两个点涡旋转方向相反且强度相同,则涡旋惯性中心在无穷远处,其转动角速度为零。

7. 如图习题 5-7 所示,不可压缩无界流场中有一对强度为 Γ 的直线涡,方向相反,分别放在 $(0,h)$ 与 $(0,-h)$ 点上,无穷远处有一股均匀来流 V_∞ 使这两个涡线停留不动,求 V_∞ 及对应的流线方程。

8. 理想、正压流体在质量力有势条件下作平面定常运动,证明若涡量 Ω 是常数,则有 $\dfrac{v^2}{2}+\Pi+P+\Omega\psi=$ 常数。式中 v 是流体运动速度,Π 是体力势函数,P 为压力函数,ψ 为流函数,其定义是 $v_x=\dfrac{\partial\psi}{\partial y}$, $v_y=-\dfrac{\partial\psi}{\partial x}$ 。

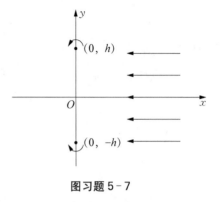

图习题 5-7

第6章

势流理论

所谓"势流",是指流场无旋的流体流动。势流理论在流体力学中占有重要的地位,特别在理想流体动力学中应用广泛,且在黏性流体动力学中同样有应用。势流问题的求解方法是:通过求解拉普拉斯方程获得流场的速度势,由速度势求得速度分布,然后通过拉格朗日积分求得压强分布,压强沿物体表面积分求流体对物体的作用力。在平面运动中,还可以通过流函数求速度分布。同时,因流函数和势函数之间满足柯西-黎曼条件,平面运动存在复势,还可以通过复势求速度分布,可以通过复势的保角变换法,由简单流动的复势变换为复杂流动的复势。本章将着重介绍理想流体动力学的势流理论,且主要讨论平面无旋运动。

6.1　不可压缩势流问题的基本方程和边界条件

6.1.1　不可压缩势流问题的基本方程

不可压缩势流满足以下连续方程和无旋条件:

$$\begin{cases} \nabla \cdot \boldsymbol{v} = 0 \\ \nabla \times \boldsymbol{v} = 0 \end{cases} \tag{6.1}$$

由于流体运动是无旋的,必定存在速度势,使得 $\boldsymbol{v} = \nabla \varphi$,且速度势满足拉普拉斯方程,即

$$\nabla^2 \varphi = \Delta \varphi = 0 \tag{6.2}$$

式(6.2)就是不可压缩势流问题的基本方程。根据所给定的边界条件和初始条件,求解以上方程,则可求得速度势 φ。

6.1.2　势流问题的边界条件

所谓边界条件,就是速度势在流体域边界面上满足的条件。流体域的边界可以是物体表面(如船舶与海洋结构物的湿表面、海底壁面等),也可能是互不渗透的两种流体的边界面(如水体自由表面、分层流体的交界面等),或者是无穷远边界面。下面分别给出物面边界条件和无穷远边界条件。

151

1. 物面边界条件

根据理想流体表面应力的性质,流体中不存在剪切应力,流体质点可以沿物面滑动,但不能穿透物面。因此物面上流体质点的法向速度应该与物面的法向速度相同,即

$$\boldsymbol{v} \cdot \boldsymbol{n} = v_n = \frac{\partial \varphi}{\partial n} = \boldsymbol{v}_b \cdot \boldsymbol{n} \tag{6.3}$$

式中,$\boldsymbol{v}_b$ 为物面的移动速度;$\boldsymbol{v}$ 为流体质点的速度;$\boldsymbol{n}$ 为物面的单位外法线向量。

如果在固定坐标系下,物面方程给定为 $F(x, y, z, t) = 0$,则根据场论的知识知其单位外法线向量为

$$\boldsymbol{n} = \pm \frac{\nabla F}{|\nabla F|} \tag{6.4}$$

于是物面边界条件可改写为

$$\nabla \varphi \cdot \nabla F = \boldsymbol{v}_b \cdot \nabla F \tag{6.5}$$

对 $F(x, y, z, t) = 0$ 求全导数得

$$\frac{DF}{Dt} = \frac{\partial F}{\partial t} + \frac{\partial F}{\partial x} \frac{dx}{dt} + \frac{\partial F}{\partial y} \frac{dy}{dt} + \frac{\partial F}{\partial z} \frac{dz}{dt} = \frac{\partial F}{\partial t} + \boldsymbol{v}_b \cdot \nabla F = 0, \ \text{即}$$

$$\boldsymbol{v}_b \cdot \nabla F = -\frac{\partial F}{\partial t} \tag{6.6}$$

将式(6.6)代入式(6.5),得到物面边界条件:

$$\frac{\partial F}{\partial t} + \nabla \varphi \cdot \nabla F = 0 \tag{6.7}$$

若物面静止,则由式(6.3)得到物面条件:

$$\frac{\partial \varphi}{\partial n} = 0 \tag{6.8}$$

或

$$\nabla \varphi \cdot \boldsymbol{n} = \frac{\partial \varphi}{\partial x} \frac{\partial F}{\partial x} + \frac{\partial \varphi}{\partial y} \frac{\partial F}{\partial y} + \frac{\partial \varphi}{\partial z} \frac{\partial F}{\partial z} = 0 \tag{6.9}$$

2. 无穷远边界条件

不同的参考坐标系,无穷远的边界条件形式也不相同。

(1) 在绝对坐标系下,若流体运动仅是物体扰动引起的,则无穷远处的流体速度处于静止不动,从而无穷远处的边界条件为

$$|\nabla \varphi| \to 0 \ (R \to \infty) \tag{6.10}$$

(2) 在随体坐标系下,物体运动转化为静止,流体从远方流经物体,此时无穷远的边界条件为

$$\nabla \varphi = \boldsymbol{v}_0 (R \to \infty) \tag{6.11}$$

6.1.3　势流问题的初始条件

初始条件是指初始时刻 t_0，速度势 φ 和 $\nabla \varphi$ 在流体域内和边界上应满足的条件，即

$$\varphi(x,\ y,\ z,\ t_0) = \varphi_0(x,\ y,\ z)$$

$$\nabla \varphi(x,\ y,\ z,\ t_0) = \boldsymbol{v}_0(x,\ y,\ z)$$

对于具体问题有不同的形式，如周期性的波浪运动和周期性振荡物体引起的流动中，初始条件为周期性函数。

6.1.4　势流问题的求解方法

通过求解给定边界条件和初始条件的拉普拉斯方程，就可以得到速度势。由于拉普拉斯方程是二阶线性偏微分方程，一般来说求解拉普拉斯方程是比较复杂和困难的，只有简单几何形状物体，如圆柱体等的二维流动，可以直接给出解析解。对于像船舶这样复杂的几何体，只能通过数值计算的方法求解。如果边界条件是线性的，可以根据速度势的可叠加性，采用叠加法求解。这种方法称为"试解方法"，即先由简单流动叠加直接求出流动速度势，然后验证所得到的速度势是否满足给定的初始条件和边界条件，如果满足，则由速度势的唯一性可知这就是所要求的速度势解。

对于平面运动势流，由于速度势和流函数同时存在，它们互为调和函数，构成的复势是解析函数，因此可以借助于复变函数保角变换的方法，求得复杂边界的流动。下面首先介绍平面流动的复势概念。

6.2　复势和复速度

6.2.1　复势和复速度

1. 复势

由于不可压缩平面的无旋流动满足：

$$\nabla \cdot \boldsymbol{v} = \frac{\partial v_x}{\partial x} + \frac{\partial v_y}{\partial y} = 0 \tag{6.12}$$

$$\nabla \times \boldsymbol{v} = \left(\frac{\partial v_y}{\partial x} - \frac{\partial v_x}{\partial y} \right) \boldsymbol{k} = 0\boldsymbol{k} \tag{6.13}$$

即存在 φ 和 ψ，且 φ 和 ψ 满足如下关系

$$\begin{cases} \dfrac{\partial \varphi}{\partial x} = \dfrac{\partial \psi}{\partial y} \\[2mm] \dfrac{\partial \varphi}{\partial y} = -\dfrac{\partial \psi}{\partial x} \end{cases} \tag{6.14}$$

且有

$$\Delta \varphi = \Delta \psi = 0 \tag{6.15}$$

根据复变函数理论，φ 和 ψ 满足柯西-黎曼条件，从而 φ 和 ψ 组成一解析函数 $W(z)$

$$W(z) = \varphi(x, y) + \mathrm{i}\psi(x, y) \tag{6.16}$$

在流体力学中 $W(z)$ 称为"复势"，其中，$z = x + \mathrm{i}y$，$\mathrm{i} = \sqrt{-1}$。

引入复势的意义：通过对简单流动的变换，以求得复杂流动，如可由绕圆柱体的流动通过变换求得机翼流动，或者变换为绕船型剖面体的流动，而无需求解微分方程。

2. 复势性质

1) 复势求导——复速度

应用复变函数求导方法对复势进行求导。由于复势是解析函数，因此导数与微分的方向无关，即

$$\frac{\mathrm{d}W}{\mathrm{d}z} = \frac{\partial W}{\partial x} = \frac{\partial W}{\partial (\mathrm{i}y)} = \frac{\partial \varphi}{\partial x} + \mathrm{i}\frac{\partial \psi}{\partial x} = \frac{\partial \psi}{\partial y} - \mathrm{i}\frac{\partial \varphi}{\partial y} \tag{6.17}$$

根据速度势、流函数与速度之间的关系，式(6.17)可进一步写为

$$\frac{\mathrm{d}W}{\mathrm{d}z} = v_x - \mathrm{i}v_y = \bar{v} = |v|\,\mathrm{e}^{-\mathrm{i}\vartheta} = v\mathrm{e}^{-2\mathrm{i}\vartheta} \tag{6.18}$$

$\bar{v}$ 称为"复速度"，其共轭函数为

$$\overline{\frac{\mathrm{d}W}{\mathrm{d}z}} = v_x + \mathrm{i}v_y = v = |v|\,\mathrm{e}^{\mathrm{i}\vartheta} = \bar{v}\mathrm{e}^{2\mathrm{i}\vartheta} \tag{6.19}$$

由式(6.18)可以得到物理平面上流动速度与复势之间的关系

$$v_x = \mathrm{Re}\left(\frac{\mathrm{d}W}{\mathrm{d}z}\right) \tag{6.20}$$

$$v_y = -\mathrm{Im}\left(\frac{\mathrm{d}W}{\mathrm{d}z}\right) \tag{6.21}$$

$W(z)$ 可以相差一个常数，而对速度场 v 无影响。

2) 复速度积分

由于复势是解析函数，由导数得到的复速度也是解析函数。对某一线段 l 积分复速度，得

$$\int_l \frac{\mathrm{d}W}{\mathrm{d}z}\mathrm{d}z = \int_l \mathrm{d}W = \int_l \mathrm{d}\varphi + \mathrm{i}\mathrm{d}\psi = \Gamma_l + \mathrm{i}Q_l \tag{6.22}$$

即

$$\Gamma_l = \int_l \boldsymbol{v} \cdot \mathrm{d}\boldsymbol{l} = \int_l \nabla \varphi \cdot \mathrm{d}\boldsymbol{l} = \int_l \mathrm{d}\varphi = \mathrm{Re}\left[\int_l \frac{\mathrm{d}W}{\mathrm{d}z}\mathrm{d}z\right] \tag{6.23}$$

$$Q_l = \int_l \boldsymbol{v}_n \mathrm{d}\boldsymbol{l} = \int_l -v_y \mathrm{d}x + v_x \mathrm{d}y = \int_l \mathrm{d}\psi = \mathrm{Im}\left[\int_l \frac{\mathrm{d}W}{\mathrm{d}z}\mathrm{d}z\right] \tag{6.24}$$

可见,复速度沿某一线段的积分,其实部为沿这一线段的环流,虚部为通过这一线段的流量。如果这一线段为封闭周线 C,则有

$$\Gamma = \mathrm{Re}\left[\oint_C \frac{\mathrm{d}W}{\mathrm{d}z}\mathrm{d}z\right] \tag{6.25}$$

$$Q = \mathrm{Im}\left[\oint_C \frac{\mathrm{d}W}{\mathrm{d}z}\mathrm{d}z\right] \tag{6.26}$$

$$\oint_C \frac{\mathrm{d}W}{\mathrm{d}z}\mathrm{d}z = \Gamma + \mathrm{i}Q \tag{6.27}$$

如果封闭周线内无源、无汇,则 $Q=0$。

3) 复常数与等势线、流函数的关系

$W(z) = C_1 + \mathrm{i}C_2$(复常数)等价于 $\varphi = C_1$,$\psi = C_2$,分别表示等势线和流线族。

6.2.2　复势的可叠加性

任意两个或两个以上的解析函数的组合

$$W_1(z) = \varphi_1(x,y) + \mathrm{i}\psi_1(x,y)$$
$$W_2(z) = \varphi_2(x,y) + \mathrm{i}\psi_2(x,y)$$
$$\cdots\cdots\cdots$$

仍然是解析函数,其代表某一种流动的复势。基于这种性质,可以由简单的流动复势经叠加获得复杂流动的复势。

6.3　平面基本流动的复势

平面势流理论在工程实际中有广泛的应用。有许多三维流动可以近似简化为平面流动,例如船舶与海洋结构物在波浪中的运动是复杂的三维运动,但在一定条件下,可以借助诸如"切片理论"等,将船舶的运动由沿纵向长度被分割成的各片体的平面运动来近似。

下面将基于第 3 章第 8 节中求得的不可压缩流体平面基本流动的速度势和流函数,给出一些最简单,但是很重要的平面基本流动的复势。

6.3.1　均匀直线流

流场速度分布

$$\begin{cases} v_x = v_0\cos\alpha \\ v_y = v_0\sin\alpha \end{cases}$$

流场速度势和流函数

$$
\begin{cases}
\varphi = \int v_x \mathrm{d}x + v_y \mathrm{d}y = v_0 x \cos\alpha + v_0 y \sin\alpha = v_0 r \cos(\theta - \alpha) \\
\psi = \int -v_y \mathrm{d}x + v_x \mathrm{d}y = -v_0 x \sin\alpha + v_0 y \cos\alpha = v_0 r \sin(\theta - \alpha)
\end{cases}
$$

流动复势

$$
W(z) = \varphi + \mathrm{i}\psi = v_0 r \mathrm{e}^{\mathrm{i}(\theta - \alpha)} = v_0 \mathrm{e}^{-\mathrm{i}\alpha} z \tag{6.28}
$$

6.3.2　平面点源和点汇

流场速度分布

$$
\begin{cases}
v_r = \dfrac{Q}{2\pi r} \\
v_\theta = 0
\end{cases}
$$

流场速度势和流函数

$$
\begin{cases}
\varphi = \int r v_\theta \mathrm{d}\theta + v_r \mathrm{d}r = \dfrac{Q}{2\pi}\ln r \\
\psi = \int -v_\theta \mathrm{d}r + r v_r \mathrm{d}\theta = \dfrac{Q}{2\pi}\theta
\end{cases}
$$

流动复势

$$
W(z) = \varphi + \mathrm{i}\psi = \frac{Q}{2\pi}(\ln r + \mathrm{i}\theta) = \frac{Q}{2\pi}\ln(r\mathrm{e}^{\mathrm{i}\theta}) = \frac{Q}{2\pi}\ln z \tag{6.29}
$$

如果点源或点汇的原点不在 $(0,0)$,而在 $z_0 = (x_0, y_0)$,则

$$
W(z) = \frac{Q}{2\pi}\ln(z - z_0) \tag{6.30}
$$

式(6.30)也可以采用下面将讲述的保角变换方法,由式(6.29)平移获得。

6.3.3　平面点涡

流场速度分布

$$
\begin{cases}
v_r = 0 \\
v_\theta = \dfrac{\Gamma}{2\pi r}
\end{cases}
$$

流场速度势和流函数

$$
\varphi = \int v_r \mathrm{d}r + r v_\theta \mathrm{d}\theta = \frac{\Gamma}{2\pi}\theta
$$

$$
\psi = \int -v_\theta \mathrm{d}r + r v_r \mathrm{d}\theta = -\frac{\Gamma}{2\pi}\ln r
$$

流动复势

$$W(z) = \varphi + \mathrm{i}\psi = \frac{\Gamma}{2\pi}(\theta - \mathrm{i}\ln r) = \frac{\Gamma}{2\pi\mathrm{i}}(\mathrm{i}\theta + \ln r) = \frac{\Gamma}{2\pi\mathrm{i}}\ln z = \frac{-\Gamma}{2\pi}\mathrm{i}\ln z \qquad (6.31)$$

如果点源或点汇的原点不在 $(0,0)$，而在 $z_0 = (x_0, y_0)$，则

$$W(z) = \frac{-\Gamma}{2\pi}\mathrm{i}\ln(z - z_0) \qquad (6.32)$$

Γ 为代数值：逆时针时取正值，顺时针时取负值。

6.3.4　平面偶极

流场速度势和流函数

$$\varphi = \frac{M}{2\pi}\frac{\cos\theta}{r}$$

$$\psi = \frac{-M}{2\pi}\frac{\sin\theta}{r}$$

流动复势

$$W(z) = \varphi + \mathrm{i}\psi = \frac{M}{2\pi r}(\cos\theta - \mathrm{i}\sin\theta) = \frac{M}{2\pi z} \qquad (6.33)$$

【例 6.1】已知 $W(z) = (1+i)\ln(z^2-1) + (2-3i)\ln(z^2+4) + \dfrac{1}{z}$，试求：

(1) 该复势由哪几种基本流动组成？

(2) 通过周线 $x^2 + y^2 = 9$ 的流量 Q 及环量 Γ。

解　(1) $W(z) = (1+\mathrm{i})\ln(z^2-1) + (2-3\mathrm{i})\ln(z^2+4) + \dfrac{1}{z}$

$$= (1+\mathrm{i})[\ln(z+1) + \ln(z-1)] + (2-3\mathrm{i})[\ln(z+2\mathrm{i}) + \ln(z-2\mathrm{i})] + \frac{1}{z}$$

$$= \ln(z-1) + \ln(z+1) + \mathrm{i}[\ln(z+1) + \ln(z-1)] + 2[\ln(z+2\mathrm{i}) + \ln(z-2\mathrm{i})]$$

$$- 3\mathrm{i}[\ln(z+2\mathrm{i}) + \ln(z-2\mathrm{i})] + \frac{1}{z}$$

对照平面基本流动的复势可见，该复势由在点 $(1,0)$，$(-1,0)$ 强度为 2π 的点源，在点 $(0,-2)$，$(0,2)$ 强度为 4π 的点源和在点 $(1,0)$，$(-1,0)$ 强度为 -2π 的点涡，在点 $(0,-2)$，$(0,2)$ 强度为 6π 的点涡以及位于 $(0,0)$ 点的偶极组成。

(2) 根据复势性质

$$\Gamma + \mathrm{i}Q = \oint_{|z|=3} \frac{\mathrm{d}W}{\mathrm{d}z}\mathrm{d}z = \oint\left[\frac{1}{z-1} + \frac{1}{z+1} + \frac{\mathrm{i}}{z+1} + \frac{\mathrm{i}}{z-1} + 2\left(\frac{1}{z+2\mathrm{i}} + \frac{1}{z-2\mathrm{i}}\right) - \right.$$

$$\left. 3\mathrm{i}\left(\frac{1}{z+2\mathrm{i}} + \frac{1}{z+2\mathrm{i}}\right) - \frac{1}{z^2}\right]\mathrm{d}z$$

一阶奇点：$z = \pm 1$，$z = \pm \mathrm{i}$，$z = \pm 2$，$z = \pm 2\mathrm{i}$

根据复变函数留数定理：

$$\Gamma + \mathrm{i}Q = 2\pi\mathrm{i}(1 + 1 + 2\mathrm{i} + 4 - 6\mathrm{i}) = 12\pi\mathrm{i} + 8\pi$$

即

$$\begin{cases} \Gamma = 8\pi \\ Q = 12\pi \end{cases}$$

该结果也可根据半径为 3 的圆内所包含的源汇以及点涡分别叠加获得，前者叠加为流量，后者叠加为环量，即

$$Q = 2 \times (4\pi + 2\pi) = 12\pi$$
$$\Gamma = 2 \times (6\pi - 2\pi) = 8\pi$$

6.4　平面势流基本解的叠加

6.4.1　均匀流和点源的叠加

考虑沿 x 轴正向的直线均匀流动和位于坐标原点的源进行叠加(见图 6.1)。

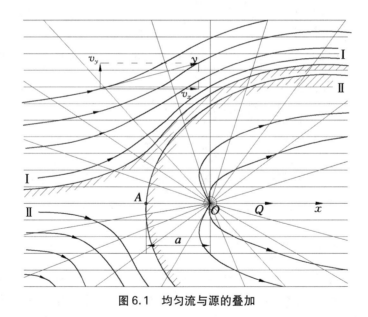

图 6.1　均匀流与源的叠加

根据前面得到的简单流动的速度势、流函数和复势，加以叠加得

$$\varphi = v_0 x + \frac{Q}{2\pi} \ln r \tag{6.34}$$

$$\psi = v_0 y + \frac{Q}{2\pi} \theta \tag{6.35}$$

$$W(z) = \varphi + \mathrm{i}\psi = v_0 z + \frac{Q}{2\pi}\ln z \qquad (6.36)$$

沿坐标轴的速度分量为

$$v_x = v_0 + \frac{Q}{2\pi} \cdot \frac{\cos\theta}{r} = v_0 + \frac{Q}{2\pi} \cdot \frac{x}{x^2 + y^2} \qquad (6.37)$$

$$v_y = \frac{Q}{2\pi}\frac{\sin\theta}{r} = \frac{Q}{2\pi}\frac{y}{x^2 + y^2} \qquad (6.38)$$

这是等速直线流动的速度和点源的速度之矢量和。图 6.1 中不同族的细实线为分别表示叠加前两个简单势流的流线,粗实线为叠加后较复杂势流的流线。

由图 6.1 可见,源的作用是将流来的等速直线流动的流体推开,这一作用与一个物体前端的作用相当。所以这一流动图形和在烟风洞中所观察到流线型物体前端驻点附近的流动图形是相似的(见图 3.3)。根据理想流体定常流动中流线和固壁互换性,如果将图 6.1 中流线 Ⅱ-A-Ⅱ 作为物体表面,便可以得到绕半无限长柱体流动的流动图形。

现在来决定驻点 A 的位置和流线 Ⅱ-A-Ⅱ 的形状。设 $OA = a$,则 A 点位置(极坐标)为 (a, π),速度为 $v_x = 0$,$v_y = 0$。将上述条件代入式(6.37)得

$$a = \frac{Q}{2\pi v_0} \qquad (6.39)$$

将式(6.39)代入式(6.35)得

$$\psi = v_0(y + a\theta) \qquad (6.40)$$

因流线过驻点 (a, π),所以

$$\psi = v_0(y + a\theta) = v_0 a\pi = C$$

即过驻点的这一条流线为

$$y = a(\pi - \theta) \qquad (6.41)$$

最大半宽在无限远处,此处 $\theta = 0$,$y = B/2$,所以 $B = 2a\pi$。

如果将图 6.1 中的另一条流线 Ⅰ—Ⅰ 作为物体表面,则可以得到海流沿海底起伏不平物体的流动或者风流过山麓的流动图形。

6.4.2   均匀流和一对等强度源汇的叠加

设在 x 轴上 $(-b, 0)$ 点和 $(b, 0)$ 点分别置有源和汇,它们的强度都为 Q(见图 6.2)。现在考虑沿轴正向均匀流和这对等强度源汇的叠加。

叠加后,速度势和流函数分别为

$$\varphi = v_0 x + \frac{Q}{2\pi}\ln\sqrt{(x+b)^2 + y^2} - \frac{Q}{2\pi}\ln\sqrt{(x-b)^2 + y^2} \qquad (6.42)$$

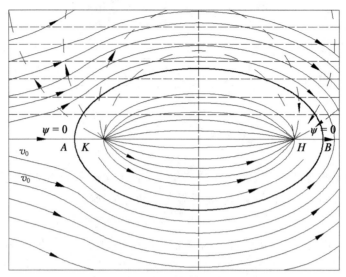

图 6.2 均匀流与一对等强度源汇的叠加

$$\psi = v_0 y + \frac{Q}{2\pi}\arctan\frac{y}{x+b} - \frac{Q}{2\pi}\arctan\frac{y}{x-b} = v_0 y - \frac{Q}{2\pi}\arctan\left(\frac{2by}{x^2+y^2-b^2}\right)$$

$$(6.43)$$

$$W(z) = \varphi + \mathrm{i}\psi = v_0 z + \frac{m}{2\pi}\ln(z+b) - \frac{m}{2\pi}\ln(z-b) \tag{6.44}$$

流场的速度分布为

$$v_x = v_0 + \frac{Q}{2\pi}\frac{x+b}{(x+b)^2+y^2} - \frac{Q}{2\pi}\frac{x-b}{(x-b)^2+y^2} \tag{6.45}$$

$$v_y = \frac{Q}{2\pi}\frac{y}{(x+b)^2+y^2} - \frac{Q}{2\pi}\frac{y}{(x-b)^2+y^2} \tag{6.46}$$

下面求流场驻点以及过驻点的流线。

驻点位置由速度为 $v_x = 0$，$v_y = 0$ 条件定出。根据式(6.45)和式(6.46)得到

$$v_0 = \frac{Q}{2\pi(x-b)} - \frac{Q}{2\pi(x+b)}$$

由此求得两个驻点的位置

$$A\left(-\sqrt{\frac{Q}{2\pi}\cdot\frac{2b}{v_0}+b^2},\ 0\right),\ B\left(\sqrt{\frac{Q}{2\pi}\cdot\frac{2b}{v_0}+b^2},\ 0\right)$$

将上述坐标代入式(6.43)便可得到过上述两个驻点的流函数 $\psi = 0$。通常将 $\psi = 0$ 这条流线称为"零流线"，对于本问题的零流线的具体方程为

$$\psi = v_0 y - \frac{Q}{2\pi}\arctan\left(\frac{2by}{x^2+y^2-b^2}\right) = 0 = C$$

即

$$\tan\left(\frac{2\pi v_0 y}{Q}\right) = \frac{2by}{x^2 + y^2 - b^2} \tag{6.47}$$

图 6.2 中绘出了具体的流线族,图中虚直线为均匀直线流动流线,虚曲线为源和汇合成的流线,实线为叠加后的流线,其中粗实线为零流线,是个卵形柱体。当源和汇无限靠近,即 $b \to 0$ 时,源、汇形成偶极,卵形柱体变成圆柱体。下面讲述均匀流和偶极叠加后的流动。

6.4.3 均匀流和偶极的叠加

设偶极置于坐标原点,其方向为 x 轴负向。现在考虑沿 x 正向流动的均匀流与此偶极的叠加。如图 6.3 所示。

1. 速度势、流函数和复势

$$\varphi = v_0 r \cos\theta + \frac{M}{2\pi} \frac{\cos\theta}{r} \tag{6.48}$$

$$\psi = v_0 r \sin\theta - \frac{M}{2\pi} \frac{\sin\theta}{r} \tag{6.49}$$

$$W(z) = v_0 z + \frac{M}{2\pi z} \tag{6.50}$$

2. 速度分布

$$v_r = v_0 \cos\theta \left(1 - \frac{M}{2\pi r^2 v_0}\right) \tag{6.51}$$

$$v_\theta = -v_0 \sin\theta \left(1 + \frac{M}{2\pi r^2 v_0}\right) \tag{6.52}$$

3. 驻点

由 $v_\theta = 0$ 和 $v_r = 0$ 得到驻点位置:

$$r = \sqrt{\frac{M}{2\pi v_0}}, \ \theta = 0; \ r = \sqrt{\frac{M}{2\pi v_0}}, \ \theta = \pi \tag{6.53}$$

4. 流线方程

将驻点坐标代入流线方程,得到过驻点的流线为

$$\psi = v_0 r \sin\theta - \frac{M}{2\pi} \frac{\sin\theta}{r} = \sin\theta\left(v_0 r - \frac{M}{2\pi r}\right) = 0 \tag{6.54}$$

求解上述方程得到

$$\theta = 0 \ \text{或} \ \theta = \pi \ \text{和} \ r = \sqrt{\frac{M}{2\pi v_0}} \tag{6.55}$$

即过驻点的流线为 x 轴和半径为 $a = \sqrt{M/2\pi v_0}$ 的圆周线组成(见图 6.3)。可见均匀流和偶极的叠加后可以模拟流体绕圆柱体的流动。

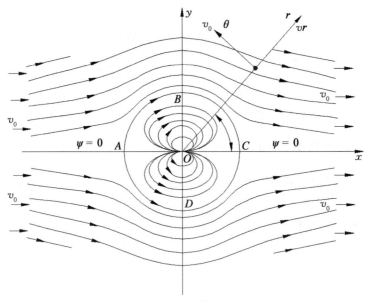

图 6.3 均匀流和偶极的叠加

6.4.4 绕圆柱体无环量流动

有一半径为 r_0 的无限长圆柱体,在静止流场中沿垂直于自身轴线的方向以匀速 v_0 运动,求流场的速度分布、压强分布以及流体对圆柱体的作用力。

如果将坐标系建立在大地上,则流体运动是非定常的,求解将显得十分复杂。如将坐标系建立在柱体上,即随体坐标系中来考察流体的运动,此时问题将转化为圆柱体静止,流体匀速流向柱体,这样的坐标系下的流场运动是定常的。根据匀速直线运动的相对性原理,计算得到的柱体受力与惯性坐标系下是相同的。下面将在随体坐标系中分析绕圆柱体的无环流运动。

1. 速度势

对于不可压缩势流,速度势 φ 满足基本方程:

$$\nabla^2 \varphi = 0$$

外边界条件:当 $r \to \infty$

$$\frac{\partial \varphi}{\partial x} = v_x = v_0, \quad \frac{\partial \varphi}{\partial y} = v_y = 0$$

或者采用极坐标系来表示,当 $r \to \infty$ 时

$$\frac{1}{r}\frac{\partial \varphi}{\partial \theta} = v_\theta = -v_0 \sin\theta, \quad \frac{\partial \varphi}{\partial r} = v_r = v_0 \cos\theta$$

内边界条件:当 $r = r_0$ 时

$$\frac{\partial \varphi}{\partial n} = \frac{\partial \varphi}{\partial r} = v_r = 0$$

上述方程组构成了绕圆柱体无环流运动的定解条件。如果直接求解速度势,需用到数学物理方程知识,一般来说比较复杂。现采用"凑"的方法,即"选"速度势的方法来获得问题的解。

根据前一节内容,均匀流场与偶极叠加便可得到绕圆柱体流动。因此速度势的通解为

$$\varphi = \varphi_1 + \varphi_2 = v_0 r \cos\theta + \frac{M}{2\pi r}\cos\theta \tag{6.56}$$

下面根据边界条件来定出偶极强度,以满足实际流动。由内边界条件

$$v_r\big|_{r=r_0} = \frac{\partial \varphi}{\partial r} = v_0 \cos\theta - \frac{M}{2\pi r^2}\cos\theta = 0$$

得偶极强度为

$$M = 2\pi v_0 r_0^2 \tag{6.57}$$

将式(6.57)代入式(6.56),得到流场速度势

$$\varphi = v_0 \cos\theta \left(r + \frac{r_0^2}{r}\right) \tag{6.58}$$

当 $r \to \infty$, $v_r = \dfrac{\partial \varphi}{\partial r} = v_0 \cos\theta \left(1 - \dfrac{r_0^2}{r^2}\right) = v_0 \cos\theta$,说明得到的速度势同时满足外边界条件,这就证明了其是所要求的拉普拉斯方程的唯一解。

同样可以获得流场的流函数和复势

$$\psi = v_0 \sin\theta \left(r - \frac{r_0^2}{r}\right) \tag{6.59}$$

$$W = W_1 + W_2 = v_0 z + \frac{M}{2\pi z} = v_0 \left(z + \frac{r_0^2}{z}\right) \tag{6.60}$$

流线族 $\psi = C$,这在图 6.4 中做了绘制。特别讨论零流线 $\psi = 0$。由式(6.59)得

$$\psi = v_0 \sin\theta \left(r - \frac{r_0^2}{r}\right) = 0$$

其解为 $\sin\theta = 0$,或 $r = r_0$,即零流线为水平轴和 $r = r_0$ 的圆组成,具体如图 6.4 所示。

2. 速度分布

由速度势或流函数与速度之间的关系,可以直接求得流场的速度分布:

$$\begin{cases} v_r = \dfrac{\partial \varphi}{\partial r} = v_0 \cos\theta \left(1 - \dfrac{r_0^2}{r^2}\right) \\[2mm] v_\theta = \dfrac{\partial \varphi}{r\partial \theta} = -v_0 \sin\theta \left(1 + \dfrac{r_0^2}{r^2}\right) \end{cases} \tag{6.61}$$

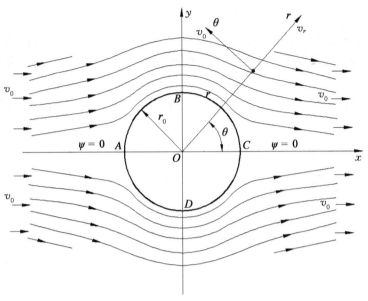

图6.4　绕圆柱体无环流流动

在圆柱体表面(即 $r = r_0$)上

$$\begin{cases} v_r = 0 \\ v_\theta = -2v_0\sin\theta \end{cases}$$

式中，v_θ 的负号表示在图 6.4 的上半平面，其方向与 θ 坐标轴相反，而在下半表面则速度方向与 θ 坐标轴相同。可见在圆柱体表面上的速度分布对称于 x 轴，就其绝对值而言也对称于 y 轴。四个交点，A，B，C，D 处的速度如表 6.1 所示。

表6.1　四个特征点处的速度

位置	$A(\theta = \pi)$	$B\left(\theta = \dfrac{\pi}{2}\right)$	$C(\theta = 0)$	$D\left(\theta = -\dfrac{\pi}{2}\right)$
速度 v_θ	0	$-2v_0$	0	$2v_0$

由表 6.1 可知 A，C 为驻点，B，D 处流速最大，为无限远处流速的两倍。

　　沿零流线 ($\psi = 0$) 的流体速度变化来说明流体流过圆柱体时速度变化的特点：流体从远前方以流速 v_0 流向圆柱体，当接近圆柱体时，速度逐渐减小，直至 A 点变为零。然后分为两支，对称地分别向上下两方流去。这时速度逐渐增大，当达到 B，D 两点时，达到最大值。以后速度又开始减小，在 C 点两支汇合时又变为零。离开 C 点后再次逐渐增大，流到右方的无限远处，速度又恢复到 v_0。

　　这里需要强调的是，绕圆柱体无环流流动的速度势是由等速直线运动流动和偶极的叠加得到的速度势，这意味着流体以速度 v_0 流过一静止圆柱体的流动，相当于把圆柱体移走，用一偶极子来替代形成的流动。在这种情况下，$r = r_0$ 圆周外部的流动是完全等价的，但内部的流动就不相对应,因为一个是流体而另一个为固体。

3. 压强分布

假定不计质量力的影响,或者圆柱体的轴线与质量力方向垂直,并设无限远处的流体的压强为 p_0。在流线 $\psi = 0$ 上列出伯努利积分方程:

$$p_0 + \frac{1}{2}\rho v_0^2 = p + \frac{1}{2}\rho v^2$$

将速度代入式中,得到圆柱表面的压强分布为

$$p - p_0 = \frac{1}{2}\rho v_0^2(1 - 4\sin^2\theta) \tag{6.62}$$

物体表面的压强分布通常采用式(6.63)定义的无因次量来表示

$$C_p = \frac{p - p_0}{\frac{1}{2}\rho v_0^2} \tag{6.63}$$

该无因次量称为"压力系数"。在圆柱体表面,压力系数为

$$C_p = \frac{p - p_0}{\frac{1}{2}\rho v_0^2} = 1 - 4\sin^2\theta \tag{6.64}$$

式(6.64)所表示的压力系数分布可以用图 6.5 来表示。图中箭头由圆柱中心向外时表示 $p < p_0$,相对压强为负值;箭头向内时,则表示 $p > p_0$ 相对压强为正值。从图中可以看出,压强的分布既对称于 x 轴,也对称于 y 轴(见图 6.5a)。在驻点 A 和 C 处,$C_p = 1$。在速度最大的 B,D 两点处,$C_p = -3$。表 6.2 给出了沿柱面 v 和 C_p 变化情况。

表 6.2　沿圆柱表面的速度和压力系数变化

位置	$-\infty$	A	B, D	C	$+\infty$
速度	v_0	0	$2v_0$	0	v_0
压力系数	0	+1	−3	+1	0

可见沿 $\psi = 0$ 这条流线的压强变化:在左方无限远处,$C_p = 0$。当流体流向圆柱体时,速度逐步减小,压强逐步增大,达到驻点 A 时,达到极大值,$C_p = 1$。由 A 点分为两支,分别流向 B,D 两点时,压强逐渐减小,达到这两点时,达到极小值,$C_p = -3$。由 B,D 分别流向 C 点时,压强又开始增大,到达 C 点时,压强又恢复到极大值,$C_p = 1$。由 C 点流向右方无穷远处,压强又再次减小,最后压强重新降到 p_0,$C_p = 0$。

根据伯努利积分的物理意义,表 6.2 还给出了沿 $\psi = 0$ 这条流线,动能和压能相互转化的情况:当流体流向驻点 A 时,速度逐渐降低,压强逐渐提高,动能不断转化为压能。到达 A 点时,动能全部转化为压能。由 A 点分为两支分别流向 B,D 两点时,压能逐步转化为动能。到达 B,D 两点时,动能达到极大而压能降至极小值,依次相互转化。

4. 压强合力

在流体力学中,将垂直于来流速度的作用力分量称为"升力",平行于来流方向的作用力分量称为"阻力",分别用 L 和 R 表示。因为压强分布既对称于 x 轴,也对称于 y 轴。显然合力在 x 轴和 y 轴上的合力分量均等于零,即

$$\begin{cases} L = 0 \\ R = 0 \end{cases}$$

圆柱体受到的合作用力也为零。这一结果显然与实际流动情况不相符,这就是著名的"达朗贝尔佯谬"。实际上,圆柱体在流体中等速直线运动时,会受到流体作用的阻力。导致这一理论与实际结果相悖的根本原因是,上述理论分析没有考虑流体的黏性作用。事实上,真实流体绕圆柱体流动时,由于黏性的存在,流体对圆柱体有向后的摩擦力。另外,由于黏性的作用,流动会在圆柱体后面产生涡旋,导致该区域的压强减小且趋于均匀分布,见图 6.5(b) 所示,使得圆柱体后面的压强低于前面的压强,从而产生了向后的合力,称为"形状阻力",也是一种压差力。

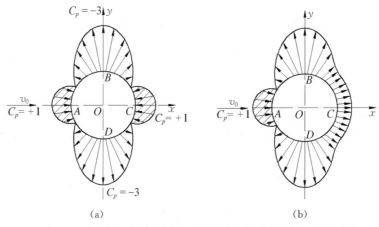

（a）　　　　　　　　　　（b）

图 6.5　绕圆柱体无环流流动时圆柱体表面上的压力系数分布

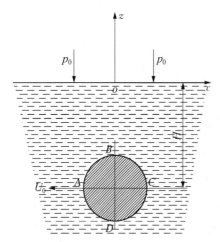

图 6.6　浸没圆柱体绕流

尽管势流理论在作用力的计算方面出现了上述不合理的现象,但这并不影响其在流体力学中的重要地位,因为它是一种基本解,对于求解不脱体的非圆柱体绕流问题具有重要应用价值。例如平板绕流、机翼绕流,以及研究细长体物体运动时物体横向绕流中,势流理论是目前最为简便有效的。而对于研究波浪理论以及波浪对物体的作用时,势流理论应用的普遍性和有效性目前更非其他理论所及。

【例 6.2】直径为 2 m 的圆柱体在水下深度为 $H = 10$ m 处以 $U_0 = 10$ m/s 的速度沿水平方向运动（见图 6.6）。试计算 A,B,C,D 四点的绝对压强。假设不考虑波浪的影响,自由表面上的压强为大气压,即 $p_0 =$

$9.8 \times 10^4 \, \mathrm{Pa}$。

又如果水的温度为常温 15℃，对应水的饱和蒸汽压强为 $2.332 \times 10^3 \, \mathrm{Pa}$，当深度 H 增至 $100 \, \mathrm{m}$ 时，试求当产生空泡时的速度。

解　与前述绕圆柱体无环量流动不同的是，这里需要计及质量力的作用。但只要伯努利方程中加入质量力项，就可以计算 A，B，C，D 四点的绝对压强，即

$$p = p_\infty + \frac{1}{2} \rho U_0^2 (1 - 4\sin^2\theta) + \rho g(h - H) \tag{6.65}$$

这里

$$p_\infty = p_0 + \rho g H$$

A，B，C，D 四点处的深度 h 分别为

$$h_A = h_C = 10 \, \mathrm{m}, \ h_B = 9 \, \mathrm{m}, \ h_D = 11 \, \mathrm{m};$$
$$\theta_A = 0, \ \theta_B = \pi/2, \ \theta_C = \pi, \ \theta_D = 3\pi/2$$

由以上三式，分别计算得到各点的绝对压强为（这里水的密度取淡水的密度，重力加速度取 $9.8 \, \mathrm{m/s^2}$）

$$p_A = p_C = 2.46 \times 10^5 (\mathrm{Pa}), \ p_B = 3.62 \times 10^4 (\mathrm{Pa}), \ p_D = 5.58 \times 10^4 (\mathrm{Pa})$$

从上述计算结果可见，B 点首先出现空泡，根据式(6.65)

$$2\,332 = 98\,000 + 1\,000 \times 9.80 \times 99 - \frac{3}{2} \rho U_0^2$$

解得

$$U_0 = 26.65 \, \mathrm{m/s} = 51.85 \, \mathrm{kn}$$

6.4.5　绕圆柱体有环量流动

绕圆柱体有环量流动就是流体绕转动的圆柱体的流动。

假设在流场中有一半径为 r_0 的无限长圆柱体，它以角速度 ω 绕自身轴线顺时针匀速转动，而流体从无限远处以匀速 v_0 流向这一圆柱体（见图 6.7），求流体对圆柱体的作用力。

求解的方法与上一节的完全一样。

1. 速度势

速度势的定解条件为

基本方程
$$\nabla^2 \varphi = 0$$

内边界条件
$$\left. \frac{\partial \varphi}{\partial r} \right|_{r=r_0} = 0$$

$$\oint_{|r| \geqslant r_0} \boldsymbol{v} \cdot \mathrm{d}\boldsymbol{l} = \Gamma_0 = 2\pi r_0^2 \omega \tag{6.66}$$

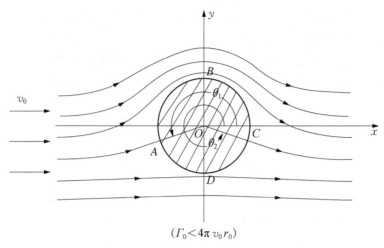

$$(\Gamma_0 < 4\pi v_0 r_0)$$

图 6.7　绕圆柱体的有环流流动

外边界条件
$$v_r\,|_{r\to\infty} = \left.\frac{\partial\varphi}{\partial r}\right|_{r\to\infty} = v_0\cos\theta$$
$$v_\theta\,|_{r\to\infty} = \left.\frac{\partial\varphi}{r\partial\theta}\right|_{r\to\infty} = -v_0\sin\theta$$

与无环量绕圆柱体流动的定解条件比较,这里多了式(6.66)项。对于真实流体,圆柱体的旋转会带动周边流体的转动。当忽略黏性的影响时,圆柱体的转动效应就必须在圆心处设置一个强度为 $\Gamma_0 = 2\pi r_0^2\omega$ 的点涡,这个点涡就替代了圆柱体旋转对流场的作用。

采用上节相同的方法,"凑出"φ 及 ψ,即

$$\varphi = v_0 r\cos\theta + \frac{M}{2\pi r}\cos\theta - \frac{\Gamma_0}{2\pi}\theta \tag{6.67}$$

式中,$M = 2\pi r_0^2 v_0$,$\Gamma_0 = 2\pi r_0^2\omega$,这里均以绝对值代入。很容易验证上述速度势完全满足其定解条件。

$$\psi = v_0 r\sin\theta - \frac{M}{2\pi r}\sin\theta + \frac{\Gamma_0}{2\pi}\ln r \tag{6.68}$$

$$W(z) = W_1 + W_2 + W_3 = v_0\left(z + \frac{r_0^2}{z}\right) + \frac{\Gamma_0 i}{2\pi}\ln z \tag{6.69}$$

注意:这里的环量 Γ_0 不再是代数值,是绝对值($= 2\pi r_0^2\omega$)。

2. 速度分布

由速度势或流函数与速度之间的关系,可以直接求得流场的速度分布:

$$\begin{cases} v_r = \dfrac{\partial\varphi}{\partial r} = v_0\cos\theta\left(1 - \dfrac{r_0^2}{r^2}\right) \\[3mm] v_\theta = \dfrac{1}{r}\,\dfrac{\partial\varphi}{\partial\theta} = -v_0\sin\theta\left(1 + \dfrac{r_0^2}{r^2}\right) - \dfrac{\Gamma_0}{2\pi r} \end{cases} \tag{6.70}$$

在 $r = r_0$ 上

$$\begin{cases} v_r = 0 \\ v_\theta = -2v_0 \sin\theta - \dfrac{\Gamma_0}{2\pi r_0} \end{cases} \tag{6.71}$$

在图 6.7 上绘制了流线,可见流动仅对称于 y 轴,不再对称于 x 轴了。在圆柱体的上半部分,各流体质点的速度为绕圆柱体无环量流动和涡旋运动两者速度的相加,而下半部分为两者的相减。所以上半部分各点速度比下半部分对应点(对称于 x 轴的点)速度为大,流线也密。

令式(6.71)等于 0 可决定驻点位置:

$$\sin\theta = -\frac{\Gamma_0}{4\pi v_0 r_0} \tag{6.72}$$

式中,θ 为驻点的"极角"(见图 6.7 中 θ_1 和 θ_2)。根据 Γ_0 相对于 $4\pi v_0 r_0$ 的数值,将得到图 6.7 和图 6.8 所示的 3 种不同的流动图形。下面分别进行讨论。

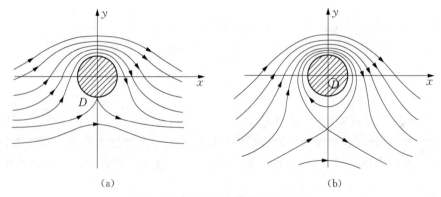

(a)　　　　　　　　　　　　　　　(b)

图 6.8　环流大小对流动图形的影响

(1) $\Gamma_0 < 4\pi v_0 r_0$。 在柱面上有两个驻点,如图 6.7 所示的 A 和 C 两点。整个流动图形如图 6.7 所示。

(2) $\Gamma_0 = 4\pi v_0 r_0$。 在柱面上只有一个驻点,在负 y 轴上。整个流动图形如图 6.8(a)所示。

(3) $\Gamma_0 > 4\pi v_0 r_0$。 在柱面上无驻点,整个流动图形如图 6.8(b)所示。

3. 压强分布

不计质量力的影响,或者圆柱体的轴线与质量力方向垂直,并设无限远处流体的压强为 p_0。与柱面重合的流线 $\psi = \dfrac{\Gamma_0}{2\pi} \ln r_0$ 上列出伯努利积分方程,得到柱面上压强分布为

$$p - p_0 = \frac{1}{2}\rho v_0^2 \left[1 - \left(2\sin\theta + \frac{\Gamma_0}{2\pi v_0 r_0} \right)^2 \right]$$

压力系数为

$$C_p = 1 - \left(2\sin\theta + \frac{\Gamma_0}{2\pi v_0 r_0}\right)^2$$

4. 压强合力

因为流动分布对称于 y 轴,显然合力在 x 轴上的分量,即阻力 $R=0$;合力在 y 轴上分量,即升力为

$$L = \oint_S -p\sin\theta \, \mathrm{d}S = \int_0^{2\pi} -\left\{p_0 + \frac{1}{2}\rho v_0^2\left[1 - \left(2\sin\theta + \frac{\Gamma_0}{2\pi v_0 r_0}\right)^2\right]\right\}\sin\theta \cdot r_0 \mathrm{d}\theta \cdot l$$

积分运算得

$$L = \rho v_0 \Gamma_0 l \tag{6.73}$$

可见理想流体对有环量圆柱体有力的作用,即升力。力的大小等于流体来流速度、环量和圆柱体长度的乘积,方向垂直于来流速度,沿 $\boldsymbol{v}_0$ 方向逆速度环量的转向 $90°$ 后的方向。由于升力也是压差力,实际判断时,可以根据速度分布,实际也是压强分布来判断。例如图 6.7 中,上半部分流动速度大,压强小,而下半部分流动速度小,压强大,因此压强合力(即升力)垂直向上。

类似于压力系数,升力也可以用"升力系数"来表示:

$$C_L = \frac{L}{\frac{1}{2}\rho v_0^2 A} = \frac{\Gamma_0}{v_0 r_0} \tag{6.74}$$

式中,$A = 2r_0 l$,为圆柱体在 v_0 方向上投影面积。

打乒乓时的弧圈球和踢足球时的香蕉球均可以采用以上理论来说明。而且历史上曾经采用这个原理(称为马格努斯(Magnus)效应)设计了一艘用旋转圆柱体替代风帆的船。当有侧风时,圆柱体便产生向前的推力。

对于非圆柱体,同样可以在流场中运动时产生升力。比较图 6.7 和图 3.2 可知,对于圆柱体和机翼,产生升力的根本原因都是由于流动的不对称性:上表面流速增大,压力降低,下表面流速降低,压力增大,从而产生压差力,即升力。

对于圆柱体,流动的不对称性是由于圆柱体本身旋转引起的,旋转的作用以点涡环量来度量。对于机翼,流动的不对称性则是由于机翼本身的形状和冲角的大小而引起的。下面将有关旋转圆柱体的概念推广到机翼。

假设机翼的流动不对称性是由于某一种无环量流动和某一个涡旋运动的叠加得结果。涡旋环量 Γ_0 的存在使得机翼产生相应的升力 L。因此,对于机翼,升力也可以表示为式(6.73)的形式,这就是著名的"库塔-茹科夫斯基(Kutta-Joukowiki)定理"。有关此定理,后续将详细介绍。

圆柱体和机翼在升力方面的根本区别在于它们产生环量的原因不同:圆柱体由于转动,机翼则由本身形状所引起。例如流体绕机翼流动的实际流动图形如图 6.9(a)所示,后驻点在后缘尖端,这里流动光滑,速度为零或者有限。但按理论分析,绕机翼无环量流动的图形如图 6.9(b)所示,后驻点在上表面靠后,绕过尖端的速度为无限大,这是不符合实际流动

的。如果叠加一个涡旋运动,如图 6.9(c)所示,则可以得到接近实际流动的图形。可见机翼的实际流动可以用理想流体的无环量运动与一个涡旋运动来代替,这个代替机翼的涡旋称为附着涡,这在机翼理论中有专门讨论。

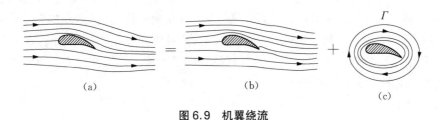

图 6.9　机翼绕流

6.5　平面势流的保角变换法

设物理平面为 z,无穷远处有速度为 v_∞、方向为 α 角的均匀来流绕过物体周线为 C 的比较复杂的无限长柱体(见图 6.10a)。对于这样的流动,一般难以直接获得流动的解。但如果能找到一个解析函数 $z=f(\zeta)$,其反函数为 $\zeta=f^{-1}(z)$,将复杂周线 C 变换为辅助平面 ζ 上形状比较简单的周线 C^*(如圆周,见图 6.10b),将 C 外的区域单值保角变换到平面 ζ 上 C^* 外的区域,并且规定了 $z=\infty$ 对应于 $\zeta=\infty$。在这样的变换下,辅助平面 ζ 上就形成了一个在无穷远处有速度为 v_∞^* 的均匀来流绕过周线为 C^* 物体的流动。辅助平面 ζ 上的流动的复势往往是容易获得的,通过变换关系 $\zeta=f^{-1}(z)$,就可以求得物理平面上的流动复势。这个求解过程就称为平面势流的"保角变换法"。

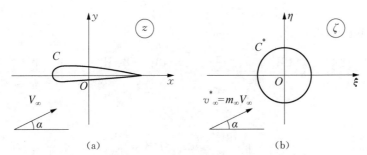

图 6.10　平面势流保角变换法

(a)物理平面 z;(b)辅助平面 ζ

6.5.1　保角变换的概念和对应的流动关系

1. 保角变换的概念

设有两个复变数

$$\begin{cases} z=x+\mathrm{i}y \\ \zeta=\xi+\mathrm{i}\eta \end{cases} \tag{6.75}$$

它们分别在物理平面 z 和辅助平面 ζ 上定义。它们之间存在变换函数关系

$$z = f(\zeta) \tag{6.76}$$

如果 $z = f(\zeta)$ 在定义域内是单叶(物理平面 z 和辅助平面 ζ 上的对应点一一对应)的、解析的,并且其导数 $f'(\zeta)$ 在域内处处都不等于零,则此变换称为"保角变换"。当函数在边界上连续,在域内处处解析或只有一个一阶极点时,这种保角变换将 ζ 平面上的一个区域变换为 z 平面的一个区域,把 ζ 平面上的这一区域的边界变换为 z 平面上对应区域的边界,而且保持边界上对应点的顺序不变。

2. 变换关系

1)两平面对应点上的复势、等势线和流线相对应

设 z 平面上的复势为

$$W(z) = \varphi(x, y) + \mathrm{i}\psi(x, y) \tag{6.77}$$

将式(6.76)代入式(6.77)得

$$W(z) = W[f(\zeta)] = W^*(\zeta) \tag{6.78}$$

变换得到的 $W^*(\zeta)$ 仍然为一解析函数。

$$W^*(\zeta) = \Phi(\xi, \eta) + \mathrm{i}\Psi(\xi, \eta) \tag{6.79}$$

将式(6.77)和式(6.79)代入式(6.78)得

$$\begin{cases} \Phi(\xi, \eta) = \varphi(x, y) \\ \Psi(\xi, \eta) = \psi(x, y) \end{cases} \tag{6.80}$$

即 ζ 平面上等势线和流线与 z 平面上等势线和流线相对应。

2)对应曲线上的流量和环流保持不变

在对应曲线 l 上,有

$$\int_l \frac{\mathrm{d}W(z)}{\mathrm{d}z}\mathrm{d}z = \int_l \frac{\mathrm{d}W[f^{-1}(\zeta)]}{\mathrm{d}z}\mathrm{d}z = \int_{l'} \frac{\mathrm{d}W^*(\zeta)}{\mathrm{d}\zeta}\frac{\mathrm{d}\zeta}{\mathrm{d}z}\mathrm{d}z = \int_{l'} \frac{\mathrm{d}W^*(\zeta)}{\mathrm{d}\zeta}\mathrm{d}\zeta$$

由于

$$\int_l \frac{\mathrm{d}W(z)}{\mathrm{d}z}\mathrm{d}z = \Gamma + \mathrm{i}Q$$

$$\int_{l'} \frac{\mathrm{d}W^*(\zeta)}{\mathrm{d}\zeta}\mathrm{d}\zeta = \Gamma^* + \mathrm{i}Q^*$$

则

$$\begin{cases} \Gamma = \Gamma^* \\ Q = Q^* \end{cases} \tag{6.81}$$

可见,在对应的曲线上,其环流和流量在变换前后保持不变。

3)对应点的复速度呈一定比例变化

$$\frac{\mathrm{d}W(z)}{\mathrm{d}z} = \frac{\mathrm{d}W[f(\zeta)]}{\mathrm{d}z} = \frac{\mathrm{d}W^*(\zeta)}{\mathrm{d}\zeta} \cdot \frac{\mathrm{d}\zeta}{\mathrm{d}z}$$

在无穷远处

$$\left.\frac{\mathrm{d}W^*(\zeta)}{\mathrm{d}\zeta}\right|_{\infty} = \left.\frac{\mathrm{d}W(z)}{\mathrm{d}z}\right|_{\infty} \cdot \left.\frac{\mathrm{d}z}{\mathrm{d}\zeta}\right|_{\infty} = m_{\infty}\left.\frac{\mathrm{d}W(z)}{\mathrm{d}z}\right|_{\infty} \tag{6.82}$$

式中，$m_{\infty} = \left.\dfrac{\mathrm{d}z}{\mathrm{d}\zeta}\right|_{\infty}$，如果其为实常数，则表示辅助平面 ζ 上远方速度较物理平面 z 上放大 m_{∞} 倍，方向不变。例如，如果在辅助平面 ζ 上设置的均匀来流大小为 $m_{\infty}v_{\infty}$，方向角为 α，即

$$\left.\frac{\mathrm{d}W^*(\zeta)}{\mathrm{d}\zeta}\right|_{\infty} = m_{\infty}v_{\infty}\mathrm{e}^{-\mathrm{i}\alpha}$$

则在物理平面上，无穷远处速度将是

$$\left.\frac{\mathrm{d}W(z)}{\mathrm{d}z}\right|_{\infty} = \left(\frac{\mathrm{d}W^*(\zeta)}{\mathrm{d}\zeta} \cdot \frac{\mathrm{d}\zeta}{\mathrm{d}z}\right)\bigg|_{\infty} = v_{\infty}\mathrm{e}^{-\mathrm{i}\alpha}$$

这恰是速度大小为 v_{∞}，方向为角为 α 的均匀直线流的复速度。反之说明，对于速度为小为 v_{∞}，方向为角为 α 的均匀直线流绕过物体时，利用保角变换法使得物体周界变换为辅助平面 ζ 上较简单的周界，此时在平面 ζ 上应设置一个速度为 $m_{\infty}v_{\infty}$，方向仍为 α 角的均匀直线流动。如果 m_{∞} 为复常数，则表示远方速度方向可能改变。

3. 采用保角变换求解流体力学问题思路

（1）通过解析变换 $z = f(\zeta)$ 将物理平面 z 上比较复杂的物面周线变成辅助平面 ζ 上简单形状周线，通常变为无限长直线或圆。

（2）确立物理平面与辅助平面关系。

（3）把辅助平面上流动的解求出，以确定物理平面流动。

6.5.2　几种常用的保角变换关系

1. 平移变换

变换函数为

$$z = \zeta + b \tag{6.83}$$

其中，$b = b_1 + \mathrm{i}b_2$ 是复常数。

在 z 平面上，$z = x + \mathrm{i}y$。在 ζ 平面上，$\zeta = \xi + \mathrm{i}\eta$。由式(6.83)，得

$$\begin{cases} \xi = x - b_1 \\ \eta = y - b_2 \end{cases} \tag{6.84}$$

可见平移变换后，边界形状不变，只是整个图形平移了 b 的距离。图 6.11 所示的是 ζ 平面上的一个圆平移到 z 平面上的情况

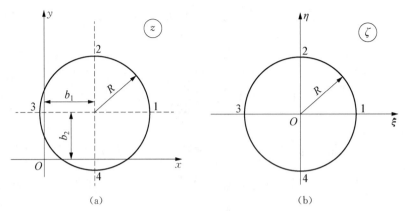

图 6.11 平移变换

(a)物理平面 z；(b)辅助平面 ζ

对于复速度,有

$$\bar{v}(z)=\frac{\mathrm{d}W(z)}{\mathrm{d}z}=\frac{\mathrm{d}W^*(\zeta)}{\mathrm{d}\zeta}\frac{\mathrm{d}\zeta}{\mathrm{d}z}=\frac{\mathrm{d}W^*(\zeta)}{\mathrm{d}\zeta}\bigg/\frac{\mathrm{d}z}{\mathrm{d}\zeta}=\frac{\mathrm{d}W^*(\zeta)}{\mathrm{d}\zeta}=\bar{v}(\zeta)$$

从而来流速度：$\bar{v}_\infty(z)=\bar{v}_\infty(\zeta)$,即大小方向不变。

2. 旋转变换

变换函数为

$$z=\zeta\mathrm{e}^{\mathrm{i}\beta} \tag{6.85}$$

在 z 平面上,$z=x+\mathrm{i}y=r\mathrm{e}^{\mathrm{i}\theta}$。 在 ζ 平面上,$\zeta=\xi+\mathrm{i}\eta=\rho\mathrm{e}^{\mathrm{i}\alpha}$。 由式(6.85),得

$$\begin{cases}\rho=r\\\alpha=\theta-\beta\end{cases} \tag{6.86}$$

可见经过旋转变换后,边界形状不变,但整体图形转过了 β 角度,如图 6.12 所示。

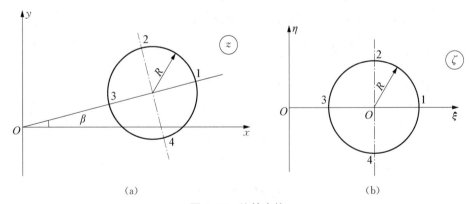

图 6.12 旋转变换

(a)物理平面 z；(b)辅助平面 ζ

复速度之间的关系为

$$\bar{v}(z)=\frac{\mathrm{d}W(z)}{\mathrm{d}z}=\frac{\mathrm{d}\zeta}{\mathrm{d}z}\frac{\mathrm{d}\Omega(\zeta)}{\mathrm{d}\zeta}=\bar{v}(\zeta)\mathrm{e}^{-\mathrm{i}\beta}$$

来流速度：$\bar{v}_\infty(z) = \bar{v}_\infty(\zeta) e^{-\mathrm{i}\beta}$，即大小没变，但方向转过 β 角度。

3. 茹科夫斯基变换

变换函数为

$$z = \frac{1}{2}\left(\zeta + \frac{b^2}{\zeta}\right) \tag{6.87}$$

式中，b 为实常数。

由式(6.87)得到变换反函数

$$\zeta = z \pm \sqrt{z^2 - b^2} \tag{6.88}$$

这是一个多值函数。若只讨论外部流动问题，即 $z \to \infty$ 对应 $\zeta \to \infty$，则取 $\zeta = z + \sqrt{z^2 - b^2}$，但在 $z = \pm b$ 处，变换不保角，因为 $\dfrac{\mathrm{d}z}{\mathrm{d}\zeta} = 0$，而其他地方变换均保角。

将 $z = x + \mathrm{i}y = r\mathrm{e}^{\mathrm{i}\theta}$ 和 $\zeta = \xi + \mathrm{i}\eta = \rho\mathrm{e}^{\mathrm{i}\alpha}$ 代入式(6.87)得

$$x + \mathrm{i}y = \frac{1}{2}\left(\xi + \mathrm{i}\eta + \frac{b^2}{\xi + \mathrm{i}\eta}\right) = \frac{1}{2}\left(\xi + \frac{\xi b^2}{\xi^2 + \eta^2}\right) + \mathrm{i}\,\frac{1}{2}\left(\eta - \frac{\eta b^2}{\xi^2 + \eta^2}\right)$$

于是

$$\begin{cases} x = \dfrac{1}{2}\xi\left(1 + \dfrac{b^2}{\xi^2 + \eta^2}\right) \\[2mm] y = \dfrac{1}{2}\eta\left(1 - \dfrac{b^2}{\xi^2 + \eta^2}\right) \end{cases}$$

或者写成极坐标的形式

$$\begin{cases} x = \dfrac{1}{2}\rho\cos\alpha\left(1 + \dfrac{b^2}{\rho^2}\right) \\[2mm] y = \dfrac{1}{2}\rho\sin\alpha\left(1 - \dfrac{b^2}{\rho^2}\right) \end{cases} \tag{6.89}$$

下面讨论采用茹科夫斯基变换(6.87)式(6.88)后前后图形的变化。

(1) 圆变换为直线或直线变换为圆。假设 ζ 平面上有圆心在原点半径为 b 的圆，其参数方程为

$$\begin{cases} \xi = b\cos\alpha \\ \eta = b\sin\alpha \end{cases} \quad 或 \quad \rho = b$$

则由式(6.89)可得

$$\begin{cases} x = b\cos\theta \\ y = 0 \end{cases}$$

这表示在 ζ 平面上半径为 b 的圆，经过式(6.87)的变换后，变为物理平面 z 上 $x = \pm b$ 之间的直线段；反之在 z 平面上 $x = \pm b$ 之间的直线段，经过式(6.88)的变换后，变为 ζ 平面上半径为 b 的圆，如图 6.13 所示。

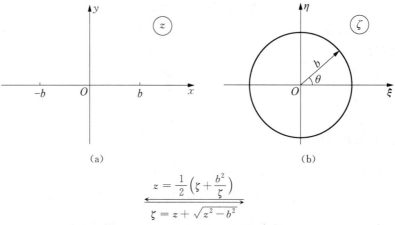

$$z = \frac{1}{2}\left(\zeta + \frac{b^2}{\zeta}\right)$$

$$\zeta = z + \sqrt{z^2 - b^2}$$

图 6.13 直线段与圆周之间的变换

（2）圆变换为椭圆或椭圆变换为圆。假设在 ζ 平面上有圆心在原点半径为 a 的圆，其参数方程为

$$\begin{cases} \xi = a\cos\alpha \\ \eta = a\sin\alpha \end{cases} \quad \text{或} \quad \rho = a > b$$

则由式(6.89)可得椭圆方程为 $\dfrac{x^2}{a_1^2} + \dfrac{y^2}{b_1^2} = 1$，其中

$$\begin{cases} a = a_1 + b_1 \\ b = \sqrt{a_1^2 - b_1^2} \end{cases}$$

这表示在 ζ 平面上半径为 $a > b$ 的圆，经过式(6.87)的变换后，变为物理平面 z 上长轴在 x 轴上的椭圆，其焦点为 $x = \pm b$；反之 z 平面上椭圆，经过式(6.88)的变换后，变为 ζ 平面上半径为 $a > b$ 的圆，如图 6.14 所示。因此，如果要求解某一椭圆形柱面绕流，则可采用上述茹科夫斯基变换，只要将 $b = \sqrt{a_1^2 - b_1^2}$ 代入变换公式即可。

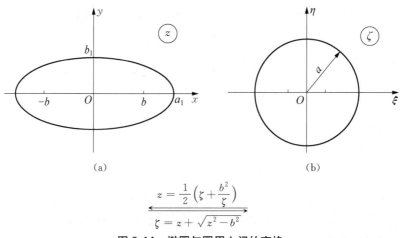

$$z = \frac{1}{2}\left(\zeta + \frac{b^2}{\zeta}\right)$$

$$\zeta = z + \sqrt{z^2 - b^2}$$

图 6.14 椭圆与圆周之间的变换

6.5.3　绕平板无环流流动

1. 平板横向绕流

假设平板宽为 $2a$，流体以垂直于平板的速度绕平板流动，见图 6.15(a)，求其流动的复势。

为了获得此流动的复势，可以借助于已知的绕圆柱体流动的复势，通过茹科夫斯基变换获得。具体变换过程如图 6.15 所示。

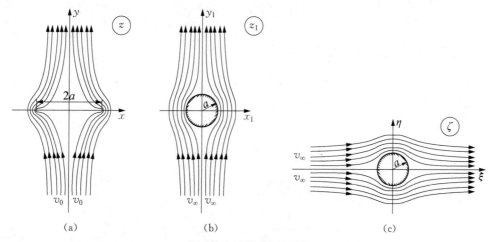

图 6.15　平板横向绕流

(a)平板横向绕流；(b)圆柱横向绕流；(c)圆柱纵向绕流(速度下标)

已知圆柱纵向绕流的复势为

$$W(\zeta) = |v_\infty| \left(\zeta + \frac{r_0^2}{\zeta} \right) \tag{6.90}$$

ζ 平面到辅助平面 z_1 的变换关系式为

$$z_1 = \zeta e^{i\frac{\pi}{2}} = i\zeta$$

得

$$\zeta = z_1 e^{-i\frac{\pi}{2}} = -iz_1 \tag{6.91}$$

将式(6.91)代入式(6.90)得

$$W(z_1) = |v_\infty| \left(-iz_1 - \frac{r_0^2}{iz_1} \right) = -i|v_\infty| \left(z_1 - \frac{r_0^2}{z_1} \right) \tag{6.92}$$

z_1 平面到物理平面 z 的变换关系式为

$$z_1 = z + \sqrt{z^2 - b^2} \tag{6.93}$$

将式(6.93)代入到式(6.92)得

$$W(z) = -\mathrm{i}\,|v_\infty|\left(z + \sqrt{z^2 - b^2} - \frac{r_0^2}{z + \sqrt{z^2 - b^2}}\right)$$

根据给定条件,式中,$r_0 = a$,$b = a$。上式简化得

$$W(z) = -2\mathrm{i}\,|v_\infty|\,\sqrt{z^2 - a^2}$$

由无穷远处条件确定 v_0 与 v_∞ 之间的关系

$$\left.\frac{\mathrm{d}W(z)}{\mathrm{d}z}\right|_{z=-\infty} = -\mathrm{i}\,|v_0| = -2\mathrm{i}\,|v_\infty|\,\frac{z}{\sqrt{z^2 - a^2}}\bigg|_{z=-\infty} = -2\mathrm{i}\,|v_\infty|$$

最终得到平板横向绕流的复势为

$$W(z) = -\mathrm{i}\,|v_0|\,\sqrt{z^2 - a^2} \tag{6.94}$$

流体速度分布为

$$\bar{v} = \frac{\mathrm{d}W}{\mathrm{d}z} = -\mathrm{i}\,|v_0|\,\frac{z}{\sqrt{z^2 - a^2}} \tag{6.95}$$

因平板表面方程为 $z = x$,$|x| < a$,则

$$\bar{v}_{表面} = v_{表面} = \mp\,|v_0|\,\frac{x}{\sqrt{a^2 - x^2}} \tag{6.96}$$

式中的符号在平板上表面取负号,在平板下表面则取正号,这样才能保证流动的真实情况并保证速度在边界上的连续性。由 $v_{表面} = 0$,即 $\dfrac{x}{\sqrt{a^2 - x^2}} = 0$,得到驻点位置 $x = 0$。

关于式(6.96)中"$\mp$"号,还可以通过以下推导确定。

平板方程:$x = a\cos\theta$;上表面:$x_上 = a\cos\theta\ (0, \pi)$;下表面:$x_下 = a\cos\theta\ (\pi, 2\pi)$。由式(6.95),$\bar{v}_{表面} = v_{表面} = -\,|v_0|\,\dfrac{\cos\theta}{|\sin\theta|}$。从而上表面:$v_{表面} = -\,|v_0|\cot\theta$;下表面:$v_{表面} = +\,|v_0|\cot\theta$。合写为

$$\bar{v}_{表面} = v_板 = \mp\,|v_0|\,\frac{x}{\sqrt{a^2 - x^2}}$$

即式(6.96)。或者直接根据上下表面流体流动方向定出:上表面正半轴($x > 0$)流速为负,负半轴($x < 0$)流速为正;下表面流向与上表面正好相反,因而表面速度符号选取需符合式(6.96)。

2. 平板纵向绕流

$$W(z) = |v_0|\,z \tag{6.97}$$

3. 平板倾斜绕流

1) 复势

（1）采取势流迭加：

$$W(z) = v_x z - \mathrm{i}v_y\sqrt{z^2 - a^2} = |v_0|z\cos\alpha - \mathrm{i}|v_0|\sqrt{z^2 - a^2}\sin\alpha \qquad (6.98)$$

（2）采用变换方法。这里只作简要推导，详细的推导请读者自己完成。

$$W(\zeta) = |v_\infty|\left(\zeta + \frac{a^2}{\zeta}\right)$$

$$W(z_1) = |v_\infty|\left(z_1\mathrm{e}^{-\mathrm{i}\alpha} + \frac{a^2}{z_1\mathrm{e}^{-\mathrm{i}\alpha}}\right) = |v_\infty|\left(z_1\mathrm{e}^{-\mathrm{i}\alpha} + \frac{a^2\mathrm{e}^{\mathrm{i}\alpha}}{z_1}\right)$$

$$= z_1\bar{v}_\infty + \frac{a^2}{z_1}v_\infty$$

$$W(z) = \bar{v}_\infty(z + \sqrt{z^2 - a^2}) + \frac{v_\infty a^2}{z + \sqrt{z^2 - a^2}}$$

$$= \bar{v}_\infty(z + \sqrt{z^2 - a^2}) + v_\infty(z - \sqrt{z^2 - a^2})$$

$$= (v_\infty + \bar{v}_\infty)z + \sqrt{z^2 - a^2}(\bar{v}_\infty - v_\infty)$$

$$= 2|v_\infty|z\cos\alpha - 2\mathrm{i}|v_\infty|\sin\alpha\sqrt{z^2 - a^2}$$

根据无穷远边界条件：$z \to \infty$，$v \to v_0$ 确定 v_∞ 大小：

$$\bar{v}_0 = \frac{\mathrm{d}W(z)}{\mathrm{d}z}\bigg|_{z=\infty} = 2|v_\infty|\cos\alpha - 2\mathrm{i}|v_\infty|\sin\alpha \cdot \frac{2z}{2\sqrt{z^2 - a^2}}\bigg|_{z\to\infty} = 2\bar{v}_\infty$$

即 $2|v_\infty| = |v_0|$，从而

$$W(z) = |v_0|z\cos\alpha - \mathrm{i}|v_0|\sqrt{z^2 - a^2}\sin\alpha$$

上式即为式（6.98）。如果 $\boldsymbol{\alpha} = \dfrac{\pi}{2}$，则 $W(z) = -\mathrm{i}|v_0|\sqrt{z^2 - a^2}$，即式（6.94），表示横向绕流。

2）速度分布

$$\bar{v} = \frac{\mathrm{d}W}{\mathrm{d}z} = |v_0|\cos\alpha - \frac{\mathrm{i}|v_0|\sin\alpha}{\sqrt{z^2 - a^2}}z \qquad (6.99)$$

平板两端的流速为无限大，即当 $z = \pm a$ 时，$|\bar{v}| = |v| = \infty$，这实际上是不可能的，必定存在涡旋。

令 $\bar{v} = 0$，可以求得驻点位置，即 $\bar{v} = |v_0|\cos\alpha - \dfrac{\mathrm{i}|v_0|\sin\alpha}{\sqrt{z^2 - a^2}}z = 0$

因平板上 $z = x \leqslant a$，所以 $|v_0|\cos\alpha = \dfrac{|v_0|\sin\alpha}{\sqrt{a^2 - x^2}}x$，$z = x = \pm a\cos\alpha$

y 轴右侧平板上方取正号，在左边下方取负号。理由：$x = a\cos\theta = \begin{cases} \theta = 0,\ \pi & \text{上} \\ \theta = \pi,\ 2\pi & \text{下} \end{cases}$代入：$\cos\alpha|\sin\theta| = \sin\alpha\cos\theta$，上侧 $\theta = \alpha$，下侧 $\theta = k\pi - \alpha$，所以

$$x = \pm a\cos\alpha$$

由于流动没有环流,根据库塔-茹科夫斯基定理,$Y = -\rho v_0 \Gamma = 0$,即合力为 0,平板没有受到流体的任何作用力。

6.5.4 绕平板有环流流动

根据复势的可叠加性,绕平板的有环流流动可以通过将无环流流动与一个环流的复势叠加得到,后者根据涡旋的复势利用上述同样的变换函数进行变换得到,而在变换过程中,环流大小不变。

1. 流动复势

假定涡旋为顺时针,涡旋在辅助平面 ζ 上的复势为

$W_3(\zeta) = \dfrac{\mathrm{i}\Gamma}{2\pi}\ln\zeta$ 注意这里 Γ 取绝对值。经旋转变换 $\zeta = z_1 e^{-\mathrm{i}\alpha}$,得到涡旋在辅助平面 z_1 上的复势

$$W_3(z_1) = \frac{\mathrm{i}\Gamma}{2\pi}\ln(z_1 e^{-\mathrm{i}\alpha}) = \frac{\mathrm{i}\Gamma}{2\pi}\ln z_1 - \mathrm{i}\alpha$$

由于复势中的常数不影响求解速度场,上式中的常数 $-\mathrm{i}\alpha$ 略去不写。

经茹科夫斯基变换 $z_1 = z + \sqrt{z^2 - a^2}$,得到物理平面 z 上涡旋的复势表达式

$$W_3(z) = \frac{\Gamma \mathrm{i}}{2\pi}\ln(z + \sqrt{z^2 - a^2}) \tag{6.100}$$

式(6.100)表示的是绕平板的纯环流流动的复势。用茹科夫斯基变换可以将半径为 a 的圆柱体变换为宽为 $2a$ 的平板,因此上式是满足绕平板流动内边界条件的。

根据复势叠加性,并结合前面得到的无环流流动复势,可以得到绕平板有环流流动的复势

$$W(z) = |v_0|z\cos\alpha - \mathrm{i}|v_0|\sqrt{z^2 - a^2}\sin\alpha + \frac{\Gamma \mathrm{i}}{2\pi}\ln(z + \sqrt{z^2 - a^2}) \tag{6.101}$$

2. 速度分布

$$\bar{v} = \frac{\mathrm{d}W}{\mathrm{d}z} = |v_0|\cos\alpha - \frac{\mathrm{i}|v_0|z\sin\alpha}{\sqrt{z^2 - a^2}} + \frac{\Gamma \mathrm{i}}{2\pi}\frac{1}{\sqrt{z^2 - a^2}}$$

$$\bar{v} = |v_0|\cos\alpha - \mathrm{i}\frac{2\pi z|v_0|\sin\alpha - \Gamma}{2\pi\sqrt{z^2 - a^2}} \tag{6.102}$$

对于平板后缘点 $z = a$ 处,$z^2 - a^2 \to 0$,$v \to \infty$,实际不可能,故 $2\pi z|v_0|\sin\alpha - \Gamma = 0$,即

$$\Gamma = 2\pi z|v_0|\sin\alpha = 2\pi a|v_0|\sin\alpha \tag{6.103}$$

将式(6.103)代入式(6.102)得

$$\bar{v} = |v_0|\cos\alpha + \frac{\mathrm{i}|v_0|\sin\alpha}{\sqrt{z^2 - a^2}}(a - z) \tag{6.104}$$

在平板表面上 $z = x$，$|x| < a$

$$\bar{v} = |v_0|\cos\alpha + \frac{\mathrm{i}|v_0|\sin\alpha}{\sqrt{z^2 - a^2}}(a - z) = |v_0|\cos\alpha + |v_0|\sin\alpha\sqrt{\frac{a - z}{a + z}}$$

$$= |v_0|\cos\alpha \pm |v_0|\sin\alpha\sqrt{\frac{a - x}{a + x}}$$

平板上表面取正号，在下边取负号。理由为

$$z = x = a\cos\theta$$

$$\bar{v}_{表面} = |v_0|\cos\alpha + \frac{|v_0|\sin\alpha}{a|\sin\theta|}a(1 - \cos\theta)$$

$$= |v_0|\cos\alpha + |v_0|\sin\alpha\frac{1 - \cos\theta}{|\sin\theta|}$$

3. 压强分布

求得速度分布后，就可以根据伯努利方程得到压强分布。压强分布通常用无量纲的压强系数表示，即

$$c_p = \frac{p - p_0}{\frac{1}{2}\rho|v_0|^2} = 1 - \left(\cos^2\alpha \pm 2\sin\alpha\sqrt{\frac{a - x}{a + x}}\cos\alpha + \sin^2\alpha\frac{a - x}{a + x}\right) \tag{6.105}$$

当冲角很小时，$\cos\alpha \approx 1$，$\sin\alpha \approx \alpha$，则

$$c_{p上} = -2\alpha\sqrt{\frac{a - x}{a + x}}$$

$$c_{p下} = +2\alpha\sqrt{\frac{a - x}{a + x}} \tag{6.106}$$

可见，流体作用于平板上下表面的压强分布大小相等、方向相反，即形成了一压差，从而平板受到一合力。平板所受合力，即升力可由库塔-茹科夫斯基定理得到，即

$$\bar{P} = \mathrm{i}\rho v_0\Gamma$$

$$|P| = 2\pi\rho|v_0|^2 a\sin\alpha \tag{6.107}$$

当冲角 α 很小时，

$$\sin\alpha \approx \alpha,\quad |P| = L = 2\pi\rho|v_0|^2 a\alpha \tag{6.108}$$

升力系数

$$C_L = \frac{L}{\frac{1}{2}\rho v_0^2 A} = \frac{L}{\frac{1}{2}\rho|v_0|^2 2a\cdot 1} \approx 2\pi\alpha \tag{6.109}$$

快艇在滑行状态时，可以当作为小冲角的平板绕流，但这时平板上面为空气，下面为水。根据表面压强分布的性质可以证明，在这种状态下所受力为原受力的一半，因此快艇所受到

的升力为

$$L' = \pi\rho \mid v_0 \mid^2 a\alpha \text{,或 } C_L = \pi\alpha \tag{6.110}$$

【例 6.3】求椭圆 $\dfrac{x^2}{a^2} + \dfrac{y^2}{b^2} = 1$ 的绕流运动复势和复速度。已知来流速度为 v_0,流动方向与 x 轴正向夹角为 α。

解 应用茹科夫斯基变换 $\zeta = z + \sqrt{z^2 - b_1^2}$,可将椭圆变换为辅助平面上半径为 $a + b$ 的圆,这里 $b_1^2 = a^2 - b^2$,对应来流速度为 $\dfrac{1}{2}v_0$,方向不变。由 6.4.4 节绕圆柱无环量运动内容,可得辅助平面上的运动复势为

$$W = \frac{1}{2}v_0\zeta e^{-i\alpha} + \frac{1}{2}v_0 e^{i\alpha}\frac{(a+b)^2}{\zeta}$$

将变换式代入得物理平面上绕椭圆柱的流动复势为

$$W = \frac{1}{2}v_0 e^{-i\alpha}(z + \sqrt{z^2 - b_1^2}) + \frac{1}{2}v_0 e^{i\alpha}\frac{(a+b)^2}{(z + \sqrt{z^2 - b_1^2})}$$

$$= \frac{1}{2}v_0 e^{-i\alpha}(z + \sqrt{z^2 - b_1^2}) + \frac{1}{2}v_0 e^{i\alpha}\left(\frac{a+b}{b_1}\right)^2(z - \sqrt{z^2 - b_1^2})$$

复速度为

$$\frac{\mathrm{d}W}{\mathrm{d}z} = \frac{1}{2}v_0 e^{-i\alpha}\left(1 + \frac{z}{\sqrt{z^2 + b_1^2}}\right) + \frac{1}{2}v_0 e^{i\alpha}\left(\frac{a+b}{b_1}\right)^2\left(1 - \frac{z}{\sqrt{z^2 - b_1^2}}\right)$$

6.6 镜 像 定 理

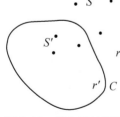

图 6.16 奇点及其镜像

当源、汇、偶极、点涡等流场的奇点或物体周围还存在固体壁面情况下,如何去求解流场的复势呢?本节就介绍在流场中存在直线边界或圆周边界时求复势的一种特殊方法——镜像法。

镜像法的基本思想:设想以 C_l 为边界的区域 Ω' 之外有一组流体奇点 S,如在 Ω' 之内放置另外一组奇点 S' 之后,组合的流场中有一条流线与 C_l 重合,则奇点 S' 就是奇点 S 关于 C_l 的镜像,而由奇点 S 和 S' 构成的组合流场的复势就是 Ω' 之外区域 Ω 中流场的复势,具体如图 6.16 所示。

6.6.1 平面定理

平面固壁边界有两种情况:一种是平面固壁位于 $y = 0$,即在 x 轴上;另一种是在 $x = 0$,即在 y 轴上。

1. $y=0$ 的平壁面定理

设在无界流场中位于 $y>0$ 的上半平面中存在一组奇点,其复势为 $f(z)$,则当在流场中插入平板 $y=0$ 的平面固壁之后,上半平面流场的复势为

$$W(z)=f(z)+\bar{f}(z) \tag{6.111}$$

式中,$\bar{f}(z)$ 为 $f(z)$ 表达式中系数取共轭后得到的函数,即除 z 以外将 $f(z)$ 中所有虚数 i 改写为 $-$i,例

$$f(z)=\frac{\Gamma}{2\pi i}\ln(z-z_1)+\frac{Q}{2\pi}\ln(z-z_2)$$

$$\bar{f}(z)=-\frac{\Gamma}{2\pi i}\ln(z-\bar{z}_1)+\frac{Q}{2\pi}\ln(z-\bar{z}_2)$$

$\bar{f}(z)$ 表示了插入的平板对原流场带来的影响。

证明:首先,$f(z)$ 的奇点 z_j 已知,都位于 $y>0$ 的上半平面中,则 $\bar{f}(z)$ 的奇点 $\bar{z}_j$ 都位于下半平面 $y<0$ 之内,不破坏上半平面的奇性。

其次,考察平面固壁线 $y=0$。在 $y=0$ 上,$z=\bar{z}$,所以复势在 $y=0$ 上为

$$W(z)=f(z)+\bar{f}(z)=f(z)+\bar{f}(\bar{z})=f(z)+\overline{f(z)}$$

上式只有实部,虚部为零,即 $\psi=0$,说明 $y=0$ 是流线。

因此式(6.111)是所要求的满足边界条件的复势。

【例 6.4】如图 6.17 所示,在 $z_0=ih$ 处放置一个环量为 Γ 的点涡,$y=0$ 是一无限长固壁,试求流场复数及固壁上速度与压强分布。

解　当不存在固壁时,在 $z_0=ih$ 处点涡的复势是

$$f(z)=\frac{\Gamma}{2\pi i}\ln(z-ih)$$

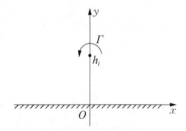

图 6.17　上半平面点涡

当放入固壁 $y=0$ 后,上半平面流动复势为

$$W(z)=f(z)+\bar{f}(z)=\frac{\Gamma}{2\pi i}\ln(z-ih)-\frac{\Gamma}{2\pi i}\ln(z+ih)$$

流场复速度为

$$\frac{dW}{dz}=\frac{\Gamma}{2\pi i}\left(\frac{1}{z-ih}-\frac{1}{z+ih}\right)=\frac{\Gamma h}{\pi}\left(\frac{1}{z^2+h^2}\right)$$

在固壁 $y=0$ 上,

$$v_x=\frac{\Gamma h}{\pi}\left(\frac{1}{x^2+h^2}\right)$$

$$v_y=0$$

由伯努利方程可求得平面 $y=0$ 上压强分布为

$$p = C - \frac{1}{2}\rho v^2 = C - \frac{1}{2}\rho \frac{\Gamma^2 h^2}{\pi^2}\left(\frac{1}{x^2 + h^2}\right)^2$$

2. $x = 0$ 的平壁面定理

设在无界流场中位于 $x > 0$ 的右半平面中存在一组奇点,其复势为 $f(z)$,则当今在流场中插入平板 $x = 0$ 的平面固壁之后,上半平面流场的复势为

$$W(z) = f(z) + \bar{f}(-z) \qquad\qquad (6.112)$$

式中,$\bar{f}(-z)$ 表示了插入平板 $x = 0$ 时对原流场带来的影响。请读者参照前面方法加以证明该定理。

实际在应用平面镜像定理时,只需注意壁面上流体不可穿透条件,就可定出映射点情况,这类似平面镜子成像。图 6.18 给出了点源、点涡流场在插入水平壁面和垂直壁面情况下的映射点位置以及成像,而成像点处的奇点与壁面对流场的影响是等价的。

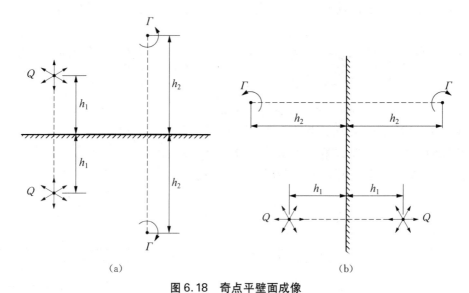

(a) (b)

图 6.18 奇点平壁面成像

【例 6.5】 如图 6.19 所示,一强度为 1 的源位于 $(2, 0)$ 点,y 轴为壁面,求解流场的复势以及壁面所受到的作用力。

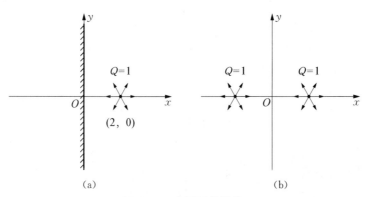

(a) (b)

图 6.19 点源及其镜像

解　根据镜像定理:在$(-2,0)$处放置同样大小的源,便可使得流动与存在壁面情况一样。

$$W(z)=\frac{Q}{2\pi}\ln(z-2)+\frac{Q}{2\pi}\ln(z+2)$$

在壁面上

$$\begin{cases} v_x=\dfrac{\partial\varphi}{\partial x}=0 \\[3mm] v_y=\dfrac{\partial\varphi}{\partial y}=\dfrac{y}{\pi(4+y^2)} \end{cases}$$

并取 1、2 两点

1 点:$v_y=\dfrac{y}{\pi(4+y^2)}$,$p=?$

2 点:$v_y=v_\infty=0$,$p=p_0$

由伯努利积分方程

$$p+\frac{1}{2}\rho v_y^2=p_0$$

$$R_x=\int_{-\infty}^{+\infty}(p_0-p)\mathrm{d}y=\int_{-\infty}^{+\infty}\frac{1}{2}\rho\,\frac{y^2}{\pi^2(4+y^2)^2}\mathrm{d}y$$

令 $y=\tan\alpha$,则

$$R_x=\frac{\rho}{2\pi^2}\int_{-\frac{\pi}{2}}^{\frac{\pi}{2}}\frac{1}{2}\sin^2\alpha\,\mathrm{d}\alpha=\frac{\rho}{2\pi^2}\int_{0}^{\frac{\pi}{2}}\sin^2\alpha\,\mathrm{d}\alpha=\frac{\rho}{8\pi}$$

即受到一吸力。

6.6.2　圆周定理

理想不可压缩平面势流,设流场中无固壁时它的复势为 $f(z)$,$f(z)$ 的所有奇点都在圆 $|z|=a$ 外,今在流场中放置一半径为 a 的圆周 $|z|=a$,则复势为

$$W(z)=f(z)+\bar{f}\left(\frac{a^2}{z}\right) \tag{6.113}$$

证明:首先 $f(z)$ 奇点 z_i 均在圆周外,$|z_i|>a$,则 $\bar{f}\left(\dfrac{a^2}{z}\right)$ 的奇点将是 $\dfrac{a^2}{z_i}$ 以及原点,因而它们均在圆内,即 $\bar{f}\left(\dfrac{a^2}{z}\right)$ 不在 $|z|>a$ 内增加新的奇点,从而保证了区域 $|z|>a$ 的奇性。

其次在圆周 $z=a\mathrm{e}^{i\theta}$ 上

$$\frac{a^2}{z}=a\mathrm{e}^{-i\theta}=\bar{z}$$

圆周上复势为

$$W(z) = f(z) + \overline{f(z)} = f(z) + \overline{f(z)}$$

上式只有实部,虚部为零,即 $\psi = 0$,说明 $|z| = a$ 是流线。

【例 6.6】设在 $z = z_0$ 点有一强度为 Γ 的点涡,其复势为 $W(z) = \dfrac{\Gamma}{2\pi i}\ln(z - z_0)$,求插入半径为 a 的圆周 $|z| = a$ 后得流场复势。

解 应用圆周定理

$$W(z) = f(z) + \bar{f}\left(\frac{a^2}{z}\right)$$

其中

$$f(z) = \frac{\Gamma}{2\pi i}\ln(z - z_0)$$

$$\bar{f}\left(\frac{a^2}{z}\right) = \frac{\Gamma i}{2\pi}\ln\left(\frac{a^2}{z} - \bar{z}_0\right)$$

$$W(z) = \frac{\Gamma}{2\pi i}\ln\left[\frac{z(z - z_0)}{a^2 - z\bar{z}_0}\right]$$

(请读者用此定理验证绕圆柱体的流动)。

6.7 平面定常绕流物体受力计算

6.7.1 作用力和作用力矩的卜拉休斯公式

一般求解柱体上受力步骤为

$$W(z) \rightarrow \boldsymbol{v} \rightarrow p \rightarrow \boldsymbol{R}(\boldsymbol{M})$$

而下面引入的"卜拉修斯公式(Blasius Formula)"则提供了更为简单的计算方法

$$W(z) \xrightarrow{\text{Blasius}} \boldsymbol{R}(\boldsymbol{M})$$

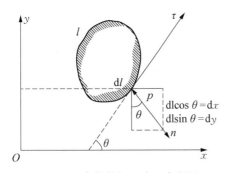

图 6.20 卜拉修斯公式导出用图

卜拉修斯合力(矩)计算公式 如图 6.20 所示,设有一任意形状的无限长柱体,它的轮廓线由围线 l 所组成,在理想流中,流体外形与流线重合,即 l 也是一条流线,设 $\boldsymbol{t}$ 及 $\boldsymbol{n}$ 为 l 的单位切线、内法线矢量(流场以外法线为正)。

柱体表面压力为 p,则作用在整个物体上的压力合力为

$$\boldsymbol{R} = \int_l p\boldsymbol{n}\,\mathrm{d}l$$

其中

$$R_x = \oint_l p n_x \, \mathrm{d}l = \oint_l - p \sin \theta \, \mathrm{d}l = \oint_l - p \, \mathrm{d}y$$

$$R_y = \oint_l p n_y \, \mathrm{d}l = \oint_l p \cos \theta \, \mathrm{d}l = \oint_l p \, \mathrm{d}x$$

令

$$\bar{R} = R_x - \mathrm{i} R_y$$

则

$$\bar{R} = \oint_l - p \, \mathrm{d}y - \mathrm{i} \oint_l p \, \mathrm{d}x = -\oint_l p \, (\mathrm{d}y + \mathrm{i} \, \mathrm{d}x) = -\mathrm{i} \oint_l p \, \mathrm{d}\bar{z}$$

由于

$$\mathrm{d}z = \mathrm{d}x + \mathrm{i} \, \mathrm{d}y = \mathrm{d}l \, \mathrm{e}^{\mathrm{i}\theta}$$

所以

$$\mathrm{d}\bar{z} = \mathrm{d}x - \mathrm{i} \, \mathrm{d}y = \mathrm{d}l \, \mathrm{e}^{-\mathrm{i}\theta} = \mathrm{d}z \, \mathrm{e}^{-2\mathrm{i}\theta}$$

沿着流线,应用伯努利积分方程可得

$$p + \frac{1}{2} \rho \, |v|^2 = c_l \text{ 或 } p = c_l - \frac{1}{2} \rho \, |v|^2$$

则

$$\bar{R} = \oint_l - \mathrm{i} \left(c_l - \frac{1}{2} \rho \, |v|^2 \right) (\mathrm{d}x - \mathrm{i} \, \mathrm{d}y)$$

因为

$$\oint_l c_l \, \mathrm{d}x = c_l \oint_l \mathrm{d}x = 0, \quad \oint_l c_l \mathrm{i} \, \mathrm{d}y = 0$$

故

$$\bar{R} = \mathrm{i} \frac{\rho}{2} \oint_l |v|^2 (\mathrm{d}x - \mathrm{i} \, \mathrm{d}y) = \mathrm{i} \frac{\rho}{2} \oint_l |v|^2 \, \mathrm{e}^{-2\mathrm{i}\theta} \, \mathrm{d}z$$

而

$$|v| \, \mathrm{e}^{-\mathrm{i}\theta} = \bar{v} = \frac{\mathrm{d}W}{\mathrm{d}z}$$

因此

$$\bar{R} = \mathrm{i} \frac{\rho}{2} \oint_l \left(\frac{\mathrm{d}W}{\mathrm{d}z} \right)^2 \mathrm{d}z = R_x - \mathrm{i} R_y$$

即

$$\begin{cases} R_x = \mathrm{Re}\left[\dfrac{\mathrm{i}\rho}{2}\oint_l \left(\dfrac{\mathrm{d}W}{\mathrm{d}z}\right)^2 \mathrm{d}z\right] \\ R_y = \mathrm{Im}\left[-\dfrac{\mathrm{i}\rho}{2}\oint_l \left(\dfrac{\mathrm{d}W}{\mathrm{d}z}\right)^2 \mathrm{d}z\right] \end{cases} \tag{6.114}$$

作用在整个柱体上的压力合力矩为

$$\mathrm{d}M = x\,\mathrm{d}R_y - y\,\mathrm{d}R_x = p(x\,\mathrm{d}x + y\,\mathrm{d}y)$$

$$M = \oint_l p(x\,\mathrm{d}x + y\,\mathrm{d}y)$$

注意到

$$z\,\mathrm{d}\bar{z} = (x\,\mathrm{d}x + y\,\mathrm{d}y) + \mathrm{i}(y\,\mathrm{d}x - x\,\mathrm{d}y)$$

从而有

$$x\,\mathrm{d}x + y\,\mathrm{d}y = \mathrm{Re}(z\,\mathrm{d}\bar{z})$$

由于

$$\oint_l c_l(x\,\mathrm{d}x + y\,\mathrm{d}y) = c_l \left.\frac{x^2 + y^2}{2}\right|_l = 0$$

最终得到

$$M = -\frac{\rho}{2}\oint_l |v|^2 (x\,\mathrm{d}x + y\,\mathrm{d}y) = \mathrm{Re}\left[-\oint_l \frac{\rho}{2}|v|^2 e^{-2\mathrm{i}\theta} z\,\mathrm{d}z\right]$$

即

$$M = \mathrm{Re}\left[\oint_l -\frac{\rho}{2}\left(\frac{\mathrm{d}W}{\mathrm{d}z}\right)^2 z\,\mathrm{d}z\right] \tag{6.115}$$

式(6.114)和式(6.115)即为用于计算柱体所受合力和合力矩的卜拉修斯公式。

【例 6.7】采用卜拉休斯公式求解例 6.5。

解 流场复势为

$$W(z) = \frac{Q}{2\pi}\ln(z-2) + \frac{Q}{2\pi}\ln(z+2)$$

$$\frac{\mathrm{d}W}{\mathrm{d}z} = \frac{1}{2\pi}\left(\frac{1}{z-2} + \frac{1}{z+2}\right)$$

$$\left(\frac{\mathrm{d}W}{\mathrm{d}z}\right)^2 = \frac{1}{4\pi^2}\left[\left(\frac{1}{z-2}\right)^2 + \frac{1}{2}\left(\frac{1}{z-2} - \frac{1}{z+2}\right) + \left(\frac{1}{z+2}\right)^2\right]$$

$$\bar{R} = \oint_{|z|=r_0=\infty} \frac{\rho\mathrm{i}}{2}\left(\frac{\mathrm{d}W}{\mathrm{d}z}\right)^2 \mathrm{d}z = (2\pi\mathrm{i})\cdot\frac{-\rho\mathrm{i}}{4}\cdot\frac{1}{4\pi^2} = \frac{\rho}{8\pi} = R_x - \mathrm{i}R_y$$

这里是将无限长的平板看作是半径为 ∞ 的圆柱面,由于流体在右侧,故奇点在 $(-2,0)$ 处,应用复变函数留数定理进行围道积分。最终得

$$\begin{cases} R_x = \dfrac{\rho}{8\pi} \\ R_y = 0 \end{cases}$$

6.7.2 库塔-茹科夫斯基定理

库塔-茹科夫斯基定理 理想流体对任意形状柱体的作用力与无限远处流速 v_0 垂直，沿 v_0 方向逆速度环流 Γ_c 转向 $90°$，其大小为 $\rho v_0 \Gamma_c$。

定理证明采用卜拉休斯公式及留数定理来证（请读者自行证明）。

【例 6.8】分别用卜拉修斯公式和库塔-茹科夫斯基定理求解绕圆柱体有环流流动中柱体受到的作用力。

解 流场的复势以及复速度为

$$W(z) = v_0 \left(z + \frac{r_0^2}{z} \right) + \frac{\Gamma i}{2\pi} \ln z$$

$$\frac{dW}{dz} = v_0 \left(1 - \frac{r_0^2}{z^2} \right) + \frac{\Gamma i}{2\pi z}$$

（1）应用卜拉修斯公式得

$$\bar{R} = \oint_l \frac{\rho i}{2} \left(\frac{dW}{dz} \right)^2 dz = i \frac{\rho}{2} \oint_l \left[v_0^2 \left(1 - \frac{2r_0^2}{z^2} + \frac{r_0^2}{z^4} \right) - \frac{\Gamma^2}{4\pi^2 z^2} + \frac{v_0 \Gamma i}{\pi z} - \frac{v_0 r_0^2 \Gamma_0 i}{\pi z^3} \right] dz$$

应用留数定理

$$\oint f(z) dz = 2\pi i \operatorname{res} f(z)$$

$$\bar{R} = \frac{\rho i}{2} \cdot 2\pi i \cdot \frac{v_0 \Gamma i}{\pi} = -i\rho v_0 \Gamma$$

则流体对物体的作用力为

$$\begin{cases} R_x = 0 \\ R_y = \rho v_0 \Gamma \end{cases}$$

（2）应用茹科夫斯基定理，则可直接求得结果。

6.8 非定常无旋绕流问题

6.8.1 相对运动速度势和绝对运动速度势

当物体做等速直线运动时，可以根据相对运动来确定其压强分布和合作用力，而当物体不是做等速直线运动时，就不能采用相对运动来分析流场运动，需要研究其绝对运动。因为此时动坐标系不再是惯性坐标系，不满足力学的相对性原理条件，在计算其压强分布和作用力时,应考虑动坐标系的惯性力和惯性矩。船舶与海洋结构物在静水中的变速运动、风浪中摇荡运动等就属于非定常运动,此时求解结构受到的作用力时需要考虑绝对运动。

物体在静止流场中以速度 $\boldsymbol{v}_0(t)$ 作变速直线运动,在大地坐标系 (x,y,z) 中观察到的周围流体运动如图 6.21(a) 所示,这种运动是绝对运动,记流场绝对速度为 $\boldsymbol{v}(x,y,z,t)$,绝对速度势为 $\varphi(x,y,z,t)$。若取固结于物体的动坐标系 (x^*,y^*,z^*),则动坐标系中观察到的流体相对运动如图 6.21(b) 所示。记动坐标系中流场速度为 $\boldsymbol{v}^*(x^*,y^*,z^*,t)$,相对速度势为 $\varphi^*(x^*,y^*,z^*)$。

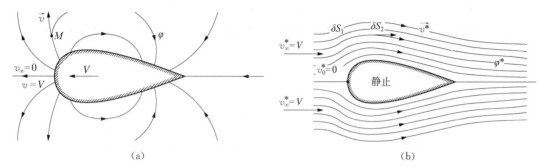

(a)   (b)

图 6.21　绝对运动与相对运动

根据理论力学的运动学理论,绝对速度 $\boldsymbol{v}(x,y,z,t)$、相对速度 $\boldsymbol{v}^*(x^*,y^*,z^*,t)$ 和牵连速度 $\boldsymbol{v}_0(t)$(动坐标系在大地坐标系中的运动速度)之间存在如下关系式

$$\boldsymbol{v}(x,y,z,t)=\boldsymbol{v}^*(x^*,y^*,z^*,t)+\boldsymbol{v}_0(t) \tag{6.116}$$

由于标量或矢量与坐标系的选取无关,因此既可以用大地坐标系描述绝对运动,也可以用动坐标系描述绝对运动,即

$$\boldsymbol{v}(x,y,z,t)=\nabla\varphi(x,y,z,t)=\nabla^*\varphi(x^*,y^*,z^*,t) \tag{6.117}$$

记牵连速度势为 $\varphi_e(x^*,y^*,z^*,t)$,则牵连速度为 $\boldsymbol{v}_0=\nabla^*\varphi_e(x^*,y^*,z^*,t)$。根据式(6.116),则得到在动坐标系中表达的绝对速度势、相对速度势和牵连速度势三者之间的关系为

$$\varphi(x^*,y^*,z^*,t)=\varphi^*(x^*,y^*,z^*,t)+\varphi_e(x^*,y^*,z^*,t) \tag{6.118}$$

由于动坐标系中,物体壁面与坐标系之间的关系保持不变,使得有关物面条件、物面积分较大地坐标系中简单得多,因此通常选择在动坐标系中讨论绝对运动。

6.8.2　非定常运动速度势的求解

前面章节介绍了定常绕流运动的流场速度势,即相对速度势的求解方法,下面将介绍如何在动坐标系中求解非定常绕流运动的绝对速度势方法。

假设一物体在静止流场中以速度 $\boldsymbol{v}_0(t)$ 作非定常直线运动。流场的相对速度势在固结于物体动坐标系中的定解问题为

$$\nabla^{*2}\varphi^*(x^*,y^*,z^*,t)=0 \quad 流场中$$

$$\frac{\partial \varphi^*(x^*,\ y^*,\ z^*,\ t)}{\partial n}=0 \qquad \text{物面上}$$

$$|\nabla^*\varphi^*|=v_0(t) \qquad \text{无穷远处}$$

从定解问题可见,由于动坐标系下物面及其单位法向量不随时间变化,速度势的非定常性源于来流速度,这与定常绕流定常问题是一样的,这说明对于同一物体而言,在来流速度方向不变的情况下,速度大小的变化不引起流线和等势线的变化。因此非定常绕流问题的相对速度势完全可以借助于定常绕流的方法来求解。下面为分析方便,将动坐标系$(x^*$, y^*, $z^*)$中上标"$*$"略写。

下面以圆柱体以速度$v_0(t)$沿x^*负轴作直线运动为例来说明各速度势的求解及特点。

1. 相对速度势

由 6.4.4 节内容,相对速度势为

$$\varphi^*=v_0(t)\cos\theta\left(r+\frac{r_0^2}{r}\right)=\varphi^*(r,\ \theta,\ t)$$

或者写成

$$\varphi^*=v_0(t)\varphi_0^*(r,\ \theta)$$

其中

$$\varphi_0^*(r,\ \theta)=\cos\theta\left(r+\frac{r_0^2}{r}\right)$$

φ_0^* 为对应于速度为 $v_0=1$ 的相对速度势,定义为单位相对速度势。

2. 牵连速度势

牵连速度势是由动坐标系作直线运动引起的,其可根据匀速直线运动速度势获得,即

$$\varphi_e=-v_0(t)x=-v_0(t)r\cos\theta$$

则单位牵连速度势为

$$\varphi_{e0}=-x=-r\cos\theta$$

3. 绝对速度势

依照式(6.118),绝对速度势为

$$\varphi(x,\ y,\ z,\ t)=\varphi^*+\varphi_e=v_0(t)\frac{r_0^2}{r}\cos\theta$$

单位绝对速度势为

$$\varphi_0(x,\ y,\ z,\ t)=\frac{r_0^2}{r}\cos\theta$$

从上面分析看出,尽管变速运动下各速度势是非定常的,但各相应单位速度势却都与时间无关,仅是位置的函数。

以上结果可以进一步推广到浮式结构物在静止流场中作六自由度运动的情况。假设平

移速度为 $\boldsymbol{v}_0(t)$，旋转角速度为 $\boldsymbol{\Omega}(t)$，则在动坐标系中绝对速度势的定解问题为

$$\nabla^2\varphi(x,y,z,t)=0 \qquad 流场中$$

$$\frac{\partial\varphi(x,y,z,t)}{\partial n}=\boldsymbol{v}_b(t)\cdot\boldsymbol{n} \qquad 物面上$$

$$|\nabla\varphi|=v_0(t) \qquad 无穷远处$$

其中，

$$\boldsymbol{v}_b(t)=\boldsymbol{v}_0(t)+\boldsymbol{\Omega}\times\boldsymbol{r}$$

$$\boldsymbol{v}_b(t)\cdot\boldsymbol{n}=\boldsymbol{v}_0\cdot\boldsymbol{n}+(\boldsymbol{r}\times\boldsymbol{n})\cdot\boldsymbol{\Omega}=\sum_{i=1}^{6}v_in_i$$

其中，物面广义法向量 n_i 为

$$\left.\begin{aligned}(n_1,n_2,n_3)&=\boldsymbol{n}\\(n_4,n_5,n_6)&=\boldsymbol{r}\times\boldsymbol{n}\end{aligned}\right\}$$

物面广义速度 V_i 为

$$\left.\begin{aligned}(v_1,v_2,v_3)&=\boldsymbol{v}_0(t)\\(v_4,v_5,v_6)&=\boldsymbol{\Omega}(t)\end{aligned}\right\}$$

基于拉普拉斯方程的线性叠加性以及边界条件的线性特点，绝对速度势可分解为用单位速度势表达的形式

$$\varphi=\sum_{i=1}^{6}v_i\varphi_{0i}(\boldsymbol{r}) \qquad\qquad (6.119)$$

其中，单位速度势的定解问题为

$$\nabla^2\varphi_{0i}(x,y,z,t)=0 \qquad 流场中$$

$$\frac{\partial\varphi_{0i}(x,y,z,t)}{\partial n}=n_i \qquad 物面上$$

$$|\nabla\varphi_{0i}|=0 \qquad 无穷远处$$

对于简单形状物体 φ_{0i} 具有解析解，对于任意形状物体的绕流，则需要采用保角变换法或者奇点分布法等求解。

6.8.3 附加惯性力和附加质量

当物体在静止流场中运动时，物体周围的流体质点受到扰动，产生相应的运动。如果物体的运动速度增加，则所有流体质点的速度也呈同倍数增加，说明流体的动能相应增加了。根据理论力学动力学理论知，要使得流体的动能增加，必须对其做功。根据作用与反作用原理，物体将受到流体的反作用力。这种力产生的原因是由于物体要改变自身速度的同时必须也改变流体的速度，而流体具有惯性，要使速度有所改变，必须有力的作用。这种由于流体的惯性而引起的力，就称为"附加惯性力"。求解附加惯性力，首先需计算流场的动能。

1. 势流场的动能

在流场中任取一包围运动物体的足够大的流域 V，其封闭面为 S，流场边界面的法向量 $\boldsymbol{n}$ 以指向流域外为正（**所有封闭面都取外法线为正**）。体积 τ 内的流体质点的动能为

$$T = \iiint\limits_{V} \frac{1}{2}\rho v^2 \, \mathrm{d}V \tag{6.120}$$

若流场无旋有势，根据速度场与速度势之间的关系，上式可以改写为

$$T = \iiint\limits_{V} \frac{1}{2}\rho v^2 \, \mathrm{d}\tau = \iiint\limits_{V} \frac{1}{2}\rho \, \nabla\varphi \cdot \nabla\varphi \, \mathrm{d}V = \iiint\limits_{V} \frac{1}{2}\rho \left[\nabla \cdot (\varphi \, \nabla\varphi) - \varphi \, \nabla^2\varphi \right] \mathrm{d}V$$

$$= \iiint\limits_{V} \frac{1}{2}\rho \, \nabla \cdot (\varphi \, \nabla\varphi) \, \mathrm{d}V = \frac{1}{2}\rho \oiint\limits_{S} \varphi \frac{\partial\varphi}{\partial n} \, \mathrm{d}S \tag{6.121}$$

可见只要求得边界上的 $\varphi \dfrac{\partial\varphi}{\partial n}$，就可以求得整个流域内流体质点的动能。

如果流域内存在物体，其物体表面为 S_0，如图 6.22 所示，则整个流域内流体动能为

$$T = \frac{1}{2}\rho \oiint\limits_{S} \varphi \frac{\partial\varphi}{\partial n} \, \mathrm{d}S$$

$$= \frac{1}{2}\rho \oiint\limits_{S_1} \varphi \frac{\partial\varphi}{\partial n} \, \mathrm{d}S - \frac{1}{2}\rho \oiint\limits_{S_0} \varphi \frac{\partial\varphi}{\partial n} \, \mathrm{d}S \tag{6.122}$$

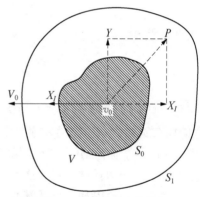

图 6.22　流域动能计算图

2. 附加惯性力

求得流体动能后就可以计算附加惯性力了。设物体作直线平移变速运动，流体对物体作用力的合力为 $\boldsymbol{P}$，它在 $v_0(t)$ 的相反方向上的分力为附加惯性力 X_I（图 6.22 中用虚线表示）。物体对流体有一反作用力，其大小也为 X_I（图 6.22 中用实线表示），方向与物体运动速度相同。如果物体位移为 $\mathrm{d}l$，则根据动能原理，以流体为讨论对象，流体动能的改变量 $\mathrm{d}T$ 为

$$\mathrm{d}T = X_I \mathrm{d}l$$

因此附加惯性力为

$$X_I = \frac{\mathrm{d}T}{\mathrm{d}l} = \frac{\mathrm{d}T}{\mathrm{d}t} \Big/ \frac{\mathrm{d}l}{\mathrm{d}t} = \frac{1}{v_0} \cdot \frac{\mathrm{d}T}{\mathrm{d}t} \tag{6.123}$$

3. 附加质量

式（6.120）可以改写为

$$T = \frac{1}{2}\rho v_0^2 \iiint\limits_{V} \frac{v^2}{v_0^2} \, \mathrm{d}V = \frac{1}{2}\lambda v_0^2 \tag{6.124}$$

式中,λ 称为"附加质量"。若物体作直线平移变速运动,或物体作一般运动而仅考虑其速度的一个分量,则根据前面讨论,v/v_0 与时间无关。因此附加质量仅决定于物体的形状及其运动方向,这是附加质量很重要的一个性质。

将式(6.124)对时间求导并代入式(6.123)即可得到附加惯性力和附加质量之间的关系

$$X_I = \lambda \frac{\mathrm{d}v_0}{\mathrm{d}t}$$

即附加惯性力与附加质量和物体运动的加速度成正比。当物体作等速直线运动时,附加惯性力为零,当物体作减速运动时,附加惯性力为负,这表示物体在理想无旋流场中运动时,流体既可以妨碍物体的加速,也可以妨碍物体的减速。

下面举一简单的例子以更好地理解附加质量的含义。假设质量为 M 的刚体在理想无界流域中以变速 $v_0(t)$ 运动,试求物体受到的推力 F。

以物体为研究对象,则物体运动方程为

$$F - X_I = M \frac{\mathrm{d}v_0}{\mathrm{d}t}$$

因此推力为

$$F = X_I + M \frac{\mathrm{d}v_0}{\mathrm{d}t} = (\lambda + M) \frac{\mathrm{d}v_0}{\mathrm{d}t}$$

可见,物体在理想流体中作变速运动时受到惯性力的作用,这一作用相当于物体在真空中运动,而在质量 M 上增添了一附加质量 λ,其结果是使物体的惯性加大,既难于加速也难于减速。$(M+\lambda)$ 称为物体的"虚质量",这就是"附加质量"定义的由来。基于这一概念,可以方便研究船舶与海洋结构物的摇荡、回转、出入水、砰击等问题。

最后来讨论附加质量计算的方法。结合式(6.122)和式(6.124)可以得到计算附加质量 λ 的公式。当式(6.122)中流域外界 S_1 取得与物体足够远时,有以下关系(此处不作具体推导,但可以通过特殊绕流,如绕球体、圆柱体运动加以验证)

$$\varphi \propto \frac{1}{r^2}, \quad \frac{\partial \varphi}{\partial n} \propto \frac{1}{r^3}, \quad S_1 \propto r^2 \qquad \text{三维运动}$$

$$\varphi \propto \frac{1}{r}, \quad \frac{\partial \varphi}{\partial n} \propto \frac{1}{r^2}, \quad S_1 \propto r \qquad \text{二维运动}$$

因此

$$T = \frac{1}{2}\rho \oiint\limits_{S} \varphi \frac{\partial \varphi}{\partial n} \mathrm{d}S = \frac{1}{2}\rho \oiint\limits_{S_1} \varphi \frac{\partial \varphi}{\partial n} \mathrm{d}S - \frac{1}{2}\rho \oiint\limits_{S_0} \varphi \frac{\partial \varphi}{\partial n} \mathrm{d}S = -\frac{1}{2}\rho \oiint\limits_{S_0} \varphi \frac{\partial \varphi}{\partial n} \mathrm{d}S \quad (6.125)$$

附加质量的计算公式为

$$\lambda = -\rho \frac{1}{v_0^2} \oiint\limits_{S_0} \varphi \frac{\partial \varphi}{\partial n} \mathrm{d}S = -\rho \oiint\limits_{S_0} \varphi_0 \frac{\partial \varphi_0}{\partial n} \mathrm{d}S \quad (6.126)$$

可见附加质量仅有单位绝对速度势所确定,而与物体运动速度 $v_0(t)$ 无关。这里再次强调一下,积分中的法线方向取封闭周线的外法线为正。

上述附件质量计算公式还可以推广到结构物作六自由度运动情况,得到"广义附加质量"计算方法。将式(6.119)代入动能计算公式(6.125),则有

$$T = -\frac{1}{2}\rho \oiint_{S_0} \varphi \; \frac{\partial \varphi}{\partial n} \mathrm{d}S = -\frac{1}{2}\sum_{i=1}^{6}\sum_{j=1}^{6}V_i V_j \left(\rho \oiint_{S_0} \varphi_{0i} \; \frac{\partial \varphi_{0j}}{\partial n} \mathrm{d}S\right) \qquad (6.127)$$

广义附加质量计算表达式为

$$\lambda_{ij} = -\rho \oiint_{S_0} \varphi_{0_i} \; \frac{\partial \varphi_{0j}}{\partial n} \mathrm{d}S \; (i=1,2,3,\cdots6; j=1,2,3,\cdots6) \qquad (6.128)$$

广义附加质量 λ_{ij} 表示物体沿 j 方向运动而引起的 i 方向的附加质量,其共有 36 项。这里广义附加质量不再都是质量的量纲,只有当 $i,j=1,2,3$ 时,λ_{ij} 具有质量量纲,当 $i,j=4,5,6$ 时,λ_{ij} 具有惯性矩(转动惯量)量纲,其他情况则为交叉积。广义附加质量具有如下性质:

(1) 广义附加质量具有对称性,即 $\lambda_{ij}=\lambda_{ji}$

证明:

$$\lambda_{ij} = -\rho \oiint_{S_0} \varphi_{0_i} \; \frac{\partial \varphi_{0j}}{\partial n} \mathrm{d}S = -\rho \oiint_{S_0} \varphi_{0_i} \, \nabla \varphi_{0j} \cdot \boldsymbol{n} \, \mathrm{d}S = -\rho \iiint_{V} \nabla \cdot (\varphi_{0_i} \, \nabla \varphi_{0j}) \mathrm{d}V$$

由于单位绝对速度势都满足拉普拉斯方程,因此有

$$\nabla \cdot (\varphi_{0_i} \, \nabla \varphi_{0j}) = \nabla \varphi_{0i} \cdot \nabla \varphi_{0j} = \nabla \varphi_{0j} \cdot \nabla \varphi_{0i} = \nabla \cdot (\varphi_{0j} \, \nabla \varphi_{0i})$$

代入上式得

$$\lambda_{ij} = -\rho \oiint_{S_0} \varphi_{0_i} \; \frac{\partial \varphi_{0j}}{\partial n} \mathrm{d}S = -\rho \iiint_{V} \nabla \cdot (\varphi_{0_i} \, \nabla \varphi_{0j}) \mathrm{d}V$$

$$= -\rho \iiint_{V} \nabla \cdot (\varphi_{0j} \, \nabla \varphi_{0i}) \mathrm{d}V = -\rho \oiint_{S_0} \varphi_{0j} \; \frac{\partial \varphi_{0i}}{\partial n} \mathrm{d}S = \lambda_{ji}$$

因此 λ_{ij} 中的 36 个量中只有 21 个量是相互独立的。

(2) 如果物体有一个对称面,且这一对称面为坐标平面,那么 21 个独立量中有 9 个为零,这样只剩下 12 个独立量。假设对称面为 xoz 平面,则

$$\begin{cases} \lambda_{12} = \lambda_{14} = \lambda_{16} = 0 \\ \lambda_{32} = \lambda_{34} = \lambda_{36} = 0 \\ \lambda_{52} = \lambda_{54} = \lambda_{56} = 0 \end{cases}$$

(3) 如果物体有两个对称面,且对称面为坐标平面,则又有 4 个等于零,即 36 个量中只有 8 个量是独立且不等于零的。假设对称面为 xoz 平面和 yoz 平面,则另 4 个等于零的量为

$$\lambda_{13} = \lambda_{35} = \lambda_{26} = \lambda_{46} = 0$$

（4）如果物体有两个对称面，且对称面为坐标平面，则又有 2 个为零，此时 36 个量中只有 6 个量是独立且不等于零的，即

$$\begin{cases} \lambda_{ii} \neq 0 \ (i = 1, 2, 3, 4, 5, 6) \\ \lambda_{ij} = 0 \ (i \neq j) \end{cases}$$

这样流体的动能为

$$T = -\frac{1}{2} \rho \oiint_{S_0} \varphi \frac{\partial \varphi}{\partial n} dS = \frac{1}{2} \sum_{i=1}^{6} \sum_{j=1}^{6} v_i v_j \lambda_{ij}$$

$$= \frac{1}{2} (\lambda_{11} v_{0x}^2 + \lambda_{22} v_{0y}^2 + \lambda_{33} v_{0z}^2 + \lambda_{44} \Omega_x^2 + \lambda_{55} \Omega_y^2 + \lambda_{66} \Omega_z^2)$$

这里需要强调的是：在计算流体动能时，不能用相对运动来代替绝对运动，因为在前一种情况下，无限远处流体以速度 v_0 流向物体，所以整个流场流体的动能为无限大；在后一种情况下，只有相邻运动物体有限的一部分流体被扰动，因此整个流场的动能为有限值。另外绝对速度势或单位绝对速度势所表示的流体质点速度是绝对的，而流体质点位置却是相对的，相对于固定在物体上，随同物体运动的坐标系，但这种"相对"的位置不影响物体总动能的计算。

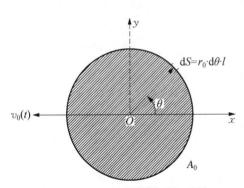

图 6.23　无限长圆柱体附加质量

【**例 6.9**】一半径为 r_0 的无限长圆柱体，以速度 $v_0(t)$ 沿垂直于本身轴线的方向在无界域中作变速直线运动（见图 6.23），求其单位长度上的附加质量。

解　将坐标系建立在运动的圆柱体上，在动坐标系中分析绝对运动。流场绝对速度势为

$$\varphi(x, y, z, t) = \varphi^* + \varphi_e = v_0(t) \frac{r_0^2}{r} \cos\theta$$

单位速度势为　　$\varphi_0 = \dfrac{r_0^2}{r} \cos\theta$

代入计算附加质量的公式(6.126)，有

$$\lambda = -\rho \oiint_{S_0} \varphi_0 \frac{\partial \varphi_0}{\partial n} dS = -\rho \oiint_{S_0} \varphi_0 \frac{\partial \varphi_0}{\partial r} dS$$

$$= -\rho \oiint_{S_0} \frac{r_0^2}{r} \cos\theta \left(-\frac{r_0^2}{r^2} \cos\theta \right) dS = \rho \int_0^{2\pi} r_0^2 \cos^2\theta \, d\theta = \rho \pi r_0^2$$

结果表示圆柱体的附加质量等于圆柱体本身相同体积流体的质量。

习　题　6

1. 平面势流由点源和点汇叠加而成,点源位于$(-1,0)$,其流量为$Q_1=20\,\mathrm{m^3/s}$,点汇位于$(2,0)$点,其流量为$Q_2=40\,\mathrm{m^3/s}$,已知流体密度为$\rho=1.8\,\mathrm{kg/m^3}$,流场中$(0,0)$点的压力为0,试求点$(0,1)$和$(1,1)$的流速和压力。

2. 流速为$u_0=10\,\mathrm{m/s}$沿正向的均匀流与位于原点的点涡叠加。已知驻点位于$(0,-5)$,试求:(1)点涡的强度;(2)$(0,5)$点的流速以及通过驻点的流线方程。

3. 如图6.6所示的圆柱体,条件同例6.2,但同时它还绕本身轴线以角速度$60\,\mathrm{r/min}$旋转。试决定驻点的位置,并计算B,D两点的速度和压强。在这种条件下,如果水深增至$100\,\mathrm{m}$时,求产生空泡现象的速度。

4. 一圆柱体的直径为$0.6\,\mathrm{m}$,以$6\,\mathrm{m/s}$的速度在静水内运动。如果它同时还转动着,在每米长度上产生了$5\,880\,\mathrm{N}$的升力。求其升力系数和所需的转速。

5. 已知复势为

(1) $W(z)=(1+\mathrm{i})z$;

(2) $W(z)=(1+\mathrm{i})\ln\left(\dfrac{z+1}{z-4}\right)$;

(3) $W(z)=-6\mathrm{i}z+\mathrm{i}\dfrac{24}{z}$。

试分析以上流动的组成,绘出流线图。并计算通过围线$x^2+y^2=9$的流量,及沿这一围线的速度环量。

6. 写出下列流动的复势,(1) $u=u_0\cos\alpha$,$v=u_0\sin\alpha$;(2)强度为m,位于$(a,0)$点的平面点源;(3)强度为Γ,位于原点的点涡;(4)强度为M,方向为α,位于原点的平面偶极。

7. 已知复势为$W(z)=2z+\dfrac{8}{z}+3\mathrm{i}\ln z$。求其速度分布及绕$x^2+y^2=10$的环量。试验证有一条流线与$x^2+y^2=4$的圆柱体表面重合,并用卜拉修斯公式求对圆柱体的作用力。

8. 如图习题6-8所示,一平面不可压缩势流是由在离无限长的直壁距离为a处放源所形成的。求①$y=b$点处的速度大小和方向;②直壁何处流体速度最大? ③证明作用在$-b$

$\leqslant y \leqslant b$ 间的合力为$2p_\infty b\left(\dfrac{Q}{2\pi}\right)^2\rho\left[\dfrac{1}{a}\arctan\dfrac{b}{a}-\right.$

$\left.\dfrac{b}{a^2+b^2}\right]$,$p_\infty$ 为无穷远处的压强。(提示:

$\int\dfrac{x^2}{(a^2+x^2)^2}\mathrm{d}x=-\dfrac{x}{2(a^2+x^2)}+\dfrac{1}{2a}\arctan\dfrac{x}{a}+c$)

9. 如图6.6所示的圆柱体,条件同例6.2,试写出流动的绝对速度势、牵连速度势、相对速度势及对应的单位速度势。并求出圆柱体表面上如下诸点绝对速度势的大小及方向:A,B,C,D 以及 $\theta=45°$,$\theta=135°$

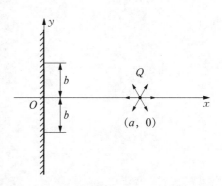

图习题 6-8

等六个点。（提示：$\varphi = \dfrac{10}{r}\cos\theta$，$\varphi^* = 10\left(r + \dfrac{1}{r}\right)\cos\theta$，$\varphi_e = -10r\cos\theta$）

10. 在无限静水中有一半径为的圆柱体,它从速度为零加速至 U,所需推力做功多少?

11. 在无限液体中有一长为 L,半径为 R 的垂直圆柱体。其轴心被长为 l 的绳子系住。它一方面以角速度 Ω 在水平面内绕绳子固定端公转,另一方面又以另一角速度 ω 绕本身轴线自转(假设都为逆时针旋转)。设圆柱体重量为 G,液体密度为 ρ,并假设 $l \gg R$,试求绳子所受到的张力。

12. 设有一半径为 R 的二元圆柱体在液体中以水平分速度 $u = U_0 t \,(\mathrm{m/s})$ 运动。设 $t = 0$ 时,它静止于坐标原点,液体密度为 ρ,圆柱体密度为 σ。试求流体作用在圆柱体上的推力及 $t = 2\,\mathrm{s}$ 时圆柱体的位置。

第7章

水波理论

据统计,在海面上大约有 70% 的时间会发生海浪。在海浪作用下,船舶与海洋结构物会产生摇荡、砰击、甲板上浪、波浪增阻等复杂水动力现象。另外,舰船等浮式结构物在自由表面(气水交界面)附近运动时,会引起兴波,使舰船遭受兴波阻力。波浪理论是船舶与海洋结构物设计和营运时,确定波浪载荷与运动响应的重要理论基础。本章在介绍水波问题的基本方程和定解条件的基础上,主要对线性规则波的求解及其波浪特性加以讨论。

7.1 水波概念

1. 海洋波动的种类

海洋中有各种波动形式,表 7.1 给出了各类波动的特征。

表 7.1 海洋中的各种波动

波动种类	生成机制	典型周期	发生区域
声波	流体可压缩性	$10^{-2} \sim 10^{-5}$ s	海洋内部
表面张力波(毛细波)	表面张力	$< 10^{-1}$ s	气水交界面
扑岸浪、风浪和涌浪(海浪)	重力和风	$1 \sim 25$ s	气水交界面
船舶兴波	重力和船舶运动	$1 \sim 25$ s	气水交界面
地震津波(海啸)	重力和地震	10 min $\sim$ 2 h	气水交界面
内波	重力和密度分层	2 min $\sim$ 10 h	密度跃层处
风暴潮	重力和地球自转	$1 \sim 10$ h	海岸线水域
潮波	重力和地球自转	$12 \sim 24$ h	整个大洋
行星波	重力和地球自转及行星相对位置	100 d	整个大洋

水波包括重力波、毛细波,在自然环境中最为常见,同时又多变化、内容最为丰富,本章主要介绍重力波,且侧重海浪和船波运动理论。扑岸浪是海岸附近的浪,风浪是风引起的浪,涌浪则是暴风停止后余留下来的或由暴风区域传来的浪。海浪和船波都是十分复杂的,

具有随机性和不规则性。

2. 波浪的形成条件

风浪运动是指水面受到风的压力扰动后,在重力作用下产生的周期性运动。由于风场不可能是均匀的,各处的压力和速度会有所不同,这样使得水面凹凸不平,形成微波。压力大的地方形成波谷,压力小的地方形成波峰。以后风继续吹过水面,经过波峰时流线较密,流速加大,压力减小;经过波谷时流线较疏,流速减小,压力加大,如图 7.1(a)所示。在风压的作用下,水面的微波不是消失,而是继续加强,于是水面便由开始时的微波逐渐加大,成为巨大的波浪。

在风停止后,空气的压力分布是均匀的,这时水主要受重力的作用,水体内部的摩擦力可以略去不计。重力 G 可以分解为相对于自由表面的垂直力 P 和切向力 T,如图 7.1(b)所示。由于水一旦受到切向力,就会产生流动,而不能保持扰动后的形状静止不动,波峰的水将流向波谷。当水面变为水平时,由于惯性作用,这种运动并不马上停止,而是继续流动。于是原来波谷的地方将升高成为波峰,而波峰的地方将成为波谷。这样由于水具有惯性并受重力作用,就形成了波浪的周期性运动。

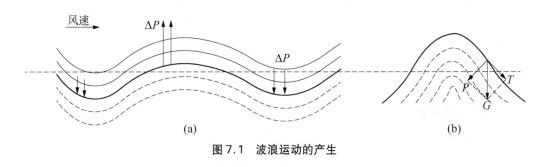

图 7.1 波浪运动的产生

7.2 水波问题的基本方程和定解条件

7.2.1 基本方程

1. 基本假设

(1) 流体是理想不可压缩的。在风停止后,水体内部摩擦力的存在是使波浪逐渐衰退的原因,但其从消失的缓慢过程来看,摩擦力的作用是不大的,近似地可以略去不计,因此在波浪理论中水可以作为理想流体来处理。工程实践证明这假设是合理且有效的,但对毛细波、涟漪等来说,理想流体理论解释不了实际波动情况,此时需要考虑黏性的影响。

实际分析表明,考虑黏性后波动振幅将乘以因子 $\exp(-2\nu k^2 t)$,其中 ν 为运动黏性系数,k 为波数,t 为时间。若取 $\nu = 10^{-6}$ m^2/s,波长 $\lambda = 2\pi/k = 1.8 \times 10^{-2}$ m 的毛细波振幅衰减 $1/e$ 只需 4 s,而 $\lambda = 1$ m 的重力波需 3.5 h。这说明了忽略黏性对重力波的影响是合理的。

（2）波浪运动是一种周期性运动，属非定常运动。

（3）流体质量力只有重力。

（4）波浪运动是一种无旋运动，从而是势流范畴。

下面简要说明在风压力冲量扰动下，理想不可压缩重力流体的波浪运动是无旋的。

在 δt 时间内，流体受到压强 p 的作用，压强冲量为

$$\Pi = \int_0^{\delta t} p \, \mathrm{d}t$$

由欧拉运动微分方程（此处只列出了 x 方向的方程）

$$\frac{\partial v_x}{\partial t} + v_x \frac{\partial v_x}{\partial x} + v_y \frac{\partial v_x}{\partial y} + v_z \frac{\partial v_x}{\partial z} = f_x - \frac{1}{\rho} \frac{\partial p}{\partial x} \tag{7.1}$$

上式两边乘以 δt，各项在 δt 时间内积分后得到结果分别为

$$\int_0^{\delta t} \frac{\partial v_x}{\partial t} \mathrm{d}t = v_x \Big|_0^{\delta t} = v_x \tag{7.2}$$

$$\int_0^{\delta t} \left(v_x \frac{\partial v_x}{\partial x} + v_y \frac{\partial v_x}{\partial y} + v_z \frac{\partial v_x}{\partial z} \right) \mathrm{d}t \underset{\text{中值定理}}{\leqslant} \left(v_x \frac{\partial v_x}{\partial x} + v_y \frac{\partial v_x}{\partial y} + v_z \frac{\partial v_x}{\partial z} \right)_{\max} \cdot \delta t \tag{7.3}$$

$$\int_0^{\delta t} f_x \mathrm{d}t = f_x \cdot \delta t \tag{7.4}$$

$$-\int_0^{\delta t} \frac{1}{\rho} \frac{\partial p}{\partial x} \mathrm{d}t = -\frac{\partial}{\partial x} \left(\frac{1}{\rho} \int_0^{\delta t} p \, \mathrm{d}t \right) = \frac{\partial}{\partial x} \left(-\frac{\Pi}{\rho} \right) \tag{7.5}$$

由量阶比较得：(7.3) 与 (7.4) 项为高阶小量，可以略去。将 (7.2)，(7.5) 两式代入式 (7.1) 的积分式可得下面第一式，同理可得其他两式。即

$$\begin{cases} v_x = \dfrac{\partial}{\partial x} \left(-\dfrac{\Pi}{\rho} \right) \\[2mm] v_y = \dfrac{\partial}{\partial y} \left(-\dfrac{\Pi}{\rho} \right) \\[2mm] v_z = \dfrac{\partial}{\partial z} \left(-\dfrac{\Pi}{\rho} \right) \end{cases} \tag{7.6}$$

或写成向量形式

$$\boldsymbol{v} = \nabla \left(-\frac{\Pi}{\rho} \right) = \nabla \varphi \tag{7.7}$$

式 (7.7) 说明流场速度是有势的，即波浪运动是有势运动，从而证明了理想不可压缩流体在压强冲量作用下的运动是无旋的。

根据汤姆逊定理，流场满足 $\mathrm{D}\Gamma/\mathrm{D}t = 0$，即波浪运动永远是无旋运动。

2. 基本方程

取波浪产生前的静止自由液面为坐标系的 oxy 平面，z 轴与静止自由表面垂直并向上为正，自由液面升高为 $z = \zeta(x, y, t)$，液体深度为 $z = -d(x, y)$。

由于波浪运动可假设为理想、不可压缩的势流,由第 3 章运动学理论可知波浪运动流场速度势满足拉普拉斯方程:

$$\nabla^2 \phi = 0$$

同时流动满足拉格朗日积分

$$\frac{\partial \phi}{\partial t} + \frac{v^2}{2} + \frac{p}{\rho} + gz = f(t)$$

引入新的速度势

$$\varphi = \phi - \int_0^t f(t)\mathrm{d}t + \frac{p_0}{\rho}t$$

式中,p_0 为自由面上压强。新的速度势的引进,并不影响流场速度求解,因为 $\nabla^2 \varphi = \nabla^2 \phi = 0$。则拉格朗日积分方程可改写为

$$\frac{\partial \varphi}{\partial t} + \frac{p - p_0}{\rho} + \frac{v^2}{2} + gz = 0 \qquad (7.8)$$

因此,先由拉普拉斯方程求得流场速度势,再由拉格朗日积分方程求得波浪引起的压强分布,最后压强沿物体湿表面积分就可以获得合作用力(力矩),并根据船舶运动理论和计算方法得到船舶的运动和响应。这也说明波浪运动速度势的求解是关键。下面进一步讨论为求得流场速度势所需的边界条件。

7.2.2　边界条件

波浪运动包含两种边界条件:一种是固定不动的固定壁面(简称"固壁")条件,另种一是随时间变化的自由表面条件。后者不仅有运动学条件,还需要给出动力学条件,原因是自由表面本身每时每刻位置是未知的,需求解确定。

1. 自由表面动力学条件

在自由表面上有 $z = \zeta = \zeta(x, y, t)$,$p = p_0$,由式(7.8)得到

$$\frac{\partial \varphi}{\partial t} + \frac{v^2}{2} + g\zeta = 0$$

求出速度势后即可确定自由表面的起伏(即波形):

$$\zeta = -\frac{1}{g}\left(\frac{\partial \varphi}{\partial t} + \frac{1}{2}v^2\right)\bigg|_{z=\zeta}$$

2. 自由表面运动学条件

所谓"运动学条件",就是指流体在自由面上法向速度必须与自由面运动速度在法向上投影量相同。下面将采用两种方法来导出自由表面运动学条件的数学表达式。

方法一:利用质点法概念

由自由表面方程 $z = \zeta(x, y, t)$ 得到

$$v_z = \frac{\mathrm{d}z}{\mathrm{d}t} = \frac{\mathrm{d}\zeta}{\mathrm{d}t} = \frac{\partial \zeta}{\partial t} + v_x \frac{\partial \zeta}{\partial x} + v_y \frac{\partial \zeta}{\partial y}$$

即

$$\left.\frac{\partial \varphi}{\partial z}\right|_{z=\zeta} = \frac{\partial \zeta}{\partial t} + \left.\frac{\partial \varphi}{\partial x}\right|_{z=\zeta} \frac{\partial \zeta}{\partial x} + \left.\frac{\partial \varphi}{\partial y}\right|_{z=\zeta} \frac{\partial \zeta}{\partial y} \tag{7.9}$$

式(7.9)即为有限波幅的自由表面运动学条件。

方法二:利用流体质点的法向速度在自由面上必须与自由面运动法向速度一致概念。

令

$$F(x, y, t) = z - \zeta(x, y, t) = 0$$

自由面单位法向量为

$$\boldsymbol{n} = \frac{F_x \boldsymbol{i} + F_y \boldsymbol{j} + F_z \boldsymbol{k}}{\sqrt{F_x^2 + F_y^2 + F_z^2}} = \frac{\nabla F}{|\nabla F|} \tag{7.10}$$

设自由面运动速度为 $\boldsymbol{U}$,则法向速度为

$$U_n = \boldsymbol{U} \cdot \boldsymbol{n} \tag{7.11}$$

经 δt 以后,自由面变为

$$F' = F(x + U_1 \delta t, y + U_2 \delta t, z + U_3 \delta t, t + \delta t) = \frac{\partial F}{\partial t} + (\boldsymbol{U} \cdot \nabla) F = 0 \tag{7.12}$$

由式(7.10)~式(7.12)得

$$U_n = \boldsymbol{U} \cdot \boldsymbol{n} = -\frac{\partial F}{\partial t} \Big/ \sqrt{F_x^2 + F_y^2 + F_z^2} \tag{7.13}$$

而流体质点在自由面上法向速度为

$$v_n = \nabla \varphi \cdot \boldsymbol{n} = (\boldsymbol{v} \cdot \nabla) F \Big/ \sqrt{F_x^2 + F_y^2 + F_z^2} \tag{7.14}$$

由式(7.14)与式(7.13)相等得

$$\frac{\partial F}{\partial t} + (\boldsymbol{v} \cdot \nabla) F = \frac{\mathrm{D}F}{\mathrm{D}t} = 0 \tag{7.15}$$

式中的物理意义为流体质点一旦在自由表面上,将永远组成自由表面(类似亥姆霍兹第三定理)。此式也可以用于运动的物体表面条件。

由 $F = z - \zeta(x, y, t)$ 及式(7.15)可推出与方法(1)相同的结论,即式(7.9)。方法一虽然简单,但物理意义不透彻,方法二则充分阐述了其物理意义,即

(1) 在波浪运动中,自由面流体质点始终在表面上,从而所有物理量满足质点导数为零。

(2) 运动学条件实际上表示了在自由表面上,流体质点不可穿透自由表面。

正因为上述两点,当波浪的表面破碎后,上述推出的自由表面条件不再适用,这也是势流理论在处理自由表面运动存在的局限。有关处理诸如波面破碎等强非线性波浪运动的方法可参阅有关论著。

3. 物面(壁面)运动学条件

类似自由表面运动学条件概念,物面运动学条件可统一写为

$$\frac{\partial \varphi}{\partial n}\bigg|_{S_b} = \boldsymbol{U} \cdot \boldsymbol{n} = v_{bn} \tag{7.16}$$

式中,$\boldsymbol{U}$ 为物面运动速度,对于船舶等浮式结构物来说,它可以是平动和转动甚至是结构振动等速度合成。如果物面静止不动,则式(7.16)可以简化为

$$\frac{\partial \varphi}{\partial n}\bigg|_{S_b} = 0$$

若海底是水平面,则海底的运动学条件为

$$\frac{\partial \varphi}{\partial n}\bigg|_{z=-d} = \frac{\partial \varphi}{\partial z}\bigg|_{z=-d} = 0$$

对于底部由 $z = -d(x, y)$ 给出的海底运动学条件,可仿照自由表面运动学条件推导得到

$$\frac{\partial \varphi}{\partial z}\bigg|_{z=-d} = -\frac{\partial \varphi}{\partial x}\bigg|_{z=-d} \frac{\partial d}{\partial x} - \frac{\partial \varphi}{\partial y}\bigg|_{z=-d} \frac{\partial d}{\partial y}$$

顺便给出海底是运动的运动学条件,此时 $z = -d(x, y, t)$

$$\frac{\partial \varphi}{\partial z}\bigg|_{z=-d} = -\frac{\partial d}{\partial t} - \frac{\partial \varphi}{\partial x}\bigg|_{z=-d} \frac{\partial d}{\partial x} - \frac{\partial \varphi}{\partial y}\bigg|_{z=-d} \frac{\partial d}{\partial y}$$

这就是模拟海底地震引起海啸用到的条件。

7.2.3 初始条件

液体表面运动是由初始扰动引起的,如给予液面一个初始位移或者风压力压强冲量引起的速度(即速度势),这两种情况下的初始条件可以分别表达为

$$\frac{\partial \varphi}{\partial t}\bigg|_{\substack{z=\zeta \\ t=0}} = f(x, y) \tag{7.17}$$

$$\varphi\bigg|_{\substack{t=0 \\ z=\zeta}} = F(x, y, \zeta) \tag{7.18}$$

其中,式(7.17)由自由表面上的拉格朗日积分推导得到,式(7.18)由前面风压力冲量扰动下速度势推导得到。

在初始速度和初始位移同时存在情况下,需要组合式(7.17)和式(7.18)以给出初始条件。

归纳上述各节,得到不考虑表面张力时的波浪问题的求解数学模型(常称为定解条件)为

$$\begin{cases}
\nabla^2\varphi = 0 & \text{在流场中} & ① \\[2mm]
\dfrac{\partial\varphi}{\partial z} = \dfrac{\partial\zeta}{\partial t} + \dfrac{\partial\varphi}{\partial x}\dfrac{\partial\zeta}{\partial x} + \dfrac{\partial\varphi}{\partial y}\dfrac{\partial\zeta}{\partial y} & \text{在 } z=\zeta(x,y,t) \text{ 上} & ② \\[2mm]
\dfrac{\partial\varphi}{\partial t} + \dfrac{v^2}{2} + g\zeta = 0 & \text{在 } z=\zeta(x,y,t) \text{ 上} & ③ \\[2mm]
\dfrac{\partial\varphi}{\partial z} = -\dfrac{\partial\varphi}{\partial x}\dfrac{\partial d}{\partial x} - \dfrac{\partial\varphi}{\partial y}\dfrac{\partial d}{\partial y} & \text{在 } z=-d(x,y) \text{ 上} & ④ \\[2mm]
\dfrac{\partial\varphi}{\partial t} = f(x,y) & \text{在 } t=0 \text{ 时刻} & ⑤ \\[2mm]
\varphi = F(x,y,\zeta) & \text{在 } t=0 \text{ 时刻} & ⑥ \\[2mm]
\dfrac{\partial\varphi}{\partial t} + \dfrac{p-p_0}{\rho} + \dfrac{v^2}{2} + gz = 0 & \text{在流场中} & ⑦
\end{cases} \tag{7.19}$$

7.3　水波问题的线性化

7.2 节导出的水波问题定解条件是完全非线性的,对其直接求解相当困难,虽然目前在求解方法上已经获得突破,而对于大部分工程问题或者是大部分求解流域,无须直接求式 (7.19)的解,可以通过求解线性化的方程组以获得满足工程实际要求的结果,这样计算量会大大降低。下面将主要介绍如何通过"量阶比较法"(这将在后面边界层方程简化中还将用到此方法),对水波问题进行线性化处理。

线性化处理有两种方法:一种是假设波浪的波幅相对于波长是小量,由此可以使自由面边界条件线性化,获得小振幅波浪解;另一种是当液体深度相对于波长是小量,由此可以使问题变为可解的非线性或线性方程,求得浅水长波解。本节主要介绍前一种情况。

设波幅 A 为自由表面升高 ζ 的特征量,波长 λ 为波动水平方向的长度特征量,液体深度 D 为垂向长度特征量,波动周期 T 为时间的特征量,P 为压强的特征量。因此,速度 v_x,v_y,v_z 的特征量为 A/T,速度势的特征量为 $A\lambda/T$。这样,各物理量的无量纲形式可写为

$$\begin{cases}
\zeta' = \dfrac{\zeta}{A} \\[2mm]
(x',y',z') = \dfrac{(x,y,z)}{\lambda} \\[2mm]
t' = \dfrac{t}{T} \\[2mm]
(v_x',v_y',v_z') = \dfrac{T}{A}(v_x,v_y,v_z) \\[2mm]
\varphi' = \dfrac{T}{A\lambda}\varphi \\[2mm]
p' = \dfrac{p}{P} \\[2mm]
d' = \dfrac{d}{D}
\end{cases} \tag{7.20}$$

将关系式(7.20)代入式(7.19)中的①、②、③、⑦各式后分别得

$$
\begin{cases}
\dfrac{A}{T\lambda}\nabla^2\varphi'=0 & \text{在流场中}\\[2mm]
\dfrac{A}{T}\dfrac{\partial\varphi'}{\partial z'}=\dfrac{A}{T}\dfrac{\partial\zeta'}{\partial t'}+\dfrac{A^2}{T\lambda}\left(\dfrac{\partial\varphi'}{\partial x'}\dfrac{\partial\zeta'}{\partial x'}+\dfrac{\partial\varphi'}{\partial y'}\dfrac{\partial\zeta'}{\partial y'}\right) & \text{在}\ z'=\dfrac{A}{\lambda}\zeta'\ \text{上}\\[2mm]
\dfrac{A\lambda}{T^2}\dfrac{\partial\varphi'}{\partial t'}+\dfrac{A^2}{T^2}\dfrac{v'^2}{2}+Ag\zeta'=0 & \text{在}\ z'=\dfrac{A}{\lambda}\zeta'\ \text{上}\\[2mm]
\dfrac{A\lambda}{T^2}\dfrac{\partial\varphi'}{\partial t'}+\dfrac{A^2}{T^2}\dfrac{v'^2}{2}+\dfrac{P(p'-p_0')}{\rho}+\lambda gz'=0 & \text{在流场中}
\end{cases}
$$

或

$$
\begin{cases}
\nabla^2\varphi'=0 & \text{在流场中}\\[2mm]
\dfrac{\partial\varphi'}{\partial z'}=\dfrac{\partial\zeta'}{\partial t'}+\dfrac{A}{\lambda}\left(\dfrac{\partial\varphi'}{\partial x'}\dfrac{\partial\zeta'}{\partial x'}+\dfrac{\partial\varphi'}{\partial y'}\dfrac{\partial\zeta'}{\partial y'}\right) & \text{在}\ z'=\dfrac{A}{\lambda}\zeta'\ \text{上}\\[2mm]
\dfrac{\partial\varphi'}{\partial t'}+\dfrac{A}{\lambda}\dfrac{v'^2}{2}+\dfrac{gT^2}{\lambda}\zeta'=0 & \text{在}\ z'=\dfrac{A}{\lambda}\zeta'\ \text{上}\\[2mm]
\dfrac{\partial\varphi'}{\partial t'}+\dfrac{A}{\lambda}\dfrac{v'^2}{2}+\dfrac{PT^2}{A\lambda}\dfrac{(p'-p_0')}{\rho}+\dfrac{gT^2}{A}z'=0 & \text{在流场中}
\end{cases}
$$

若波浪运动为微幅波动,即 $\dfrac{A}{\lambda}\ll1$,则上式可以简化为

$$
\begin{cases}
\nabla^2\varphi'=0 & \text{在流场中}\\[2mm]
\dfrac{\partial\varphi'}{\partial z'}=\dfrac{\partial\zeta'}{\partial t'} & \text{在}\ z'=0\ \text{上}\\[2mm]
\dfrac{\partial\varphi'}{\partial t'}+\dfrac{gT^2}{\lambda}\zeta'=0 & \text{在}\ z'=0\ \text{上}\\[2mm]
\dfrac{\partial\varphi'}{\partial t'}+\dfrac{PT^2}{A\lambda}\dfrac{(p'-p_0')}{\rho}+\dfrac{gT^2}{A}z'=0 & \text{在流场中}
\end{cases}
$$

将上式恢复量纲,则微幅波运动问题线性化为

$$
\begin{cases}
\nabla^2\varphi=0 & \text{在流场中}\\[2mm]
\dfrac{\partial\varphi}{\partial z}=\dfrac{\partial\zeta}{\partial t} & \text{在}\ z=0\ \text{上}\\[2mm]
\dfrac{\partial\varphi}{\partial t}+g\zeta=0 & \text{在}\ z=0\ \text{上}\\[2mm]
\dfrac{\partial\varphi}{\partial z}=-\dfrac{\partial\varphi}{\partial x}\dfrac{\partial d}{\partial x}-\dfrac{\partial\varphi}{\partial y}\dfrac{\partial d}{\partial y} & \text{在}\ z=-d(x,y)\ \text{上}\\[2mm]
\dfrac{\partial\varphi}{\partial t}=f(x,y) & \text{在}\ t=0\ \text{时刻}\\[2mm]
\varphi=F(x,y,\zeta) & \text{在}\ t=0\ \text{时刻}\\[2mm]
\dfrac{\partial\varphi}{\partial t}+\dfrac{p-p_0}{\rho}+gz=0 & \text{在流场中}
\end{cases}
\tag{7.21}
$$

式(7.21)中的自由表面运动学和动力学条件可合并为一个表达式,统称为微幅波的自由表面条件:

$$\frac{\partial \varphi}{\partial z}\bigg|_{z=0} = -\frac{1}{g}\frac{\partial^2 \varphi}{\partial t^2}\bigg|_{z=0} \tag{7.22}$$

"线性"两字含义包括两部分:去掉微分方程中二阶小量的二次项;波面线性化,对 $z=\zeta$ 用平衡位置 $z=0$ 代替。

7.4　平面驻波

假设波浪运动是无限水深的二维平面运动,波形如图 7.2 所示。

7.4.1　平面驻波的解

由于波浪运动为周期性运动,则其速度势可假定为

$$\varphi(x,y,z,t) = \cos(\omega t + \varepsilon)\cdot\phi(x,y,z)$$
$$\text{或} \quad \sin(\omega t + \varepsilon)\cdot\phi(x,y,z)$$

甚至可以设为

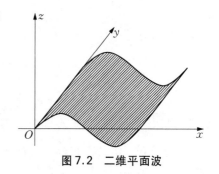

图 7.2　二维平面波

$$\varphi(x,y,z,t) = \cos(\omega t + \varepsilon)\cdot\phi_1(x,y,z) + \sin(\omega t + \varepsilon)\cdot\phi_2(x,y,z)$$

式中,ω 为圆频率;ε 为初相位,$\cos(\omega t + \varepsilon)$ 或 $\sin(\omega t + \varepsilon)$ 等组合形式表示周期性运动;ϕ 或 ϕ_1,ϕ_2 为待定函数。ϕ 的求解亦可由两种途径来说明,但此处由于涉及数理方程等概念,故采用定性加定量方法来描述。

设

$$\varphi(x,y,z,t) = \cos(\omega t + \varepsilon)\cdot\phi(x,y,z) \tag{7.23}$$

将式(7.23)代入 $\Delta\varphi=0$ 得到

$$\Delta\phi = 0 \tag{7.24}$$

这里需要说明的是,虽然 ϕ 也满足拉普拉斯方程,但它不是波浪运动的速度势。另外由有限或无限水深条件得到

$$\frac{\partial \phi}{\partial z} = \frac{\partial \varphi}{\partial z} = 0 \quad z=-d \text{ 或 } -\infty$$

对于平面水波有

$$\varphi = \varphi(x,z;t) = \cos(\omega t + \varepsilon)\cdot\phi(x,z)$$

下面采用分离变量法求解 ϕ。令

$$\phi(x,z)=\phi_1(x)\phi_2(z)$$

代入式(7.24)得

$$\nabla^2\phi=\frac{\partial^2\phi}{\partial x^2}+\frac{\partial^2\phi}{\partial z^2}=\phi_2\frac{\partial^2\phi_1}{\partial x^2}+\phi_1\frac{\partial^2\phi_2}{\partial z^2}=0$$

$$\frac{\phi_1''}{\phi_1}=-\frac{\phi_2''}{\phi_2}$$

令

$$(1)\ \frac{\phi_1''}{\phi_1}=-k^2\,(k>0);\ (2)\ \frac{\phi_1''}{\phi_1}=k^2\,(k>0)$$

则

得到两组方程组:

$$(1)\begin{cases}\dfrac{\phi_1''}{\phi_1}=-k^2\\[2mm]\dfrac{\phi_2''}{\phi_2}=k^2\end{cases}\quad(2)\begin{cases}\dfrac{\phi_1''}{\phi_1}=k^2\\[2mm]\dfrac{\phi_2''}{\phi_2}=-k^2\end{cases}$$

对于方程组(2),其解不满足波浪的周期性条件,因此下面针对方程组(1)加以讨论,其解为

$$\begin{cases}\phi_1=B_1\sin kx+B_2\cos kx=B\sin k(x-\beta)\\\phi_2=C_1\mathrm{e}^{kz}+C_2\mathrm{e}^{-kz}\end{cases}$$

其中

$$B^2=B_1^2+B_2^2,\ k\beta=\arctan\left(\frac{B_1}{B_2}\right)$$

组合后波浪运动的速度势为

$$\varphi=\phi\cos(\omega t+\varepsilon)=B(C_1\mathrm{e}^{kz}+C_2\mathrm{e}^{-kz})\sin k(x-\beta)\cos(\omega t+\varepsilon)\tag{7.25}$$

下面根据水底边界条件定出 C_1,C_2,最终定出速度势。

(1) 无限水深情况。由于 $\left.\frac{\partial\varphi}{\partial z}\right|_{z=-\infty}=0$,因此 $C_2=0$,从而

$$\varphi=C_1B\mathrm{e}^{kz}\sin k(x-\beta)\cos(\omega t+\varepsilon)=a\mathrm{e}^{kz}\sin k(x-\beta)\cos(\omega t+\varepsilon)\tag{7.26}$$

令 $a=\dfrac{Ag}{\omega}$,则得到无限水深的驻波速度势特解为

$$\varphi=\frac{Ag}{\omega}\mathrm{e}^{kz}\sin k(x-\beta)\cos(\omega t+\varepsilon)\tag{7.27}$$

(2) 有限水深情况。方程(7.25)两边对 z 求偏导,并由 $\left.\frac{\partial\varphi}{\partial z}\right|_{z=-d}=0$ 条件得到

$$C_1 k \mathrm{e}^{-kd} - C_2 k \mathrm{e}^{kd} = 0$$

要满足上式,可令

$$C_1 = \frac{1}{2} C \mathrm{e}^{kd}, \quad C_2 = \frac{1}{2} C \mathrm{e}^{-kd}$$

代入式(7.25)得

$$\varphi = \phi \cos(\omega t + \varepsilon) = \frac{CB}{2} \left[\mathrm{e}^{k(z+d)} + \mathrm{e}^{-k(z+d)} \right] \sin k(x - \beta) \cos(\omega t + \varepsilon)$$

即

$$\varphi = BC \, \mathrm{ch} \, k(z+d) \sin k(x - \beta) \cos(\omega t + \varepsilon) = a \, \mathrm{ch} \, k(z+d) \sin k(x - \beta) \cos(\omega t + \varepsilon)$$

令 $a = \dfrac{Ag}{\omega \, \mathrm{ch} \, kd}$,则得到有限水深的驻波速度势特解为

$$\varphi = \frac{Ag}{\omega \, \mathrm{ch} \, kd} \, \mathrm{ch} \, k(z+d) \sin k(x - \beta) \cos(\omega t + \varepsilon) \qquad (7.28)$$

当 $d \to -\infty$ 时,$\dfrac{1}{\mathrm{ch} \, kd} \mathrm{ch} \, k(z+d) \to \mathrm{e}^{kz}$,上式简化为式(7.27),即无限水深波浪的速度势。

7.4.2　平面驻波特征

7.4.1 节中得到的式(7.27)和式(7.28)分别代表无限水深和有限水深波浪运动的速度势特解,通解为所有可能特解的迭加,即分别为

$$\varphi = \sum_{i=1}^{n} \frac{A_i g}{\omega_i} \mathrm{e}^{kz} \sin k_i(x - \beta_i) \cos(\omega_i t + \varepsilon_i)$$

$$\varphi = \sum_{i=1}^{n} \frac{A_i g}{\omega_i \, \mathrm{ch} \, kd} \mathrm{ch} \, k(z+d) \sin k_i(x - \beta_i) \cos(\omega_i t + \varepsilon_i)$$

可以视作由各种频率和相位的微幅驻波(基元波)的叠加。

下面讨论特解代表的波浪运动,并叙述描述波浪运动的基本参数。不失一般性,可以假设特解中的 $\beta = 0$,$\varepsilon = 0$,则无限水深和有限水深波浪速度势特解分别改写为

$$\varphi = \frac{Ag}{\omega} \mathrm{e}^{kz} \sin kx \cos \omega t \qquad (7.29)$$

$$\varphi = \frac{Ag}{\omega \, \mathrm{ch} \, kd} \mathrm{ch} \, k(z+d) \sin kx \cos \omega t \qquad (7.30)$$

1. 自由水面的波形

将它们代入到式(7.21)的第 3 式,即 $\zeta = -\dfrac{1}{g} \dfrac{\partial \varphi}{\partial t} \Big|_{z=0}$,得到同样形式表达的自由水面波形

$$\zeta = A\sin kx \sin \omega t$$

可见波面在空间上是正弦曲线,振幅为 A,图 7.3 给出了平面驻波的波型。

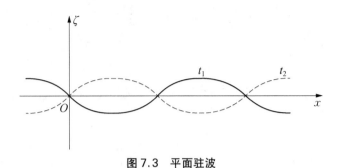

图 7.3　平面驻波

波面与轴的交点(即波节点)为

$$x = \frac{n\pi}{k} \ (n=0, \pm 1, \pm 2, \cdots, \pm k)$$

与时间无关,整个波形不向左右传播,故称此为驻波。驻波通常发生在有界或半无界的流域内,如未装满液体的液舱内的液体晃荡,很容易出现驻波。

2. 波长 λ

相邻波峰(谷)间距离称为"波长"。由于当 $kx = 2\pi$ 时,出现相邻峰(谷),所以得到波长表达式

$$\lambda = \frac{2\pi}{k}$$

由此,k 的物理意义为"波数",即 2π 距离内波的数目。

3. 周期 T

波面 ζ 重复一次的间隔称为周期。

由于当 $\omega t = 2\pi$ 时,出现一次重复,因此周期为

$$T = \frac{2\pi}{\omega}$$

ω 物理含义为波浪运动圆频率。

4. 波的色散关系

将无限水深和有限水深速度势分别代入由自由液面综合条件 $\left.\dfrac{\partial \varphi}{\partial z}\right|_{z=0} = -\dfrac{1}{g}\left.\dfrac{\partial^2 \varphi}{\partial t^2}\right|_{z=0}$ 得到 ω 和 k 关系。

(1) 无限水深驻波

$$\omega^2 = gk \tag{7.31}$$

(2) 有限水深驻波

$$\omega^2 = gk\,\mathrm{th}\,kd \tag{7.32}$$

式(7.31)和式(7.32)也称为水波"线性色散(频散)关系"(Linear Dispersion Relation)，其表示波浪运动中圆频率、波数和水深之间不是独立的，而是存在一定的制约关系，即当水深一定时，周期越大的波，波长也越长，波速也越大(这将在进行波中进一步阐述)，这样不同波长的波在传播过程中就会逐渐分离开来。同时色散关系也表示了波浪传播与水深有关。

5. 平面驻波中流体质点速度、迹线和流线方程及压强分布

1) 无限水深驻波

(1) 质点速度。

$$\begin{cases} v_x = \dfrac{\partial \varphi}{\partial x} = A\omega\,\mathrm{e}^{kz}\cos kx\cos\omega t \\[2mm] v_z = \dfrac{\partial \varphi}{\partial z} = A\omega\,\mathrm{e}^{kz}\sin kx\cos\omega t \end{cases} \tag{7.33}$$

式(7.33)表示，在节点 $x = n\pi/k$ 处，垂向速度 $v_z = 0$，而水平速度 $v_x \neq 0$，即质点仅作水平运动。在波峰及波谷处，正好相反，$v_x = 0$，$v_z \neq 0$，即质点仅作上下垂直运动。除节点及峰谷点外，质点同时有水平及垂直方向运动。

(2) 迹线方程。将式(7.33)代入迹线方程得

$$\begin{cases} \dfrac{\mathrm{d}x}{\mathrm{d}t} = v_x = A\omega\,\mathrm{e}^{kz}\cos kx\cos\omega t \\[2mm] \dfrac{\mathrm{d}z}{\mathrm{d}t} = v_z = A\omega\,\mathrm{e}^{kz}\sin kx\cos\omega t \end{cases}$$

对于小振幅波，质点 (x, z) 在其平衡位置 (x_0, z_0) 附近波动，则 $\begin{cases} x \approx x_0 \\ z \approx z_0 \end{cases}$，于是上式积分得

$$\begin{cases} x = A\,\mathrm{e}^{kz_0}\cos kx_0\sin\omega t + C_1 \\[2mm] z = A\,\mathrm{e}^{kz_0}\sin kx_0\cos\omega t + C_2 \end{cases}$$

若选择 $t = 0$ 时，$\begin{cases} x = x_0 \\ z = z_0 + A\,\mathrm{e}^{kz_0}\sin kx_0 \end{cases}$，则 $C_1 = x_0$，$C_2 = z_0$，或解释为质点在 (C_1, C_2) 附近摆动，则 $C_1 = x_0$，$C_2 = z_0$。 所以迹线为

$$\begin{cases} x = A\,\mathrm{e}^{kz_0}\cos kx_0\sin\omega t + x_0 \\[2mm] z = A\,\mathrm{e}^{kz_0}\sin kx_0\cos\omega t + z_0 \end{cases} \tag{7.34}$$

式(7.34)即为拉格朗日质点法表达形式，(C_0, z_0, t) 为拉格朗日变数。上式消去 t 得

$$z - z_0 = (x - x_0)\tan kx_0 \tag{7.35}$$

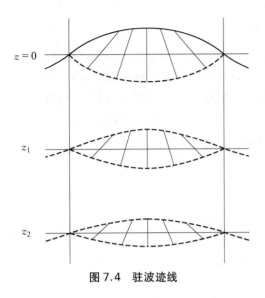

图 7.4　驻波迹线

即流体质点的迹线为一条直线，直线倾角为 kx_0（见图 7.4）。在节点处，$\tan kx_0 = \tan n\pi = 0$，迹线为 $z = 0$，质点作水平运动，在峰谷点处，$\tan kx_0 = \infty$，即质点作垂直方向运动，这与速度的分析结果一致。同时质点运动的振幅 $A\,\mathrm{e}^{kz_0}$ 随深度增加减小，如 $z_0 = -\lambda$ 时，$\mathrm{e}^{kz_0} = \mathrm{e}^{-k\lambda} = \mathrm{e}^{-2\pi} = 1/535$，说明波动具有表面性。它只产生在自由表面附近一层的液体中，较深液体中，实际上保持很微小运动，可看作静止，这就说明了潜体在水下一定深度不受波浪影响。

（3）流线方程。将式(7.33)代入流线微分方程得

$$\frac{\mathrm{d}x}{\cos kx} = \frac{\mathrm{d}z}{\sin kx}$$

经积分有流线方程

$$\mathrm{e}^{kz}\cos kx = C \tag{7.36}$$

由于流线方程中不含时间，故流线和迹线重合。可以证明式(7.33)与式(7.36)是一致的。这是一种特殊的例子，说明即使运动非定常，流线和迹线仍然可以重合，反之也说明了流线和迹线重合不一定是定常运动。

（4）压强分布。将驻波的速度势代入拉格朗日积分式 $\dfrac{p - p_0}{\rho} = -\left(gz + \dfrac{\partial \varphi}{\partial t}\right)$ 可得

$$\frac{p - p_0}{\rho} = -gz + Ag\,\mathrm{e}^{kz}\sin kx \sin \omega t$$

而 $z = z_0 + A\,\mathrm{e}^{kz_0}\sin kx_0 \sin \omega t$，代入上式得

$$\frac{p - p_0}{\rho} = -gz_0 - (Ag\,\mathrm{e}^{kz_0} - Ag\,\mathrm{e}^{kz_0})\sin kx_0 \sin \omega t$$

所以得到流场的压强分布

$$\frac{p - p_0}{\rho} = -gz_0,\ \text{或}\ p = p_0 - \rho g z_0$$

可见：①液体质点在作波浪运动过程中和静止时比较，位置不同，但压力保持不变；②旋转中心在同一水平面上的液体质点（z_0 同）具有相同压力，即这些质点所组成的曲面为等压面，这些等压面称为"次波面"，次波面波形为

$$\zeta = -\frac{1}{g}\left.\frac{\partial \varphi}{\partial t}\right|_{z = z_0}$$

2）有限水深驻波

以下各项可以仿照无限水深情况一一求出，具体过程不再详述，读者可自行推导。

（1）质点速度：

$$\begin{cases} v_x = \dfrac{\partial \varphi}{\partial x} = A\omega\,\dfrac{\mathrm{ch}\,k(z+d)}{\mathrm{sh}\,kd}\cos kx \cos \omega t \\[3mm] v_z = \dfrac{\partial \varphi}{\partial z} = A\omega\,\dfrac{\mathrm{sh}\,k(z+d)}{\mathrm{sh}\,kd}\sin kx \cos \omega t \end{cases}$$

（2）迹线方程：

$$\begin{cases} x = A\,\dfrac{\mathrm{ch}\,k(z_0+d)}{\mathrm{sh}\,kd}\cos kx_0 \sin \omega t + x_0 \\[3mm] z = A\,\dfrac{\mathrm{sh}\,k(z_0+d)}{\mathrm{sh}\,kd}\sin kx_0 \cos \omega t + z_0 \end{cases} \tag{7.37}$$

消去 t 得

$$z - z_0 = (x - x_0)\,\mathrm{th}\,k(z_0+d)\,\tan kx_0$$

（3）流线方程：

$$\mathrm{e}^{kz}\,\mathrm{th}\,k(z_0+d)\cos kx = C$$

（4）压强分布：

$$\frac{p - p_0}{\rho} = -gz + Ag\,\frac{\mathrm{ch}\,k(z+d)}{\mathrm{ch}\,kd}\sin kx \sin \omega t$$

若上式右边第二项中的 (x, z) 用 (x_0, z_0) 替代，则由式（7.37）得

$$\frac{p - p_0}{\rho} = -gz_0, \quad \text{或} \quad p = p_0 - \rho g z_0$$

上述各项结果汇总如表 7.2 所示，以备读者方便查阅。

表 7.2　驻波速度势、色散关系、波形、质点速度、压强分布、迹线和流线等

	无限水深	有限水深
速度势	$\varphi = \dfrac{Ag}{\omega}\mathrm{e}^{kz}\sin kx \cos \omega t$	$\varphi = \dfrac{Ag}{\omega\,\mathrm{ch}\,kd}\mathrm{ch}\,k(z+d)\sin kx \cos \omega t$
波数与波频关系	$\omega^2 = gk$	$\omega^2 = gk\,\mathrm{th}\,kd$
波长与周期关系	$\lambda = \dfrac{g}{2\pi}T^2$	$\lambda = \dfrac{g}{2\pi}T^2\,\mathrm{th}\,\dfrac{2\pi}{\lambda}d$
波形	$\zeta = A\sin kx \sin \omega t$	$\zeta = A\sin kx \sin \omega t$
质点水平速度	$v_x = A\omega \mathrm{e}^{kz}\cos kx \cos \omega t$	$v_x = A\omega\,\dfrac{\mathrm{ch}\,k(z+d)}{\mathrm{sh}\,kd}\cos kx \cos \omega t$

续　表

	无限水深	有限水深
质点垂向速度	$v_z = A\omega\, \mathrm{e}^{kz}\sin kx \cos\omega t$	$v_z = A\omega\, \dfrac{\operatorname{sh}k(z+d)}{\operatorname{sh}kd}\sin kx \cos\omega t$
压强分布	$p = p_0 - \rho g z_0$	$p = p_0 - \rho g z_0$
迹线方程	$z - z_0 = (x - x_0)\tan kx_0$	$z - z_0 = (x - x_0)\operatorname{th}k(z_0 + d)\tan kx_0$
流线方程	$\mathrm{e}^{kz}\cos kx = C$	$\mathrm{e}^{kz}\operatorname{th}k(z_0 + d)\cos kx = C$

7.5　平面进行波

7.5.1　平面进行波的解

平面进行波线性化后的定解条件为式(7.21)，为了扩展求解方法，下面将采用一种不同于驻波的形式来求得其解。

令

$$\varphi = \varphi(x, y, z; t) = R_e\left[\phi(x, y, z)\mathrm{e}^{-\mathrm{i}(\omega t + \varepsilon)}\right] \tag{7.38}$$

式中 ϕ 为复数，其满足如下条件

$$\nabla^2\varphi = 0 \qquad\longrightarrow\qquad \nabla^2\phi = 0 \qquad\qquad 流域内 \tag{7.39}$$

$$\frac{\partial\varphi}{\partial z} = -\frac{1}{g}\frac{\partial^2\varphi}{\partial t} \qquad\longrightarrow\qquad \frac{\partial\phi}{\partial z} = \frac{\omega^2}{g}\phi \qquad\qquad z = 0$$

$$\frac{\partial\varphi}{\partial z} = 0 \qquad\longrightarrow\qquad \frac{\partial\phi}{\partial z} = 0 \qquad\qquad z = -d \text{ 或} -\infty$$

对于平面波，式(7.38)改写为

$$\varphi = \varphi(x, z; t) = \mathrm{Re}\left[\phi(x, z)\mathrm{e}^{-\mathrm{i}(\omega t + \varepsilon)}\right]$$

设

$$\phi = \phi_1(x)\phi_2(z)$$

代入式(7.39)得

$$\nabla^2\phi = \phi_2\frac{\partial^2\phi_1}{\partial x^2} + \phi_1\frac{\partial^2\phi_2}{\partial z^2} = 0$$

与 7.4 节推导方法一样得到两组方程组，其中方程组(2)不符合波浪运动的周期性条件，只讨论方程组(1)，其解为

$$\phi_1 = c_1 e^{-ikx} + c_2 e^{ikx}, \quad \phi_2 = c_3 e^{-kz} + c_4 e^{kz}$$

上面有 4 种组合,均满足 $\nabla^2 \phi$,且符合进行波条件。下面根据边界条件选出合理组合。

1. 无限水深

由于 $\left. \dfrac{\partial \phi}{\partial z} \right|_{z=-\infty} = 0$,因此 e^{-kz} 不符合,故

$$\phi = A_1 e^{kz} e^{-ikx} \quad 或 \quad A_2 e^{kz} e^{ikx}$$

从而波浪速度势为

$$\varphi = \mathrm{Re}[A_1 e^{kz-ikx} e^{i\omega t}] \ 或 \ \mathrm{Re}[A_2 e^{kz+ikx} \cdot e^{-i\omega t}]$$

合写为

$$\varphi = \mathrm{Re}[a e^{kz} e^{-i(\omega t \mp kx)}] = a e^{kz} \cos(\omega t \mp kx + \varepsilon)$$

令 $a = \dfrac{Ag}{\omega}$,则上式改写为

$$\varphi = \frac{Ag}{\omega} e^{kz} \cos(\omega t \mp kx + \varepsilon) \tag{7.40}$$

2. 有限水深 d

将 e^{-kz},e^{kz} 用 $\mathrm{ch}\,k(z+d)$,$\mathrm{sh}\,k(z+d)$ 来替代,则形成 4 种解,由 $\left. \dfrac{\partial \varphi}{\partial z} \right|_{z=-d} = 0$ 的条件,只能取 $\mathrm{ch}\,k(z+d)$。 因此

$$\phi = B_1 e^{ikx} \mathrm{ch}\,k(z+d) \ 或 \ \phi = B_2 e^{-ikx} \mathrm{ch}\,k(z+d)$$

得到波浪速度势为

$$\varphi = \mathrm{Re}[\varphi^{-i\omega t}] = a\,\mathrm{ch}\,k(z+d)\cos(\omega t \mp kx + \varepsilon)$$

令 $a = \dfrac{Ag}{\omega\,\mathrm{ch}\,kd}$,则得到有限水深的进行波速度势特解为

$$\varphi = \frac{Ag}{\omega\,\mathrm{ch}\,kd} \mathrm{ch}\,k(z+d)\cos(\omega t \mp kx + \varepsilon) \tag{7.41}$$

将式(7.40)或式(7.41)展开可以看到,进行波速度势由两个驻波叠加而得到。设定不同的 ε 值会得到不同形式的速度势表达式(请读者在阅读其他教材时注意这细节),但不会影响流场的其他物理量的特性。不失一般性,下面讨论时设 $\varepsilon = 0$。

7.5.2　平面进行波的特征

类似驻波情况,下面对进行波的有关运动特征以及参数加以讨论。

1. 自由液面的波形

无限水深与有限水深一样,有

$$\zeta = -\frac{1}{g}\frac{\partial \varphi}{\partial t}\bigg|_{z=0} = A\sin(\omega t \mp kx) \qquad (7.42)$$

由式(7.42)可知,进行波为正弦波(或余弦波),振幅为 A。图 7.5 给出了平面波型图。

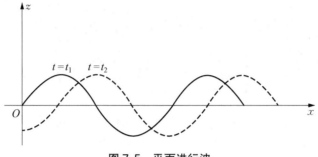

图 7.5 平面进行波

显然波节点位置随时间变化,整个波形向左或右传播,故称此为进行波。

2. 波形传播速度 c

根据物理学概念, $kx \mp \omega t = \text{const}$ 为等相面,相位速度就是波形传播速度

$$c = \frac{\mathrm{d}x}{\mathrm{d}t} = \pm \omega/k \qquad (7.43)$$

由此可见, $\zeta = A\sin(kx - \omega t)$ 为右行波, $\zeta = A\sin(kx + \omega t)$ 为左行波。下面将只讨论右行波,所得结论同样可用于左行波,只是波的传播方向相反而已。另外从式(7.43)看出,波速随波数,也即波长变化,这是色散波的一个重要现象。后续在讨论浅水波的时候将会看到,一些波动是色散的,另一些却是非色散的。

3. 波长、周期

波长和周期的定义及表达式同驻波,即

$$\lambda = \frac{2\pi}{k}$$

$$T = \frac{2\pi}{\omega}$$

4. 波的色散关系

色散关系同驻波一样,有

$$\omega^2 = gk \quad (\text{无限水深})$$

$$\omega^2 = gk\,\mathrm{th}\,kd \quad (\text{有限水深})$$

从而波速与波数(波长)的关系为

$$\begin{cases} c_\infty = \dfrac{\omega}{k} = \sqrt{\dfrac{g}{k}} = \sqrt{\dfrac{g\lambda}{2\pi}} \approx 1.25\sqrt{\lambda} & (\text{无限水深}) \\[4mm] c = \dfrac{\omega}{k} = \sqrt{\dfrac{g}{k}\mathrm{th}\,kd} = \sqrt{\dfrac{g\lambda}{2\pi}\mathrm{th}\dfrac{2\pi d}{\lambda}} & (\text{有限水深}) \end{cases}$$

可见,进行波的波速与波长开平方成正比,波长越长,波行进越快。

5. 平面进行波中流体质点速度、迹线和流线方程及压强分布

1) 无限水深进行波

$$\varphi = \frac{Ag}{\omega} e^{kz} \cos(\omega t - kx)$$

(1) 质点速度：

$$\begin{cases} v_x = \dfrac{\partial \varphi}{\partial x} = A\omega\, e^{kz} \sin(\omega t - kx) \\ v_z = \dfrac{\partial \varphi}{\partial z} = A\omega\, e^{kz} \cos(\omega t - kx) \end{cases} \tag{7.44}$$

可见,流体质点的速度与波形传播的速度不同,流体质点在水平和垂直方向均作简谐运动,且随离开自由液面越深的质点速度越小。

(2) 迹线方程。将式(7.44)代入迹线方程得

$$\begin{cases} \dfrac{\mathrm{d}x}{\mathrm{d}t} = v_x = A\omega\, e^{kz} \sin(\omega t - kx) \\ \dfrac{\mathrm{d}z}{\mathrm{d}t} = v_z = A\omega\, e^{kz} \cos(\omega t - kx) \end{cases}$$

采用驻波求解方法得到迹线方程:

$$\begin{cases} x = -A e^{kz_0} \cos(\omega t - kx_0) + x_0 \\ z = +A e^{kz_0} \sin(\omega t - kx_0) + z_0 \end{cases}$$

消去 t 得

$$(x - x_0)^2 + (z - z_0)^2 = (A e^{kz_0})^2$$

即流体质点的迹线为圆周,圆心为 (x_0, z_0),半径为 $A e^{kz_0}$。在自由表面上圆的半径最大,等于波幅;越往下半径越小。当 $z_0 = -\lambda/2$ 时, $e^{kz_0} = e^{-k\lambda/2} = e^{-\pi} = 1/23$,这与驻波情况是一样的,波动具有表面性。

(3) 质点运动和波形传播间关系。流体质点绕 (x_0, z_0) 作圆周运动,速度为 $A\omega e^{kz_0}$。波形传播仅仅是形状移动,而不是液体质点的移动,正如现实生活中看台上的人浪,每个人好比流体质点,只在原地上下或左右移动,形成的人浪好比是波形。质点运动和波形之间的关系可以通过图 7.6 表达。

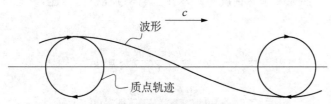

图 7.6 进行波迹线与波形

根据波速和流体质点速度表达式可以得到

$$c : v = \lambda : 2\pi A$$

由于 λ 远大于 A，因此波形传播速度远远大于流体质点速度。

（4）流线方程。将式(7.44)代入流线微分方程可得

$$\frac{\mathrm{d}x}{\sin(\omega t - kx)} = \frac{\mathrm{d}z}{\cos(\omega t - kx)}$$

经积分有流线方程：

$$\mathrm{e}^{kz}\cos(\omega t - kx) = C(t)$$

可见流线和迹线不重合，流线如图 7.7 所示。

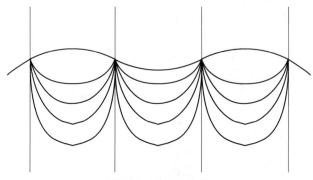

图 7.7 进行波流线

（5）压强分布。将进行波的速度势代入拉格朗日积分式 $\dfrac{p - p_0}{\rho} = -\left(gz + \dfrac{\partial \varphi}{\partial t}\right)$ 可得

$$\frac{p - p_0}{\rho} = -gz + Ag\mathrm{e}^{kz}\sin(\omega t - kx)$$

同驻波一样，可以用质点平衡点处的 (x_0, z_0) 代替质点位置 (x, z)，近似得到流场的压强分布

$$\frac{p - p_0}{\rho} = -gz_0, \text{ 或 } p = p_0 - \rho g z_0$$

2）有限水深进行波

以下各项可以仿照无限水深情况一一求出，具体过程不再详述，读者可自行推导。

（1）质点速度：

$$
\begin{cases}
v_x = \dfrac{\partial \varphi}{\partial x} = A\omega \dfrac{\mathrm{ch}\, k(z + d)}{\mathrm{sh}\, kd}\sin(\omega t - kx) \\[3mm]
v_z = \dfrac{\partial \varphi}{\partial z} = A\omega \dfrac{\mathrm{sh}\, k(z + d)}{\mathrm{sh}\, kd}\cos(\omega t - kx)
\end{cases}
\tag{7.45}
$$

（2）迹线方程：

$$
\begin{cases}
x = -A\,\dfrac{\operatorname{ch}k(z_0+d)}{\operatorname{sh}kd}\cos(\omega t-kx_0)+x_0 \\[4mm]
z = +A\,\dfrac{\operatorname{sh}k(z_0+d)}{\operatorname{sh}kd}\sin(\omega t-kx_0)+z_0
\end{cases}
$$

消去 t 得

$$
\frac{(x-x_0)^2}{\left[A\,\dfrac{\operatorname{ch}k(z_0+d)}{\operatorname{sh}kd}\right]^2}+\frac{(z-z_0)^2}{\left[A\,\dfrac{\operatorname{sh}k(z_0+d)}{\operatorname{sh}kd}\right]^2}=1
$$

可见，有限水深波浪运动流体质点运动轨迹为一椭圆，椭圆中心为质点平衡位置 (x_0,z_0)，其长短半轴随着水深增加而减小，到达底部时退化为一直线（见图 7.8）。

（3）流线方程：

$$
\operatorname{sh}k(z+d)\cos(\omega t-kx)=c(t)
$$

（4）压强分布：

$$
\frac{p-p_0}{\rho}=-gz+Ag\,\frac{\operatorname{ch}k(z+d)}{\operatorname{ch}kd}\sin(\omega t-kx)
$$

近似为

$$
\frac{p-p_0}{\rho}=-gz_0,\ \text{或}\ p=p_0-\rho gz_0
$$

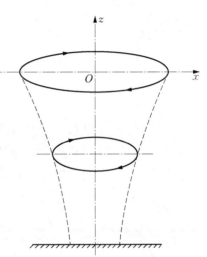

图 7.8　有限水深质点迹线

上述各项结果汇总在表 7.3 中。

表 7.3　进行波的速度势、色散关系、波形、质点速度、压强分布、迹线和流线等

	无限水深	有限水深
速度势	$\varphi=\dfrac{Ag}{\omega}e^{kz}\cos(\omega t-kx)$	$\varphi=\dfrac{Ag}{\omega\operatorname{ch}kd}\operatorname{ch}k(z+d)\cos(\omega t-kx)$
波数与波频关系	$\omega^2=gk$	$\omega^2=gk\operatorname{th}kd$
波长与周期关系	$\lambda=\dfrac{g}{2\pi}T^2$	$\lambda=\dfrac{g}{2\pi}T^2\operatorname{th}kd$
波形	$\zeta=A\sin(\omega t-kx)$	$\zeta=A\sin(\omega t-kx)$
波速	$c_\infty=\dfrac{\omega}{k}=\sqrt{\dfrac{g}{k}}=\sqrt{\dfrac{g\lambda}{2\pi}}\approx1.25\sqrt{\lambda}$	$c=\dfrac{\omega}{k}=\sqrt{\dfrac{g}{k}\operatorname{th}kd}=\sqrt{\dfrac{g\lambda}{2\pi}\operatorname{th}\dfrac{2\pi d}{\lambda}}$

续　表

	无限水深	有限水深
质点水平速度	$v_x = \dfrac{\partial \varphi}{\partial x} = A\omega \, e^{kz} \sin(\omega t - kx)$	$v_x = \dfrac{\partial \varphi}{\partial x} = A\omega \, \dfrac{\text{ch}\,k(z+d)}{\text{sh}\,kd} \sin(\omega t - kx)$
质点垂向速度	$v_z = \dfrac{\partial \varphi}{\partial z} = A\omega \, e^{kz} \cos(\omega t - kx)$	$v_z = \dfrac{\partial \varphi}{\partial z} = A\omega \, \dfrac{\text{sh}\,k(z+d)}{\text{sh}\,kd} \cos(\omega t - kx)$
压强分布	$p = p_0 - \rho g z_0$	$p = p_0 - \rho g z_0$
迹线方程	$(x-x_0)^2 + (z-z_0)^2 = (Ae^{kz_0})^2$	$\dfrac{(x-x_0)^2}{\left[A\dfrac{\text{ch}\,k(z_0+d)}{\text{sh}\,kd}\right]^2} + \dfrac{(z-z_0)^2}{\left[A\dfrac{\text{sh}\,k(z_0+d)}{\text{sh}\,kd}\right]^2} = 1$
流线方程	$e^{kz}\cos(\omega t - kx) = C(t)$	$\text{sh}\,k(z+d)\cos(\omega t - kx) = C(t)$

7.6　浅水波

从式(7.30)和式(7.41)看出，当水深 $d \to \infty$ 时，由于 $\text{th}\,d \to 1$，它们分别变为无限水深时的表达式(7.29)和式(7.40)；而当水深很浅，即 $d \to 0$ 时，$\text{sh}\,d \to d$，$\text{ch}\,d \to 1$，$\text{th}\,d \to d$，则可从有限水深进行波的色散关系式 $\omega^2 = gk\,\text{th}\,kd$ 得到浅水波圆频率与波数之间关系为

$$\omega^2 = gk\,\text{th}\,kd = k^2 gd$$

由此得到浅水波波速表达式：

$$c_s = \frac{\omega}{k} = \sqrt{gd}$$

可见浅水波波速与波频(即波长)无关，只与水深有关，因此它不再属于色散波。浅水波又称为"长波"，海洋中的潮汐波与河道中的水跃均属于长波。

同样，根据双曲函数的渐近关系，由式(7.41)推得浅水波的速度势

$$\varphi = \frac{A}{k}\sqrt{\frac{g}{d}}\cos(\omega t - kx)$$

自由表面波形依然为

$$\zeta = A\sin(\omega t - kx)$$

由速度表达式(7.45)得到浅水波的速度近似表达式

$$\begin{cases} v_x = A\sqrt{\dfrac{g}{d}}\sin(\omega t - kx) \\ v_z = A\omega\left(1 + \dfrac{z}{d}\right)\cos(\omega t - kx) \end{cases}$$

质点运动轨迹为

$$\begin{cases} x = -\dfrac{A}{kd}\cos(\omega t - kx_0) \\ z = A\left(1 + \dfrac{z_0}{d}\right)\sin(\omega t - kx_0) \end{cases}$$

图 7.9 给出了无限水深、有限水深和浅水波的波速与波长之间的关系,图中 c_∞,c 和 c_s 分别表示上述 3 种进行波的波速,对应的波长也采用相应的下标表示。由前面结果可以得到

$$\begin{cases} \dfrac{c}{c_\infty} = \sqrt{\sqrt{\dfrac{\lambda}{\lambda_\infty}}\,\text{th}\,\dfrac{2\pi d}{\lambda}} \\ \dfrac{c}{c_s} = \sqrt{\sqrt{\dfrac{\lambda}{2\pi d}}\,\text{th}\,\dfrac{2\pi d}{\lambda}} \end{cases}$$

可见当波长相同,即 $\lambda_\infty = \lambda$ 时,因为 $\text{th}\dfrac{2\pi d}{\lambda} \leqslant 1$,所以无限水深的波速较有限水深的大;因为 $\text{th}\dfrac{2\pi d}{\lambda}$ 单调增加,所以随着水深 d 的增加,有限水深的波速 c 增加,并迅速接近于 c_∞。例如,当水深达到波长的一半,即 $\dfrac{d}{\lambda} = \dfrac{1}{2}$ 时,$\text{th}\dfrac{2\pi d}{\lambda} = 0.996$,$\dfrac{c}{c_\infty} = 0.998$,这说明只要水深大于半个波长,就可以把此波当作无限水深处理。另一方面,当 $c_\infty = c$ 时,$\dfrac{\lambda}{\lambda_\infty} > 1$,说明无限水深波的波长较有限水深的短,即随着水深 d 的增加,波长减小。对于浅水波(长波)和有限

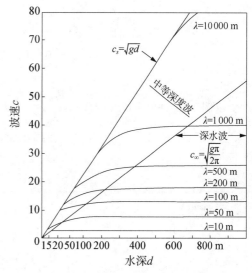

图 7.9 波速与波长之间的关系

水深波,当水深 d 一定时,$\dfrac{c}{c_\infty}$ 随着波长的减小而减小,说明长波的传播速度快,而短波的慢。

在工程实际中,通常将深水波、有限水深波和浅水波(长波)按表 7.4 方式进行划分。

表 7.4 深水波、有限水深波和浅水波(长波)划分

	水深与波长比	波 速
浅水波(长波)	$\dfrac{d}{\lambda} < \dfrac{1}{20}$	$c_s \approx \sqrt{gd}$
有限水深波	$\dfrac{1}{20} < \dfrac{d}{\lambda} < \dfrac{1}{2}$	$c = \dfrac{\omega}{k} = \sqrt{\dfrac{g}{k}\,\text{th}\,kd} = \sqrt{\dfrac{g\lambda}{2\pi}\,\text{th}\,\dfrac{2\pi d}{\lambda}}$
深水波	$\dfrac{d}{\lambda} > \dfrac{1}{2}$	$c_\infty = \dfrac{\omega}{k} = \sqrt{\dfrac{g}{k}} = \sqrt{\dfrac{g\lambda}{2\pi}} \approx 1.25\sqrt{\lambda}$

图 7.10 给出了不同波长时波速随水深的变化。

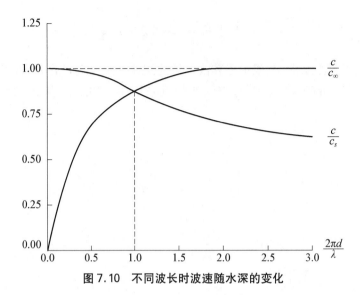

图 7.10　不同波长时波速随水深的变化

【**例 7.1**】证明 $W(\zeta)=A\cos\dfrac{2\pi}{\lambda}(\zeta+id-\Omega t)$ 为水深 d 的进行波的复势,其中 $\zeta=x+iy$ 为复变函数,y 轴垂直向上,原点在静水面,并证明:

$$\Omega^2=\frac{g\lambda}{2\pi}\text{th}\frac{2\pi d}{\lambda}$$

【**证明**】

(1) 利用

$$\text{ch}\,x=\frac{e^x+e^{-x}}{2},\ \text{sh}\,x=\frac{e^x-e^{-x}}{2}$$

$$\sin x=\frac{e^{ix}-e^{-ix}}{2i},\ \cos x=\frac{e^{ix}+e^{-ix}}{2}\ \text{及}$$

$$\sin ix=i\text{sh}\,x\,,\ \cos ix=\text{ch}\,x$$

得

$$W(\zeta)=A\cos\frac{2\pi}{\lambda}\big[(x-\Omega t)+i(y+d)\big]$$

$$=A\cos\frac{2\pi}{\lambda}(x-\Omega t)\cos\frac{i2\pi}{\lambda}(y+d)-A\sin\frac{2\pi}{\lambda}(x-\Omega t)\sin i\frac{2\pi}{\lambda}(y+d)$$

$$=A\cos\frac{2\pi}{\lambda}(x-\Omega t)\text{ch}\frac{2\pi}{\lambda}(y+d)-iA\sin\frac{2\pi}{\lambda}(x-\Omega t)\text{sh}\frac{2\pi}{\lambda}(y+d)$$

根据复势的定义,得到速度势

$$\varphi=A\cos\frac{2\pi}{\lambda}(x-\Omega t)\text{ch}\frac{2\pi}{\lambda}(y+d)=A\cos\big[k(x-\Omega t)\big]\text{ch}\,k(y+d)$$

$$\frac{\partial \varphi}{\partial y}\Big|_{y=-d} = kA\cos k(x-\Omega t)\operatorname{sh} k(y+d)\big|_{y=-d} = 0$$

上式说明速度势满足底部条件。波形方程为

$$\eta = -\frac{1}{g}\frac{\partial \varphi}{\partial t}\Big|_{y=0} = -\frac{1}{g}Ak\Omega \sin k(x-\Omega t)\operatorname{ch} k(y+d) = -\frac{2\pi}{g}A\Omega \operatorname{ch} kd \sin k(x-\Omega t)$$

上述说明复势代表的是一进行波。

2）将速度势代入波面综合条件 $\dfrac{\partial \varphi}{\partial y}\Big|_{y=0} = -\dfrac{1}{g}\dfrac{\partial^2 \varphi}{\partial t^2}\Big|_{y=0}$ 得到

$$\Omega^2 = \frac{g\lambda}{2\pi}\operatorname{th}\frac{2\pi d}{\lambda}$$

【例 7.2】一浮标在无限水深的涌浪中每分钟上下摆动 10 次，摆幅为 2 m。试求波长、波形传播速度及处在波峰位置的液体质点的速度。

解　已知每分钟上下摆动 10 次，故波动周期为

$$T = \frac{1}{10}(\min) = 6\,\mathrm{s}$$

因此圆频率为

$$\omega = \frac{2\pi}{T} = \frac{2\times 3.14}{6.0} = 1.047\,1/\mathrm{s}$$

由无限水深波浪运动色散关系得

$$k = \frac{\omega^2}{g} = \frac{1.047^2}{9.81} = 0.112\,1/\mathrm{m}$$

根据波长和波数之间关系求得波长

$$\lambda = \frac{2\pi}{k} = \frac{2\times 3.14}{0.112} = 56\,\mathrm{m}$$

由波速计算公式得到波浪传播速度

$$c = \frac{\omega}{k} = \frac{1.047}{0.112} = 9.35\,\mathrm{m/s}$$

在波峰位置质点的平衡位置为 $z=0$，其最大速度为

$$v = \sqrt{v_x^2 + v_z^2} = A\omega = 2.0\times 1.047 = 2.094\,\mathrm{m/s}$$

【例 7.3】已知无限水深微幅波的波幅为 0.3 m，周期为 2 s，试求波面的最大波倾角及波幅减小一半的水深。

解　由周期可以求得波动圆频率

$$\omega = \frac{2\pi}{T} = \frac{2\times 3.14}{2.0} = 3.142\,1/\mathrm{s}$$

由无限水深波浪运动色散关系得

$$k = \frac{\omega^2}{g} = \frac{3.142^2}{9.81} = 1.011/m$$

所以波面方程为

$$\zeta = A\sin(\omega t - kx) = 0.3\sin(3.14t - 1.01x)$$

波面倾角

$$\tan\alpha = \frac{\partial\zeta}{\partial x} = -0.3 \times 1.01\cos(3.14t - 1.01x)$$

最大波倾角

$$\alpha_{max} = \arctan(0.3 \times 1.01) = 16.86°$$

对于深水波,水质点的运动轨迹为圆,其运动半径 Ae^{kz_0} 就是所在位置波动波幅。设水深为 z 则当波幅减为一半时,有如下关系

$$0.5A = Ae^{kz}, \text{ 即 } e^{kz} = 0.5$$

将波数代入求得

$$z = \frac{\ln 0.5}{1.01} = -0.686\,m$$

7.7　波群与群速度

前面讨论的只是单个频率的波。现在讨论由不同频率,也即不同波长的波叠加在一起时的情况。由两个及以上不同频率合成的波称为"波群"。

为简单起见,本文只讨论由两列波幅相同、频率不同的进行波叠加而成的波群运动。设这两列的波形分别为

$$\zeta_1 = A\sin(\omega_1 t - k_1 x)$$
$$\zeta_2 = A\sin(\omega_2 t - k_2 x)$$

两波叠加后的波面为

$$\begin{aligned}\zeta &= A\sin(\omega_1 t - k_1 x) + A\sin(\omega_2 t - k_2 x) \\ &= 2A\sin\left(\frac{\omega_1 + \omega_2}{2}t - \frac{k_1 + k_2}{2}x\right)\cos\left(\frac{\omega_2 - \omega_1}{2}t - \frac{k_2 - k_1}{2}x\right)\end{aligned} \tag{7.46}$$

记 $\omega = \frac{\omega_1 + \omega_2}{2}$, $k = \frac{k_1 + k_2}{2}$, $\delta k = k_2 - k_1$, $\delta\omega = \omega_2 - \omega_1$,则上式可改写为

$$\zeta = A\sin(\omega_1 t - k_1 x) + A\sin(\omega_2 t - k_2 x)$$

$$= 2A\sin(\omega t - kx)\cos\left(\frac{\delta\omega}{2}t - \frac{\delta k}{2}x\right) = \zeta'\sin(\omega t - kx) \tag{7.47}$$

式(7.47)表明,合成后的波仍是正弦波,其波数和圆频率为原来两个波的平均值,但是波幅随位置和时间变化,如图 7.11 所示。

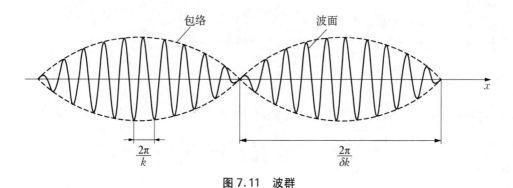

图 7.11　波群

由图 7.11 所示,合成波分列于波形包络线内形成独立的波浪组,这一组波称为波群,此群落的长度为

$$\frac{\pi}{\frac{1}{2}\delta k} = \frac{2\pi}{\delta k}$$

则波群(包络波形)的波长为

$$\lambda_g = \frac{4\pi}{\delta k}$$

波群的传播速度为

$$c_g = \frac{\delta\omega}{\delta k} \approx \frac{\mathrm{d}\omega}{\mathrm{d}k} = c + k\frac{\mathrm{d}c}{\mathrm{d}k} = c - \lambda\frac{\mathrm{d}c}{\mathrm{d}\lambda}$$

对于等深有限水深进行波,$\omega^2 = gk\,\mathrm{th}\,kd$,故

$$c_g = \frac{c}{2}\left(1 + \frac{2kd}{\mathrm{sh}\,2kd}\right)$$

对于无限水深进行波,$\omega^2 = kg$,则

$$c_g = \frac{c}{2} = \frac{1}{2}\sqrt{\frac{g}{k}}$$

而浅水波,

$$c_g = c = \sqrt{gd}$$

我们称 $c_g < c$ —正常色散，$c_g > c$ —反常色散，$c_g = c$ —无色散。

【例 7.4】 考虑在船模水池一端的造波机生成圆频率为的线性规则波。在以下计算中可以假定波的周期为 2 s，波幅为 0.25 m，水池长 100 m，并假设水深无限。

(1) 估算波浪由造波机行进到水池另一端需要多长时间？

(2) 设水面上有一个漂浮的软木塞且对波长无扰动，估算软木塞由造波机移动至水池另一端需要多长时间？

(3) 水池中最大流体速度为多少？

解 (1) 波浪由造波机行进到另一端，以波群速度 c_g 传递，而

$$c_g = \frac{c}{2} = \frac{1}{2}\sqrt{\frac{g}{k}}$$

因此波浪由造波机行进到水池另一端需要的时间为

$$t = \frac{L}{c_g} = \frac{L}{\dfrac{1}{2}\dfrac{g}{\omega}} = \frac{2\omega L}{g} = \frac{4\pi L}{Tg} = \frac{4\pi \times 100}{2 \times 9.81} = 64.05\,(\text{s})$$

(2) 软木塞行进速度即波形传播速度，

$$c = \frac{\omega}{k} = \frac{\omega^2}{k\omega} = \frac{g}{\omega} = 2C_g$$

所以软木塞由造波机移动至水池另一端需要的时间

$$t = \frac{L}{c} = 32.02\,(\text{s})$$

(3) 水池中流体质点速度

$$v_x = \omega A e^{kz}\sin(\omega t - kx), \quad v_z = \omega A e^{kz}\cos(\omega t - kx)$$

所以质点最大速度为

$$v = \sqrt{v_x^2 + v_y^2} = \omega A e^{kz}$$

表面上质点最大速度为

$$v_{\max} = \omega A = \frac{2\pi}{2} \times 0.25 = 0.78\,(\text{m/s})$$

7.8 船行波及开尔文波系

上面讨论了同方向传播的简单波的叠加形成波群的情况。如果不同方向的波叠加后又将会形成什么样的波呢？前面提到水体经扰动后会形成波，如果扰动点缩为一个点，它的扰动所引起的波将向各个方向传播，叠加后就形成波又会如何呢？如果扰动点又是沿某一固定方向以匀速直线移动时，又会形成怎样的波系？下面将针对这些问题作简单的讨论，然后介绍船行波的特征。有关知识的详尽叙述请读者参阅船舶兴波阻力理论有关教材和文献。

7.8.1　船行波

考虑与船舶航行方向(假设沿 x 轴方向)呈 θ 角方向传播的基元波,若取随船运动坐标,则此基元波相对于船舶为定常,则其波形表达式中不含时间项。若同时考虑正、余弦波,则此基元波形表达式可表达为

$$a(\theta)=C(\theta)\cos\lceil k(\theta)p\rceil+S(\theta)\sin\lceil k(\theta)p\rceil$$

式中,θ 为基元波相对于船舶航行方向的传播方向角;p 为在 θ 方向的位置坐标 $p=x\cos\theta+y\sin\theta$;$C(\theta)$,$S(\theta)$ 为余弦和正弦波的波幅,为 θ 的函数,也称为波幅函数;$k(\theta)$ 为 θ 方向传播的基元波的波数,按色散关系,它与传播速度 v_θ 之间有

$$k(\theta)=\frac{g}{v_\theta^2}$$

对于匀速情况,按图 7.12 得

$$v_\theta=v\cos\theta$$

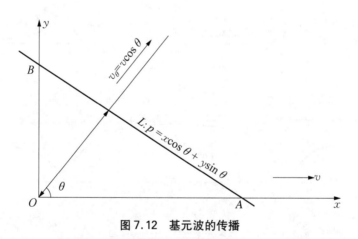

图 7.12　基元波的传播

故有

$$k(\theta)=\frac{g}{(v\cos\theta)^2}=k_0\sec^2\theta$$

式中,$k_0=g/v^2$,为沿 x 方向传播,波速等于船速 v 的波数,称为基本波数。

若将所有可能的不同传播方向的基元波叠加起来,可以得到船行波的表达式:

$$\zeta(x,y)=\int_{-\frac{\pi}{2}}^{\frac{\pi}{2}}\{C(\theta)\cos[k_0\sec^2\theta(x\cos\theta+y\sin\theta)]+ \tag{7.48}$$

$$S(\theta)\sin[k_0\sec^2\theta(x\cos\theta+y\sin\theta)]\}d\theta$$

式中,$k_0\sec^2\theta(x\cos\theta+y\sin\theta)$ 称为"相位函数"。

7.8.2 船行波的形成

　　船舶在水面上航行时产生波浪的主要原因是：水流流经弯曲的船体表面时，沿船体表面的压强分布各点处不同，导致船体周围的水面升高或下降，在重力和惯性的作用下，在船后形成实际的船波。

　　假设船舶等结构物（如潜艇）在深水中作匀速直线运动，则由理论力学运动转换原理，可视物体在深水中不动，而无穷远处水流以速度流向物体，如图 7.13 所示。其中图 7.13(a)为该物体周围流线图，图 7.13(b)和图 7.13(c)分别为物体表面速度分布和压强分布图，驻点 A 和 C 处的流速为零，压力值达到最高。

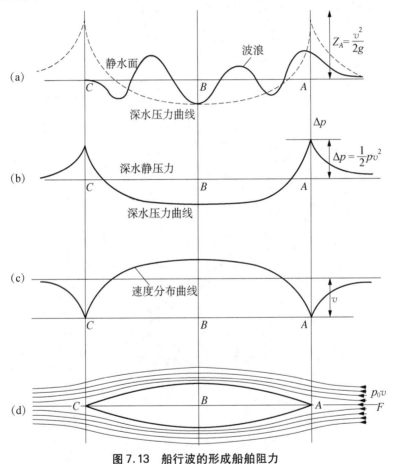

图 7.13　船行波的形成船舶阻力

(a)水面船舶形成的船波；(b)深水压强分布；(c)船形物体表面流体的速度分布；
(d)船形物体周围的流场

　　水面船舶航行不同于潜艇在深水中的运动。设远处 F 点的来流速度为 v，水表面的压强为大气压强 p_0，沿船体水线及远前方液面应用伯努利方程，例如对驻点 A 和院方点 F，则有

$$\frac{v_A^2}{2g}+\frac{p_0}{\rho g}+z_A=\frac{v^2}{2g}+\frac{p_0}{\rho g}$$

由于驻点的流速 $v_A = 0$，故得 A 点的波面升高为

$$z_A = \frac{v^2}{2g} > 0$$

同理可得 B 点和 C 点的波面升高分别为

$$z_B = \frac{v^2 - v_B^2}{2g} < 0$$

　　由此可见，A 点和 C 点的水面被抬高，而 B 点的水面下降，整个水面高度的变化如图 7.13(a)中的虚线所示。同时可见，水面高度的变化与速度平方成比例，由此推断，船行波的高度将正比于船速的平方。

　　实际上，船行波与上述船体周围的水面变化是有差别的，其主要表现在如下 3 个方面：

　　(1) 实际水面抬高小于 $z_A = \dfrac{v^2}{2g}$。原因是水流流向 A 点和 C 点时，压强已渐增，水面处的水质点已具有向上的速度，并非如深水中的 $v_A = v_C = 0$，所有的动能转换为位能。实际上 A 点和 C 点并非是真正的驻点。

　　(2) 由于惯性的作用，最高水面位置存在滞后现象。水质点流经 A 点以后，动能增加，水面本应下降，但由于水质点运动的惯性作用，在 A 点以后将继续上升到某一位置才开始下降。所以实际船行波的首波峰总是在船舶艏柱稍后地方，尾波峰位于艉柱之后，艉柱前总为一波谷。

　　(3) 水质点一旦受到流体动压力的扰动而离开平衡位置后，便在重力和惯性力的相互作用下，绕其平衡位置发生振荡，形成波浪，这里重力是振荡的回复力，因此船行波是重力波。

　　船体在航行过程中形成的波形如图 7.13(a)中实线所示。

7.8.3　开尔文波系及船行波的波形

　　如前所述，船行波是由于水面船舶等浮式结构在水面航行时，物体周围流体压强变化引起的。船体艏艉驻点附近形成两个最大的压强区，其兴波作用最强，这两个最大压强区的兴波可以简化为两个压强点的兴波情况。下面将先讨论单个压强点的兴波图形——开尔文(Kelvin)波系。

1. 开尔文波系

　　开尔文(Kelvin)根据式(7.48)并用稳定的相位法求得一个压强点在水面上以匀速 v 作直线运动时的兴波图形，如图 7.14 所示。

　　图中 O 点为压强点，兴波图形分成两个波系，即横波系和散波系。横波系与压强点运动方向垂直，它由 $|\theta| < 35°16'$ 的基元波组成，其传播速度为 v，其波长为 $\lambda = \dfrac{2\pi v^2}{g}$；散波系与运动方向斜交，它是由 $35°16' < |\theta| \leqslant 90°$ 的所有基元波组成。横波与散波相交成尖角，在尖角处相切而具有相同的波向角 $\theta = 35°16'$；尖角与原点 o 的连线称为尖点线，它与运动方向的夹角为 $19°28'$，该角称为开尔文角。可见开尔文波仅限于一顶角为 $35°16'$ 的扇形区

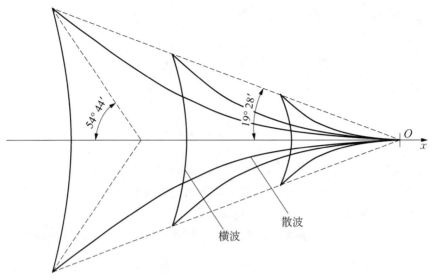

图 7.14　开尔文波系

域内。

2. 船行波的组成和特征

水面船舶在航行过程中,船体周围的压强变化相当于有很多压强点在水面上运动,每一压强点均产生波浪。但兴波作用最强的点位于艏艉两端,因此可用两个压强点的兴波近似描绘整个船舶兴波,即船行波由艏艉波系组成,每一个波系均有各自的横波系和散波系。

实际观察到的船行波与上述分析基本吻合,如图 7.15 所示。由观察所见,艏横波通常在艏柱稍后处始于波峰,而艉横波系在艉柱之前始于波谷。在船后艏艉两横波系相互叠加,组成横波;两波系的散波系各不相混,清楚分开,如图 7.15(b)所示。

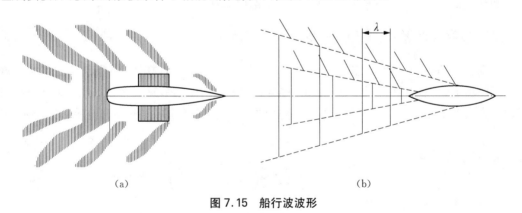

(a)　　　　　　　　　　　　　　　　　　　(b)

图 7.15　船行波波形

(a)实际波形;(b)简化船波形

7.9　波能的转移及兴波阻力

水体质点运动具有动能,质点上下起伏也引起势能的变化。波能包括动能和势能。

7.9.1 波浪能量

考虑单位宽度、一个波长范围内有限水深波浪的能量,计算流域如图 7.16 所示。

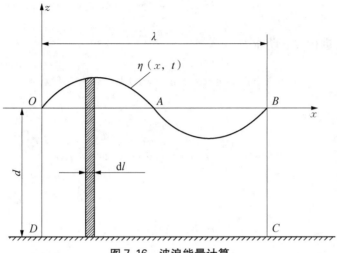

图 7.16 波浪能量计算

1. 波浪动能

$$T = \iiint_V \frac{1}{2}\rho v^2 \mathrm{d}V = \frac{\rho}{2}\iiint_V \nabla\varphi \cdot \nabla\varphi \,\mathrm{d}V = \frac{1}{2}\rho \oiint_S \varphi \frac{\partial\varphi}{\partial n}\mathrm{d}A \tag{7.49}$$

由于 $\mathrm{d}A = \mathrm{d}l \cdot 1$,则

$$T = \frac{\rho}{2}\oint_L \varphi v_n \mathrm{d}l \tag{7.50}$$

式中,$L = \overline{OAB} + \overline{BC} + \overline{CD} + \overline{DO}$。

在 $\overline{OD}$、$\overline{CB}$ 上,v_n 相同,但方向相反,即

$$\int_{OD}\varphi v_n \mathrm{d}l = -\int_{BC}\varphi v_n \mathrm{d}l$$

底部 $\overline{CD}$ 上,$v_n = 0$,所以

$$\int_{CD}\varphi v_n \mathrm{d}l = 0$$

将上面两式代入式(7.50)并考虑到微幅波的假定,则

$$T = \frac{1}{2}\rho\int_{OAB}\varphi v_n \mathrm{d}l \approx \frac{1}{2}\rho\int_0^\lambda (\varphi v_z)_{z=0}\mathrm{d}x = \frac{1}{2}\rho\int_0^\lambda \left(\varphi\frac{\partial\varphi}{\partial z}\right)_{z=0}\mathrm{d}x \tag{7.51}$$

由有限水深进行波的速度势

$$\varphi = \frac{Ag}{\omega\,\mathrm{ch}\,kd}\mathrm{ch}\,k(z+d)\cos(\omega t - kx)$$

得

$$\varphi_{z=0} = \frac{Ag}{\omega} \cos(\omega t - kx)$$

$$\frac{\partial \varphi}{\partial z}\Big|_{z=0} = \frac{Ag}{\omega} k\, \mathrm{th}\, kd \cos(\omega t - kx) = A\omega \cos(\omega t - kx)$$

代入式(7.51),得进行波的动能为

$$T = \frac{1}{2}\rho \int_0^\lambda A^2 g \cos^2(\omega t - kx)\,\mathrm{d}x = \frac{1}{4}\rho g A^2 \lambda \tag{7.52}$$

同样根据驻波的速度势

$$\varphi = \frac{Ag}{\omega\, \mathrm{ch}\, kd} \mathrm{ch}\, k(z+d) \sin kx \cos \omega t$$

得到驻波的动能为

$$T = \frac{1}{4}\rho g A^2 \lambda \cos^2 \omega t \tag{7.53}$$

2. 波浪势能

以 $z = \zeta = 0$ 作为零势能点,则波动后势能增加量为

$$V = \int_0^\lambda \mathrm{d}x \left[\int_{-d}^\zeta \rho g z\, \mathrm{d}z - \int_{-d}^0 \rho g z\, \mathrm{d}z \right] = \int_0^\lambda \mathrm{d}x \int_0^\zeta \rho g z\, \mathrm{d}z = \frac{1}{2}\int_0^\lambda \rho g \zeta^2\, \mathrm{d}x \tag{7.54}$$

有限水深进行波的波面方程为

$$\zeta = A\sin(\omega t - kx)$$

将其代入式(7.54)并积分得

$$V = \frac{1}{2}\int_0^\lambda \rho g \zeta^2\, \mathrm{d}x = \frac{1}{2}\int_0^\lambda \rho g A^2 \sin^2(\omega t - kx)\,\mathrm{d}x = \frac{1}{4}\rho g A^2 \lambda$$

由有限水深驻波的波面方程

$$\zeta = A\sin kx \sin \omega t$$

得到

$$V = \frac{1}{4}\rho g A^2 \lambda \sin^2 \omega t$$

由此可见,波浪的动能与势能均与水深无关,而且对于进行波,动能与势能均与时间无关且相等,单位宽度一个波长间总能量为

$$E = T + V = \frac{\rho g}{2} A^2 \lambda$$

单位长度平均能量为

$$E_0 = \frac{\rho g}{2} A^2$$

对于驻波,动能与势能均与时间有关,但总能量与时间无关,为

$$E = T + V = \frac{\rho g}{4} A^2 \lambda \tag{7.55}$$

上述结论同样适合于无限水深波。

7.9.2　能量转移

对进行波来说,波浪是向别处传播的。随着波的传播,能量也随之转移。这可以借助图 7.17 加以解释。

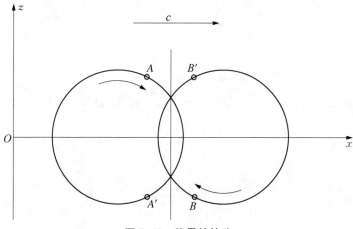

图 7.17　能量的转移

图 7.17 表示无限水深波浪中两个流体质点沿圆周以等速顺时针转动。第一个质点由 A 运动到 A' 时势能减少,而第二个质点从由 B 运动到 B' 时势能增加。根据能量守恒原理,显然第一个质点的能量传递给了第二个质点。这样,质点的能量通过复杂的内部压强的相互作用,由一个质点逐渐传递给另外的质点,要维持这种运动,必须在波浪运动方向提供一定的能量,这一能量便沿波形传播方向转移。下面将从二维进行波讨论波能转移的过程。

在与波浪行进方向相垂直的平面 Oyz 上取一截面,此截面在 y 方向为单位宽度,z 方向从海底到自由液面,现计算一个周期内压强在此截面上所作的功

$$W = \int_{-d}^{0} \mathrm{d}z \int_{0}^{T} p v_x \, \mathrm{d}t$$

其中

$$\varphi = \frac{Ag}{\omega \, \mathrm{ch}\, kd} \mathrm{ch}\, k(z+d) \cos(\omega t - kx)$$

$$p = p_0 - \rho g z + \rho A g \frac{\mathrm{ch}\, k(z+d)}{\mathrm{ch}\, kd} \sin(\omega t - kx)$$

$$v_x = \frac{\partial \varphi}{\partial x} = A\omega \frac{\mathrm{ch}\, k(z+d)}{\mathrm{sh}\, kd} \sin(\omega t - kx)$$

这一功在一个周期内的平均值为

$$
\begin{aligned}
W &= \frac{1}{T} \int_{-d}^{0} \mathrm{d}z \int_{0}^{T} p v_x \, \mathrm{d}t \\
&= \frac{1}{T} \int_{-d}^{0} \mathrm{d}z \int_{0}^{T} \left[p_0 - \rho g z + \rho A g \frac{\mathrm{ch}\, k(z+d)}{\mathrm{ch}\, kd} \sin(\omega t - kx) \right] A\omega \frac{\mathrm{ch}\, k(z+d)}{\mathrm{sh}\, kd} \sin(\omega t - kx) \, \mathrm{d}t \\
&= \frac{1}{T} \int_{-d}^{0} \mathrm{d}z \int_{0}^{T} \rho g A^2 \omega \frac{\mathrm{ch}^2 k(z+d)}{\mathrm{ch}\, kd \, \mathrm{sh}\, kd} \sin^2(\omega t - kx) \, \mathrm{d}t \\
&= \frac{1}{T} \int_{-d}^{0} \mathrm{d}z \int_{0}^{T} 2\rho g A^2 \omega \frac{\mathrm{ch}^2 k(z+d)}{\mathrm{sh}\, 2kd} \sin^2(\omega t - kx) \, \mathrm{d}t \\
&= \frac{2\rho g A^2 \omega}{T \, \mathrm{sh}\, 2kd} \int_{-d}^{0} \mathrm{ch}^2 k(z+d) \, \mathrm{d}z \int_{0}^{T} \sin^2(\omega t - kx) \, \mathrm{d}t \\
&= \frac{2\rho g A^2 \omega}{T \, \mathrm{sh}\, 2kd} \frac{1}{4k} (2kd + \mathrm{sh}\, 2kd) \frac{T}{2}
\end{aligned}
$$

上述积分中应用到了双曲函数之间关系

$$\mathrm{sh}\, 2x = 2\mathrm{sh}\, x \, \mathrm{ch}\, x; \quad \mathrm{ch}^2 x = \mathrm{ch}\, 2x - \mathrm{sh}^2 x; \quad \mathrm{ch}^2 x - \mathrm{sh}^2 x = 1;$$

$$\int \mathrm{sh}\, x \, \mathrm{d}x = \mathrm{ch}\, x; \quad \int \mathrm{ch}\, x \, \mathrm{d}x = \mathrm{sh}\, x$$

整理得

$$W = \frac{1}{4} \rho g A^2 \frac{\omega}{k} \left(1 + \frac{2kd}{\mathrm{sh}\, 2kd} \right) = \frac{1}{4} \rho g A^2 c \left(1 + \frac{2kd}{\mathrm{sh}\, 2kd} \right)$$

根据有限水深进行波的群速 $c_g = \dfrac{c}{2} \left(1 + \dfrac{2kd}{\mathrm{sh}\, 2kd} \right)$ 和波浪能量的表达式 $E_0 = \dfrac{\rho g}{2} A^2$，单位时间内转移的能量为

$$W = \frac{1}{4} \rho g A^2 c \left(1 + \frac{2kd}{\mathrm{sh}\, 2kd} \right) = \frac{1}{2} E_0 c = E_0 c_g \tag{7.56}$$

因此群速的另一个物理意义代表波能的传播速度。

7.9.3　兴波阻力

　　7.8 节中已经提到,船舶等浮式结构物在水面或近水面上航行时,物体后面会兴起波浪。显然这个波浪的能量是由运动物体对水体作功提供的,因此物体将由于兴波而遭受阻力,这就是所谓的"兴波阻力"。

　　设物体是二维的,匀速运动速度为 U,则运动引起的兴波传播速度 $c = U$。单位时间内新增波的能量为 $E_0 U$,此波能由两部分组成,一部分来自物体单位时间内为克服兴波阻力所做的功 $R_w U$,另一部分则原先形成的波转移而来的能量 $E_0 c_g$。因此

$$E_0 U = R_w U + E_0 c_g$$

对有限水深情况，$c_g = \dfrac{c}{2}\left(1 + \dfrac{2kd}{\mathrm{sh}\,2kd}\right)$，所以

$$R_w = \frac{1}{4}\rho g A^2 \left(1 - \frac{2kd}{\mathrm{sh}\,2kd}\right) \tag{7.57}$$

对无限水深情况，$c_g = \dfrac{c}{2}$，有

$$R_w = \frac{E_0}{2} = \frac{1}{4}\rho g A^2 \tag{7.58}$$

由此可见，物体在水面附近运动引起的兴波阻力大小主要取决于波幅，减小兴波阻力的主要措施就是要降低兴波的波幅。

上述只是定性地讨论了兴波阻力的概念，实际的船波是三维波，非常复杂，关于兴波阻力详尽概念请读者参考《船舶阻力》《船舶兴波理论》等文献。

习　题　7

1. 求波长为 $300\,\mathrm{m}$ 的深水线性波浪的传播速度及振动周期。

2. 假设深水中线性波浪周期为 $20\,\mathrm{s}$，试求其波长及传播速度。

3. 有一全长 $70\,\mathrm{m}$ 的船沿某一方向以等速 U 航行。今有追随在船后并与航行方向一致的波浪以传播速度 c 追赶该船。它赶过一个船长所需时间为 $16.5\,\mathrm{s}$，而超过一个波长所需要的时间为 $6\,\mathrm{s}$。求波长及船速 U。

4. 已知有限深液体进行波的波长 $\lambda = 35\,\mathrm{m}$，波幅 $1.5\,\mathrm{m}$，水深 $7\,\mathrm{m}$。求波形传播速度及液体质点在自由面及底部的轨迹曲线。如果这一有限深液体的波浪为从无限深液体处传播来的，假设在传播过程中其周期保持不变。问原来在无限深液体中波长及波形传播速度各为多少？

5. 波长为 λ 的无限深液体的进行波在自由面上经过。在未被扰动前自由表面下深度为 d 的某一点，波浪经过时该点深度设为 $d + \eta$。试证此时该点的压力与未扰动前压力之比为：

$$1 + \frac{\eta}{d}\exp\left(-\frac{2\pi d}{\lambda}\right) : 1$$

（提示：采用无限水深波压强分布公式计算波浪压力，并用波面方程替代式中右边第二项。）

6. 在某水深处的海底设置压力式波高仪，测得周期 T，最大压强和最小压强分别为（相对压强）$p_{\max}$，$p_{\min}$。试求当地水深和波高。（提示：采用有限水深波压强分布公式计算波浪压力。）

第8章

黏性流体动力学

黏性是流体的固有物理特性。由于黏性的存在,流体在运动过程中总是伴随着内部摩擦和能量损耗。尽管在某些条件下可以忽略黏性的影响(这在前面章节已经叙述),但涉及流体阻力、流动分离、能量衰减及耗散等流动现象,就必须考虑流体黏性的影响。本章将推导黏性流体动力学的基本方程,即纳维尔-斯托克斯方程(简称N-S方程),讨论N-S方程的简化,通过求解简化的N-S方程,探讨黏性流体流动的基本特性;讨论湍流流动的基本特征,推导雷诺湍流方程及其求解所采用的湍流模式;结合管道流动计算,阐明管道内流体流动状态的判别条件,讨论沿程损失和局部损失计算方法,最后根据伯努利方程进行管路计算。

8.1 应力及广义牛顿内摩擦定律

应力是指单位面积上的表面力,可分解为法向应力和切向应力。在第1章中,介绍了黏性流体平面运动切向应力计算的牛顿内摩擦定律,本节将该定律推广到三维黏性流动情况,推导出广义牛顿内摩擦定律。

8.1.1 黏性流场中任意一点处的应力状态

1. 应力的表示方法

在运动黏性流体中,作用在流体上的表面力不但有法向应力而且有切向应力,因此该点的表面力与作用面不是相互垂直的,其中,切向应力在正交坐标系中又可分解为两个相互垂直的切向分量,这些分量的大小与作用面的方位有关。

在流场中任取一曲面 S(见图8.1),其法线方向为 n(如果曲面是封闭的,则取外法线,如果曲面为非封闭的,则规定某一侧为正),曲面上作用的应力为 p_n,其表示单位面积上的表面力,即表面应力,下标 n 表示作用面 S 的法线方向(即表示曲面的方位)。由于流体具有黏性,所以 p_n 表示作用在法线方向为 n 的 S 面上的表面力,但不是沿 n 的方向,其由沿 n 方向的法向应力及与之垂直的切向应力(摩擦切应力)组成,即

$$p_n = p_{nn}n + p_{n\tau}\tau \tag{8.1}$$

图 8.1 中其他应力符号说明如下：

p_{nn} 表示法线方向为 $\boldsymbol{n}$ 的表面上 $\boldsymbol{p}_n$ 在法线方向 $\boldsymbol{n}$ 上的投影，即法向应力；

p_{nx} 表示法线方向为 $\boldsymbol{n}$ 的表面上 $\boldsymbol{p}_n$ 在 x 轴上的投影，即 x 方向的切向应力；

p_{ny} 表示法线方向为 $\boldsymbol{n}$ 的表面上 $\boldsymbol{p}_n$ 在 y 轴上的投影，即 y 方向的切向应力；

p_{nz} 表示法线方向为 $\boldsymbol{n}$ 的表面上 $\boldsymbol{p}_n$ 在 z 轴上的投影，即 z 方向的切向应力。

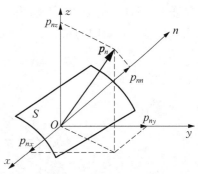

图 8.1　表面应力的符号

其中，第一个下标表示作用面的法线方向，第二个下标表示应力的作用方向。

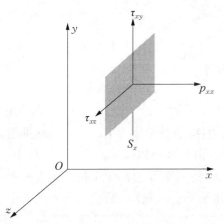

图 8.2　垂直于 x 轴正向的面积 S_x 上一组应力分量

黏性流场中一点的应力状态可以通过该点 3 个互相垂直面上的表面应力分量完全确定。假设所取的表面与 x 轴垂直，记为 $S_x=0$ 面，且表面的法线方向为 x 轴的方向（见图 8.2），则表面应力的符号如下：

$\boldsymbol{p}_x$ 表示作用在以 x 轴为法线方向的表面上的应力，即作用在与 x 轴相垂直的表面上的应力；

p_{xx} 表示 $\boldsymbol{p}_x$ 在 x 轴上的投影，为 S_x 表面的法向应力；

p_{xy} 表示 $\boldsymbol{p}_x$ 在 y 轴上的投影，为 S_x 表面的一个切向应力，或记作 τ_{xy}；

p_{xz} 表示 $\boldsymbol{p}_x$ 在 z 轴上的投影，为 S_x 表面的另一个切向应力，或记作 τ_{xz}。

如果过任一点 M 作三个相互垂直的平面 S_x，S_y，S_z 它们的法线方向分别为 x，y，z 坐标轴的正向，单位矢量分别为 $\boldsymbol{i}$，$\boldsymbol{j}$，$\boldsymbol{k}$，则分别作用在这三个平面上的三个表面力 $\boldsymbol{p}_x$，$\boldsymbol{p}_y$，$\boldsymbol{p}_z$ 共有九个分量，分别表示为

$$\begin{cases} \boldsymbol{p}_x = p_{xx}\boldsymbol{i} + p_{xy}\boldsymbol{j} + p_{xz}\boldsymbol{k} = p_{xx}\boldsymbol{i} + \tau_{xy}\boldsymbol{j} + \tau_{xz}\boldsymbol{k} \\ \boldsymbol{p}_y = p_{yx}\boldsymbol{i} + p_{yy}\boldsymbol{j} + p_{yz}\boldsymbol{k} = \tau_{yx}\boldsymbol{i} + p_{yy}\boldsymbol{j} + \tau_{yz}\boldsymbol{k} \\ \boldsymbol{p}_z = p_{zx}\boldsymbol{i} + p_{zy}\boldsymbol{j} + p_{zz}\boldsymbol{k} = \tau_{zx}\boldsymbol{i} + \tau_{zy}\boldsymbol{j} + p_{zz}\boldsymbol{k} \end{cases} \tag{8.2}$$

式（8.2）可写为应力张量的形式

$$\boldsymbol{P} = \begin{pmatrix} p_{xx} & \tau_{xy} & \tau_{xz} \\ \tau_{yx} & p_{yy} & \tau_{yz} \\ \tau_{zx} & \tau_{zy} & p_{zz} \end{pmatrix} \tag{8.3}$$

可见，流体中任一点处的应力张量 $\boldsymbol{P}$ 与作用面方向 $\boldsymbol{n}$ 无关，只与空间点位置和时间有关。流场中任意一点处的应力状态完全由式（8.3）的应力张量来表达。为便于下面推导有关公式，这里规定应力的作用方向以图 8.3 中的方向为正，即当作用面的外法线方向与坐标

轴正向一致时,应力以顺坐标轴正向为正,当作用面的外法线方向与坐标轴负向相同时,应力以沿坐标轴负向为正。

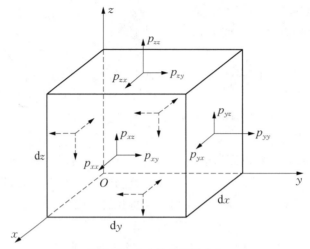

图8.3　应力的分量及方向

2. 应力的对称性

以点 $A(x,y,z)$ 为基点,在流体中任取一平行六面体,边长分别为 dx,dy,dz(见图8.4),通过平行六面体的中心点 A 作轴 y' 与 y 轴平行。由于这一体积及各个表面均很小,可以假设质量力和表面力均匀地分布在表面上和体积内,即各表面力都作用在对应表面的中心,由于惯性力和质量力均通过中心点,因此对 y' 轴的力矩分量只剩下图 8.4 所示的 4 个切向应力所产生的力矩。

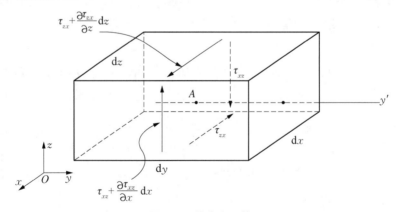

图8.4　剪应力互等

因此对 y' 轴的力矩方程为

$$\left[\left(\tau_{zx}+\frac{\partial \tau_{zx}}{\partial z}dz\right)dy\,dx\right]\frac{1}{2}dz+\left(\tau_{zx}dy\,dx\right)\frac{1}{2}dz-$$

$$\left[\left(\tau_{xz}+\frac{\partial \tau_{xz}}{\partial x}dx\right)dy\,dz\right]\frac{1}{2}dx-\left(\tau_{xz}dy\,dz\right)\frac{1}{2}dx=0$$

将上式约简,并令 $\mathrm{d}x$,$\mathrm{d}y$,$\mathrm{d}z \rightarrow 0$,可得下面第一式,同理可以得到另外两式

$$\begin{cases} \tau_{xz} = \tau_{zx} \\ \tau_{xy} = \tau_{yx} \quad \text{或} \quad \tau_{ij} = \tau_{ji}, i \neq j \\ \tau_{yz} = \tau_{zy} \end{cases} \tag{8.4}$$

因此式(8.2)中的 9 个分量可以简化为 6 个分量

$$\boldsymbol{P} = \begin{pmatrix} p_{xx} & \tau_{xy} & \tau_{xz} \\ \tau_{xy} & p_{yy} & \tau_{yz} \\ \tau_{xz} & \tau_{yz} & p_{zz} \end{pmatrix} \tag{8.5}$$

3. 主应力、黏性流体压强

首先证明作用在流场中任意点处任意方向上的黏性流体应力都可以由式(8.5)所表示的 6 个分量所决定。在黏性流场中任意取出一个微分四面体 $MABC$,棱边分别为 $\mathrm{d}x$,$\mathrm{d}y$,$\mathrm{d}z$,各面上所作用的表面应力及其在 x 轴上的投影如图 8.5 所示。法向应力、切向应力的正负号按前面的规定来决定。

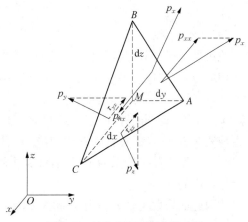

图 8.5　任意方向表面上的应力

分析四面体所受的质量力和表面力,应用达朗贝尔原理列出 x 方向动平衡方程式:

$$\sum F_{x_i} = 0$$

即

$$p_{nx} \cdot A_{\triangle ABC} - p_{xx} \cdot A_{\triangle ABM} - \tau_{yx} \cdot A_{\triangle BCM} - \tau_{zx} \cdot A_{\triangle ACM} + f_x \rho \mathrm{d}V - \frac{\mathrm{d}v_x}{\mathrm{d}t} \rho \mathrm{d}V = 0$$

其中,$\mathrm{d}V$ 为微分四面体的体积。根据几何知识可知,各三角形面的面积分别为

$$A_{\triangle ABM} = A_{\triangle ABC} \cos\alpha, \quad A_{\triangle BCM} = A_{\triangle ABC} \cos\beta, \quad A_{\triangle ACM} = A_{\triangle ABC} \cos\gamma$$

微分四面体的体积为

$$\mathrm{d}V = \frac{1}{3} A_{\triangle ABM} \cdot \mathrm{d}x = \frac{1}{3} A_{\triangle ABC} \cos\alpha \cdot \mathrm{d}x$$

式中,$\cos\alpha$,$\cos\beta$,$\cos\gamma$ 为 $\triangle ABC$ 的法线方向余弦。将上述各式代入平衡方程式,约去 $A_{\triangle ABC}$,并令 A,B,$C \rightarrow M$,$\mathrm{d}x \rightarrow 0$,可以得到下面第一式,并同理可以得到下面另外两式,即

$$\begin{cases} p_{nx} = p_{xx} \cos\alpha + \tau_{yx} \cos\beta + \tau_{zx} \cos\gamma \\ p_{ny} = \tau_{xy} \cos\alpha + p_{yy} \cos\beta + \tau_{zy} \cos\gamma \\ p_{nz} = \tau_{xz} \cos\alpha + \tau_{yz} \cos\beta + p_{zz} \cos\gamma \end{cases} \tag{8.6}$$

或者写成矢量的形式:

$$p_n = p_x \cos\alpha + p_y \cos\beta + p_z \cos\gamma \tag{8.7}$$

可见,黏性流体在某一点作用在处于任意方位表面上的应力由垂直于坐标轴三表面上应力的 6 个分量来决定。

作用在任意方位表面上的法向应力 p_{nn} 推导如下:

$$p_{nn} = p_n \cdot n = (p_{nx}i + p_{ny}j + p_{nz}k) \cdot (i\cos\alpha + j\cos\beta + k\cos\gamma)$$
$$= p_{nx}\cos\alpha + p_{ny}\cos\beta + p_{nz}\cos\gamma$$

将式(8.6)代入上式得到

$$p_{nn} = p_{xx}\cos^2\alpha + p_{yy}\cos^2\beta + p_{zz}\cos^2\gamma +$$
$$2\tau_{xy}\cos\alpha\cos\beta + 2\tau_{yz}\cos\beta\cos\gamma + 2\tau_{xz}\cos\alpha\cos\gamma \tag{8.8}$$

由此可见,当作用面法向改变时,法向应力的大小也随之改变,说明在黏性流体中不仅存在剪切应力,且法向应力与作用面方向有关,这是与理想流体的最大区别。

现在讨论主应力和主轴的概念。通常作用于运动黏性流体中某一面上的应力不一定垂直于这个面,即同时存在法向应力和切向应力,如果通过坐标系的旋转,使得作用面上的应力与法线方向一致,即仅存在法向应力而切向应力消失,则该法向应力称为"主应力",对应法线方向作为新坐标系的坐标轴,称为主轴($o'x'y'z'$)。这与材料力学中主应力和主轴的概念是对应的。

因此如果取主轴方向为坐标轴,则运动黏性流体中某一点的应力可表示为

$$\begin{pmatrix} p_1 & 0 & 0 \\ 0 & p_2 & 0 \\ 0 & 0 & p_3 \end{pmatrix} \tag{8.9}$$

其中,p_1,p_2,p_3 称为黏性流体的主应力。

式(8.8)可用主应力表示为

$$p_{nn} = p_1\cos^2\alpha + p_2\cos^2\beta + p_3\cos^2\gamma \tag{8.10}$$

同样过某点的三个相互垂直平面(oyz,oxz,oxy)上的法向应力可表示为

$$\begin{cases} p_{xx} = p_1\cos^2\alpha_1 + p_2\cos^2\beta_1 + p_3\cos^2\gamma_1 \\ p_{yy} = p_1\cos^2\alpha_2 + p_2\cos^2\beta_2 + p_3\cos^2\gamma_2 \\ p_{zz} = p_1\cos^2\alpha_3 + p_2\cos^2\beta_3 + p_3\cos^2\gamma_3 \end{cases} \tag{8.11}$$

式中,α_1,β_1,γ_1 为 x 轴与主轴 x',y',z' 的夹角;α_2,β_2,γ_2 为 y 轴与主轴 x',y',z' 的夹角;α_3,β_3,γ_3 为 z 轴与主轴 x',y',z' 的夹角。

根据几何关系,有

$$\begin{cases} \cos^2\alpha_1 + \cos^2\alpha_2 + \cos^2\alpha_3 = 1 \\ \cos^2\beta_1 + \cos^2\beta_2 + \cos^2\beta_3 = 1 \\ \cos^2\gamma_1 + \cos^2\gamma_2 + \cos^2\gamma_3 = 1 \end{cases} \tag{8.12}$$

关于黏性流体中的主应力,我们有这样结论(证明从略,参见相关文献):流体中一点处任意 3 个相互垂直面上的法向应力之和为常数,等于 3 个主应力之和。或者说,法向应力之和与坐标系的选择无关,是个不变量,即

$$p_{xx} + p_{yy} + p_{zz} = p_1 + p_2 + p_3 = \text{const}$$

在此基础上,我们定义运动黏性流体中的压强。在运动黏性流体中,任一点的压强定义为 3 个法向应力的算术平均值,或者是三个主应力的算术平均值:

$$p = -\frac{p_1 + p_2 + p_3}{3} = -\frac{p_{xx} + p_{yy} + p_{zz}}{3} \tag{8.13}$$

式中,负号表示压强指向作用面的内法线方向,与一般定义的法向应力是以外法线方向为正相反。可以看出,所定义的黏性流体压强的大小与方向无关,仅是坐标和时间的标量函数

$$p = p(x, y, z, t)$$

黏性流体压强与静止或理想流体压强具有相同的性质,但它在数值上并不等于该点各个方向的法向应力,而是所有法向应力的平均值。需要注意的是,黏性流体压力 p 与黏性流体中的法向应力 p_{nn} 是两个不同的概念。

8.1.2　广义牛顿内摩擦定律——本构方程

本节将二维运动的牛顿内摩擦定律推广到三维情况,建立流体应力(动力学参数)与变形速率(运动学参数)之间一般关系的方程,即流体的本构方程。

1. 切向应力与角变形速率的关系

二维平行流的牛顿内摩擦定律为

$$\tau = \mu \frac{\partial v}{\partial y}$$

式中,μ 为流体的动力黏性系数;$\dfrac{\partial v}{\partial y}$ 为相距单位距离的两层流体间的相对速度,即速度梯度。

可以证明,速度梯度实质上就是流体的切应变速率(又称剪切应变速率)或角变形速率。

在图 8.6 所示的距离 Δy 的流层中取一微元流体(图中阴影部分),其中,流线 Ⅰ 上的流速为 $v + \Delta v$,流线 Ⅱ 上的速度为 v,即 B 点速度大于 A 点速度,A 和 B 之间存在相对运动,因此经过时间 Δt 之后,微元体向右移动了一定的距离,并且微元体的形状由矩形变成了平行四边形,角变形量为 $\Delta \theta$。由于 Δt,$\Delta \theta$ 均为小量,因此,可以认为

$$\Delta \theta \approx \tan \Delta \theta = \frac{\overline{BB'} - \overline{AA'}}{AB} = \frac{(v + \Delta v)\Delta t - v \Delta t}{\Delta y} = \frac{\Delta v}{\Delta y}\Delta t \quad 即$$

$$\frac{\partial v}{\partial y} = \frac{\mathrm{d}\theta}{\mathrm{d}t}$$

式中,$\dfrac{\mathrm{d}\theta}{\mathrm{d}t}$ 为单位时间的角变形量,称为角变形速率或切应变速率。将式子代入牛顿内摩擦定

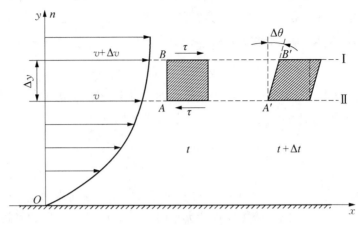

图 8.6　广义的牛顿内摩擦定律

律可以得到

$$\tau = \mu \frac{\partial v}{\partial y} = \mu \frac{\mathrm{d}\theta}{\mathrm{d}t} = \tau_{yx} = \mu \cdot 2\varepsilon_{xy} = \mu \cdot 2\gamma_z$$

将式子推广至三维流动情况,则

$$\begin{cases} \tau_{zy} = \tau_{yz} = \mu \left(\dfrac{\partial v_z}{\partial y} + \dfrac{\partial v_y}{\partial z} \right) = 2\mu\varepsilon_{yz} \\[2mm] \tau_{zx} = \tau_{xz} = \mu \left(\dfrac{\partial v_x}{\partial z} + \dfrac{\partial v_z}{\partial x} \right) = 2\mu\varepsilon_{zx} \\[2mm] \tau_{yx} = \tau_{xy} = \mu \left(\dfrac{\partial v_y}{\partial x} + \dfrac{\partial v_x}{\partial y} \right) = 2\mu\varepsilon_{xy} \end{cases} \qquad (8.14)$$

式中,ε_{yz},ε_{zx},ε_{xy} 为角变形速率。式(8.14)为"广义牛顿内摩擦定律",即建立了切应力与角变形速率之间的联系,这是一种线性关系。

2. 法向应力与线变形速率的关系

在理想流体中,同一点、不同方向上的法向应力数值相同,均等于该点的压强,即

$$p_{xx} = p_{yy} = p_{zz} = -p$$

但是在黏性流体中,由于受流体黏性的影响,流体微团除发生角变形外还会同时发生线变形,即流体微团的法线方向上存在相对线变形速度 $\dfrac{\partial v_x}{\partial x}$,$\dfrac{\partial v_y}{\partial y}$ 和 $\dfrac{\partial v_z}{\partial z}$,从而产生黏性附加法向应力 Δp_{xx},Δp_{yy},Δp_{zz}。下面用两种不同方式加以推导。

1) 推导方法一:黏性流体与弹性固体之间的比拟

通过前面剪切应力推导,发现黏性流体与弹性固体具有类似性质,具有表 8.1 中对应的关系

表 8.1　弹性固体与黏性流体对应关系

弹性固体	黏性流体
剪应力 τ	剪应力 τ_{ij}
抗剪系数 G	黏性系数 μ
主应力 σ_i	主应力 p_i
剪变形 γ	剪变形速度 γ_i
弹性模量 E	弹性模量 E

由材料力学知识可知,弹性固体存在如下关系

$$\begin{cases} E\varepsilon_1 = \sigma_1 - m(\sigma_2 + \sigma_3) \\ E\varepsilon_2 = \sigma_2 - m(\sigma_3 + \sigma_1) \\ E\varepsilon_3 = \sigma_3 - m(\sigma_1 + \sigma_2) \end{cases}$$

式中,ε_1,ε_2,ε_3 为弹性体变形;σ_1,σ_2,σ_3 为作用在弹性体上的主应力;E 为弹性模数;m 为泊松系数。

m,E 与抗剪系数 G 之间关系为

$$G = \frac{E}{2(1+m)} \quad \text{或} \quad m = \frac{E}{2G} - 1$$

根据对应关系,在黏性流体中亦满足

$$\begin{cases} E\varepsilon_1 = p_1 - \left(\dfrac{E}{2\mu} - 1\right)(p_2 + p_3) \\ E\varepsilon_2 = p_2 - \left(\dfrac{E}{2\mu} - 1\right)(p_3 + p_1) \\ E\varepsilon_3 = p_3 - \left(\dfrac{E}{2\mu} - 1\right)(p_1 + p_2) \end{cases} \tag{8.15}$$

由式(8.15)得到

$$2\mu\varepsilon_1 = \frac{2\mu}{E}(p_1 + p_2 + p_3) - (p_2 + p_3)$$

即

$$p_1 = 2\mu\varepsilon_1 + \left(1 - \frac{2\mu}{E}\right)(p_1 + p_2 + p_3)$$

或

$$p_1 = \frac{1}{3}(p_1 + p_2 + p_3) + 2\mu\varepsilon_1 + 2\left(\frac{1}{3} - \frac{\mu}{E}\right)(p_1 + p_2 + p_3) \tag{8.16}$$

另将式(8.15)中的三式相加得

$$E(\varepsilon_1 + \varepsilon_2 + \varepsilon_3) = \left(3 - \frac{E}{\mu}\right)(p_1 + p_2 + p_3)$$

则有

$$p_1 + p_2 + p_3 = \frac{E\mu}{3\mu - E}(\varepsilon_1 + \varepsilon_2 + \varepsilon_3)$$

并代入式(8.14)得

$$p_1 = \underbrace{\frac{1}{3}(p_1 + p_2 + p_3)}_{-p} + 2\mu\varepsilon_1 - \frac{2}{3}\mu(\varepsilon_1 + \varepsilon_2 + \varepsilon_3)$$

同时得到其他两式:

$$\begin{cases} p_1 = -p + 2\mu\varepsilon_1 - \dfrac{2}{3}\mu(\varepsilon_1 + \varepsilon_2 + \varepsilon_3) \\[2mm] p_2 = -p + 2\mu\varepsilon_2 - \dfrac{2}{3}\mu(\varepsilon_1 + \varepsilon_2 + \varepsilon_3) \\[2mm] p_3 = -p + 2\mu\varepsilon_3 - \dfrac{2}{3}\mu(\varepsilon_1 + \varepsilon_2 + \varepsilon_3) \end{cases} \tag{8.17}$$

式(8.17)是关于主轴的,但对于一般坐标轴亦成立(因推导比较繁杂,此处不作叙述),即

$$\begin{cases} p_{xx} = -p + 2\mu\,\dfrac{\partial v_x}{\partial x} - \dfrac{2}{3}\mu(\nabla \cdot \boldsymbol{v}) \\[2mm] p_{yy} = -p + 2\mu\,\dfrac{\partial v_y}{\partial y} - \dfrac{2}{3}\mu(\nabla \cdot \boldsymbol{v}) \\[2mm] p_{zz} = -p + 2\mu\,\dfrac{\partial v_z}{\partial z} - \dfrac{2}{3}\mu(\nabla \cdot \boldsymbol{v}) \end{cases} \tag{8.18}$$

式(8.17)或式(8.18)为法应力与线变形间关系式,统称为"广义牛顿内摩擦定律"。

若将式(8.18)改写为 $\begin{cases} p_{xx} = -p + \Delta p_{xx} \\ p_{yy} = -p + \Delta p_{yy} \\ p_{zz} = -p + \Delta p_{zz} \end{cases}$,则称 Δp_{xx}, Δp_{yy} 和 Δp_{zz} 为由于黏性而引起的"附加法向应力"。

2) 推导方法二:斯托克斯假设

斯托克斯假设:

(1) 应力张量是应变率张量的线性函数。

(2) 流体是各向同性的,也就是指流体的性质与方向无关。

(3) 当流体静止时,应变率为零,流体中的应力就是流体的静压强。

由假设(1),流体应力张量可表达为

$$\boldsymbol{P} = a\boldsymbol{S} + b\boldsymbol{I} \tag{8.19}$$

式中,$\boldsymbol{S}$ 为应变率张量,见式(8-1-19);$\boldsymbol{I}$ 为二阶单位张量,a 和 b 为标量常量。

$$\boldsymbol{S} = \begin{bmatrix} \dfrac{\partial v_x}{\partial x} & \dfrac{1}{2}\left(\dfrac{\partial v_x}{\partial y}+\dfrac{\partial v_y}{\partial x}\right) & \dfrac{1}{2}\left(\dfrac{\partial v_x}{\partial z}+\dfrac{\partial v_z}{\partial x}\right) \\[3mm] \dfrac{1}{2}\left(\dfrac{\partial v_y}{\partial x}+\dfrac{\partial v_x}{\partial y}\right) & \dfrac{\partial v_y}{\partial y} & \dfrac{1}{2}\left(\dfrac{\partial v_y}{\partial z}+\dfrac{\partial v_z}{\partial y}\right) \\[3mm] \dfrac{1}{2}\left(\dfrac{\partial v_z}{\partial x}+\dfrac{\partial v_x}{\partial z}\right) & \dfrac{1}{2}\left(\dfrac{\partial v_z}{\partial y}+\dfrac{\partial v_y}{\partial z}\right) & \dfrac{\partial v_z}{\partial z} \end{bmatrix} \tag{8.20}$$

根据广义牛顿内摩擦定律，即式(8.14)可得

$$a = 2\mu \tag{8.21}$$

又由式(8.19)得到

$$\begin{cases} p_{xx} = 2\mu\,\dfrac{\partial v_x}{\partial x} + b \\[2mm] p_{yy} = 2\mu\,\dfrac{\partial v_y}{\partial y} + b \\[2mm] p_{zz} = 2\mu\,\dfrac{\partial v_z}{\partial z} + b \end{cases} \tag{8.22}$$

以上三式相加，得

$$p_{xx} + p_{yy} + p_{zz} = 2\mu\left(\dfrac{\partial v_x}{\partial x}+\dfrac{\partial v_y}{\partial y}+\dfrac{\partial v_z}{\partial z}\right) + 3b = 2\mu\,\nabla\boldsymbol{\cdot}\boldsymbol{v} + 3b$$

因此

$$b = \frac{1}{3}(p_{xx} + p_{yy} + p_{zz}) - \frac{2\mu}{3}\,\nabla\boldsymbol{\cdot}\boldsymbol{v} \tag{8.23}$$

将式(8.23)代入式(8.19)，有

$$\boldsymbol{P} = 2\mu\boldsymbol{S} + \left\{\frac{1}{3}(p_{xx} + p_{yy} + p_{zz}) - \frac{2\mu}{3}\,\nabla\boldsymbol{\cdot}\boldsymbol{v}\right\}\boldsymbol{I} \tag{8.24}$$

由假设(3)得

$$\boldsymbol{P} = -p\boldsymbol{I}$$

比较上面两式知，$\dfrac{1}{3}(p_{xx}+p_{yy}+p_{zz})$ 应包含 $-p$ 这一项，而且由于 $(p_{xx}+p_{yy}+p_{zz})$ 是应力张量的一个不变量，根据各项同性的假设，其也应该与应变率张量的不变量 $S_{xx}+S_{yy}+S_{zz}=\left(\dfrac{\partial v_x}{\partial x}+\dfrac{\partial v_y}{\partial y}+\dfrac{\partial v_z}{\partial z}\right)=\nabla\boldsymbol{\cdot}\boldsymbol{v}$ 有关，因此

$$\frac{1}{3}(p_{xx} + p_{yy} + p_{zz}) = -p + \mu'\mathrm{div}\,\boldsymbol{v} \tag{8.25}$$

其中，μ' 为一系数，可令

$$\lambda = \mu' - \frac{2}{3}\mu$$

将式(8.25)代入式(8.24),得

$$\boldsymbol{P} = 2\mu\boldsymbol{S} + \left\{-p + \left(\mu' - \frac{2\mu}{3}\right)\nabla\cdot\boldsymbol{v}\right\}\boldsymbol{I} = 2\mu\boldsymbol{S} + \{-p + \lambda\,\mathrm{div}\,\boldsymbol{v}\}\boldsymbol{I} \qquad (8.26)$$

式(8.26)称为"广义牛顿应力公式"。

引入力学压强的概念:

$$p_m = -\frac{1}{3}(p_{xx} + p_{yy} + p_{zz})$$

于是由式(8.25)有

$$p_m = -\frac{1}{3}(p_{xx} + p_{yy} + p_{zz}) = p - \mu'\,\mathrm{div}\,\boldsymbol{v} = p - \left(\lambda + \frac{2}{3}\mu\right)\mathrm{div}\,\boldsymbol{v} \qquad (8.27)$$

λ 称为"体膨胀黏度系数",有时也称第二黏度系数。

对于静止流体或理想流体,有

$$p_m = p = -p_{xx} = -p_{yy} = -p_{zz}$$

这与第 1 章和第 2 章的结论是完全一致的。这里 p 是"热力学压强"。

由于大多数流体的 $\mathrm{div}\,\boldsymbol{v}$ 不大,故斯托克斯曾假设 $\mu' = \left(\lambda + \frac{2}{3}\mu\right) = 0$,即 $\mu' = -\frac{2}{3}\mu$,从而对所有流体有

$$\boldsymbol{P} = 2\mu\boldsymbol{S} + \{-p + \lambda\,\mathrm{div}\,\boldsymbol{v}\}\boldsymbol{I} \qquad (8.28)$$

这就是黏性流体力学的本构方程,包含了切向和法向的两个方面,其分量式为

$$\begin{cases} p_{xx} = -p + \Delta p_{xx} = -p + 2\mu\dfrac{\partial v_x}{\partial x} - \dfrac{2}{3}\mu\left(\dfrac{\partial v_x}{\partial x} + \dfrac{\partial v_y}{\partial y} + \dfrac{\partial v_z}{\partial z}\right) \\[2mm] p_{yy} = -p + \Delta p_{yy} = -p + 2\mu\dfrac{\partial v_y}{\partial y} - \dfrac{2}{3}\mu\left(\dfrac{\partial v_x}{\partial x} + \dfrac{\partial v_y}{\partial y} + \dfrac{\partial v_z}{\partial z}\right) \\[2mm] p_{zz} = -p + \Delta p_{zz} = -p + 2\mu\dfrac{\partial v_z}{\partial z} - \dfrac{2}{3}\mu\left(\dfrac{\partial v_x}{\partial x} + \dfrac{\partial v_y}{\partial y} + \dfrac{\partial v_z}{\partial z}\right) \\[2mm] \tau_{xy} = \tau_{yx} = \mu\left(\dfrac{\partial v_x}{\partial y} + \dfrac{\partial v_y}{\partial x}\right) \\[2mm] \tau_{yz} = \tau_{zy} = \mu\left(\dfrac{\partial v_y}{\partial z} + \dfrac{\partial v_z}{\partial y}\right) \\[2mm] \tau_{zx} = \tau_{xz} = \mu\left(\dfrac{\partial v_z}{\partial x} + \dfrac{\partial v_x}{\partial z}\right) \end{cases} \qquad (8.29)$$

8.2　纳维尔-斯托克斯方程

纳维尔-斯托克斯方程(Navier Stokes equations,N‐S 方程)在黏性流体动力学中的地位相当于欧拉运动微分方程在理想流体动力学中的地位,通过对该方程积分求解可以求出黏性流体的速度场及压力场。前面根据广义牛顿内摩擦定律得到了表面应力的 6 个补充方程,将这些方程代入以黏性流体表面应力表示的运动微分方程,即可以得到以黏性流体压力表示的 N‐S 方程。

8.2.1　应力形式的运动微分方程

类似于理想流体欧拉运动微分方程的推导,采用微元法推导黏性流体应力形式的运动微分方程。如图 8.7 所示,在黏性流体中取一微元平行六面体,其边长分别为 dx,dy,dz。下面分析作用于控制体内流体的力。

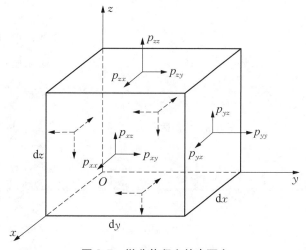

图 8.7　微分体积上的表面力

1. 质量力

单位质量力为 f,其在 x,y,z 坐标轴的投影为 f_x,f_y,f_z,因此微元控制体所受到的总质量力在三个坐标轴上的投影分别为

$$F_x = f_x \cdot \rho \, dx \, dy \, dz$$
$$F_y = f_y \cdot \rho \, dx \, dy \, dz$$
$$F_z = f_z \cdot \rho \, dx \, dy \, dz$$

2. 表面力

微元控制体各个控制面上的单位表面力为 p_{xx},p_{yy},p_{zz},τ_{yz},τ_{zy},τ_{zx},τ_{xz},τ_{xy},τ_{yx},如图 8.7 所示。

根据牛顿第二运动定律 $\sum \boldsymbol{F} = m\boldsymbol{a}$,可以得到 x 方向的平衡方程:

$$f_x \rho \, dx \, dy \, dz - p_{xx} \, dy \, dz + \left(p_{xx} + \frac{\partial p_{xx}}{\partial x} dx \right) dy \, dz - \tau_{yx} \, dx \, dz + \left(\tau_{yx} + \frac{\partial \tau_{yx}}{\partial y} dy \right) dx \, dz -$$

$$\tau_{zx} \, dx \, dy + \left(\tau_{zx} + \frac{\partial \tau_{zx}}{\partial z} dz \right) dx \, dy = (\rho \, dx \, dy \, dz) \frac{\mathrm{D} v_x}{\mathrm{D} t}$$

将上式化简,令 dx,dy,$dz \to 0$,可得下面第一式并同理可得另外两式,即

$$\begin{cases} \dfrac{\mathrm{D}v_x}{\mathrm{D}t} = f_x + \dfrac{1}{\rho}\left(\dfrac{\partial p_{xx}}{\partial x} + \dfrac{\partial \tau_{yx}}{\partial y} + \dfrac{\partial \tau_{zx}}{\partial z}\right) = f_x + \dfrac{1}{\rho}(\nabla \cdot \boldsymbol{p}_x) \\[3mm] \dfrac{\mathrm{D}v_y}{\mathrm{D}t} = f_y + \dfrac{1}{\rho}\left(\dfrac{\partial \tau_{xy}}{\partial x} + \dfrac{\partial p_{yy}}{\partial y} + \dfrac{\partial \tau_{zy}}{\partial z}\right) = f_y + \dfrac{1}{\rho}(\nabla \cdot \boldsymbol{p}_y) \\[3mm] \dfrac{\mathrm{D}v_z}{\mathrm{D}t} = f_z + \dfrac{1}{\rho}\left(\dfrac{\partial \tau_{xz}}{\partial x} + \dfrac{\partial \tau_{yz}}{\partial y} + \dfrac{\partial p_{zz}}{\partial z}\right) = f_y + \dfrac{1}{\rho}(\nabla \cdot \boldsymbol{p}_z) \end{cases} \quad (8.30)$$

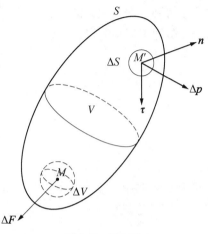

图 8.8　控制体

式(8.30)即为以应力表示的黏性流体运动微分方程。将上述三式分别乘以 $\boldsymbol{i}$，$\boldsymbol{j}$，$\boldsymbol{k}$，然后相加可得到以应力表示的黏性流体运动微分方程的矢量形式：

$$\frac{\mathrm{D}\boldsymbol{v}}{\mathrm{D}t} = \boldsymbol{f} + \frac{1}{\rho}\left(\frac{\partial \boldsymbol{p}_x}{\partial x} + \frac{\partial \boldsymbol{p}_y}{\partial y} + \frac{\partial \boldsymbol{p}_z}{\partial z}\right) = \boldsymbol{f} + \frac{1}{\rho}\,\nabla \cdot \boldsymbol{P} \quad (8.31)$$

式(8.31)也可以采用物理数学描述方法导出。

在流域内任取一控制体(见图 8.8)，列出运动方程：

$$\iiint\limits_V \rho\,\frac{\mathrm{D}\boldsymbol{v}}{\mathrm{D}t}\,\mathrm{d}V = \iiint\limits_V \boldsymbol{f}\rho\,\mathrm{d}V + \oiint\limits_S \boldsymbol{p}_n\,\mathrm{d}A \quad (8.32)$$

其中，

$$\oiint\limits_S \boldsymbol{p}_n\,\mathrm{d}A = \oiint\limits_S (p_{nx}\boldsymbol{i} + p_{ny}\boldsymbol{j} + p_{nz}\boldsymbol{k})\,\mathrm{d}A = \boldsymbol{i}\oiint\limits_S (p_{xx}\cos\alpha + \tau_{xy}\cos\beta + \tau_{xz}\cos\gamma)\,\mathrm{d}A +$$

$$\boldsymbol{j}\oiint\limits_S (\tau_{yx}\cos\alpha + p_{yy}\cos\beta + \tau_{yz}\cos\gamma)\,\mathrm{d}A + \boldsymbol{k}\oiint\limits_S (\tau_{zx}\cos\alpha + \tau_{zy}\cos\beta + p_{zz}\cos\gamma)\,\mathrm{d}A$$

$$= \boldsymbol{i}\oiint\limits_S (p_{xx}\boldsymbol{i} + \tau_{xy}\boldsymbol{j} + \tau_{xz}\boldsymbol{k}) \cdot \boldsymbol{n}\,\mathrm{d}A + \boldsymbol{j}\oiint\limits_S (\tau_{yx}\boldsymbol{i} + p_{yy}\boldsymbol{j} + \tau_{yz}\boldsymbol{k}) \cdot \boldsymbol{n}\,\mathrm{d}A +$$

$$\boldsymbol{k}\oiint\limits_S (\tau_{zx}\boldsymbol{i} + \tau_{zy}\boldsymbol{j} + p_{zz}\boldsymbol{k}) \cdot \boldsymbol{n}\,\mathrm{d}A$$

$$= \boldsymbol{i}\oiint\limits_S \boldsymbol{p}_x \cdot \boldsymbol{n}\,\mathrm{d}A + \boldsymbol{j}\oiint\limits_S \boldsymbol{p}_y \cdot \boldsymbol{n}\,\mathrm{d}A + \boldsymbol{k}\oiint\limits_S \boldsymbol{p}_z \cdot \boldsymbol{n}\,\mathrm{d}A = \boldsymbol{i}\iiint\limits_V \nabla \cdot \boldsymbol{p}_x\,\mathrm{d}V +$$

$$\boldsymbol{j}\iiint\limits_V \nabla \cdot \boldsymbol{p}_y\,\mathrm{d}V + \boldsymbol{k}\iiint\limits_V \nabla \cdot \boldsymbol{p}_z\,\mathrm{d}V$$

$$= \boldsymbol{i}\iiint\limits_V \left[\frac{\partial p_{xx}}{\partial x} + \frac{\partial \tau_{xy}}{\partial y} + \frac{\partial \tau_{xz}}{\partial z}\right]\mathrm{d}V + \boldsymbol{j}\iiint\limits_V \left[\frac{\partial \tau_{yx}}{\partial x} + \frac{\partial p_{yy}}{\partial y} + \frac{\partial \tau_{yz}}{\partial z}\right]\mathrm{d}V +$$

$$\boldsymbol{k}\iiint\limits_V \left[\frac{\partial \tau_{zx}}{\partial x} + \frac{\partial_{zy}}{\partial y} + \frac{\partial p_{zz}}{\partial z}\right]\mathrm{d}V$$

$$= \iiint\limits_V \left[\frac{\partial \boldsymbol{p}_x}{\partial x} + \frac{\partial \boldsymbol{p}_y}{\partial y} + \frac{\partial \boldsymbol{p}_z}{\partial z}\right]\mathrm{d}V$$

代入式(8.32)就可以得到式(8.31)。在应力形式的运动微分方程中共有 10 个未知量：v_x，

v_y，v_z，ρ，p_{xx}，p_{yy}，p_{zz}，τ_{xy}，τ_{yz}，τ_{zx}，需要 10 个方程求解，然而已有的基本微分方程共有 4 个（连续方程、运动方程），因此，还需要补充 6 个方程才能使方程组封闭，这六个补充方程正是上节给出的本构方程，即广义牛顿内摩擦定律。

8.2.2　N-S 方程

1. 基本假设

流体为牛顿流体，即满足牛顿内摩擦定律。

2. 方程推导

将广义牛顿内摩擦定律的 6 个表面应力方程代入应力形式的黏性流体运动微分方程，整理后可以得到纳维尔-斯托克斯方程。

将式(8.28)代入到式(8.31)得到

$$\rho \frac{\mathrm{D}\boldsymbol{v}}{\mathrm{D}t} = \rho\boldsymbol{f} - \nabla p + \nabla \cdot (2\mu\boldsymbol{S}) + \frac{2}{3}\nabla(\mu\nabla \cdot \boldsymbol{v}) \tag{8.33}$$

式(8.33)为 N-S 方程最一般的形式。通常流体可以假设为黏性系数为常数，则式(8.33)可进一步简化为

$$\rho \frac{\mathrm{D}\boldsymbol{v}}{\mathrm{D}t} = \rho\boldsymbol{f} - \nabla p + \mu\nabla^2\boldsymbol{v} + \frac{\mu}{3}\nabla(\nabla \cdot \boldsymbol{v}) \tag{8.34}$$

这也可以从分量式推导得到。将式(8.29)代入到式(8.30)得到

$$\frac{\mathrm{D}v_x}{\mathrm{D}t} = f_x + \frac{1}{\rho}\left\{\frac{\partial}{\partial x}\left[-p + 2\mu\frac{\partial v_x}{\partial x} - \frac{2}{3}\mu(\nabla \cdot \boldsymbol{v})\right] + \frac{\partial}{\partial y}\left[\mu\left(\frac{\partial v_y}{\partial x} + \frac{\partial v_x}{\partial y}\right)\right] + \frac{\partial}{\partial z}\left[\mu\left(\frac{\partial v_x}{\partial z} + \frac{\partial v_z}{\partial x}\right)\right]\right\}$$

$$= f_x - \frac{1}{\rho}\frac{\partial p}{\partial x} + \frac{1}{\rho}\left\{\left[\frac{\partial}{\partial x}\left(\mu\frac{\partial v_x}{\partial x}\right) + \frac{\partial}{\partial y}\left(\mu\frac{\partial v_x}{\partial y}\right) + \frac{\partial}{\partial z}\left(\mu\frac{\partial v_x}{\partial z}\right)\right] + \right.$$

$$\left.\left[\frac{\partial}{\partial x}\left(\mu\frac{\partial v_x}{\partial x}\right) + \frac{\partial}{\partial y}\left(\mu\frac{\partial v_y}{\partial x}\right) + \frac{\partial}{\partial z}\left(\mu\frac{\partial v_z}{\partial x}\right)\right] - \frac{2}{3}\frac{\partial}{\partial x}\left[\mu(\nabla \cdot \boldsymbol{v})\right]\right\}$$

$$= f_x - \frac{1}{\rho}\frac{\partial p}{\partial x} + \nu\left(\frac{\partial^2 v_x}{\partial x^2} + \frac{\partial^2 v_x}{\partial y^2} + \frac{\partial^2 v_x}{\partial z^2}\right) + \nu\left[\frac{\partial}{\partial x}\left(\frac{\partial v_x}{\partial x}\right) + \frac{\partial}{\partial x}\left(\frac{\partial v_y}{\partial y}\right) + \frac{\partial}{\partial x}\left(\frac{\partial v_z}{\partial z}\right)\right] - $$

$$\frac{2\nu}{3}\frac{\partial}{\partial x}(\nabla \cdot \boldsymbol{v})\bigg]$$

进一步整理后可以得到下面第一式

$$\frac{\mathrm{D}v_x}{\mathrm{D}t} = f_x - \frac{1}{\rho}\frac{\partial p}{\partial x} + \nu\nabla^2 v_x + \frac{\nu}{3}\frac{\partial}{\partial x}(\nabla \cdot \boldsymbol{v})$$

同理可以得到

$$\frac{\mathrm{D}v_y}{\mathrm{D}t} = f_y - \frac{1}{\rho}\frac{\partial p}{\partial y} + \nu\nabla^2 v_y + \frac{\nu}{3}\frac{\partial}{\partial y}(\nabla \cdot \boldsymbol{v})$$

$$\frac{\mathrm{D}v_z}{\mathrm{D}t} = f_z - \frac{1}{\rho}\frac{\partial p}{\partial z} + \nu\nabla^2 v_z + \frac{\nu}{3}\frac{\partial}{\partial z}(\nabla \cdot \boldsymbol{v})$$

以上三式合成的矢量形式如下：

$$\frac{\mathrm{D}\boldsymbol{v}}{\mathrm{D}t} = \frac{\partial \boldsymbol{v}}{\partial t} + (\boldsymbol{v} \cdot \nabla)\boldsymbol{v} = \boldsymbol{f} - \frac{1}{\rho}\nabla p + \nu \nabla^2 \boldsymbol{v} + \frac{\nu}{3}\nabla(\nabla \cdot \boldsymbol{v}) \tag{8.35}$$

式(8.35)可写成"兰姆葛罗米柯"形式：

$$\frac{\mathrm{D}\boldsymbol{v}}{\mathrm{D}t} = \frac{\partial \boldsymbol{v}}{\partial t} + (\boldsymbol{v} \cdot \nabla)\boldsymbol{v} = \frac{\partial \boldsymbol{v}}{\partial t} + \nabla\frac{v^2}{2} + \boldsymbol{\Omega} \times \boldsymbol{v} = \boldsymbol{f} - \frac{1}{\rho}\nabla p + \nu \nabla^2 \boldsymbol{v} + \frac{\nu}{3}\nabla(\nabla \cdot \boldsymbol{v})$$

$$\tag{8.36}$$

式中，$\boldsymbol{\Omega} = \nabla \times \boldsymbol{v}$ 为流体的涡量。

式(8.35)或式(8.36)称为黏性可压缩牛顿流体的运动微分方程，即 N-S 方程。该方程中包含了 3 个速度分量、一个压强有 4 个变量，N-S 方程组共有 3 个方程，加上连续性方程共 4 个方程，构成封闭方程组，在理论上是可解的。但由于 N-S 方程为二阶非线性非齐次偏微分方程，数学求解十分困难，只有少数简单问题才可以得到解析解，例如平行平板间和圆管中的层流问题等，目前工程上通常采用数值计算方法求解 N-S 方程获得近似解。

3. N-S 方程的物理含义

$$\frac{\mathrm{D}\boldsymbol{v}}{\mathrm{D}t} = \frac{\partial \boldsymbol{v}}{\partial t} + (\boldsymbol{v} \cdot \nabla)\boldsymbol{v} = \boldsymbol{f} - \frac{1}{\rho}\nabla p + \nu \nabla^2 \boldsymbol{v} + \frac{\nu}{3}\nabla(\nabla \cdot \boldsymbol{v})$$

$$\quad\quad ① \quad\quad\quad ② \quad\quad ③ \quad\quad ④ \quad\quad ⑤ \quad\quad\quad ⑥$$

N-S 方程中所编号的每一项均表示作用于单位质量流体上的某种力，①为非定常引起的局部惯性力；②为非均匀引起的变位惯性力；③为质量力；④为黏性流流体压力合力；⑤为黏性切向应力；⑥为黏性附加法向应力。

4. N-S 方程的适用条件

N-S 方程是在普遍应力形式运动方程的基础上附加若干假设后得到的，因此在应用时需要注意满足它的假设条件。因此，N-S 方程适用于黏性系数 μ 为常数的牛顿流体；层流运动；湍流运动。

5. N-S 方程的简化形式

(1) 对于不可压缩流体，利用连续方程，N-S 方程可简化为

$$\frac{\partial \boldsymbol{v}}{\partial t} + (\boldsymbol{v} \cdot \nabla)\boldsymbol{v} = \boldsymbol{f} - \frac{1}{\rho}\nabla p + \nu \nabla^2 \boldsymbol{v} \tag{8.37}$$

(2) 对于不可压缩定常平面流，N-S 方程简化为

$$v_x \frac{\partial v_x}{\partial x} + v_y \frac{\partial v_x}{\partial y} = f_x - \frac{1}{\rho}\frac{\partial p}{\partial x} + \nu\left(\frac{\partial^2 v_x}{\partial x^2} + \frac{\partial^2 v_x}{\partial y^2}\right)$$

$$v_x \frac{\partial v_y}{\partial x} + v_y \frac{\partial v_y}{\partial y} = f_y - \frac{1}{\rho}\frac{\partial p}{\partial y} + \nu\left(\frac{\partial^2 v_y}{\partial x^2} + \frac{\partial^2 v_y}{\partial y^2}\right)$$

$$\tag{8.38}$$

① 沿 x 向均匀流，忽略质量力，则

$$v_x = C$$

$$v_y = 0 \tag{8.39}$$

$$\left.\begin{array}{l} f_x = \dfrac{1}{\rho}\,\dfrac{\partial p}{\partial x} = 0 \\[2mm] f_y = \dfrac{1}{\rho}\,\dfrac{\partial p}{\partial y} = 0 \end{array}\right\} \Rightarrow p = c$$

② 沿 x 向平行流(层流),忽略质量力,则

$$\begin{cases} v_x = v_x(x,y) \\ v_y = 0 \end{cases} \Rightarrow \begin{cases} v_x\dfrac{\partial v_x}{\partial x} = -\dfrac{1}{\rho}\,\dfrac{\partial p}{\partial x} + \nu\,\nabla^2 v_x \\[2mm] 0 = -\dfrac{1}{\rho}\,\dfrac{\partial p}{\partial y} \end{cases} \tag{8.40}$$

再利用连续方程:$\dfrac{\partial v_x}{\partial x} = 0$ 则

$$v = v_x(y)$$

$$p = p(x)$$

$$\frac{\partial^2 v_x}{\partial y^2} = \frac{\mathrm{d}^2 v_x}{\mathrm{d}y^2} = \frac{1}{\mu}\,\frac{\mathrm{d}p}{\mathrm{d}x} \tag{8.41}$$

(3) 对于理想流体,即黏性系数 $\mu = 0$,N‑S 方程可简化为欧拉运动微分方程。

8.2.3　黏性流体运动的基本特征

下面以不可压缩流体流动为例说明黏性流体运动的 3 个基本特征:运动的有旋性、涡旋的扩散性以及能量的耗散性。

1. 运动的有旋性

根据场论知识:$\nabla\times(\nabla\times v) = \nabla(\nabla\cdot v) - \nabla^2 v$,则 N‑S 方程转化为

$$\frac{\mathrm{D}v}{\mathrm{D}t} = f - \frac{1}{\rho}\,\nabla p - \nu\,\nabla\times(\nabla\times v) = f - \frac{1}{\rho}\,\nabla p - \nu\,\nabla\times\boldsymbol{\Omega}$$

因此,黏性流体运动一般是有旋的。如果运动无旋,则黏性流体运动方程退化为理想流体的欧拉运动方程,但欧拉方程有唯一解的物面条件是法向速度连续,而黏性流体的流动则要求物面上满足无滑移边界条件,即同时满足法向速度和切向速度连续,在一般情况下,保持切向速度连续将导致欧拉运动方程无解。

2. 旋涡的扩散性

对方程(8.36)两边同时作旋度运算,并注意到向量运算法则:

$$\nabla\times(a\times b) = (b\cdot\nabla)a - (a\cdot\nabla)b + a(\nabla\cdot b) - b(\nabla\cdot a)$$

得

$$\frac{\partial\boldsymbol{\Omega}}{\partial t} + (v\cdot\nabla)\boldsymbol{\Omega} - (\boldsymbol{\Omega}\cdot\nabla)\boldsymbol{\Omega} + \boldsymbol{\Omega}(\nabla\cdot v)$$

$$= \nabla\times f - \nabla\times\left(\frac{\nabla p}{\rho}\right) + \nabla\times(\nu\,\nabla^2 v) + \frac{1}{3}\,\nabla\times[\nu\,\nabla(\nabla\cdot v)]$$

若黏性系数为常数,则

$$\frac{D\boldsymbol{\Omega}}{Dt} = (\boldsymbol{\Omega} \cdot \nabla)\boldsymbol{\Omega} - \boldsymbol{\Omega}(\nabla \cdot \boldsymbol{v}) + \nabla \times \boldsymbol{f} - \frac{1}{\rho^2}\nabla\rho \times \nabla p + \nu \nabla^2\boldsymbol{\Omega} \tag{8.42}$$

与理想流体的涡量输运方程(5.21)相比,增加了黏性的影响,即式(8.42)的最后一项。若流体不可压缩、质量力有势,则式(8.42)可改写为

$$\frac{D\boldsymbol{\Omega}}{Dt} = (\boldsymbol{\Omega} \cdot \nabla)\boldsymbol{\Omega} + \nu \nabla^2\boldsymbol{\Omega} \tag{8.43}$$

式(8.43)表明,如果流场中的涡量分布不均匀就会出现旋涡的扩散,旋涡强的地方向旋涡弱的地方扩散(或输运)涡量,使涡量趋于均匀而达到平衡。

3. 能量的耗散性

由于黏性应力的存在,质量力和表面力所做的功只有一部分变为动能,另一部分则被黏性应力耗损变成了热能,变形速度越大,耗损越大。耗损掉的机械能转换成热能后使流体及相邻的固体壁面升温。

8.3 不可压缩黏性流动的精确解

通过联立求解 N-S 方程及连续方程可以得到不可压缩黏性流体运动的流场特性,但由于 N-S 方程左端惯性项中包含非线性项,无法求出精确解。只有当流动问题比较简单,方程中不出现非线性项时才能获得方程的精确解。本节主要介绍平行平板间的定常层流流动、圆管内的定常层流流动、往复振荡平板引起的层流流动等典型算例来说明 N-S 方程精确解的求解过程,并进一步把握黏性流体层流运动的基本特性。

8.3.1 平行平板间定常层流流动

考虑两个平行平板之间的不可压缩黏性流体的定常层流运动。下板静止,上板以速度 $U = \text{const}$ 运动,两板相距 $2h$。如图 8.9(a)所示,若不计质量力,则流动应满足下列基本方程和边界条件:

$$\frac{\partial v_x}{\partial x} + \frac{\partial v_y}{\partial y} = 0 \tag{8.44}$$

$$v_x\frac{\partial v_x}{\partial x} + v_y\frac{\partial v_x}{\partial y} = -\frac{1}{\rho}\frac{\partial p}{\partial x} + \nu\left(\frac{\partial^2 v_x}{\partial x^2} + \frac{\partial^2 v_x}{\partial y^2}\right) \tag{8.45}$$

$$v_x\frac{\partial v_y}{\partial x} + v_y\frac{\partial v_y}{\partial y} = -\frac{1}{\rho}\frac{\partial p}{\partial y} + \nu\left(\frac{\partial^2 v_y}{\partial x^2} + \frac{\partial^2 v_y}{\partial y^2}\right) \tag{8.46}$$

$$v_x|_{y=-h} = 0, \ v_x|_{y=h} = U \tag{8.47}$$

$$v_y|_{y=\pm h} = 0 \tag{8.48}$$

考虑边界条件,流体只沿 x 方向运动,即 $v_x = v$,$v_y = 0$,于是式(8.44)、式(8.46)变为

$$\frac{\partial v_x}{\partial x} = 0 \quad \text{或} \quad v_x = v_x(y)$$

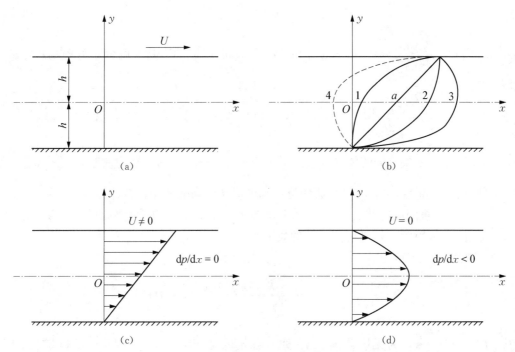

图 8.9　平行板间的定常层流流动

$$\frac{\partial p}{\partial y} = 0 \quad \text{或} \quad p = p(x)$$

则式(8.45)变为

$$\frac{\mathrm{d}^2 v_x}{\mathrm{d}y^2} = \frac{\mathrm{d}^2 v}{\mathrm{d}y^2} = \frac{1}{\mu}\frac{\mathrm{d}p}{\mathrm{d}x} = \text{const} \tag{8.49}$$

式(8.49)恒为常数是因为左端仅为 y 的函数,右端仅为 x 的函数。对式(8.49)积分可得

$$v = \frac{1}{2\mu}\frac{\mathrm{d}p}{\mathrm{d}x}y^2 + C_1 y + C_2$$

由边界条件式(8.47)确定积分常数,整理后即可得到平板间流场的速度分布:

$$v = \frac{U}{2}\left(1 + \frac{y}{h}\right) - \frac{h^2}{2\mu}\frac{\mathrm{d}p}{\mathrm{d}x}\left(1 - \frac{y^2}{h^2}\right) \quad \left(-1 \leqslant \frac{y}{h} \leqslant 1\right) \tag{8.50}$$

速度分布取决于上板前进速度 U 和沿流动方向的压力梯度 $\dfrac{\mathrm{d}p}{\mathrm{d}x}$,因此流动是由压差力和平板的运动引起的,在 $\dfrac{\mathrm{d}p}{\mathrm{d}x}$ 取不同值时,会有不同速度分布曲线,如图 8.9(b)所示,下面分别加以讨论。

（1）当 $U \neq 0$，$\dfrac{\mathrm{d}p}{\mathrm{d}x} = 0$ 时，称为"纯剪切流动"，又称"库埃特(Couette)流"。其速度分布呈线性分布，如图 8.9(c)所示。

$$v = \frac{U}{2}\left(1 + \frac{y}{h}\right) \quad \left(-1 \leqslant \frac{y}{h} \leqslant 1\right)$$

（2）当 $U = 0$，$\dfrac{\mathrm{d}p}{\mathrm{d}x} \neq 0$ 时，称为"泊肃叶(Poiseuille)流动"，其速度分布为抛物线，如图 8.9(d)所示。

$$v = -\frac{h^2}{2\mu}\frac{\mathrm{d}p}{\mathrm{d}x}\left(1 - \frac{y^2}{h^2}\right) = u_{\max}\left(1 - \frac{y^2}{h^2}\right), \quad \left(-1 \leqslant \frac{y}{h} \leqslant 1\right)$$

当 $y = 0$ 时，即在 x 轴上的流体速度达到最大值 $v_{\max} = -\dfrac{1}{\mu}\dfrac{\mathrm{d}p}{\mathrm{d}x}h^2$，平均速度 $v_{\mathrm{m}} = \dfrac{2}{3}v_{\max}$，如图 8.9(b)所示。显然，总流动是纯剪切流动和泊肃叶流动的叠加。

对于平行平板间的定常层流流动，不论上板是静止还是运动，只要有压力梯度，流场的速度剖面都是抛物线型，这是层流运动的典型特征。

为考察速度剖面的形状，将式(8.50)对 y 求导得

$$\frac{\mathrm{d}v}{\mathrm{d}y}\bigg|_{y=-h} = \frac{U}{2h} - \frac{h}{\mu}\frac{\mathrm{d}p}{\mathrm{d}x} = \frac{1}{2}\frac{U}{h}(1 + P)$$

其中，$P = -\dfrac{2h^2}{\mu U}\dfrac{\mathrm{d}p}{\mathrm{d}x}$ 为无因次压强梯度。由此可见，当 $P > 0$，即 $\dfrac{\mathrm{d}p}{\mathrm{d}x} < 0$(顺压) 时，$\dfrac{\mathrm{d}v}{\mathrm{d}y}\bigg|_{y=-h} > 0$，截面上的速度都为正，速度剖面向右凸出；当 $P < -1$ 时，$\dfrac{\mathrm{d}v}{\mathrm{d}y}\bigg|_{y=-h} < 0$，表明在较大的逆压梯度作用下，下板附近将出现倒流，速度剖面向左凸出。图 8.9(b)中给出了不同 P 值下的速度剖面形状。有关逆压和顺压的概念以及对流动的影响，还将在边界层章节中进一步讨论。

8.3.2　圆管内的定常层流运动

有一半径为 a 的无限长圆管，不可压缩黏性流体在压力梯度 $\dfrac{\mathrm{d}p}{\mathrm{d}x}$ 的作用下，做定常直线层流运动。设圆管水平放置，不计质量力。下面讨论管内流动的速度分布、流量及阻力。

根据流场边界为轴对称的特点，选取柱坐标系 (r, θ, x) 的 x 轴与管中心线重合，如图 8.10 所示。由于流动具有轴对称性质，因此，沿 r 和 θ 方向的速度分量均为零，流动只存在 x 方向的速度分量 u，并且 $u = u(r)$；又由于流体只作直线运动，不计质量力，因此管内同一横截面上的压强相等，仅为 x 的函数，即 $p = p(x)$。

1. 速度分布

下面将采用两种方法求解速度分布。

方法 1：简化并求解 N‑S 方程

首先给出柱坐标系中的纳维尔-斯托克斯方程：

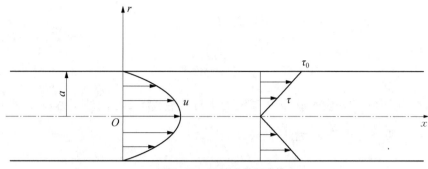

图 8.10　圆管内的层流

$$
\begin{cases}
\dfrac{\mathrm{D}v_r}{\mathrm{D}t}-\dfrac{v_\theta^2}{r}=f_r-\dfrac{1}{\rho}\dfrac{\partial p}{\partial r}+\nu\left(\nabla^2 v_r-\dfrac{2}{r^2}\dfrac{\partial v_\theta}{\partial \theta}-\dfrac{v_r}{r^2}\right)\\[2mm]
\dfrac{\mathrm{D}v_\theta}{\mathrm{D}t}-\dfrac{v_r v_\theta}{r}=f_\theta-\dfrac{1}{\rho}\dfrac{\partial p}{r\partial \theta}+\nu\left(\nabla^2 v_\theta-\dfrac{2}{r^2}\dfrac{\partial v_r}{\partial \theta}-\dfrac{v_\theta}{r^2}\right)\\[2mm]
\dfrac{\mathrm{D}v_x}{\mathrm{D}t}=f_x-\dfrac{1}{\rho}\dfrac{\partial p}{\partial x}+\nu\,\nabla^2 v_x
\end{cases}
\tag{8.51}
$$

其中,质点导数和拉普拉斯算子分别为

$$
\frac{\mathrm{D}}{\mathrm{D}t}=\frac{\partial}{\partial t}+v_r\frac{\partial}{\partial r}+v_\theta\frac{\partial}{r\partial \theta}+v_z\frac{\partial}{\partial z}
$$

$$
\nabla^2=\frac{\partial^2}{\partial r^2}+\frac{1}{r}\frac{\partial}{\partial r}+\frac{1}{r^2}\frac{\partial^2}{\partial \theta^2}+\frac{\partial^2}{\partial z^2}
$$

在不计质量力时,对于水平放置的无限长圆管中的定常层流流动,在柱坐标系中的 N‑S 方程可简化为

$$
\begin{cases}
\dfrac{\partial p}{\partial r}=0\\[2mm]
\dfrac{\partial p}{\partial \theta}=0\\[2mm]
\dfrac{1}{r}\dfrac{\mathrm{d}}{\mathrm{d}r}\left(r\dfrac{\mathrm{d}u}{\mathrm{d}r}\right)=\dfrac{1}{\mu}\dfrac{\partial p}{\partial x}
\end{cases}
$$

并进一步改写为

$$
\frac{1}{r}\frac{\mathrm{d}}{\mathrm{d}r}\left(r\frac{\mathrm{d}u}{\mathrm{d}r}\right)=\frac{1}{\mu}\frac{\mathrm{d}p}{\mathrm{d}x}
\tag{8.52}
$$

将式(8.52)两边对 r 积分,可得

$$
u=\frac{1}{4\mu}\frac{\mathrm{d}p}{\mathrm{d}x}r^2+C_1\ln r+C_2
$$

式中,C_1,C_2 为积分常数。

由于在 $r=0$ 处,速度 u 为有限值,因此 $C_1=0$。常数 C_2 由管壁边界条件 $u_{r=a}=0$ 确定,其值为 $C_2=-\dfrac{a^2}{4\mu}\dfrac{\mathrm{d}p}{\mathrm{d}x}$。因此,管内的速度分布为

$$u=-\frac{1}{4\mu}\frac{\mathrm{d}p}{\mathrm{d}x}(a^2-r^2) \tag{8.53}$$

若考虑长度为 l 的一段管道,记上游截面 1 与下游截面 2 之间的压力差(压降)为 $\Delta p=p_1-p_2>0$,则 $\dfrac{\mathrm{d}p}{\mathrm{d}x}=-\dfrac{\Delta p}{l}$。因此,式(8.53)可改写为

$$u=\frac{1}{4\mu}\frac{\Delta p}{l}(a^2-r^2) \tag{8.54}$$

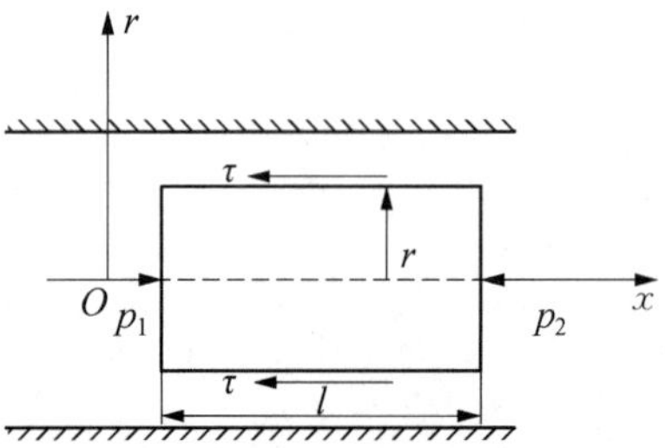

图 8.11　圆管中层流力平衡分析图

方法 2:采用理论力学方法

选取如图 8.11 所示的坐标系,从中取一长为 l,半径为 r 流体作为讨论对象。

沿 x 方向列出平衡方程:

$$(p_1-p_2)\pi r^2=2\pi rl\tau$$

因此

$$\tau=\frac{r}{2l}(p_1-p_2)=\frac{\Delta pr}{2l}$$

由牛顿内摩擦定律得

$$\tau=-\mu\frac{\mathrm{d}u}{\mathrm{d}r}$$

由上两式得到

$$\frac{\mathrm{d}u}{\mathrm{d}r}=-\frac{1}{2\mu}\frac{(p_1-p_2)}{l}r=-\frac{1}{2\mu}\frac{\Delta p}{l}r$$

对上式积分

$$u=-\frac{1}{4\mu}\frac{\Delta p}{l}r^2+c$$

由边界条件:$r=a$ 处,$u=0$ 得

$$C=\frac{1}{4\mu}\frac{\Delta p}{l}a^2$$

所以

$$u=\frac{1}{4\mu}\frac{\Delta p}{l}(a^2-r^2)$$

这就是式(8.54)。对于黏性流体层流运动,在管轴 $r=0$ 处速度达到最大值:

$$u_{\max} = \frac{\Delta p}{4\mu l} a^2 \qquad (8.55)$$

因此，式(8.53)还可以表示为

$$u = u_{\max}\left(1 - \frac{r^2}{a^2}\right) \qquad (8.56)$$

从式(8.56)可见，圆管内层流运动的速度分布也是抛物线型的(回转抛物面)，与平行平板间的流动相对应，称之为圆管中的泊肃叶流动。

2. 流量与平均流速

通过圆管的体积流量为

$$Q = \int_0^a u \cdot 2\pi r \, \mathrm{d}r = 2\pi u_{\max} \int_0^a \left(1 - \frac{r^2}{a^2}\right) r \, \mathrm{d}r = \frac{\pi a^2}{2} u_{\max}$$

将式(8.55)代入上式，得

$$Q = \frac{\pi a^4}{8\mu l} \Delta p \qquad (8.57)$$

式(8.57)称为"泊肃叶定律"。由此可见，圆管内的流量 Q 与压力降 Δp 成正比，与半径 a 的四次方成正比，而与黏性系数 μ 及管长成反比。如果测得两截面间的压强降 Δp 即可以通过上式计算管内流量 Q；反之，若测得流量 Q 即可以计算维持流动所需的压强降 Δp。

根据流量 Q 可以求出圆管截面上的平均流速(u_m)

$$u_m = \frac{Q}{\pi a^2} = \frac{\Delta p}{8\mu l} a^2 \qquad (8.58)$$

对照式(8.55)，有

$$u_m = \frac{1}{2} u_{\max} \qquad (8.59)$$

可见，圆管层流运动的平均速度是最大速度的一半。

3. 阻力及阻力系数

由式(8.54)可知，管内层流的切应力分布为

$$\tau = \mu \frac{\partial u}{\partial r} = -\frac{\Delta p}{2l} r \qquad (8.60)$$

沿径向线性变化(见图 8.10)。在用理论力学方法推导过程中，用力的平衡关系也得到了上式，区别在于这里是代数值，当 $p_1 - p_2 = \Delta p > 0$ 时，$\tau < 0$，表示方向沿 x 轴负向。在管轴 $r = 0$ 上，$\tau = 0$；在管壁上达到最大值(假定 $\Delta p > 0$)

$$\tau_0 = \frac{\Delta p}{2l} a$$

为了用无因次的流体动力系数来表示压力降，定义圆管层流流动的流体动力为

$$F = C_F \cdot \frac{1}{2} \rho u_m^2 \cdot \pi \mathrm{d}l$$

其中，$F = \Delta p \cdot \dfrac{1}{4}\pi d^2$。

定义圆管流动摩擦阻力系数 $\lambda = 4C_F$，则

$$\lambda = \frac{4F}{\dfrac{1}{2}\rho u_m^2 \pi dl} = \frac{\tau_0}{\dfrac{1}{8}\rho u_m^2} = \frac{\Delta p}{\dfrac{l}{d}\dfrac{1}{2}\rho u_m^2} \tag{8.61}$$

因此，只要获得摩擦阻力系数 λ，圆管内流动的压力降 Δp 或沿程损失 $\Delta h_f = \dfrac{\Delta p}{\rho g}$ 可由下式计算

$$\Delta p = \lambda \frac{l}{d} \frac{1}{2}\rho u_m^2 \tag{8.62}$$

$$\Delta h_f = \frac{\Delta p}{\rho g} = \lambda \frac{l}{d} \frac{u_m^2}{2g} \tag{8.63}$$

壁面切应力

$$\tau_0 = \frac{1}{8}\lambda \rho u_m^2 \tag{8.64}$$

需要指出，在定义阻力系数时并未考虑管内的流动状态，因此管内摩擦阻力系数的定义式(8.61)以及摩擦阻力或流动损失计算公式(8.62)对于层流和湍流都是适用的。

对于层流，由式(8.58)推导得

$$\lambda = \frac{64}{Re} \tag{8.65}$$

其中，$Re = \dfrac{u_m d}{\nu}$ 是对于圆管直径和平均速度而言的雷诺数。由此可见，圆管中层流运动 $(Re < Re_{cr})$ 的阻力系数与雷诺数成反比，压降 Δp 或沿程损失 Δh_f 与平均速度 u_m 的一次方成正比。

以上理论结果无论是速度分布、流量还是阻力系数都与实验结果十分吻合，具体见圆管内流动章节的内容。

8.3.3　往复振荡平板引起的层流流动

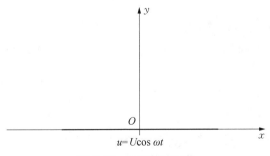

图 8.12　平板简谐振荡

一无限大平板在其自身平面内以圆频率作往复简谐振荡，如图 8.12 所示。设平板沿 x 方向的运动速度为 u，远方压强为大气压，不计质量力，现分析平板振荡所引起的上半空间不可压缩黏性流体的运动。

该问题为一非定常运动，满足下列基本方程和边界条件

$$\frac{\partial v_x}{\partial x} + \frac{\partial v_y}{\partial y} = 0 \tag{8.66}$$

$$\frac{\partial v_x}{\partial t}+v_x\,\frac{\partial v_x}{\partial x}+v_y\,\frac{\partial v_x}{\partial y}=-\frac{1}{\rho}\,\frac{\partial p}{\partial x}+\nu\left(\frac{\partial^2 v_x}{\partial x^2}+\frac{\partial^2 v_x}{\partial y^2}\right) \tag{8.67}$$

$$\frac{\partial v_y}{\partial t}+v_x\,\frac{\partial v_y}{\partial x}+v_y\,\frac{\partial v_y}{\partial y}=-\frac{1}{\rho}\,\frac{\partial p}{\partial y}+\nu\left(\frac{\partial^2 v_y}{\partial x^2}+\frac{\partial^2 v_y}{\partial y^2}\right) \tag{8.68}$$

$$v_x\big|_{y=0}=u=U\cos\omega t,\ v_x\big|_{y\to\infty}=0 \tag{8.69}$$

$$v_y\big|_{y=0}=0,\ v_y\big|_{y\to\infty}=0 \tag{8.70}$$

$$p_{y\to\infty}=p_a \tag{8.71}$$

由于平板无限大,因此在任一垂直于 x 轴的平面上的流动是相同的,即物理量与 x 轴无关或关于 x 的偏导数为零。因此:

$$v_x=v_x(y,t),\ v_y=v_y(y,t),\ p=p(y,t) \tag{8.72}$$

将式(8.72)代入式(8.66),并应用式(8.70),可知

$$v=0 \tag{8.73}$$

将式(8.72)和式(8.73)代入式(8.68),并应用边界条件式(8.71),可得全流场压力

$$p=p_a$$

式(8.66)和式(8.67)简化为

$$\frac{\partial u}{\partial t}=\nu\,\frac{\partial^2 u}{\partial y^2} \tag{8.74}$$

方程(8.74)表示不可压缩黏性流体中,由于平板运动引起的黏性沿 y 方向的扩散,称为扩散方程或热传导方程,可利用数理方程的求解方法获得在满足边界条件(8.69)下的解

$$u=Ue^{-ky}\cos(ky-\omega t) \tag{8.75}$$

其中,$k=\dfrac{2\nu}{\omega}$。可以看出,该式代表的运动是一个衰减波(黏性扰动),它沿 x 方向振荡,而从板面出发沿 y 方向传播,波长 $\lambda=\dfrac{2\pi}{k}=2\pi\sqrt{\dfrac{2\nu}{\omega}}$。

8.4　湍流及其运动特征

由雷诺实验可观察到黏性流体运动包含层流和湍流两种性质截然不同的运动状态。层流运动中的流体沿管轴分层平稳流动,相邻两层流体微团互不掺混,只有流体分子间的碰撞和交换,因此层流运动在宏观上表现为一种有规则的流动。与层流运动相比较,湍流则是一种复杂的不定常的随机的旋涡运动,除了流体分子之间的碰撞以外,流体微团之间通过脉动掺混剧烈地交换着质量、动量和能量,从而产生了湍流扩散、湍流摩阻和湍流热传导,它们的

强度比起分子运动所引起的扩散、摩阻和热传导要大得多。因此,当湍流发生之后的运动特性与层流完全不相同。例如当圆管中的流动处于层流状态时,速度剖面为抛物面,平均速度是最大速度的一半,压力降与平均速度的一次方成正比;而当流动处于湍流状态时,由于掺混的结果,速度剖面变得较为丰满,只在管壁附近出现很大的速度梯度,平均速度约为最大速度的80%~90%左右,压力降几乎与平均速度的平方成正比(见图8.13)。导致这种现象最主要的原因就是湍流的随机性或脉动性,这是湍流的基本特征。

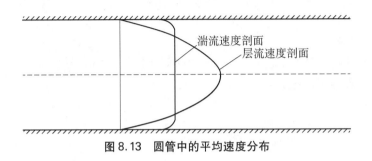

图 8.13 圆管中的平均速度分布

湍流理论主要研究两方面的问题:一是湍流产生的原因;二是湍流运动的基本规律。

1. 湍流产生的原因

层流和湍流在一定条件下可以相互转化或转捩。雷诺通过对圆管内黏性流体的流动实验研究发现,在一定的外界条件下,层流和湍流相互转化取决于雷诺数 Re。由层流转变为湍流时对应的 Re 称为临界雷诺数 Re_{cr}。Re_{cr} 不是一个固定值,它还取决于流体所受扰动的大小,这些扰动可以是来流速度的不均匀、物体表面的粗糙程度、流体中掺混杂质的多少或来流温度的不均匀等。当雷诺数较低时,这些扰动受到黏性阻尼的作用而衰减,流动可以保持层流状态,当雷诺数增加到一定值时,流体惯性力远远大于黏性力,惯性力使扰动放大超过了黏性力的阻尼作用,于是扰动得以发展,最终出现湍流。也就是说,转捩是扰动放大导致流动失稳的结果。

在圆管流动中,又可以分为上临界雷诺数和下临界雷诺数,通常提到的临界雷诺数指后者。在具体条件下流动状态发生转变的雷诺数称为上临界雷诺数,并用 $R'e_{cr}$ 表示,通常约为 $R'e_{cr}=12\,000\sim13\,000$,在实验室内很理想的条件下 $R'e_{cr}$ 可达 10^5 的量级。不管管流的扰动有多大,它必将衰减下去,而流动状态始终能保持为层流的最大雷诺数称为下临界雷诺数,并用 $R''e_{cr}$ 表示。下临界雷诺数比较固定,约为 2000(也有的文献取 2300)。在具体应用时,为了简便,采用下临界雷诺数作为判断依据,即当流动雷诺数 $Re\leqslant R''e_{cr}$ 时为层流,否则为湍流。

除圆管内的流体运动,在沿物体表面的边界层内的流动中也存在两种不同的流动状态及其转捩,在绕流物体前缘附近的流动保持为层流,到达某一点后经一很短的过渡后转变为湍流(见图8.14)。

以上只是从概念上阐述了转捩或湍流产生的原因,深入分析湍流的成因则属于流动稳定性理论的范畴。流动稳定性理论的发展已经历了100多年的历程,但直到现在还不能完全解释从层流到湍流的转捩机理。人们通常把湍流运动通俗地描述为由许许多多不同尺度

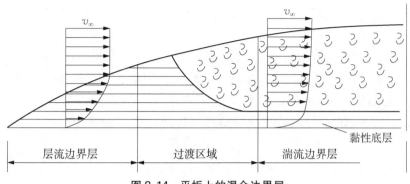

黏性底层

层流边界层　　　过渡区域　　　湍流边界层

图 8.14　平板上的混合边界层

的旋涡运动叠加而成的。这些旋涡在方向上是三维的,大小强弱不一,发生的位置和周期也极不规则;大尺度的旋涡在流向下游的过程中会分裂成小涡,而小涡则由于黏性耗损逐渐消失,其所带的能量转化为热能,整个流动是旋涡不断产生——分裂——湮灭的过程。

2. 湍流运动的基本规律

由于湍流运动是一种脉动运动,每一点的速度随时间空间随机变化,图 8.15 是利用热线测速仪测得管道中某点的轴向速度随时间的变化曲线。

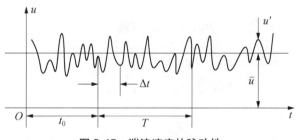

图 8.15　湍流速度的脉动性

可以看出,不同时刻湍流的真实(瞬时)速度 u 在某一平均速度 $\bar{u}$ 附近作随机脉动,瞬时速度与平均速度之差称为脉动速度 u',即 $u = \bar{u} + u'$。

与流体速度相类似,湍流中的流体压强也处于脉动状态,瞬时压强也可以表示为平均压强与脉动压强之和,$p = \bar{p} + p'$。

湍流速度的脉动性有如下一些特点:①脉动的数值不是小量,不能被忽略;②脉动总是三维的,其中沿主流流动方向的脉动量为最大,而以垂直于主流流动方向又垂直于固体表面方向的脉动量为最小;③是流体微团的脉动,而非流体分子的脉动。

在湍流流动中流体的瞬时速度和瞬时压强都是随时变化的,因此如果采用瞬时速度和瞬时压强去研究湍流运动,问题将变得极其复杂,而且从工程角度看一般情况下也没这个必要。例如研究管道内的流体流动,关心的是流体主流的速度分布、压强分布和能量损失等,并不关心每一个流体质点如何运动。因此通常情况下把湍流场看成是统计平均场和随机脉动场的叠加,即每一点的瞬时物理量看成是平均值和脉动值之和,然后应用统计平均的方法,从 N-S 方程出发研究平均运动的变化规律。工程中关心的和大多数仪器测得的物理量(如速度、压强、阻力等)也都是平均意义下的数值,因此这样的处理方法使问题的研究大大简化,并能够满足实际工程的要求。

常用的统计平均方法有时间平均、空间体积平均和概率平均。对于湍流运动这一随机过程,具有各态历经性,上述 3 种统计平均方法的值是相同的。由于时间平均更容易通过实验测量,因此湍流的流动特性采用时间平均法研究。

如图 8.15 所示,管内某点的轴向瞬时速度,其时间平均值定义为

$$\bar{u} = \frac{1}{T} \int_{t_0}^{t_0+T} u(x, y, z, t) \mathrm{d}t \qquad (8.76)$$

式中,T 为比湍流脉动周期 Δt 长得多的时间间隔,以获得稳定的平均值,这样时均值 $\bar{u}$ 与 t_0 及 T 无关;$\bar{u}$ 为几何意义是 $u \sim t$ 曲线和 t 轴所围面积的平均高度,物理意义是以 $\bar{u}$ 代替 u 时保持相同的流量。

考虑一三维黏性流体流动,引入平均值后,瞬时速度和压强等物理量可表示为

$$v_x = \bar{v}_x + v'_x, \ v_y = \bar{v}_y + v'_y, \ v_z = \bar{v}_z + v'_z; \ p = \bar{p} + p' \qquad (8.77)$$

根据平均值的定义式(8.76)可知,脉动值的均值应为零,即

$$\overline{v'_x} = 0, \ \overline{v'_y} = 0, \ \overline{v'_z} = 0; \ \overline{p'} = 0 \qquad (8.78)$$

但脉动值 $u'_i \ (i=1, 2, 3)$ 乘积的均值并不为零,即

$$\overline{u'_i u'_j}, \ (i, j = 1, 2, 3) \qquad (8.79)$$

设湍流流动的某一瞬时物理量为 $f(x, y, z, t) = \bar{f}(x, y, z, t) + f'(x, y, z, t)$,下面给出湍流时间平均计算的法则

① $\overline{\bar{f}} = \bar{f}$;② $\overline{\bar{f}g} = \bar{f}\,\bar{g}$;③ $\overline{f+g} = \bar{f} + \bar{g}$;④ $\overline{f'} = 0$;⑤ $\overline{fg} = \bar{f}\bar{g} + \overline{f'g'}$;⑥ $\overline{\dfrac{\partial f}{\partial x}} = \dfrac{\partial \bar{f}}{\partial x}$;⑦ $\overline{\dfrac{\partial f}{\partial t}} = \dfrac{\partial \bar{f}}{\partial t}$

几种典型的湍流流动如下:

(1) 定常湍流:是指空间各点物理量的平均值不随时间变化的湍流,也称作"准定常湍流",如图 8.15 所示的湍流。否则,若平均值随时间变化,则称为"非定常湍流"。例如,管内(湍流)流动的流量若随时间是变化的,则空间各点上物理量的均值就是非定常的。

(2) 均匀各向同性湍流:在均匀各向同性湍流中,不同点和同一点在不同方向上湍流的特性都是一样的,这种湍流存在于无界流场中或远离边界的流场中。例如,在远离水面和底面的深水区中、高空的自然风中、风洞或水洞试验段核心区的湍流就属于此类。

(3) 自由剪切湍流:自由剪切湍流指的是边界为自由面而无固壁限制的湍流。例如自由射流、尾流及两股汇合的平行流动等属于这种流动。

(4) 壁面剪切湍流:壁面剪切湍流指的是存在固壁边界的湍流。例如管内及物体壁面边界层的湍流属于此类。

8.5　雷诺湍流方程

雷诺(Reynolds)认为湍流的瞬时速度场满足 N-S 方程,因此,采用时间平均法首先建立了湍流平均运动方程——Reynolds 方程。下面将采用时均运算法则推导均质不可压缩湍流运动的 Reynolds 方程。湍流瞬时流场的 N-S 方程为

$$
\frac{\partial v_x}{\partial t} + v_x\,\frac{\partial v_x}{\partial x} + v_y\,\frac{\partial v_x}{\partial y} + v_z\,\frac{\partial v_x}{\partial z} = f_x - \frac{1}{\rho}\,\frac{\partial p}{\partial x} + \nu\,\nabla^2 v_x
$$

$$
\frac{\partial v_y}{\partial t} + v_x\,\frac{\partial v_y}{\partial x} + v_y\,\frac{\partial v_y}{\partial y} + v_z\,\frac{\partial v_y}{\partial z} = f_y - \frac{1}{\rho}\,\frac{\partial p}{\partial y} + \nu\,\nabla^2 v_y
\tag{8.80}
$$

$$
\frac{\partial v_z}{\partial t} + v_x\,\frac{\partial v_z}{\partial x} + v_y\,\frac{\partial v_z}{\partial y} + v_z\,\frac{\partial v_z}{\partial z} = f_z - \frac{1}{\rho}\,\frac{\partial p}{\partial z} + \nu\,\nabla^2 v_z
$$

或写成

$$
\frac{\partial v_i}{\partial t} + \frac{\partial (v_i v_j)}{\partial x_j} = f_i - \frac{1}{\rho}\,\frac{\partial p}{\partial x_i} + \nu\,\nabla^2 v_i
\tag{8.81}
$$

对方程(8.81)取时间平均值有

$$
\overline{\frac{\partial v_i}{\partial t}} + \overline{\frac{\partial (v_i v_j)}{\partial x_j}} = \overline{f_i} - \overline{\frac{1}{\rho}\,\frac{\partial p}{\partial x_i}} + \overline{\nu\,\nabla^2 v_i}
\tag{8.82}
$$

利用式(8.77)~式(8.79)及时均运算法则,可算得上式各项如下:

$$
\overline{\frac{\partial v_i}{\partial t}} = \frac{\partial \overline{v_i}}{\partial t}
$$

$$
\overline{\frac{1}{\rho}\,\frac{\partial p}{\partial x_i}} = \frac{1}{\rho}\,\frac{\partial \overline{p}}{\partial x_i}
$$

$$
\overline{\nabla^2 v_i} = \nabla^2 \overline{v_i}
$$

$$
\overline{\frac{\partial (v_i v_j)}{\partial x_j}} = \frac{\partial \overline{(v_i v_j)}}{\partial x_j} = \frac{\partial (\overline{v_i}\ \overline{v_j})}{\partial x_j} + \frac{\partial (\overline{v_i' v_j'})}{\partial x_j}
$$

将以上四式代入式(8.82),整理得

$$
\frac{\partial \overline{v_i}}{\partial t} + \frac{\partial (\overline{v_i}\ \overline{v_j})}{\partial x_j} = \overline{f_i} - \frac{1}{\rho}\,\frac{\partial \overline{p}}{\partial x_i} + \nu\,\nabla^2 \overline{v_i} + \frac{1}{\rho}\,\frac{\partial (-\rho\,\overline{v_i' v_j'})}{\partial x_j}
\tag{8.83}
$$

或写成

$$
\frac{\partial \overline{v_x}}{\partial t} + \frac{\partial (\overline{v_x}\ \overline{v_x})}{\partial x} + \frac{\partial (\overline{v_x}\ \overline{v_y})}{\partial y} + \frac{\partial (\overline{v_x}\ \overline{v_z})}{\partial z}
$$

$$
= \overline{f_x} - \frac{1}{\rho}\,\frac{\partial \overline{p}}{\partial x} + \nu\,\nabla^2 \overline{v_x} + \frac{1}{\rho}\left[\frac{\partial (-\rho\,\overline{v_x' v_x'})}{\partial x} + \frac{\partial (-\rho\,\overline{v_x' v_y'})}{\partial y} + \frac{\partial (-\rho\,\overline{v_x' v_z'})}{\partial z} \right]
$$

$$\frac{\partial \overline{v_y}}{\partial t} + \frac{\partial (\overline{v_x}\ \overline{v_y})}{\partial x} + \frac{\partial (\overline{v_y}\ \overline{v_y})}{\partial y} + \frac{\partial (\overline{v_y}\ \overline{v_z})}{\partial z}$$

$$= \overline{f_y} - \frac{1}{\rho}\frac{\partial \overline{p}}{\partial y} + \nu\nabla^2\overline{v_y} + \frac{1}{\rho}\left[\frac{\partial(-\rho\overline{v'_x v'_y})}{\partial x} + \frac{\partial(-\rho\overline{v'_y v'_y})}{\partial y} + \frac{\partial(-\rho\overline{v'_y v'_z})}{\partial z}\right]$$

(8.84)

$$\frac{\partial \overline{v_z}}{\partial t} + \frac{\partial (\overline{v_x}\ \overline{v_z})}{\partial x} + \frac{\partial (\overline{v_y}\ \overline{v_z})}{\partial y} + \frac{\partial (\overline{v_z}\ \overline{v_z})}{\partial z}$$

$$= \overline{f_z} - \frac{1}{\rho}\frac{\partial \overline{p}}{\partial z} + \nu\nabla^2\overline{v_z} + \frac{1}{\rho}\left[\frac{\partial(-\rho\overline{v'_x v'_z})}{\partial x} + \frac{\partial(-\rho\overline{v'_y v'_z})}{\partial y} + \frac{\partial(-\rho\overline{v'_z v'_z})}{\partial z}\right]$$

质量力可忽略的定常湍流运动雷诺应力平均方程为

$$\frac{\partial (\overline{v_x}\ \overline{v_x})}{\partial x} + \frac{\partial (\overline{v_x}\ \overline{v_y})}{\partial y} + \frac{\partial (\overline{v_x}\ \overline{v_z})}{\partial z}$$

$$= -\frac{1}{\rho}\frac{\partial \overline{p}}{\partial x} + \nu\nabla^2\overline{v_x} + \frac{1}{\rho}\left[\frac{\partial(-\rho\overline{v'_x v'_x})}{\partial x} + \frac{\partial(-\rho\overline{v'_x v'_y})}{\partial y} + \frac{\partial(-\rho\overline{v'_x v'_z})}{\partial z}\right]$$

$$\frac{\partial (\overline{v_x}\ \overline{v_y})}{\partial x} + \frac{\partial (\overline{v_y}\ \overline{v_y})}{\partial y} + \frac{\partial (\overline{v_y}\ \overline{v_z})}{\partial z}$$

$$= -\frac{1}{\rho}\frac{\partial \overline{p}}{\partial y} + \nu\nabla^2\overline{v_y} + \frac{1}{\rho}\left[\frac{\partial(-\rho\overline{v'_x v'_y})}{\partial x} + \frac{\partial(-\rho\overline{v'_y v'_y})}{\partial y} + \frac{\partial(-\rho\overline{v'_y v'_z})}{\partial z}\right]$$

(8.85)

$$\frac{\partial (\overline{v_x}\ \overline{v_z})}{\partial x} + \frac{\partial (\overline{v_y}\ \overline{v_z})}{\partial y} + \frac{\partial (\overline{v_z}\ \overline{v_z})}{\partial z}$$

$$= -\frac{1}{\rho}\frac{\partial \overline{p}}{\partial z} + \nu\nabla^2\overline{v_z} + \frac{1}{\rho}\left[\frac{\partial(-\rho\overline{v'_x v'_z})}{\partial x} + \frac{\partial(-\rho\overline{v'_y v'_z})}{\partial y} + \frac{\partial(-\rho\overline{v'_z v'_z})}{\partial z}\right]$$

湍流的瞬时运动连续性方程

$$\frac{\partial v_x}{\partial x} + \frac{\partial v_y}{\partial y} + \frac{\partial v_z}{\partial z} = 0$$

(8.86)

对应的时均方程为

$$\frac{\partial \overline{v_x}}{\partial x} + \frac{\partial \overline{v_y}}{\partial y} + \frac{\partial \overline{v_z}}{\partial z} = 0$$

(8.87)

式(8.83)—式(8.85)就是著名的雷诺(Reynolds)湍流方程,由 Reynolds 于 1895 年首先导出,简称为 Reynolds 方程,它与连续方程(8.87)一起构成了不可压缩湍流平均运动的基本方程。

由 Reynolds 方程可见,在湍流运动中除了平均运动的黏性应力 $\nu\nabla^2\overline{v_i}$ 之外,还多出了与脉动速度相关的项 $-\rho\overline{v'_i v'_j}$,称之为湍流应力或 Reynolds 应力,它是一个二阶张量,记作

$$P'_{ij} = -\rho\overline{v'_i v'_j}$$

(8.88)

或

$$\boldsymbol{P}' = \begin{bmatrix} -\rho\overline{v'_x v'_x} & -\rho\overline{v'_x v'_y} & -\rho\overline{v'_x v'_z} \\ -\rho\overline{v'_y v'_x} & -\rho\overline{v'_y v'_y} & -\rho\overline{v'_y v'_z} \\ -\rho\overline{v'_z v'_x} & -\rho\overline{v'_z v'_y} & -\rho\overline{v'_z v'_z} \end{bmatrix} \qquad (8.89)$$

显然 $\boldsymbol{P}'$ 是对称张量,即 $p'_{ij} = p'_{ji}$,只有 6 个分量是独立的,其中对角线上为 3 个法向应力,其余 3 个为切向应力。

从方程的推导过程可以看出,Reynolds 应力来源于非线性的迁移惯性力项,在物理上代表了由湍流脉动引起的单位面积上的动量输运率,这种动量的输运表现为湍流应力;从能量的观点来看,平均流不断地对脉动流输送能量,从而维持湍流的脉动。因此可以得出结论,湍流应力 $-\rho\overline{v'_i v'_j}$ 是与平均流相关联的。

为了衡量湍流脉动量的大小,通常引入"湍流度"的概念,其定义为

$$\varepsilon = \frac{1}{\bar{u}} \sqrt{\frac{1}{3}\left[(v'_x)^2 + (v'_y)^2 + (v'_z)^2 \right]}$$

式中, $\bar{u}$ 为平均速度; v'_x, v'_y, v'_z 为来流中脉动速度的三个分量。

在绕物体的流动中,边界层内流动状态的转捩以及流动分离不仅取决于来流的 Re 数,而且依赖于来流的湍流度、壁面粗糙度以及外部主流的压力梯度,因此风洞或水洞试验段的来流湍流度 ε 对边界层、阻力和升力的试验都有很大影响,要尽可能降低 ε 的值。现有的风洞湍流度一般约为 1%,低的只有 0.02%。

应当指出,湍流运动基本方程组(8.85)和(8.87)是不封闭的。方程的个数只有 4 个,而未知量却包含 10 个,即 3 个速速分量 $\bar{v}_i$、1 个压强分量 $\bar{p}$ 及 6 个湍流应力分量 p'_{ij}。为了使方程组封闭,必须在湍流应力与平均速度之间建立补充关系式,即所谓的"湍流模型"。

关于湍流模型的建立主要有两种方法:一种是湍流统计理论,即利用统计数学方法从最基本的物理守恒定律(流体力学基本方程组)出发,探讨湍流脉动的机理和内部结构,从而建立湍流运动的封闭方程组,该理论至今距解决工程问题仍相差甚远。另一种湍流模式理论或湍流半经验理论,是根据一些假设及实验结果建立湍流应力与平均速度之间的关系,进而建立封闭方程组。从 20 世纪 20 年代开始发展起来的一系列湍流半经验理论或模式理论,以普朗特(Prandtl)的混合长度理论最具有代表性。此外还包括单参数湍流模型、双参数湍流模型、代数应力模型等。

8.6　普朗特混合长度理论

普朗特混合长度理论的基本思想是把湍流中微团的脉动与气体分子的运动相比拟。即气体的运动需要经过一段自由行程,流体微团在和其他微团碰撞前也要经过一段路程。为简单起见,只讨论时均流为单向剪切流 $\bar{v}_x = \bar{u}(y)$ 的情形。

对于湍流运动,分子动量输运而引起的黏性应力表示为

$$\overline{\tau}_{xy} = \mu \frac{d\overline{u}}{dy}$$

对于由微团脉动引起的湍流切应力,布辛涅司克(Boussinesq)认为也可以表示成上述形式,即

$$\tau_t = -\rho \overline{v'_x v'_y} = -\rho \overline{u'v'} = \mu_t \frac{d\overline{u}}{dy} \tag{8.90}$$

其中,μ_t 称为"湍流黏性系数"或"涡黏性系数"。因此,时均流为单向剪切湍流的摩擦切应力可表示为

$$\tau = \overline{\tau}_{xy} + \tau_t = \mu \frac{d\overline{u}}{dy} + \mu_t \frac{d\overline{u}}{dy} = (\mu + \mu_t) \frac{d\overline{u}}{dy} \tag{8.91}$$

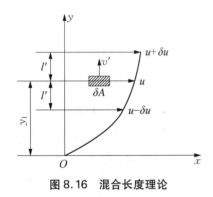

图 8.16　混合长度理论

因此,求解湍流剪切应力的关键在于如何获得湍流黏性系数 μ_t 与流场参数之间的关系。为确定它们之间的关系,德国科学家 Prandtl 认为,在湍流运动中流体微团之间的碰撞也需要经过一个与分子平均自由程相当的长度 l',在距离 l' 内流体微团不与其他流体团相碰,保持自己的动量不变,只是在经过了 l' 距离后才与那里的微团碰撞,改变了动量,如图 8.16 所示。某层流体微团(图中阴影部分)的时均速度、脉动速度分别为 $\overline{u}$(为简单起见,平均标识横杠将在后面忽略)和 u',v',脉动速度 v' 使得流体发生层与层之间的质量和动量交换。

设在流层之间取一微元面积 δA,则 y_1 层的流体在单位时间内通过 δA 脉动到 $y_1 + l'$ 层的质量为 $\rho v' \delta A$。根据动量定理,这种流层之间单位时间内动量的变化等于流层之间的摩擦阻力,即

$$\delta F = \rho v' \delta A (u + \delta u) - \rho v' \delta A u = \rho v' \delta A \delta u$$

上式两边同除以 δA,即可得到湍流切应力:

$$\tau_t = \rho v' \delta u \tag{8.92}$$

y_1 层和 $y_1 + l'$ 层流体的时均速度差可用泰勒(Taylor)级数展开,并略去高阶小量,得到速度脉动

$$\delta u_1 = u(y + l') - u(y) = l' \frac{du}{dy}$$

同样,y_1 层的流体在单位时间内通过 δA 脉动到 $y_1 - l'$ 层引起的速度脉动为

$$\delta u_2 = u(y - l') - u(y) = -l' \frac{du}{dy}$$

注意,到达 y_1 层的流体微团是随机从上下两方来的,两者机会是均等的。故可认为 y_1 处速度脉动量 u' 与以上两种扰动幅度的平均值同量级,即

$$|u'| = \frac{1}{2}(|\delta u_1| + |\delta u_2|) = l'\left|\frac{\mathrm{d}u}{\mathrm{d}y}\right| \tag{8.93}$$

此外，Prandtl 进一步假定 v' 和 u' 同量阶，即 $v' \sim u'$。事实上，该假定的合理性不难由连续性要求给出解释。当微团以速度 u' 离开某一位置时就空出一部分空间，四周流体纷纷流进来填补这一空间，于是产生了量阶相同的脉动速度 v'。由式(8.93)有

$$|v'| = kl'\left|\frac{\mathrm{d}u}{\mathrm{d}y}\right| \tag{8.94}$$

其中，k 是比例常数。

将式(8.93)、式(8.94)两式代入式(8.92)得

$$\tau_t = \rho k l'^2 \left(\frac{\mathrm{d}u}{\mathrm{d}y}\right)^2 = -\rho \overline{u'v'}$$

令 $l^2 = kl'^2$，则有

$$\tau_t = \rho l^2 \left(\frac{\mathrm{d}u}{\mathrm{d}y}\right)^2 \tag{8.95}$$

因为 τ_t 和 $\dfrac{\mathrm{d}u}{\mathrm{d}y}$ 同号，式(8.95)应改写成

$$\tau_t = \rho l^2 \left|\frac{\mathrm{d}u}{\mathrm{d}y}\right|\frac{\mathrm{d}u}{\mathrm{d}y} \tag{8.96}$$

通常称 l 为"混合长度"，一般说来混合长度 l 不是一个常数，它将在具体问题中通过假定及实验结果来确定。

将式(8.96)与(8.90)相比较，有

$$\mu_t = \rho l^2 \left|\frac{\mathrm{d}u}{\mathrm{d}y}\right| \tag{8.97}$$

可见，湍流黏性系数 μ_t 与平均流场有关，它远远大于由分子运动引起的层流黏性系数 μ，但 μ_t 与 μ 不同，它不是流体的属性，只决定于流体的密度、时均速度梯度和混合长度。

普朗特混合长度理论属于半经验、半理论，虽然其所依据的假设并严格，但它使雷诺湍流方程封闭了，而且通过实验确定混合长度以尽可能使该模型的结果接近实际情况。

除了普朗特混合长度理论为代表的零方程湍流模式外，还有其他一些湍流模式，包括一方程、二方程等模式，其中典型的有"k-ε"和"k-ω"二方程模式，如表 8.2 所示。具体数值计算时参见有关黏性流体动力学文献资料。

表 8.2　典型湍流模型

湍流模型	适用性及局限性
直接数值模拟 DNS	计算量高，只能计算雷诺数较低的简单湍流运动，例如槽道或圆管湍流，难以预测复杂湍流运动

湍流模型		适用性及局限性
雷诺平均法 RNAS	Spalart-Allmaras	计算量小,主要应用于空气动力学和流体机械等含中度分离现象的场合,对于预测低雷诺数流动十分有效
	Standard $k-\varepsilon$ 模型	由 Launder and Spalding 从实验现象中总结出来的,具有适用范围广、经济、精度合理的特点,适用于高雷诺数流动,边界层流动、管内流动、剪切流动,有较多的数据积累
	RNG $k-\varepsilon$ 模型	较 Standard $k-\varepsilon$ 模型能模拟低雷诺数流动,并考虑了湍流涡旋,提高了在这方面的精度
	Realizable 模型	能较精确地预测平面和圆形射流扩散作用,且对于旋转流动,强逆压梯度的边界层流动,流动分离和二次流有很好地表现
	Standard $k-\omega$ 模型	基于 Wilcox $k-\omega$ 模型,为考虑低雷诺数、可压缩性和剪切流传播而修改得到。适用于存在逆压梯度情况时的边界层流动分离和转折
	SST $k-\omega$ 模型	比 Standard $k-\omega$ 模型在广泛的流动领域中有更高的精度和可信度,但由于对壁面距离依赖性较强,不太适用于自由剪切流
	Reynolds Stress	避免了各向同性的涡黏性假设,占用较多的 CPU 时间和内存,较难收敛,适用于强旋流运动
大涡模拟法 LES		对网格和时间步的要求很严格。计算量和精确度处于 DNS 和 RNAS 之间,适用于高雷诺数,剪切层涡旋脱落或小尺度过程

8.7 圆管内的湍流

管内流动是工程中最常见的流动之一,研究圆管内的流体流动规律对于管路系统的设计具有重要指导意义。在 8.3 节我们已讨论了圆管内的层流运动,本节将利用 Prandtl 混合长度理论来研究圆管内的湍流运动。

8.7.1 管内湍流的基本概念

1. 充分发展流

无论是层流还是湍流,我们都假定流体充满了圆管的整个截面。在实际管道中,从入口处开始,流动有一个逐渐发展的过程,假设均匀流从圆弧形入口进入直径为 d 的直圆管,如图 8.17 所示。由于黏性的作用使得管壁上的速度为零,并在壁面附近形成边界层。随着流体向前方推移,边界层的厚度逐渐增长,速度剖面形状不断变化。由于通过管道的流量是一定的,而边界层的厚度逐渐增大,以致未受管壁影响的中心部分流速必然加快。至下游某一距离 L 处,管壁的边界层厚度曲线在圆管中心处汇合,黏性的影响遍及整个圆管,流动不再受入口的影响,速度剖面也不再变化,成为充分发展的层流或湍流。我们把入口至边界层相交的长度 L 称为入

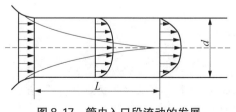

图 8.17 管内入口段流动的发展

口段或起始段。入口段之后的流动称为充分发展流,充分发展流的流态与 Re 数相关。

入口段的长度同样与流动状态有关。对于圆管内的层流,入口段的长度由式(8.98)近似给出

$$\frac{L}{d} \approx 0.057Re \tag{8.98}$$

其中, $Re = \dfrac{u_m d}{v}$。当 $Re_{cr} = 2\,000$ 时,达到充分发展层流所需长度为 116 倍直径;而达到充分发展湍流所需的长度约为 25～50 倍的直径,这取决于壁面的粗糙度和入口的形状,对于直角形入口,入口段的长度要比圆形入口的短。

本章仅讨论圆管内充分发展的定常流动,入口段除外。如果工程需要的话,可将充分发展流的结果乘以一个修正因子应用于入口段。

2. 管内湍流结构、黏性底层、水力光滑和水力粗糙

对于充分发展的管内湍流,其速度(时均速度)分布不同于层流。湍流脉动所引起的流层之间的动量交换使得管道中心部分的速度较层流均匀;在靠近管壁处,湍流脉动受到壁面限制,黏性的阻滞作用使得流速急剧下降,从而形成了中心部分较平坦而近壁面处速度梯度较大的速度分布剖面,如图 8.18 所示。

在管中心处大部分区域的流动是不规则的脉动运动,称为湍流核心区;而在靠近固体壁面的一个薄层内,脉动运动受到壁面的限制,脉动运动几乎完全消失,黏性力起主导作用,流动呈平滑的层流运动特征,这一薄层称为黏性底层(或层流底层);在黏性底层与湍流核心区相邻的区域,两种流动状态并存,称为过渡区,过渡区很薄,一般不单独考虑,而是合并到湍流核心区统一处理,见图 8.18。

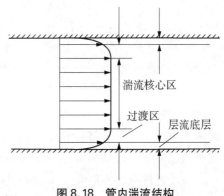

图 8.18 管内湍流结构

黏性底层中的切应力取决于式(8.91)中的第一项,湍流核心区的切应力取决于该式的两项,但第二项直到接近壁面都比第一项大很多,因而第一项可以忽略不计。

黏性底层的厚度 δ 很薄,通常只有几分之一毫米。但是,其对湍流流动的能量损失以及流体与壁面之间的换热等物理现象却有着重要的影响。这种影响与管道壁面的粗糙程度直接有关。把管壁粗糙凸出部分的平均高度 ε 称为绝对粗糙度,而把 ε/d 称为相对粗糙度。常用管道壁面的绝对粗糙度 ε 列于表 8.3 中。

表 8.3 常用管道壁面绝对粗糙度

管子材料	平均绝对粗糙度 ε/mm	管子材料	平均绝对粗糙度 ε/mm
干净铜管、铅管	0.001 5～0.01	水泥管(平整)	0.33
新无缝钢管	0.04～0.17	干净玻璃管	0.001 5～0.01

管 子 材 料	平均绝对粗糙度 ε/mm	管 子 材 料	平均绝对粗糙度 ε/mm
煤气管路上使用一年后钢管	0.12	橡胶软管	0.01～0.03
普通条件下浇成的钢管	0.19	极粗糙的内涂橡胶的软管	0.20～0.30
使用数年后的钢管	0.19	混凝土槽	0.80～9.0
精制镀锌钢管	0.25	陶土排水管	0.45～6.0
普通镀锌钢管	0.39	涂有珐琅质的排水管	0.25～6.0
普通新铸铁管	0.25～0.42	纯水泥表面管	0.25～1.25
粗陋镀锌钢管	0.50	水泥浆硅砌体	0.8～6.0
旧的生锈钢管	0.60	水泥普通块石砌体	6.0～17.0
污秽的金属管	0.75～0.90	刨平木板制成的木槽	0.25～2.0

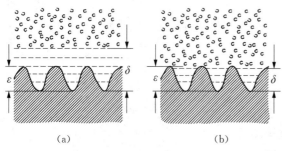

（a）　　　　　　　（b）

图 8.19　水力光滑与水力粗糙

当 $\delta > \varepsilon$ 时，即黏性底层完全淹没了管壁的粗糙凸出部分，如图 8.19（a）所示，这时黏性底层以外的湍流区完全感受不到管壁粗糙度的影响，流体好像在完全光滑的管子中流动一样，这种情况的管内流动称为是"水力光滑"的，这种管道简称"光滑管"。

当 $\delta < \varepsilon$ 时，即管壁的粗糙凸出部分有一部分或大部分暴露在湍流区中，这时流体流过凸出部分时将引起旋涡，造成新的能量损失，管壁粗糙度将对湍流流动产生影响，这种情况的管内流动称为是"水力粗糙"的，这种管道简称"粗糙管"。

由于黏性底层厚度 δ 随 Reynolds 数发生变化，因此，同样一根管道在不同的 Re 数下会处于水力光滑或水力粗糙这两种不同的流动状态。

实验证明，δ 的数值依赖于 Re 数，可用半经验公式

$$\frac{\delta}{d} = \frac{34.2}{Re^{0.875}}$$

或

$$\delta = \frac{32.8d}{Re\sqrt{\lambda}} \tag{8.99}$$

式中，d 为管道直径；λ 为核心区为湍流时的沿程阻力系数。

8.7.2　圆管内的湍流速度分布

本节讨论光滑管（$\delta > \varepsilon$）和粗糙管（$\delta < \varepsilon$）内的速度分布。

1. 黏性底层速度分布($y \leqslant \delta$)

设 y 是从壁面算起的距离,在黏性底层中的切应力由 $\tau = \mu \mathrm{d}u/\mathrm{d}y$ 决定。根据层流的特征,速度分布为抛物线,但由于层流底层很薄,速度分布可近似为线性的,于是层流底层中的切应力 τ 为一常数,等于壁面上的摩擦应力 τ_0。因此上式可写为

$$\tau_0 = \mu \frac{u}{y}$$

或

$$u = \frac{\tau_0}{\mu} y = \frac{\tau_0}{\rho \nu} y \tag{8.100}$$

令

$$u_\tau = \sqrt{\frac{\tau_0}{\rho}} \tag{8.101}$$

由于该式具有速度的因次(长度/时间),故称为壁面切应力速度。只要壁面切应力 τ_0 给定,则 u_τ 也是已知的常数。将式(8.101)代入式(8.100),可以得到黏性底层的无因次速度分布

$$\frac{u}{u_\tau} = \frac{y u_\tau}{\nu} \tag{8.102}$$

由实验得知黏性底层的厚度 $\dfrac{y u_\tau}{\nu} \leqslant 5$。为书写方便,分别记无因次速度和无因次厚度为 $u^+ = \dfrac{u}{u_\tau}$, $y^+ = \dfrac{y u_\tau}{\nu}$,因此上式可写成

$$u^+ = y^+ \qquad (y^+ \leqslant 5) \tag{8.103}$$

尼古拉兹(Nikurads)于 1932 年进行了光滑圆管中的速度分布试验,证实了 $y^+ \leqslant 5$ 时,式(8.103)的正确性,见图 8.20 所示。

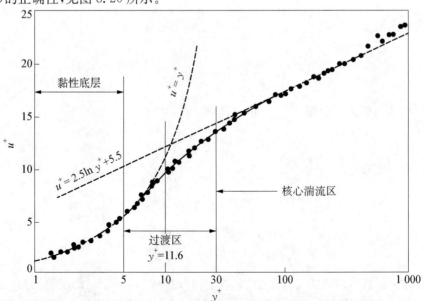

图 8.20　光滑圆管中的速度分布

2. 过渡层内的速度分布($5<y^+<30$)

黏性底层至湍流核心区之间过渡区的速度分布可近似地用 Sleicher 公式表示：

$$u^+=11\arctan\left(\frac{y^+}{11}\right) \tag{8.104}$$

3. 水力光滑管湍流核心区速度分布$\left(\dfrac{\varepsilon u_\tau}{\nu}<4,\ y^+\geqslant30\right)$

当 $\varepsilon<\dfrac{4\nu}{u_\tau}$ 时，壁面粗糙度不影响湍流核心区中的速度分布，流动是水力光滑的。这时湍流核心区（$y^+\geqslant30$）中的 Reynolds 应力远远大于分子黏性应力，忽略分子黏性应力，仍假设核心区中 $\tau\approx\tau_0=$常数，于是式(8.91)写成

$$\tau=(\mu+\mu_t)\frac{\mathrm{d}u}{\mathrm{d}y}\approx\rho l^2\left(\frac{\mathrm{d}u}{\mathrm{d}y}\right)^2=\tau_0 \tag{8.105}$$

利用式(8.101)，式(8.105)可以写成

$$\frac{\mathrm{d}u}{\mathrm{d}y}=\frac{u_\tau}{l} \tag{8.106}$$

因为 ν' 在壁面上为零，于是 Prandtl 提出假设：近壁面处的混合长度 l 与离壁面的距离 y 成正比，即

$$l=ky$$

将此式代入式(8.106)并积分，可得下述湍流速度分布规律。

（1）对数定律：

$$\frac{u}{u_\tau}=\frac{l}{k}\ln y+C_1$$

式中，c_1 为积分常数。令 $c_1=c+\dfrac{1}{k}\ln\dfrac{u_\tau}{\nu}$，则上式可写成

$$\frac{u}{u_\tau}=\frac{1}{k}\ln\frac{yu_\tau}{\nu}+C \tag{8.107}$$

常数 k，C 由实验确定。根据 Nikuradse 实验确定常数

$$k=0.4,\ C=5.5$$

于是式(8.107)成为

$$\text{或}\quad\left.\begin{aligned}&\frac{u}{u_\tau}=2.5\ln\frac{yu_\tau}{\nu}+5.5,&&\left(\frac{yu_\tau}{\nu}\geqslant30\right)\\&u^+=2.5\ln y^++5.5,&&(y^+\geqslant30)\\&u^+=5.75\lg y^++5.5,&&(y^+\geqslant30)\end{aligned}\right\} \tag{8.108}$$

式(8.108)称为圆管内湍流速度分布的"对数定律"，它与 Nikuradse 的实验结果(见图 8.20)非常一致。这表明尽管作了近壁假定 $\tau\approx\tau_0$ 和 $l=ky$，对数定律的使用范围实际上可延伸

至圆管中心。

最大速度 $u_{\max}$ 位于圆管中心 $y = a$ 处，由式(8.108)第一式知

$$\frac{u_{\max}}{u_\tau} = 2.5\ln\frac{au_\tau}{\nu} + 5.5 \tag{8.109}$$

由于黏性底层和过渡层很薄，管流的平均速度 u_m 可近似按式(8.108)所示的对数分布规律计算，注意到 $y = a - r$，于是

$$u_m = \frac{1}{\pi a^2}\int_0^a u \cdot 2\pi r\,\mathrm{d}r$$

积分得

$$\frac{u_m}{u_\tau} = 2.5\ln\frac{au_\tau}{\nu} + 1.75 \tag{8.110}$$

将式(8.109)与上式相减，可得平均速度与最大速度之间的关系

$$u_m = u_{\max} - 3.75u_\tau \tag{8.111}$$

(2) 亏损定律。将式(8.109)与式(8.108)第一式相减，得

$$\frac{u_{\max} - u}{u_\tau} = 2.5\ln\frac{a}{y} \tag{8.112}$$

式(8.112)称为圆管湍流速度分布的"亏损定律"，它表示距管壁 y 处的速度相对于圆管中心最大速度的减少。

需要指出的是，对数定律仅适用于水力光滑管；而亏损定律对水力光滑和水力粗糙管都适用，因为从式(8.107)得到式(8.111)的相减过程中减去了两者不同的常数项 C（光滑管：$C = 5.5$；粗糙管：$C = 8.5$）。

(3) 指数定律。当 $Re < 3.2 \times 10^6$ 时，光滑管速度分布可用更为方便的指数方程近似，即

$$\frac{u}{u_\tau} = c_n\left(\frac{yu_\tau}{\nu}\right)^n \tag{8.113}$$

或

$$\frac{u}{u_{\max}} = \left(\frac{y}{a}\right)^n \tag{8.114}$$

式中，系数 c_n 和指数 n 随雷诺数 Re 而变化，如表 8.4 所示。由式(8.114)不难得到平均流速 u_m 与最大流速 $u_{\max}$ 的比值

$$\frac{u_m}{u_{\max}} = \frac{2}{(n+1)(n+2)}$$

当 $Re = 1.1 \times 10^5$ 时，$n = \dfrac{1}{7}$，$c_n = 8.74$，则

$$\frac{u}{u_{\max}} = \left(\frac{y}{a}\right)^{1/7} \tag{8.115}$$

这就是通常采用的卜拉休斯(Blasuis)七分之一次方规律。在实际应用中，$Re < 10^5$ 时取 $n = \frac{1}{7}$；$Re > 2 \times 10^6$ 时取 $n = \frac{1}{10}$。根据比值 $\frac{u_m}{u_{\max}}$ 我们可以利用测定圆管中心处最大流速的办法求出平均流速，进而求出流量，这是求管道平均流速和流量的简便方法之一。

表 8.4　指数定律中的参数与雷诺数的对应关系

Re	4.0×10^3	2.3×10^4	1.1×10^5	1.1×10^6	2.0×10^6	3.2×10^6
n	1/6.0	1/6.6	1/7	1/8.8	1/10	1/10
$u_m/u_{\max}$	0.791	0.808	0.818	0.849	0.865	0.865

图 8.21 显示了当平均速度相同但雷诺数不同时，层流与湍流的速度分布剖面。可见，湍流速度剖面较为丰满；同样是湍流，Re 越大越接近于平均速度。

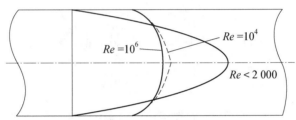

图 8.21　层流与湍流的速度分布剖面

4. 水力粗糙管湍流核心区速度分布$\left(\dfrac{\varepsilon u_\tau}{\nu} > 60\right)$

当 $\varepsilon > 60 \dfrac{\nu}{u_\tau}$ 时，壁面粗糙度严重影响湍流核心区。由 Nikuradse 实验确定的常数 $k = 0.4$、$C = 8.5$。这时，由式(8.107)知水力粗糙管中湍流核心区的速度分布为

$$\frac{u}{u_\tau} = 2.5\ln\frac{y}{\varepsilon} + 8.5 \tag{8.116}$$

$$\frac{u_m}{u_\tau} = 2.5\ln\frac{a}{\varepsilon} + 4.75 \tag{8.117}$$

平均速度 u_m 与最大速度 $u_{\max}$ 之间的关系仍为式(8.111)。

8.7.3　圆管中的摩擦阻力系数

由 8.3 节内容知，无论管内是层流流动，还是湍流流动，其摩擦阻力均按式(8.63)计算，问题在于它们的摩擦阻力系数 λ 如何决定。

将圆管壁面切应力与摩擦阻力系数的关系式 $\tau_0 = \dfrac{1}{8}\lambda\rho u_m^2$，两边除以 ρ，并利用定义式 (8.101)，得

$$\lambda = 8\left(\frac{u_\tau}{u_m}\right)^2 \tag{8.118}$$

由此可见,只要已知速度分布公式就可求出平均速度 u_m,从而求出阻力系数 λ。对于层流,阻力系数已经用解析的方法推导出来,对于光滑管或粗糙管湍流的阻力系数,有的可用理论方法求得,另一些只能由实验给出经验或半经验公式。

尼古拉兹(Nikuradse)对不同直径不同流量的管流进行了大量的实验,而且考虑了不同粗糙度的影响。图 8.22 给出的是由实验整理出来的曲线,这些实验曲线分如下 5 个区域。

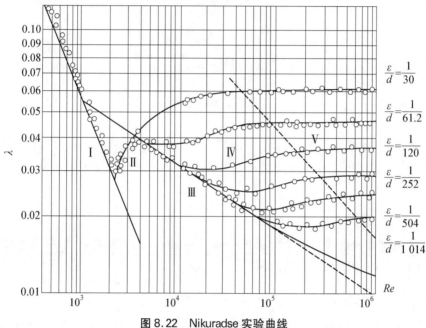

图 8.22　Nikuradse 实验曲线

1. 层流区($Re < 2\,300$)

当管流处于层流状态时,管壁的粗糙度对阻力系数没有影响,实验点基本上落在直线 Ⅰ 上。λ 只与 Re 有关,即

$$\lambda = \frac{64}{Re} \tag{8.119}$$

由式(8.119)及式(8.63)知,流动损失 Δh_f 与 u_m 成正比,故称层流区为"1 次方阻力区"。

2. 过渡区($2\,300 < Re < 4\,000$)

这是由层流向湍流过渡的不稳定区域,可能是层流,也可能是湍流,实验点分布在曲线 Ⅱ 周围。

3. 湍流水力光滑区$\left[4\,000 < Re < 26.98\left(\dfrac{d}{\varepsilon}\right)^{8/7}\right]$

对于充分发展湍流而言,水力光滑管的实验点都落在直线 Ⅲ 上。显然 λ 与相对粗糙度 $\dfrac{\varepsilon}{d}$ 无关,只是 Re 的函数,直线 Ⅲ 可以由湍流速度分布公式求得。

当 $4\,000 < Re < 10^5$ 时,将 Blasuis 七分之一次方速度分布式(8.113)~式(8.115)代入式(8.118),得到阻力系数公式:

$$\lambda = \frac{0.316\,4}{Re^{0.25}} \tag{8.120}$$

由于此式形式简单,在工程计算中常被采用。在其适用范围内,光滑圆管中的沿程损失 Δh_f 与 $u_m^{1.75}$ 成正比,故称湍流光滑管区为 1.75 次方阻力区。

当 $Re > 10^5$ 时,式(8.120)有较大误差,需用对数速度分布导出 λ 计算式。

当 $10^5 < Re < 10^6$ 时,尼古拉兹计算公式为

$$\lambda = 0.003\,2 + 0.221 Re^{-0.237} \tag{8.121}$$

将式(8.110)代入式(8.118),整理后可得

$$\frac{1}{\sqrt{\lambda}} = 2.035\lg(Re\sqrt{\lambda}) - 0.913 \tag{8.122}$$

此式与实验数据相比仍会产生一定误差,若对式中的系数进行修正,可以得到与实验数据更为吻合的公式

$$\frac{1}{\sqrt{\lambda}} = 2.0\lg(Re\sqrt{\lambda}) - 0.8 \tag{8.123}$$

式(8.123)通常称作光滑圆管中湍流的 Karman—Prandtl 阻力系数公式,又称为普朗特—许立汀(Schlichting)公式,其适用范围是 $3\,000 < Re < 4 \times 10^6$。

4. 湍流粗糙管过渡区 $\left[26.98\left(\dfrac{d}{\varepsilon}\right)^{8/7} < Re < 4\,160\left(\dfrac{d}{2\varepsilon}\right)^{0.85}\right]$

随着 Re 数的增大,湍流流动的层流底层逐渐减薄,水力光滑管逐渐过渡为水力粗糙管,因而实验点逐渐脱离直线Ⅲ,进入区域Ⅳ,而且相对粗糙度大的比小的脱离较早,这一区域的阻力系数与雷诺数和相对粗糙度都有关,即 $\lambda = f\left(Re, \dfrac{\varepsilon}{d}\right)$。$\lambda$ 可按经验公式

$$\frac{1}{\sqrt{\lambda}} = -2\lg\left(\frac{2.51}{Re\sqrt{\lambda}} + \frac{\varepsilon}{3.71d}\right) \tag{8.124}$$

计算。

5. 湍流粗糙管平方阻力区 $\left[Re > 4\,160\left(\dfrac{d}{2\varepsilon}\right)^{0.85}\right]$

当 Re 增大到一定程度时湍流充分发展,流动能量的损失主要取决于脉动运动,黏性的影响可以忽略不计。因此阻力系数 λ 与 Re 无关,只与相对粗糙度 $\dfrac{\varepsilon}{d}$ 有关,流动进入区域Ⅴ,该区间的沿程损失 Δh_f 与 u_m^2 成正比,故称此区域为平方阻力区。

该区域管内的平均速度公式为式(8.117),将其代入式(8.118),可得到阻力系数计算公式

$$\frac{1}{\sqrt{\lambda}} = 2.03\lg\frac{d}{2\varepsilon} + 1.68$$

将上式稍加修正,则可得到与实验数据更加吻合的近似公式

$$\frac{1}{\sqrt{\lambda}} = 2.0\lg\frac{d}{2\varepsilon} + 1.74 \tag{8.125}$$

为便于工程计算,莫迪(Moody)把管内流动的实验数据整理成图 8.23,称之为莫迪图。该图以 $\frac{\varepsilon}{d}$ 为参变数,以 λ 与 Re 分别为纵横坐标,形式上可表示为函数 $\lambda = f\left(Re, \frac{\varepsilon}{d}\right)$。如图中所示,也分为 5 个区域,即层流区、临界区、光滑管区、过渡区、完全湍流粗糙管区,根据管道的相对粗糙度及雷诺数即可确定对应的摩擦阻力系数。

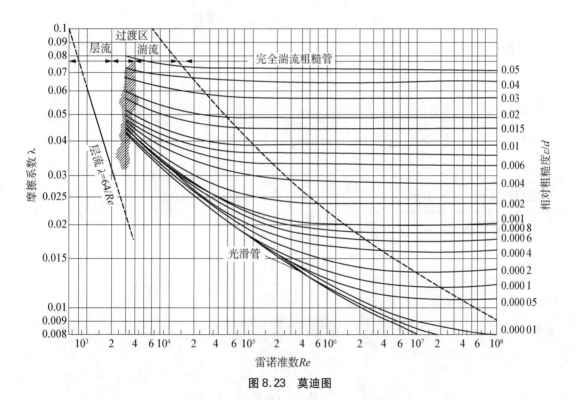

图 8.23　莫迪图

【例 8.1】设水以平均流速 $V = 14\,\text{cm/s}$,流经内径为 $d = 50\,\text{mm}$ 的光滑管,试求管道的沿程摩阻因数(水温为 20℃)。

解　先确定流态。查表 $t = 20℃$ 时,$\nu = 1.011 \times 10^{-6}\,\text{m}^2/\text{s}$

流动雷诺数 $Re = \dfrac{Vd}{\nu} = \dfrac{0.14 \times 0.05}{1.011 \times 10^{-6}} = 6\,294 > 2\,300$,为紊流。

可有以下 2 种方法求流动的沿程摩阻因数:

(1) 方法 1,查莫迪图。由 Re 及紊流光滑区,得 $\lambda = 0.034$

(2) 方法 2,经验公式计算。由于 $4 \times 10^3 < 6\,924 < 10^5$,可应用布拉修斯(Blasius)公式

$$\lambda = \frac{0.316\,4}{Re^{0.25}} = \frac{0.316\,4}{6\,924^{0.25}} = 0.034\,6$$

【例 8.2】设水以平均流速 $V = 60\,\text{cm/s}$ 流经内径为 $d = 20\,\text{cm}$ 的光滑圆管，试求：①圆管中心的流速；②管壁剪切应力(水温为 20℃)。

解 先求流动雷诺数 $Re = \dfrac{Vd}{\upsilon} = \dfrac{0.60 \times 0.20}{1.011 \times 10^{-6}} = 118\,694 > 2\,300$ 为紊流

可应用公式(8.123)：

$$\frac{1}{\sqrt{\lambda}} = 2.0\lg(Re\sqrt{\lambda}) - 0.8\,(\text{适用范围为 }3\,000 < Re < 4 \times 10^6)$$

由于该公式对 λ 是隐式，因此先用 Blasius 公式来计算

即

$$\lambda = \frac{0.316\,4}{Re^{0.25}} = \frac{0.316\,4}{118\,694^{0.25}} = 0.017$$

然后应用迭代法，应用公式(8.123)得

$$\lambda = 0.017\,4$$

由管壁切向应力公式(8.64)得

$$\tau_0 = \frac{1}{8}\lambda\rho V^2 = \frac{1}{8} \times 0.017\,4 \times 1\,000 \times 0.6^2 = 0.783\,\text{Pa}$$

切应力速度项 $u_* = \sqrt{\dfrac{\tau_0}{\rho}} = \sqrt{\dfrac{0.783}{1\,000}} = 0.028$

紊流光滑区流速分布公式(8.108)

$$\frac{u}{u_*} = 5.5 + 5.57\lg\frac{yu_*}{\upsilon}$$

当 $y = 0.10\,\text{m}$，即管轴中心处 $u = u_{\max}$

故圆管中心流速为 $u_{\max} = 0.028\left[5.5 + 5.75\lg\dfrac{0.1 \times 0.028}{1.011 \times 10^{-6}}\right] = 0.71\,\text{m/s}$

8.8 管道流动局部损失

流体在管道内流动时，除了沿程损失外，还存在局部损失，其主要由于存在弯头、突然扩大或缩小、阀门、过滤网等引起流体相互碰撞和形成涡旋等引起的。局部损失可用类似沿程损失速度头的形式表达，即

$$h_j = \zeta \frac{u^2}{2g} \tag{8.126}$$

式中，ζ 为"局部损失系数"。因此，计算局部损失的关键在于确定局部损失系数。

1. 管道截面突然扩大

如图 8.24 所示,流体从小直径的管道流向大直径的管道。由于流体有惯性,它不可能按照管道的形状突然扩大,而是离开小管后逐渐扩大,因此在管壁拐角与流束之间形成涡旋,涡旋靠主流束带动旋转,主流束把能量传递给涡旋,涡旋又把得到的能量消耗在旋转运动中(变成热而耗散)。另外,从直径管道中流出的流体有较高的速度,必然要碰撞大直径管道中流速较低的流体,产生碰撞损失。管道截面突然扩大的流体局部能量损失可以用理想流体动力学中的动量定理加以分析。下面给出具体推导。

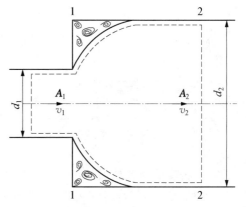

图 8.24　突然扩大管道流动

取如图所示坐标系和控制面。根据所给的条件对 1—1 和 2—2 断面列出伯努利方程:

$$\Delta h = \left(z_1 + \frac{p_1}{\rho g} + \frac{v_1^2}{2g}\right) - \left(z_2 + \frac{p_2}{\rho g} + \frac{v_2^2}{2g}\right) \tag{8.127}$$

其中,$z_1 = z_2$。 根据连续方程得

$$v_1 A_1 = v_2 A_2 \tag{8.128}$$

对控制面列出 x 向的动量方程:

$$-\rho v_1^2 A_1 + \rho v_2^2 A_2 = p_1 A_1 - p_2 A_2 + p_1 (A_2 - A_1) \tag{8.129}$$

联合式(8.127)~式(8.129)得

$$\Delta h = \frac{(v_1 - v_2)^2}{2g} \tag{8.130}$$

由式(8.128)得 $v_1 = \dfrac{A_2}{A_1} v_2$,代入式(8.130)得

$$\Delta h = \left(1 - \frac{A_1}{A_2}\right)^2 \frac{v_1^2}{2g}$$

显然,按小截面流速计算的局部损失系数为

$$\zeta_1 = \left(1 - \frac{A_1}{A_2}\right)^2 \tag{8.131}$$

按大面积流速计算的局部损失系数为

$$\zeta_2 = \left(\frac{A_2}{A_1} - 1\right)^2 \tag{8.132}$$

如图 8.25 所示,当管道与大面积的水池相连时,$A_2 \gg A_1$,由式(8.131)可知,管道出口能量损失系数为 $\zeta_1 \approx 1$,即管道中水流的速度头完全消散于池水中。

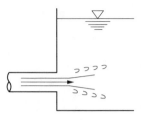
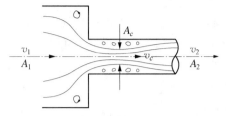

图 8.25　管道出口损失　　　　图 8.26　管道截面突然缩小

2. 管道截面突然缩小

如图 8.26 所示,流体从大直径管道流往小直径管道时,流线弯曲,流束必定收缩。在流体进入小直径管道后,由于流体有惯性,流体将继续收缩直至最小截面 A_c(称为"缩颈"),而后逐渐扩大,直至充满整个小直径截面 A_2。在缩颈附近的流束与管壁之间有一充满涡旋的低压区。在大直径截面与小直径截面连接的凸肩处,也常有涡旋形成。所有涡旋运动均要消耗能量;在流线弯曲、流体的加速过程中,流体质点碰撞、速度分布变化等也都会造成能量损失。由于流体沿突然缩小管道的流动是先收缩后扩展,故它的能量损失也应有两部分组成。参照式(8.126),可将局部损失表达为

$$h_j = \zeta \frac{v_2^2}{2g} = \zeta_c \frac{v_c^2}{2g} + \frac{(v_c - v_2)^2}{2g} \tag{8.133}$$

令 $C_c = \dfrac{A_c}{A_2}$,称为流束的"收缩系数"。根据连续方程 $A_c v_c = A_2 v_2$。由上式得

$$\zeta = \frac{\zeta_c}{C_c^2} + \left(\frac{1}{C_c} - 1\right)^2 \tag{8.134}$$

根据实验,当 $\dfrac{A_2}{A_1} \approx 0$ 时,$\zeta = 0.5$,$C_c = 0.617$,因此 $\left(\dfrac{1}{C_c} - 1\right)^2 = 0.385$,$\dfrac{\zeta_c}{C_c^2} = 0.115$;当 $\dfrac{A_2}{A_1} = 1$ 时,为等直径管道,没有收缩与扩展,故 $\dfrac{\zeta_c}{C_c^2} = 0$。假设 $\dfrac{\zeta_c}{C_c^2}$ 随着直径比由 0.115 缩小到 0,则由式(8.134)便可得到截面突然缩小管道的局部损失系数的近似值。该局部损失系数的实测值列于表 8.5。

当水池与管道相连时,$A_1 \gg A_2$,管道截面突然缩小的问题便成为管道入口问题,其局部损失系数为 $\zeta = 0.5$。

3. 弯管

流体在弯管中流动损失由 3 部分组成,一部分是由切向应力产生的沿程损失,特别是在流动方向改变、流速分布变化中产生的损失;另一部分为形成涡旋所产生的损失;第三部分为是由二次流形成的双螺旋流动产生的损失。当流体沿弯管流动时,弯管外侧的压强高,内侧的压强低。流体由直管进入弯管前,截面 AA'(见图 8.27)处的压强是均匀的。流体进入弯管后,外侧由 A 到 B 的流动为增压过程,B 点压强达到最高,从 B 到 D',压强逐渐下降;内侧由 A' 到 C,压强逐渐下降,C 点压强最低,从 C 到 D 的流动为增压过程,直至流体进入直管后,截面 DD' 处的压强又趋于均匀。在 AB 和 CD 这两段增压过程中,都有可能因边界

层能量被黏滞力所消耗而出现边界层分离(具体见边界层理论),形成涡旋,造成能量损失。

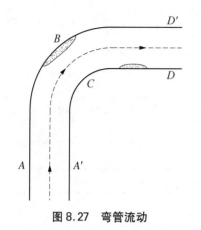

图 8.27　弯管流动

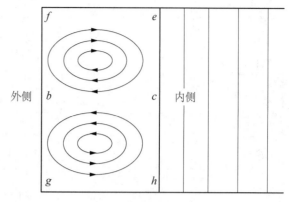

图 8.28　弯管截面上双涡旋

关于二次流形成双螺旋流动的机理,可以用矩形弯管内的流动加以解释。如图 8.28 所示,靠近上壁面 ef 和下壁面 gh 的流体由于黏滞力作用而流速降低,由上下壁至中心线 bc 流速将逐渐增高。流体在弯管中流动时,流速高的离心惯性大,所以沿中心线 cb 的压强增量将大于沿 ef 和 gh 的压强增量。因此,b 处的压强将大于 f 和 g 处的压强,流体将自 b 处流向 f 和 g 处,而 c 处的流体也将靠离心惯性不断流向 b 处。这样 c 处的流体压强将小于 e 和 h 处的压强,二次流便在径向平面内发生,其旋向如图 8.28 所示。这两个旋转运动与主流相结合,便产生了双螺旋流动。同样的情形也会出现在沿圆截面的弯管流动中,并可往下游延续 $(50\sim75)d$ (管径)的距离。双螺旋流动必然在主流之外增加了局部流速,从而增加了损耗。

局部损失系数 ζ 随弯管的总弯角 θ、弯管中心线的曲率半径与管径之比值 $\dfrac{R}{d}$ 而变,具体数值见列表 8.5(更为详细数据请查阅有关手册)。

表 8.5　几种典型管道流动局部损失系数

类型	示意图	局部损失系数 ζ										
截面突然缩小	v_1 A_1 → v_2 A_2	A_2/A_1	0.01	0.1	0.2	0.3	0.4	0.5	0.6	0.7	0.8	0.9	1.0
		ζ_2	0.5	0.47	0.45	0.38	0.34	0.30	0.25	0.20	0.15	0.09	0
截面突然扩大	v_1 A_1 → v_2 A_2	A_1/A_2	1	0.9	0.8	0.7	0.6	0.5	0.4	0.3	0.2	0.1	0
		ζ_1	0	0.01	0.04	0.09	0.16	0.25	0.36	0.49	0.64	0.81	1
		ζ_2	0	0.012 3	0.062 5	0.184	0.444	1	2.25	5.44	16	81	∞
渐缩管	v_1 A_1 → θ v_2 A_2	$\zeta_2 = \dfrac{\lambda}{8\sin\dfrac{\theta}{2}}\left[1-\left(\dfrac{A_2}{A_1}\right)^2\right]$											

类型	示意图	局部损失系数 ζ									

渐扩管

$$\zeta_2 = \frac{\lambda}{8\sin\dfrac{\theta}{2}}\left[1-\left(\frac{A_2}{A_1}\right)^2\right] + k\left(1-\frac{A_1}{A_2}\right)$$

v_1/A_1　θ　v_2/A_2

$\theta°$	2	4	6	8	10	12	14	16	20	25
k	0.022	0.048	0.072	0.103	0.138	0.177	0.221	0.270	0.386	0.645

折管

$$\zeta = 0.946\sin^2\frac{\theta}{2} + 2.047\sin^4\frac{\theta}{2}$$

$\theta°$	20	40	60	80	90	100	120	140
ζ	0.064	0.139	0.364	0.740	0.985	1.260	1.861	2.431

90° 弯管

$$\zeta_{90°} = 0.131 + 0.163(d/R)^{3.5}$$

d/R	0.1	0.2	0.3	0.4	0.5	0.6	0.7	0.8	0.9	10
ζ	0.131	0.132	0.133	0.137	0.145	0.157	0.177	0.204	0.241	0.291

当 $\theta < 90°$ 时，$\zeta = \zeta_{90°}\dfrac{\theta°}{90°}$

闸阀

开度(%)	10	20	30	40	50	60	70	80	90	100
ζ	60	16	6.5	3.2	1.8	1.1	0.6	0.30	0.18	0.1

球阀

开度(%)	10	20	30	40	50	60	70	80	90	100
ζ	85	24	12	7.5	5.7	4.8	4.4	4.1	4.0	3.9

蝶阀

开度(%)	10	20	30	40	50	60	70	80	90	100
ζ	200	65	26	16	8.3	4	1.8	0.85	0.48	0.8

分支管道

$$q = Q_1/Q_2 \quad m = A_1/A_3 \quad n = d_1/d_3$$

$$\zeta_{13} = -0.92(1-q)^2 - q^2[(1.2-n^{1/2})(\cos\theta/m-1) + 0.8(1-1/m^2)$$
$$-(1-m)\cos\theta/m] + (2-m)q(1-q)$$

$$\zeta_{23} = 0.03(1-q)^2 - q^2[1+(1.62-n^{1/2})(\cos\theta/m-1)-0.38(1-m)]$$
$$+(2-m)q(1-q)$$

$$\zeta_{31} = -0.95(1-q)^2 - q^2[1.3c\tan(180-\theta)/2 - 0.3 + (0.4-0.1m/m^2)]$$
$$\times[1-0.9(n/m)^{1/2}] - 0.4q(1-q)(1+1/m)c\tan(180-\theta)/2$$

$$\zeta_{32} = -0.03(1-q)^2 - 0.35q^2 + 0.2q(1-q)$$

在管道系统的计算中，通常将管件的局部损失换算成等值的沿程损失。因 l_e 表示等值长度，则 $l_e = \dfrac{\zeta}{\lambda}d$。

8.9　管路计算

工程中的管路通常包括动力源(如水泵或风机等流体机械)、管道和各种部件(如弯头、阀门、突然收缩结构、扩张结构和分叉等)。管路的计算主要有三类问题：①给定管路尺寸和流量,确定流经管路的压强降或流动损失；②给定管路尺寸和允许的压强降,确定流量；③根据给定的流量和压强降,设计管路的尺寸,主要是确定管径。

1. 能量方程

管路计算的基本公式是能量方程。将沿流线(管道轴线)的黏性流体 Bernoulli 方程在管截面 A 上积分,就可以得到沿管道的能量方程：

$$\frac{p_1}{\rho g} + \alpha_1 \frac{u_{m1}^2}{2g} + z_1 + H_T = \frac{p_2}{\rho g} + \alpha_2 \frac{u_{m2}^2}{2g} + z_2 + \Delta h \tag{8.135}$$

它表示单位重量流体沿管路的能量守恒。其中下标 $i=1,2$ 表示两个截面位置；$u_{mi} = Q/A_i$, p_i 和 z_i 分别表示管内平均流速、压力和管截面中心的 z 值；α 称为"动能修正系数",它与管内速度分布有关,对于层流管流,速度分布是抛物面,这时 $\alpha=2$,对于湍流管流,速度分布比较饱满,这时 $\alpha \approx 1$,工程计算中一般取 $\alpha=1$；Δh 表示流体从 1 截面流至 2 截面的能量(流动)损失,压强降 $\Delta p = \rho g \Delta h$；$H_T$ 表示动力头,亦称"扬程",即动力源提供给管内单位重量流体的能量。如果管内体积流量为 Q,则动力源提供的功率为

$$N = \rho g Q H_T$$

2. 流动损失

管路中的流动损失 Δh 包括两类。一类是由黏性摩擦应力引起的沿程损失 Δh_f；另一类是流体通过管路中各种部件(如接头、弯头、阀门、闸板、截面突然扩大或收缩等连接件)时,由于周围流动的旋涡、转向或撞击引起的能量损失,这类损失是由管路的几何形状变化造成的,发生在局部区域,故称为"局部损失",用 Δh_ζ 表示。总的流动损失即为两者的叠加

$$\Delta h = \Delta h_f + \Delta h_\zeta$$

(1) 沿程损失。沿程损失的计算公式为

$$\Delta h_f = \lambda \frac{l}{d} \frac{u_m^2}{2g} \tag{8.136}$$

式中,λ 为沿程损失系数；l 为沿程管道长度；D 为管道直径。

沿程阻力系数是 Re 数和相对粗糙度的函数,即

$$\lambda = f\left(Re, \frac{\varepsilon}{d}\right), \quad Re = \frac{u_m d}{\nu} \tag{8.137}$$

可根据不同的流动区域采用上节给出的公式计算,也可根据莫迪图查阅获得。

(2) 局部损失。由于各种部件通道的形状及流动过程非常复杂,局部损失主要由实验

确定。通常将局部能量损失表示为

$$\Delta h_\zeta = \zeta \frac{u_m^2}{2g} \qquad (8.138)$$

式中,ζ 为局部损失系数,其值由实验确定,具体计算时可参考表 8.5,也可从机械工程师手册或水力学手册中查得。在使用数据时要特别注意推荐公式中使用的特征流速 u_m。

3. 管路计算

(1) 简单管路和串联管路。"简单管路"是指管径和粗糙度相同的一根或数根管子串在一起的管路。对这种管路,可在确定 λ 和 ζ 后直接应用能量方程(8.135)求解。"串联管路"是由直径或粗糙度不同的几个简单管路串联在一起的管路,通过串联管路各管段的流量是相同的,但流速可能不同。串联管路的总阻力损失等于各简单管路的阻力损失之和,计算公式为

$$\Delta h = \sum_i \Delta h_f + \sum_i \Delta h_\zeta = \sum_i \left(\lambda \frac{l}{d} \frac{u_m^2}{2g}\right)_i + \sum_i \left(\zeta \frac{u_m^2}{2g}\right)_i \qquad (8.139)$$

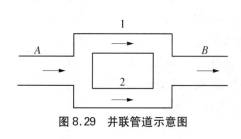

图 8.29 并联管道示意图

(2) 并联管路。管路中还有可能出现并联的情形,如图 8.29 所示。在上游某处分成几路,在下游某处又汇合成一路,称为"并联管道"。由于在并联管道的分叉(节点 A 和 B)处流动连续,因此,并联管道各支管(1 和 2)的流动损失相等,即压降相同,各支管中的流量由支管的阻力系数确定,而总流量应等于各支管流量之和。

对于图 8.29 所示管路,有

$$\Delta h_1 = \Delta h_2 \quad \text{(环路条件)} \qquad (8.140)$$

$$Q = Q_1 + Q_2 \quad \text{(节点条件)} \qquad (8.141)$$

即

$$\left(\lambda_1 \frac{l_1}{d_1} + \sum_i \zeta_{1i}\right) \frac{u_{m1}^2}{2g} = \left(\lambda_2 \frac{l_2}{d_2} + \sum_i \zeta_{2i}\right) \frac{u_{m2}^2}{2g} \qquad (8.142)$$

$$u_m A = u_{m1} A_1 + u_{m2} A_2 \qquad (8.143)$$

将以上关系式分别代入(8.135)式并联立求解,可完成管路计算。

【例 8.3】某工厂架设一条铸铁输水管,长 500 m,直径 200 mm,流量为 100 l/s。水源为 5 m 深井,进口有一个滤水网 ($\zeta = 5.2$),管路中有 10 个 90°弯头 ($\zeta = 0.48$),两个阀门 ($\zeta = 0.08$),运动黏性系数 $\nu = 1.3 \, \text{mm}^2/\text{s}$,粗糙度 $\varepsilon = 1.3 \, \text{mm}$。求所需水泵压头。

解 参见图 8.30,出口截面 2 与水泵轴线在同一水平面上。取 1 和 2 截面建立能量方程:

$$H_T = 5 + \frac{u_m^2}{2g} + \Delta h$$

$$u_m = \frac{Q}{\frac{\pi}{4}d^2} = \frac{100 \times 10^{-3}}{\frac{\pi}{4} \times 0.2^2} = 3.18 \, \text{m/s}$$

由 $Re = \frac{u_m d}{\nu} = 4.9 \times 10^5$ 和 $\frac{\varepsilon}{d} = 0.0065$ 查莫迪图, 知 $\lambda = 0.033$。

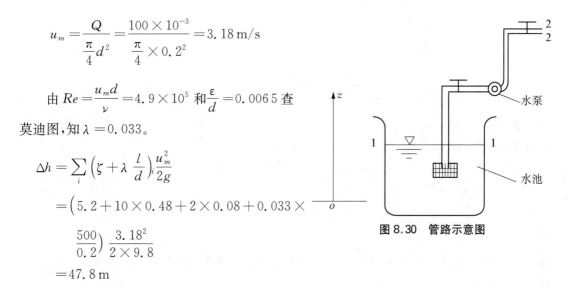

图 8.30　管路示意图

$$\Delta h = \sum_i \left(\zeta + \lambda \frac{l}{d} \right)_i \frac{u_m^2}{2g}$$

$$= \left(5.2 + 10 \times 0.48 + 2 \times 0.08 + 0.033 \times \frac{500}{0.2} \right) \frac{3.18^2}{2 \times 9.8}$$

$$= 47.8 \, \text{m}$$

于是所需水泵压头为

$$H_T = 5 + \frac{3.18^2}{2 \times 9.8} + 47.8 = 53.3 \, \text{m}。$$

【例 8.4】 有一输水管路系统, 如图 8.31 所示。管路直径 $d = 80 \, \text{mm}$, 粗糙度 $\varepsilon = 1.3 \, \text{mm}$, 且 $\nu = 1 \, \text{mm}^2/\text{s}$, $l_1 = l_2 = l_4 = 10 \, \text{m}$ (处于同一水平面), $l_3 = 15 \, \text{m}$, 水箱自由面相对于水平支管高出 $5 \, \text{m}$, 求出口流量。

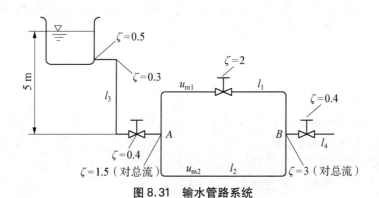

图 8.31　输水管路系统

解　假定整个管路系统内的流动为湍流, 并且处于阻力平方区: 由 $\frac{\varepsilon}{d} = 0.0163$, 查莫迪图知 $\lambda = 0.045$, $Re > 6 \times 10^4$。

对 l_1 和 l_2 两路并联水平支管应用能量方程有:

$$\left(2 \times 0.3 + 2 + 0.045 \times \frac{10}{0.08} \right) \frac{u_{m1}^2}{2 \times 9.8} = \left(2 \times 0.3 + 0.045 \times \frac{10}{0.08} \right) \frac{u_{m2}^2}{2 \times 9.8}$$

解得

$$\frac{u_{m1}}{u_{m2}} = 0.87$$

又因 $\quad u_{m1}+u_{m2}=u_m$,所以 $u_{m1}=0.465u_m$,$u_{m2}=0.535u_m$。

对整个管路系统(从水箱自由面 0 到管路最终出口处 4)应用能量方程式(8.135)

$$\frac{p_0}{\rho g}+\alpha_0\,\frac{u_{m0}^2}{2g}+z_0+H_T=\frac{p_4}{\rho g}+\alpha_4\,\frac{u_{m4}^2}{2g}+z_4+\Delta h$$

其中 $p_0=p_4=p_a$,$\alpha_0=\alpha_4=1$,$u_{m0}\approx0$,$u_{m4}\approx u_m$,$z_0-z_4=5\,\text{m}$,$H_T=0$,Δh 为整个管道流动沿程损失和局部损失之和,代入各数据得

$$5=\frac{u_m^2}{2\times9.8}+\left(0.045\times\frac{15+10}{0.08}+0.5+2\times0.3+2\times0.4+1.5+3+1\right)\frac{u_m^2}{2\times9.8}$$

$$+\left(0.045\times\frac{10}{0.08}+2\times0.3\right)\frac{(0.535u_m)^2}{2\times9.8}$$

注意,最终出口处的局部损失为 $\zeta=1$,上式等式右边后两项为管道流动总的损失 Δh。对上式进行计算求得

$$u_m=2.01\,\text{m/s},\quad Q=\frac{\pi d^2}{4}u_m=10.1\,\text{l/s}$$

验算得

$$u_{m1}=0.465u_m=0.935\,\text{m/s},\quad u_{m2}=0.535u_m=1.075\,\text{m/s},$$

$Re_1=\dfrac{u_{m1}d}{\nu}=\dfrac{0.935\times0.08}{1\times10^{-6}}=74\,800$,$Re_2=\dfrac{u_{m2}d}{\nu}=\dfrac{1.075\times0.08}{1\times10^{-6}}=86\,000$,均大于 6×10^4,所以关于沿程阻力系数 λ(是常数)的假定正确。若与假定不符,则需迭代计算。

习　题　8

1. 油在水平圆管内做定常层流运动,已知:$d=75\,\text{mm}$,$Q=7\,\text{l/s}$,$\rho=800\,\text{kg/m}^3$,壁面上 $\tau=48\,\text{N/m}^2$,求油的黏性系数。

2. 无限大倾斜平板上有厚度为 h 的一层黏性流体,如图习题 8-2 所示,在重力 g 的作用下作定常层流运动,自由液面上的压力为大气压 p_a 且剪切应力为零,流体密度为 ρ,运动黏性系数为 ν,平板倾斜角为 θ。试求垂直于 x 轴的截面上液体的速度分布和压力分布。

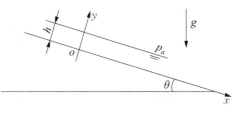

图习题 8-2

3. 一薄液层沿倾斜平面均匀流动,试用如图习题 8-3 所示的自由体去证明:

（1）流层内的速度分布为 $v_x = \dfrac{\rho g}{2\mu}(b^2 - s^2)\sin\theta$;

（2）单位宽度上的流量为 $q_v' = \dfrac{\rho g}{3\mu}b^3\sin\theta$。

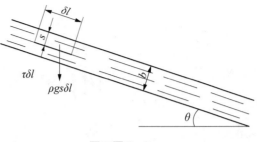

图习题 8-3

4. 已知半径为 r_0 的光滑圆管中流体作定常层流流动,流体密度为 ρ,动力黏性系数为 μ,重度 $\gamma = \rho g$,若由接出的两玻璃管测得 l 长度流体的压力降 $\Delta p = \rho g h_0$。 (1)写出沿程阻力系数 λ 与雷诺数 Re 的关系;(2)推导体积流量 Q 与压力降的关系式

$$Q = \frac{\pi}{8\mu}\frac{\Delta p}{l}r_0^4$$

5. 直径为 15 mm 的光滑圆管,流体以速度 14 m/s 在管中流动,试确定其流动状态。又若要管内流体保持为层流,最大的允许速度是多少? 这些流体分别为(1)润滑油;(2)汽油;(3)水;(4)空气。已知 $\nu_{润滑油} = 10 \times 10^{-4}$ m^2/s, $\nu_{汽油} = 0.884 \times 10^{-6}$ m^2/s。

6. 油的动力黏性系数为 $\mu = 39.49 \times 10^{-3}$ Ns/m^2,重度为 $\rho g = 7\,252$ N/m^3,流过直径为 2.54 cm 的光滑圆管,平均流速为 0.3 m/s,试计算 30 m 长度管子上的压力降,并计算管内距管壁 0.6 cm 处的流速。

7. 30℃ 的水流过直径 $d = 7.62$ cm 的光滑圆管,每分钟流量为 0.340 m^3,求在 915 m 长度上的压力降,管壁上的剪应力 τ_0 及黏性底层的厚度。 当水温下降到 15℃ 时,情况又如何?

8. 一条输水管,长 $l = 1\,000$ m,管径 $d = 0.3$ m,设计流量 $Q = 0.055$ m^3/s。水的运动黏度为 $\nu = 10^{-6}$ m^2/s。 如果要求此管段的沿程水头损失为 $h_f = 3$ m,试问应选择相对粗糙度 $\dfrac{\varepsilon}{d}$ 为多少的管道。

9. 如图习题 8-9 所示,从密闭加压池通过普通镀锌钢管 $ABCD$（其绝对粗糙度 $\varepsilon = 0.39$ mm）向水塔送水,已知流量 $Q = 0.035$ m^3/s,而水池水位差 $H = 50$ m,水管 AB 段长 $l_{AB} = 40$ m,直径 $d_1 = 15$ cm,水管 BCD 段长 $l_{BCD} = 70$ m,直径 $d_2 = 8$ cm,水的运动黏度 $\nu = 1.141 \times 10^{-6}$ m^2/s,且局部阻力分别为:$\zeta_A = 0.5$, $\zeta_E = 4.0$, $\zeta_C = 1.0$, $\zeta_D = 1.0$, $\zeta_B = 0.4$(以细管速度为基准)。试问:为维持这一流动,水泵池的表面压强(表压)p_0 应为多大?(按恒定流动计算)

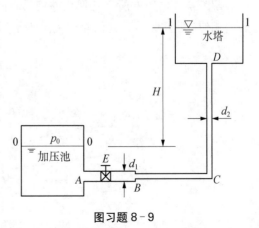

图习题 8-9

第9章

相似理论与量纲分析

流体力学研究方法一般归结为理论分析、数值计算及实验研究。模型实验作为研究流体力学的重要手段,能够解决许多理论分析无法确定的复杂问题。在模型实验过程中往往涉及模型的几何尺寸、流体密度、黏度、压强、温度等许多参数,并且这些参数往往存在不同的边界条件和初始条件,因此如何保证模型实验结果具有与物理原型相同的规律,是模型实验面临的首要问题。相似理论就是解决该问题的有效手段。相似理论能解决如下问题:

(1) 怎样安排实验,使模型实验中流动状态与实际流动相似,从而保证模型实验结果符合实际。

(2) 如何把在保持相似条件下进行的模型实验数据换算到实际工程问题中。

9.1 流动相似及相似准则数

9.1.1 流动相似

为了保证模型实验的结果与实际流动的规律是相同的,两者需要满足力学相似,包括几何相似、运动相似和动力相似。

1. 几何相似

两个系统对应的所有几何尺寸均具有同一比例,且对应的角度相等,则这两个系统称为几何相似(见图9.1)。几何相似关系表示为

$$\frac{l'_1}{l''_1} = \frac{l'_2}{l''_2} = \frac{l'_3}{l''_3} = C_l$$

$$\alpha'_1 = \alpha''_1, \quad \alpha'_2 = \alpha''_2, \quad \alpha'_3 = \alpha''_3$$

式中,l 为某一长度;α 为某一角度;C_l 为相似常数,称为"长度比例尺"。

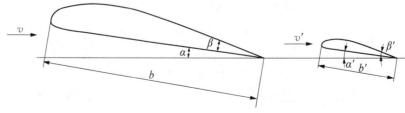

图9.1 几何相似

在几何相似系统中位置相似的点称为对应点。当两个系统几何相似时，对应面积和体积之间也分别成比例，从而得到

$$C_A = \frac{A'}{A''} = \frac{l_1'^2}{l_1''^2} = \frac{l_i'^2}{l_i''^2} = C_l^2$$

$$C_V = \frac{V'}{V''} = C_l^3$$

其中，A 和 V 分别表示某一面积和某一体积，C_A 和 C_V 为对应的相似常数。

2. 运动相似

若在几何相似系统中对应瞬时、对应点上的速度方向相同，大小成同一比例，则这些系统称为运动相似（见图 9.2）。运动相似关系表示为

$$\begin{cases} \dfrac{v_1'}{v_1''} = \dfrac{v_2'}{v_2''} = \dfrac{v_3'}{v_3''} = \cdots = C_v \\ \beta_1' = \beta_1'', \ \beta_2' = \beta_2'', \ \cdots \end{cases}$$

式中，v 为速度的大小；β 为速度的方向角；C_v 为相似常数，称为速度比例尺。

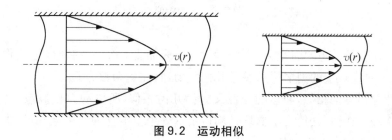

图 9.2　运动相似

根据速度的定义，可以得到速度比例尺 C_v、长度比例尺 C_l 与时间比例尺 C_t 的关系，即

$$C_v = \frac{v'}{v''} = \frac{\lim\limits_{\Delta t' \to 0} \dfrac{\Delta l'}{\Delta t'}}{\lim\limits_{\Delta t'' \to 0} \dfrac{\Delta l''}{\Delta t''}} = \lim\limits_{\Delta t' \to 0, \Delta t'' \to 0} \frac{\dfrac{\Delta l'}{\Delta l''}}{\dfrac{\Delta t'}{\Delta t''}} = \frac{C_l}{C_t} \tag{9.1}$$

由运动相似的定义可知，式(9.1)中的 C_v 和 C_t 均为常数。因此运动相似的定义还可以描述为如果在两个几何相似系统中对应的时间均具有同一比例，则这两系统称为运动相似。因此，通常将时间作为运动相似的特征物理量。

当两系统运动相似时，对应点的加速度也相似，即

$$C_a = \frac{a'}{a''} = \frac{C_v}{C_t} = \frac{C_l}{C_t^2}$$

在运动相似的物体绕流流场中，流线、流动速度和加速度的分布也相似。例如在烟风洞试验中，对于两个几何相似的物体，如果它们的攻角相同，则运动相似，即流动图形相似，各对应点速度方向相同，大小成同一比例。

3. 动力相似

若在运动相似系统中对应瞬时、对应点上的作用力方向相同,大小均具有同一比例,则这两个系统称为动力相似(见图9.3)。动力相似关系可表示为

$$
\begin{cases}
\dfrac{F'_1}{F''_1} = \dfrac{F'_2}{F''_2} = \cdots = C_F \\
\gamma'_1 = \gamma''_1, \ \gamma'_2 = \gamma''_2 \cdots
\end{cases}
$$

式中,F 为作用力的大小;γ 为作用力的方向角;C_F 为相似常数,称为力比例尺。

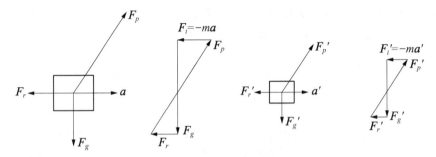

图 9.3 动力相似

作用在流体上的力主要有重力、压力、黏性力、表面张力等,若将流体上的作用力进行分解,则两个系统对应点上的力多边形满足几何相似,且比例系数为 C_F。

动力相似包括运动相似,而运动相似又包括几何相似,所以动力相似包括力、时间和长度 3 个基本物理量相似,其他力学物理量均可由这 3 个基本物理量决定,所以也必然是相似的。例如两个系统的密度满足如下关系:

$$
C_\rho = \frac{\varrho'}{\rho''} = \frac{\displaystyle\lim_{\Delta V' \to 0} \frac{\Delta m'}{\Delta V'}}{\displaystyle\lim_{\Delta V'' \to 0} \frac{\Delta m''}{\Delta V''}} = \lim_{\Delta V' \to 0,\, \Delta V'' \to 0} \frac{\dfrac{\Delta m'}{\Delta m''}}{\dfrac{\Delta V'}{\Delta V''}} = \lim_{\Delta V' \to 0,\, \Delta V'' \to 0} \frac{\dfrac{\Delta G'}{\Delta G''} \bigg/ \dfrac{g'}{g''}}{\dfrac{\Delta V'}{\Delta V''}} \tag{9.2}
$$

$$
= \frac{C_F / C_g}{C_V} = \frac{C_F \cdot C_t}{C_V C_v} = \frac{C_F C_t^2}{C_l^4}
$$

式中,m 和 G 为质量和重量;g 为重力加速度。

下面从相似理论的角度来讨论流体动力系数 C_F。

无因次的流体动力系数 C_F 由下式定义

$$
C_F = \frac{F}{\dfrac{1}{2} \rho_0 v_0^2 A_0}
$$

式中,F 为流体作用力;ρ_0,v_0,A_0 为选定的作为特征量的流体密度、速度和某一面积。

流体动力系数的性质为在相似现象之间,两个系统对应的流体动力系数是相等的。这一点可以由相似常数间的关系证明如下:

$$C'_F = \frac{F'}{\frac{1}{2}\rho'_0 v'^2_0 A'_0} = \frac{C_F F''}{\frac{1}{2}C_\rho \rho''_0 C^2_v v''^2_0 C_A A''_0} = \frac{C_F}{C_\rho C^2_v C_A} \frac{F''}{\frac{1}{2}\rho v''^2_0 A''_0}$$

$$= \frac{C_F C^2_t}{C_\rho C^4_l} C''_F = C''_F$$

根据式中的相似概念可以得出如下结论：如果绕船模的流动和绕实船的流动是相似的，则这两个系统的流体动力系数相等。因此在船模试验过程中所测得的压力、阻力、力矩等均需分别处理成压力系数、阻力系数和力矩系数等形式，然后换算到实船上去，从而计算出实船所受到的压力、阻力和力矩等。

9.1.2　相似准则数

如果两个系统同时满足几何相似、运动相似和动力相似，则两个系统称为"全相似系统"，即两个几何相似系统在对应瞬时、对应点的所有同类物理量均具有同一比例。因此，当两个系统自始至终保持全相似，则显然遵循相同的客观变化规律，若系统的变化规律采用微分方程表示，则两个系统全相似的充要条件亦可描述为边界条件和初始条件相似，且满足同一微分方程式。因此，如果两个流体力学现象是相似的，则它们必须满足同一微分方程，即满足黏性流体的普遍方程：纳维尔-斯托克斯方程（N-S 方程）。

对于模型流场与原型流场两个系统，可以写出 N-S 方程（以 x 方向的分量方程为例）

$$\frac{\partial v'_x}{\partial t'} + v'_x\frac{\partial v'_x}{\partial x'} + v'_y\frac{\partial v'_x}{\partial y'} + v'_z\frac{\partial v'_x}{\partial z'} = f'_x - \frac{1}{\rho'}\frac{\partial p'}{\partial x'} + \nu'\nabla^2 v'_x + \frac{\nu'}{3}\frac{\partial}{\partial x'}(\nabla \cdot \boldsymbol{v}') \quad (9.3)$$

$$\frac{\partial v''_x}{\partial t''} + v''_x\frac{\partial v''_x}{\partial x''} + v''_y\frac{\partial v''_x}{\partial y''} + v''_z\frac{\partial v''_x}{\partial z''} = f''_x - \frac{1}{\rho''}\frac{\partial p''}{\partial x''} + \nu''\nabla^2 v''_x + \frac{\nu''}{3}\frac{\partial}{\partial x''}(\nabla \cdot \boldsymbol{v}'') \quad (9.4)$$

其中，上标一撇和两撇分别表示两个系统对应的物理量。由于两个系统是全相似的，因此所有同类物理量均具有同一比例，并且可以用对应的相似常数表示如下

$$\begin{cases} x' = C_l x'', & y' = C_l y'', & z' = C_l z'' \\ v'_x = C_v v''_x, & v'_y = C_v v''_y, & v'_z = C_v v''_z \\ f'_x = C_g f''_x, & f'_y = C_g f''_y, & f'_z = C_g f''_z \\ t' = C_t t'', & \rho = C_\rho \rho'', & p' = C_p p'' \\ \nu' = C_\nu \nu'' \end{cases} \quad (9.5)$$

将式（9.5）代入式（9.3）得

$$\frac{C_v}{C_t}\frac{\partial v''_x}{\partial t''} + \frac{C^2_v}{C_l}\left(v''_x\frac{\partial v''_x}{\partial x''} + v''_y\frac{\partial v''_x}{\partial y''} + v''_z\frac{\partial v''_x}{\partial z''}\right)$$

$$= C_g f''_x - \frac{C_p}{C_\rho C_l}\frac{1}{\rho''}\frac{\partial p''}{\partial x''} + \frac{C_v C_\nu}{C^2_l}\left[\nu''\nabla^2 v''_x + \frac{\nu''}{3}\frac{\partial}{\partial x''}(\nabla \cdot \boldsymbol{v}'')\right] \quad (9.6)$$

显然，第二个系统的物理量应当同时满足式（9.4）和式（9.6），也就是说，式（9.4）和式（9.6）

是同一个方程的不同表达式,因此,式(9.6)中由相似常数组成的各项的系数必须相等,以便消去这些系数将式(9.4)变成式(9.6)。因此

$$\frac{C_v}{C_t} = \frac{C_v^2}{C_l} = C_g = \frac{C_p}{C_\rho C_l} = \frac{C_v C_\nu}{C_l^2}$$

$$\textcircled{1} \qquad \textcircled{2} \qquad \textcircled{3} \qquad \textcircled{4} \qquad \textcircled{5}$$

其中,①为局部惯性力;②为变位惯性力;③为质量力;④为压力合力;⑤为附加黏性应力。

由于流体中的质量力、黏性力、压力、表面张力等都是改变运动状态的力,而惯性力是企图维持流体原有状态的力,因此,力之间的对比关系应以惯性力与其他力之间的比值来表示。利用上式中的变位惯性力项 C_v^2/C_l 除其余各项得

$$\frac{C_l}{C_v C_t} = 1 = \frac{C_l C_g}{C_v^2} = \frac{C_p}{C_\rho C_v^2} = \frac{C_\nu}{C_l C_v} \tag{9.7}$$

引入声速的传播公式

$$a^2 = \frac{\partial p}{\partial \rho}$$

对应的相似常数为

$$C_a^2 = \frac{a'^2}{a''^2} = \frac{C_p}{C_\rho}$$

$$\frac{C_p}{C_\rho C_V^2} = \frac{C_a^2}{C_v^2} = 1$$

式(9.7)可以改写为

$$\frac{C_l}{C_v C_t} = 1 = \frac{C_l C_g}{C_v^2} = \frac{C_p}{C_\rho C_v^2} = \frac{C_\nu}{C_v C_l} = \frac{C_a^2}{C_v^2}$$

因此可得到以下重要结果:

$$\frac{C_l}{C_v C_t} = 1, \quad \frac{l'}{v't'} = \frac{l''}{v''t''}, \quad \frac{l}{vt} = St$$

$$\frac{C_g C_l}{C_v^2} = 1, \quad \frac{v'^2}{g'l'} = \frac{v''^2}{g''l''}, \quad \frac{v^2}{gl} = Fr^2$$

$$\frac{C_p}{C_\rho C_v^2} = 1, \quad \frac{p'}{\rho' v'^2} = \frac{p''}{\rho'' v''^2}, \quad \frac{p}{\rho v^2} = Eu$$

$$\frac{C_\nu}{C_l C_v} = 1, \quad \frac{v'l'}{\nu'} = \frac{v''l''}{\nu''}, \quad \frac{vl}{\nu} = Re$$

$$\frac{C_a^2}{C_v^2} = 1, \quad \frac{v'^2}{a'^2} = \frac{v''^2}{a''^2}, \quad \frac{v}{a} = Ma$$

上述 5 个常数均为无因次量,称为"相似准则数"。因此,如果两个黏性流体的流动是全相似的,则它们的相似准则数必须全部相等。

由于水、空气等流体的运动都满足纳维尔-斯托克斯方程,因此由边界条件和初始条件所组成的斯特劳哈尔数 Sr、弗劳德数 Fr、欧拉数 Eu、雷诺数 Re 和马赫数 Ma 等相似准则数,只要在数值上相等,就能够保证两个流动完全相似。

根据这个道理,水中航行的船舶可以在风洞中进行实验,或者相反,空气中飞行的火箭也可以在水池中进行实验。

此外,不同物质的物理现象,由于存在结构相同的微分方程也可以存在"相似"关系,这种关系称为比拟。例如水电比拟(毕奥-萨伐尔定律),黏性流体和弹性体的比拟等。因此可以在电磁场中进行理想流体流动的实验研究,或在流场中进行有关电磁场的研究。又如水气比拟,根据浅水和高速流动气体的对应关系,可以用浅水水面独特的波浪图形来研究空气中冲击波的图形。

从以上讨论可知相似准则数在相似理论中具有十分重要的作用。下面进一步讨论相似准则数的物理意义。根据纳维尔-斯托克斯方程的物理意义,可以得到如下的关系(仅以 x 方向运动方程为例):

$$\underset{\dfrac{v}{t}}{\dfrac{\partial v_x}{\partial t}} \quad + \quad \underset{\dfrac{v^2}{l}}{v_x \dfrac{\partial v_x}{\partial x}} + \cdots = \underset{g}{f_x} \underset{\dfrac{p}{\rho l}}{-\dfrac{1}{\rho}\dfrac{\partial p}{\partial x}} \quad + \quad \underset{\dfrac{v\nu}{l^2}}{\nu \nabla^2 v_x + \dfrac{\nu}{3}\dfrac{\partial}{\partial x}(\nabla \cdot v)}$$

|　局部　|　变位　|　质量力　|　压力　|　黏性力　|
|惯性力|惯性力||合力||

接下来讨论各个相似准则数的物理意义。

1) 雷诺数 $Re = \dfrac{vl}{\nu}$

雷诺数是惯性力与黏性力之比值,即

$$Re = \frac{惯性力}{黏性力} = \frac{v^2}{l} \Big/ \frac{v\nu}{l^2} = \frac{vl}{\nu}$$

雷诺数反映流体的黏性作用,雷诺数相等表示流动现象的黏性相似。因此与黏性力有关的现象由雷诺数来决定,例如卡门涡街的产生和脱落、层流过渡为湍流、船舶航行时的摩擦阻力系数等。雷诺数大表示黏性作用小,而雷诺数小则表示黏性作用大。

2) 弗劳德数 $Fr = \dfrac{v}{\sqrt{gl}}$

弗劳德数是惯性力与重力的比值。

$$Fr^2 = \frac{惯性力}{质量力} = \frac{v^2}{l} \Big/ g = \frac{v^2}{gl}, \text{ 即 } Fr = \frac{v}{\sqrt{gl}}$$

弗劳德数反映重力(质量力)对流体的作用。Fr 数相等表示两个系统的重力作用相似,所以与重力有关的现象由弗劳德数来决定。例如,水波现象主要是惯性力和重力间的平衡作用,当船舶在水面上航行时,Fr 数相当于无因次航速,影响着船舶航行时表面兴波的形状,进而影响兴波阻力。

3)斯特劳哈尔数 $Sr = \dfrac{l}{vt}$

$$Sr = \frac{\text{局部惯性力}}{\text{变位惯性力}} = \frac{v}{t} \Big/ \frac{v^2}{l} = \frac{l}{vt}$$

斯特劳哈尔数是反映流动非定常性的相似准则数,当流体作定常运动时局部惯性力为零,因此不需要 Sr 相似,而对于周期性的非定常运动则需要反映其周期性相似。Sr 数相等表示两个系统的周期性相似,所以和周期性有关的非定常流动由 Sr 数来决定,例如卡门涡街引起的振动,螺旋桨推力等。

4)欧拉数 $Eu = \dfrac{p}{\rho v^2}$

欧拉数是压力与惯性力的比值。

$$Eu = \frac{\text{压力}}{\text{惯性力}} = \frac{p}{\rho l} \Big/ \frac{v^2}{l} = \frac{p}{\rho v^2}$$

欧拉数能够反映压力对流体影响的相似准则数。与压力有关的现象由 Eu 数决定,例如,空泡现象、空泡阻力等。当讨论空泡问题时,这一相似准则数表示为空泡数,并用 σ 表示。

$$\sigma = \frac{p_0 - p_v}{\dfrac{1}{2}\rho v^2}$$

式中,p_0 为静压;p_v 为试验温度时流体的饱和蒸汽压强。

5)马赫数 $Ma = \dfrac{v}{a}$

马赫数反映流体的压缩性,Ma 相等代表了压缩性相似,与压缩性有关的现象由马赫数来决定,例如,飞机高速飞行时气流压缩性能可由 Ma 来表示。

流动相似的充要条件是上述相似准则数相等,但是在模型试验中要保证完全相似几乎是不可能的。例如在进行船舶阻力试验时,若要求流动完全相似,则 Re 和 Fr 数必须都相等,然而试验是在相同的介质中进行的,Re 和 Fr 数不可能同时相等(如果相等会发生什么现象? 请读者自行推导分析)。在这种情况下,就要根据各相似准数的物理意义,从实际物理现象出发,抓住主要矛盾,首要满足那些与所研究现象密切相关的相似准则数相等,而略去次要准则数。例如,在低速风洞中进行潜艇的阻力试验时,只需考虑 Re 数(有黏性力的作用),可以不考虑 Fr 数(无兴波问题)、Sr 数(风速是等速的,流动是定常的)和 Eu 数(无空泡现象)。在水池中进行船舶的水面阻力试验时,若测试黏性阻力,则需要保证 Re 相等,若测试兴波阻力,则需要保证 Fr 相等。

9.2　量纲分析法

量纲分析法是根据与研究对象有关的物理量,利用量纲一致性原理将这些物理量组成无量纲数,然后利用这些无量纲数建立各个物理量之间关系式的研究方法。这种方法是指导模型试验及分析试验结果的重要手段之一。但是,要正确地运用量纲分析法就必须正确地选择参数,如果参数选择错误就无法找出正确的关系式。

9.2.1　量纲、基本量纲、导出量纲及基本物理量

1. 量纲

任何物理量都有单位,根据性质不同可以将物理量分为密度、黏度、长度、速度、时间、力等不同的种类,其单位也相应地归属到某一种类,这种物理量的种类称为量纲(因次),如长度、时间和质量三种物理量。量纲通常用[ ]或 dim 表示。

2. 基本量纲

相互独立的量纲称为"基本量纲",流体力学中通常取长度、时间和质量的量纲(即 L, T 和 M 为基本量纲);在与温度有关的流体力学问题中,还要增加温度的基本量纲。也可以选择其他量纲作为基本量纲,只要相互独立即可。基本量纲必须具有独立性,即一个基本量纲不能从其他基本量纲中导出。基本量纲的个数与流动问题中所包含的物理量参数有关,对于不可压缩流体一般只需要 3 个,即 L, T, M,其余物理量均可由基本量纲导出。

3. 导出量纲

利用基本量纲导出的其他物理量的量纲,例如运动黏性系数 $[\nu] = L^2 T^{-1}$。

4. 基本物理量

如果一个物理量的量纲不能用其他物理量的量纲组合来表示,则这个物理量与其他物理量是量纲独立无关的,称之为"基本物理量"或"基本量"。如长度 l、速度 v 和密度 ρ 三个物理量就是流体力学中常见的基本物理量。

9.2.2　流体力学中常用物理量的量纲及量纲方程式

1. 常用物理量的量纲

表 9.1 列出了常用物理量的量纲。

表 9.1　常用物理量的量纲

	物理量	量纲	国际单位
几何学	长度 l	L	m
	面积 A	L^2	m^2
	体积 V	L^3	m^3
	水力坡度 J、底坡 i	L^0	m^0
	惯性矩 I	L^4	m^4

	物理量	量纲	国际单位
运动学	时间 t	T	s
	流速 v	L/T	m/s
	旋转角速度 ω	l/T	l/s
	加速度 a	L/T^2	m/s^2
	流函数 ψ	L^2/T	m^2/s
	势函数 φ	L^2/T	m^2/s
	环量 Γ	L^2/T	m^2/s
	运动黏性系数 ν	L^2/T	m^2/s
	流量 Q	L^3/T	m^3/s
动力学	质量 m	M	kg
	密度 ρ	M/L^3	kg/m^3
	力 F	ML/T^2	N
	压强 p	M/LT^2	N/m^2
	切应力 τ	M/LT^2	N/m^2
	体积弹性系数 E	M/LT^2	N/m^2
	表面张力系数 σ	M/T^2	N/m
	动量 K	ML/T	kg·m/s
	力矩 M	ML^2/T^2	N·m
	功 W	ML^2/T^2	N·m
	功率 N	ML^2/T^3	N·m/s
	动力黏性系数 μ	M/LT	N·s/m^2

2. 量纲方程式

物理量的量纲用基本量纲来表示的关系式称为"量纲方程式"。力学中任何一个物理量的量纲均可由 3 个基本量纲 L，T，M 的指数乘积形式来表示。如 x 为某一物理量，其量纲可用下式表示

$$[x] = L^{\alpha} T^{\beta} M^{\gamma}$$

对于加速度

$$[a] = LT^{-2} = [l][(lv^{-1})^{-2}] = [v^2 l^{-1}]$$

对于运动黏性系数

$$[\nu] = L^2 T^{-1} = [l^2 (lv^{-1})^{-1}] = [lv]$$

9.2.3　量纲一致性原则

自然界中的一切物理过程都可以用物理方程来表示。任何一个物理方程中各项的量纲必定相同,用量纲表示的物理方程必定是齐次的,这就是"量纲一致性原则",也称为"量纲和谐原理"。既然物理方程中各项的量纲相同,那么用物理方程中的任何一项去通除整个方程,即可将该方程转化为无量纲方程。例如,伯努利方程:

$$\frac{v^2}{2g} + z + \frac{p}{\rho g} = H$$

每一项的量纲都是 L,如果用 H 去通除整个方程,则该方程转化为无量纲方程

$$\frac{v^2}{2gH} + \frac{z}{H} + \frac{p}{\rho g H} = 1$$

量纲分析法正是根据物理方程的量纲一致性原则,从量纲分析入手,找出流动过程的相似准则数,并借助试验找出这些相似准则数之间的函数关系,即准则方程式。准则方程式就是无量纲的物理方程,是用相似准则数表示的物理方程。根据相似原理可以将准则方程式直接应用到原型及其他相似流动中去。也就是说,采用量纲分析法并结合模型试验研究,不仅可以找出尚无物理方程表示的复杂流动过程的流动规律,而且这种规律代表了同一类相似流动的普遍规律。因此,量纲分析法是探索流动规律的重要方法,而 π 定理是一种最常用的量纲分析方法。

9.2.4　π 定理

π 定理是一种具有普遍性的量纲分析方法,由布金汉(E. Buckingham)于 1915 年提出。定理的内容可描述如下:任何一个物理过程,若包含有 n 个物理量,涉及 m 个基本量纲,则这个物理过程可以用 $n-m$ 个无量纲 π 数所表达的关系式来表述,即

若物理过程可用方程描述为

$$f(x_1, x_2, \cdots, x_m; x_{m+1}, x_{m+2}, \cdots, x_i, \cdots, x_n) = 0 \qquad (9.8)$$

其中,基本物理量有 m 个,则该物理过程可用 $(n-m)$ 个无量纲量 π_i 数所表达的关系式来描述,即

$$F(\pi_1, \pi_2, \pi_3, \cdots \pi_{n-m}) = 0 \qquad (9.9)$$

其中,$x_1, \cdots, x_m$ 为基本物理量,则

$$\pi_i = \frac{x_i}{x_1^{\lambda_{1i}} x_2^{\lambda_{2i}} \cdots x_m^{\lambda_{mi}}}, \ i = 1, 2, \cdots, n-m \qquad (9.10)$$

$\lambda_{1i}, \lambda_{2i}, \cdots \lambda_{mi}$ 为不全为零的常数,x_i 为物理变量中除基本物理量之外的任一物理量。

应用 π 定理开展量纲分析的具体步骤如下:

(1) 分析并列出物理现象所涉及的所有物理量,列出类似式(9.8)的物理方程,但需要注意列举是否全面和正确,若列出无关量会使问题复杂化,而忽略了相关量将会导致错误

结果。

(2) 选取 m 个基本物理量。对于流体力学问题,可以将有关物理量分类,如几何学、运动学、动力学等物理量,然后分别在各类中选择一个最具代表性和最容易测量的特征量作为基本物理量以获得 m 个基本物理量。如:长度 l 或直径 d、速度 v 或重力加速度 g 和质量 m 或密度 ρ。

(3) 列出类似式(9.10)的 $n-m$ 个无量纲 π 数。

(4) 根据量纲一致性原理求出无量纲 π 数中的指数值。

(5) 将 π 项进行整理,必要时将各 π 项互乘、互除、开方、乘方运算,尽量使 π 项化成一般所熟悉的无量纲数,即相似准则数,如 Re,F_r 等,最后便得到一个简洁的用 π 项来表示的函数关系式,即相似准则数表达的物理过程关系式。

下面举例说明 π 定理的具体应用。

【例 9.1】 当潜艇在水下航行时,求阻力系数 C_R 表达式。

解 (1) 列出所有的相关物理量。根据实验结果可知,潜艇阻力与艇长、速度、流体密度和黏性系数有关,即

$$R = F(L, U, \rho, \mu) \quad \text{或} \quad f(R, L, U, \rho, \mu) = 0$$

(2) 选择基本量

分别从几何学、运动学和动力学物理量中选取 L,U 和 ρ 作基本量。

(3) 列出 $n-m$,即 $5-3=2$ 个无量纲 π 项:

$$\pi_1 = \frac{R}{\rho^{\lambda_{11}} U^{\lambda_{12}} L^{\lambda_{13}}}$$

$$\pi_2 = \frac{\mu}{\rho^{\lambda_{21}} U^{\lambda_{22}} L^{\lambda_{23}}}$$

(4) 根据量纲一致性原理,计算 λ_{11},λ_{12},λ_{13},λ_{21},λ_{22},λ_{23}。用基本量纲表示 π 项中各物理量(参照表 9.1),得

$$[R] = [\rho]^{\lambda_{11}} [U]^{\lambda_{12}} [L]^{\lambda_{13}} \Rightarrow LMT^{-2} = L^{-3\lambda_{11} + \lambda_{12} + \lambda_{13}} M^{\lambda_{11}} T^{-\lambda_{12}}$$

$$[\mu] = [\rho]^{\lambda_{21}} [U]^{\lambda_{22}} [L]^{\lambda_{23}} \Rightarrow L^{-1}MT^{-1} = L^{-3\lambda_{21} + \lambda_{22} + \lambda_{23}} M^{\lambda_{21}} T^{-\lambda_{22}}$$

根据量纲一致性原理,有

$$\begin{cases} -3\lambda_{11} + \lambda_{12} + \lambda_{13} = 1 \\ \lambda_{11} = 1 \\ -\lambda_{12} = -2 \end{cases} \qquad \begin{cases} -3\lambda_{21} + \lambda_{22} + \lambda_{23} = -1 \\ \lambda_{21} = 1 \\ -\lambda_{22} = -1 \end{cases}$$

求解得

$$\begin{cases} \lambda_{11} = 1 \\ \lambda_{12} = 2 \\ \lambda_{13} = 2 \end{cases} \qquad \begin{cases} \lambda_{21} = 1 \\ \lambda_{22} = 1 \\ \lambda_{23} = 1 \end{cases}$$

因此有

$$\pi_1 = \frac{R}{\rho U^2 L^2}, \quad \pi_2 = \frac{\mu}{\rho UL} = \frac{\nu}{UL}$$

（5）整理得到无量纲 π 数的函数：

$$C_R = \pi_1' = \frac{R}{\frac{1}{2}\rho U^2 L^2}, \quad Re = \frac{1}{\pi_2} = \frac{UL}{\nu}$$

所以水下航行潜艇的阻力系数的表达式为

$$C_R = f(Re)$$

可见潜艇水下航行的阻力系数由雷诺数决定，若雷诺数相等，则潜艇的阻力系数相等。

实际应用 π 定理时，步骤（4）可以省略繁杂过程，直接借助相似准数写出 π 表达式。

【例 9.2】以不可压缩黏性流体在粗糙管内定常流动为例，应用 π 定理导出压强降 Δp 的表达式。

解　（1）列出物理方程：

$$\Delta p = F(l, d, \varepsilon, u, \rho, \mu)$$

式中，$l, d, \varepsilon, u, \rho, \mu$ 分别为管道长度、内径、绝对粗糙度、管道内流体平均流速、密度和动力黏性系数。上式可以改写为

$$f(\Delta p, l, d, \varepsilon, u, \rho, \mu) = 0$$

（2）选取基本量。选取 d, u 和 ρ 作为基本量（也可选其他量，分别从几何学、运动学和动力学物理量中选取）。

（3）列出无量纲 π 项，并用相似准则数表达：

$$\pi_1 = \frac{\Delta p}{d^{\lambda_{11}} u^{\lambda_{12}} \rho^{\lambda_{13}}} = \frac{\Delta p}{\rho u^2} = Eu, \quad \pi_2 = \frac{l}{d^{\lambda_{21}} u^{\lambda_{22}} \rho^{\lambda_{23}}} = \frac{l}{d}$$

$$\pi_3 = \frac{\varepsilon}{d^{\lambda_{31}} u^{\lambda_{32}} \rho^{\lambda_{33}}} = \frac{\varepsilon}{d}, \quad \pi_4 = \frac{\mu}{d^{\lambda_{41}} u^{\lambda_{42}} \rho^{\lambda_{43}}} = \frac{\mu}{\rho u d} = \frac{\nu}{ud} = \frac{1}{Re}$$

这里没有像例 9.1 一样求各 π 项中指数值，而是直接写出了相似准则数。要做到这一点，必须对物理量之间的关系和相似准则数要较为熟悉，例如压强的量纲与 $[\rho u^2]$ 是一致的（可从伯努利方程看出），且无量纲数就是欧拉数；黏性系数一定与雷诺数关联；重力一定与弗劳德数关联，等等。

（4）整理得到无量纲 π 数的函数

$$\frac{\Delta p}{\rho u^2} = f\left(\frac{l}{d}, \frac{\varepsilon}{d}, Re\right)$$

由于沿管道的压强降是随管道长度线性增加的，故压强降可进一步表达为

$$\Delta p = \frac{l}{d} \frac{\rho u^2}{2} f\left(\frac{\varepsilon}{d}, Re\right) = \lambda \frac{l}{d} \frac{\rho u^2}{2}$$

这就是著名的"达西—魏斯巴赫公式"。

9.3 相似理论的应用

由相似理论可知,为了使实验模型与物理原型的流体动力学相似,模型与原型应当满足几何相似,同时必须保证相似准则数相等及其他条件(如攻角或相对位置等)相同;实验完成后,实验数据应整理成相似准则数和其他无量纲数表示的函数关系式或曲线,从而实现模型试验与物理原型之间的换算。下面将介绍根据相似理论来进行模拟实验的主要步骤。

1. 导出并分析有关相似准则数

根据实验结果或根据描述这一物理过程的数学表达式,利用量纲分析法导出所有相关的相似准则数,然后研究它们的物理意义,从而判断哪些是主要的,哪些是次要的,哪些可以略去。例如,在进行流体力学实验时,需要根据相应的条件及所关注的问题分析 Re,Fr,Sr,Eu,Ma 等准则数的作用,比如物体在空气中低速运动或在深水中运动时 Re 数起主要作用;而当物体在水面附近运动时则需要同时考虑 Re 数及 Fr 数。

2. 在相似条件下进行实验

在保证相似的条件下进行实验,保证的方法就是由边界条件和初始条件所组成的相似准则数在数值上相等,根据这一条件来决定对应物理量的关系,例如对于黏性相似的现象要求 Re 相等。

3. 在实验中测量包括在相似准则和流体动力系数中的物理量

例如在层流过渡到紊流的实验中不仅要测量流速 u,还要测量包括在 Re 中的运动黏性系数 ν(为此还需测量流体的温度,因黏性系数与温度有关)以及圆管的直径 d;在阻力实验中不仅要测量阻力的大小,还要测量组成流体动力系数的量密度 ρ,运动速度 v 和湿表面积 A,另外还要测量雷诺数所包含的物理量—运动黏性系数 ν。

4. 利用相似准则数和其他无因次数来表示实验结果

表示的方法可以用数学关系式、曲线、表格,例如在卡门涡街实验中绘成 Sr - Re 曲线,在黏性阻力实验中绘制 C_R - Re 曲线,兴波阻力实验中则绘成 C_w - Re 曲线等。

5. 对实验结果进行换算

首先,必须注意实验结果换算的条件,只能在相似现象之间进行换算,即只有在相似准则数相等的条件下应用;其次,注意换算的方法,只能通过无量纲数将模型的实验结果换算到原型上去。这些无量纲数可以是各式各样的,如流体对物体的作用力可以通过流体动力系数换算,其他物理量可以通过相似准则数或某些特征量的比值等无量纲数在数值上相等的条件来换算。

【例 9.3】一个直径为 d 的圆球在水中以 $1.5\,\text{m/s}$ 速度运动时,阻力为 $4.5\,\text{N}$;另一直径为 $2d$ 的圆球在风洞中实验,若风洞中空气密度 $\rho = 12.8(\text{kg/m}^3)$,空气运动黏性系数是水的 13 倍,为满足动力相似,求风洞中的气流速度为多大?并求此时球所受的空气阻力。

解 由于不计重力、表面压力及压缩性影响,因此该实验仅需要满足 Re 相同,即

$$\frac{v_w d_w}{\nu_w} = \frac{v_a d_a}{\nu_a}$$

$$v_a = v_w \frac{d_w}{d_a} \frac{\nu_a}{\nu_w} = 9.75(\text{m/s})$$

$$F_a = C_R \cdot \frac{1}{2} \rho_a v_a^2 d_a^2 = \frac{Fw}{\frac{1}{2}\rho_w v_w^2 d_w^2} \cdot \frac{1}{2}\rho_a v_a^2 d_a^2$$

$$= 0.973(\text{N})$$

习 题 9

1. 说明下述模型试验应考虑的相似准数。①风洞中潜艇模型试验;②潜艇近水面水平直线航行时的阻力试验;③水面船舶的兴波阻力试验。

2. 一艘深水潜艇以时速 60 m/h 行驶,其 1/25 的模型在海水中拖曳航行,若使模型与原型动力相似,拖曳速度应为多少? 模型与原型的总阻力比是多少? 你认为该试验方案可行吗?

3. 某实船长 100 m,航行速度为 20 kn,需要确定它的兴波阻力和黏性阻力,试根据相似理论分别讨论如何在风洞中和在船模水池中进行船模试验(假设温度为 15℃,缩尺比为 36)。

4. 水雷悬挂于深水中,海水流速为 6 km/h,若利用比实物缩小 3 倍的模型在风洞中进行试验以测定其黏性阻力,试问风洞中的风速应为多少? 如模型的阻力为 125.44 N,则水雷的阻力为多少?

5. 实船的速度为 37 km/h,欲在水池中测定其兴波阻力,其中船模的比尺为实船的 $\frac{1}{30}$,问船模在水池中的拖曳速度应为多少? 如测得船模阻力为 10.19 N,则实船的阻力为多少?

6. 水翼艇以等速度 U 航行,已知水翼吃水深度为 h,弦长 l,攻角 α,水的密度 ρ 及黏性系数,航行时翼面上出现空泡,大气压与水的汽化压力之差为 $p_a - p_v$,试采用量纲分析法求水翼受力的相似准则数。

7. 设深水中螺旋桨推力 F 与桨的直径 D、流体密度 ρ、黏性系数 μ、转速 n 以及进速度 U 有关。

① 试利用量纲分析理论给出它们之间的函数关系以及相似准则;

② 若在热水池中进行推力模型试验,模型和实测结果分别用下标"m"和"p"表示。如果 $\frac{D_m}{D_p} = \frac{1}{3}$,$\frac{\nu_m}{\nu_p} = \frac{1}{2}$,$\frac{\rho_m}{\rho_p} = 1$,且 $U_p = 3$ m/s,$n_p = 400$ r/min。试设计模型速度 U_m 及转速 n_m;

③ 若测得模型推力 $F_m = 10$ N,求实测推力 F_p。

8. 长度比例尺为 1∶36 的船模,当牵引速度 $v' = 0.54$ m/s 时,测得兴波阻力 $F'_w = 1.1$ N。 如果不计黏性影响,试求实船的速度、波阻及消耗的功率。

第10章

边界层理论

1755 年,欧拉建立了理想流体的运动方程,为流体动力学奠定了基础,后经拉格朗日、拉普拉斯等在数学解析方法上进一步发展和完善,形成了流体力学的一个重要分支—理论流体力学。它是基于严密的数学方法研究理想流体流动问题,但由于忽略了流体实际存在的黏性作用,所得到的理论结果与实际的不尽相符,甚至差别很大,出现了著名的"达朗贝尔佯谬":物体在理想流体中运动的阻力等于零。由此可见,在研究阻力问题时,理想流体理论已无能为力。19 世纪中期,随着航海、水利等工程的迅速发展,流体力学的另一个重要分支——研究不可压缩黏性流体流动的水力学得到快速发展。它建立在大量实验测量的基础上。当时哈根、泊肃叶、雷诺等用实验方法,研究了水和其他黏性流体在管道和槽渠中流动时的阻力和压强损失问题,得到的有关黏性流体流动的实验研究成果,有助于解决某些工程实际问题。但由于水力学在理论指导上的不足,由实验得出的经验公式和半经验理论公式有一定的局限性。于是在 19 世纪中叶产生了黏性流体运动理论,1827 年纳维尔在欧拉运动微分方程中加上黏性项,第一个得到黏性流体运动微分方程。1846 年斯托克斯严密地导出了这个方程,称为"纳维尔-斯托克斯方程",简称 N-S 方程。虽然 N-S 方程对黏性流体流动问题的研究分析有所帮助,但对这个方程数学上的求解是十分复杂和困难的。1851 年斯托克斯对 N-S 方程作了某些简化,略去方程中的惯性项,也就是在非常缓慢的流体流动条件下。计算出球体在流动的黏性流体中所受到的阻力。

到了 20 世纪初,随着航空工业的发展,需要解决黏性流体中较大速度的物体运动问题,这促使黏性流体运动的理论大大地向前推进。1904 年普朗特在德国海德尔堡第三届国际数学家学会上宣读了题为"关于摩擦极小的流体运动"的论文,提出了边界层理论。他根据对水槽中水流实验的观测分析,提出了边界层的概念:黏性极小的流体绕物体流动时,在紧靠物体附近存在着一层极薄的边界层,其中黏性起着很大的影响。而在边界层外,流体中的黏性可以忽略不计,可认为是理想流体。由于边界层极薄,经简化 N-S 方程、得出普朗特边界层方程。对过去不可理解和难以解答的现象,如流体阻力问题,给予了明确的解答。普朗特建立的边界层理论,改变了长期以来理论流体力学和水力学相互脱节的状况,将理论与实践紧密地联系在一起,形成了理论与实验并重的现代流体力学。

1907 年,布拉修斯应用边界层理论成功地计算了流体中运动物体的摩擦阻力。1921 年,卡门和波耳豪森提出了边界层动能积分方程,以计算边界层问题,这个方程经霍尔斯坦—博伦和瓦茨进行简化和改进,到现在还被广泛应用。另外,由莱本森和弗兰克尔分别建立了边界层动能积分方程和热能积分方程。这三个边界层的近似计算方法使边界层理论在工程界中很快地推广开来。1925 年普朗特提出的混合长度理论和 1930 年卡门提出的相似性理论,将边界层理论推广到湍流边界层、射流和物体后的尾迹流中去。从层流向湍流的转换现象是流体动力学中的基本现象。早在 19 世纪末雷诺就首先对转换现象进行了研究。1914 年,普朗特作了著名的圆球实验,发现:边界层中的流动既可以是层流的,也可以是湍流的。还指出边界层分离的问题,因此计算阻力的问题是受这种转变支配的。从层流向湍流的转变过程的理论研究是以雷诺的假设为基础的,即承认湍流是由于层流边界层产生不稳定性的结果。普朗特从 1921 年开始进行转换的理论研究,1929 年获得了成功。当时托尔明从理论上算出了零冲角平板转变的临界雷诺数,后被别人的实验所证实。稳定性理论能够考虑到对转换有影响的压强梯度、抽吸、马赫数和传热等许多因素。这个理论已得到很多重要的应用,如设计阻力非常小的层流翼型(或叶型)。

　　普朗特提出的边界层理论,除解决了定常平面边界层问题外,还解决了最简单的旋转轴对称的空间边界层问题,而一般的空间三维边界层问题虽然列维—齐维(Levi-Civita)在 1929 年早已提出,但长期以来,还是靠实验方法进行研究。塞尔斯、莫尔、许立汀、柯克—哈尔相继发表了关于三维边界层的综述文章,柯姆普斯迪—海持研究了三维湍流边界层的问题。由于许多三维边界层流动的图象和物理特性太复杂,长期以来难以进行数值处理,但随着计算流体力学的快速发展,目前三维边界层的理论方法正不断突破并逐步应用于实际。

　　在 20 世纪的初期和中期,随着航空用涡轮机械制造以及现代的火箭和人造卫星喷气推进技术的发展,可压缩流动中的边界层理论也得到了迅速的发展。在可压缩流边界层中除速度边界层外,还有温度边界层。1910 年,普朗特把边界层的概念应用于热传递,1921 年,波耳豪森首先求得平板层流温度边界层的近似解,后来奥期待勒克作了更精确的计算。由于可压缩流边界层方程组是非线性偏微分方程,求解仍很困难。密塞斯、卡门—钱学森、克罗柯等设法通过坐标变换,把可压缩层流边界层方程变换成为与不可压缩层流边界层相近似的形式,以后伊林沃思、霍华斯和史土瓦逊作了某些改进,致使可压缩层流边界层问题较易进行数值计算。而对于可压缩湍流边界层的研究,还限于象普朗特混合长度理论等的半经验理论基础上,并对压缩性的影响作某些假设,德律斯特首先在这方面作了研究。以上这些研究工作对可压缩边界层理论的进一步发展起了很大的推动作用。

　　边界层理论主要解决物体的黏性阻力问题:研究黏性阻力的性质、成因、计算和减小的方法。黏性阻力,包括摩擦阻力和黏压阻力。黏性阻力在舰船总阻力中占有很大的百分比,对于低速水面舰船占总阻力 80% 以上、高速水面舰船占 40% 以上,而对于水下的潜艇与潜器则占 100%。

　　本章首先阐述边界层的基本概念、导出边界层的微分和动量积分等基本方程,然后进行积分计算薄平板边界层的厚度、摩擦阻力系数等相关参数。一方面这时平板仅受到摩擦阻力,而不会产生黏压阻力;另一方面细长流线型物体的摩擦阻力系数和边界层厚度相等的平板相近,所以,对于薄平板所获得的结果有重要的实用意义。在本章的末尾将简单地阐明黏压阻力的产生原因和减小的方法。

10.1 边界层概念

人们熟悉的大多数外部流动均属于 $Re \gg 1$ 的流动。一般物体的特征长度量级在 $10^{-2} \sim 10^{2}$ m 范围,当物体在空气或水中以速度 $U = 0.1 \sim 100$ m/s 运动时,相应的雷诺数 Re 在 $10^{2} \sim 10^{9}$ 之间,如普通汽车和船舶以正常速度行驶时,雷诺数均在 10^{6} 以上,因此大 Re 流动是普遍存在的现象。

1. 边界层定义

当舰船、飞机等大尺度物体以较高速度在黏性小的空气、水等流体中运动时具有一些特殊的性质,为了解决这些实际问题需引进边界层的概念。下面以平板代替这些物体的表面来讨论当黏性小的流体流过平板时,紧靠平板处的流动特点。

假设一薄平板平行于流速的方向,流体以均匀速度 U_0 流过平板,如图 10.1 所示。在平板的前端 A 点,流速处处保持为 U_0。但流体流过平板时由于黏性的作用,在平板表面上的流速为 $v = 0$,靠近平板表面的流速低于 $U_0 (v < U_0)$,在离平板某一距离 δ 处,流速由 0 增大至接近 U_e(通常取 $99\% U_e$),δ 为流速受到影响的厚度,也就是流体黏性发生作用的范围。如图 10.1(b)所示,随着离前端 A 点距离的增加,受到影响的流体层也加厚。

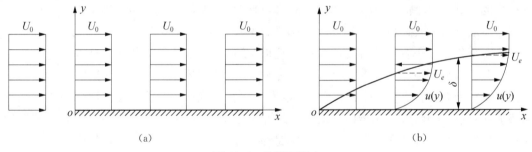

图 10.1 边界层概念

(a)理想流;(b)黏性流

根据实验测定,受到黏性影响的流体层的相对厚度 δ/x 决定于流速 U_0,离前端 A 点的距离 x 和流体的运动黏性系数 ν 组成的雷诺数 R_x,定义为

$$R_x = \frac{U_0 x}{\nu} \tag{10.1}$$

随着 R_x 的增大,黏性稳定作用下降,因而在受到黏性影响的流体层内有如下关系:

$$\frac{\delta}{x} \downarrow \ \rightarrow \ \frac{\partial v}{\partial y} \uparrow \ \rightarrow \ \tau = \mu \frac{\partial v}{\partial y} \uparrow$$

这说明在很薄的一层流体中,在很小的距离 δ 内,流速由 0 迅速增至 U_e,即速度的变化率很大。根据牛顿内摩擦定律

$$\tau = \mu \frac{\partial v}{\partial y}$$

可知此时剪切应力不可忽略,也即流体黏性影响必须考虑。而当 $y = \delta$ 时,$\partial v/\partial y = 0$,即 $\tau = 0$,因而可忽略黏性,当作理想流来处理。

边界层定义:在雷诺数较大流动中,紧靠物体表面,流速受到黏性显著影响,摩擦剪应力不能略去不计的这一极薄层流体,定义为边界层(附面层)。δ 称为边界层厚度。

通常设定 $v = 0.99U_e$ 的位置线作为边界层的外边界(理论上讲应伸至无穷远),U_e 为完全理想流体绕流时物面上的切向速度,对于平板 $U_e \approx U_0$,如图 10.1(b)所示。

2. 边界层概念提出的意义

将流域划分为两种截然不同的两部分以分别处理,即流体黏性影响完全局限在边界层内部,由边界层理论求解有关问题;至于边界层外面,可借助势流理论获得有关速度、压强分布,其结果可作为边界层内流动的外边界条件。

3. 边界层与管道流动关系

根据第 8 章黏性流体管道流动知识,管道流动速度分布及发展情况如图 10.2 所示,而无限宽广平板流动的速度分布如图 10.1(b)所示。

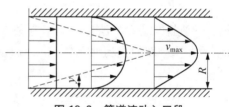

图 10.2　管道流动入口段

由图 10.1(b),可将管道流动看作边界层中具有厚度为 R、外边界速为 v_{max} 的一个截面;反之边界层中每一截面可以看作半径为 δ,中心速度为 U_e 的管流,因此它们之间具有类比关系(见表 10.1)。

表 10.1　管道流动与平板边界层之间关系

圆管	边界层
R	δ
r	$\delta - y$
v_{max}	U_e
$v = v_{max}\left[1 - \left(\dfrac{r}{R}\right)^2\right]$	$v_x = U_e\left[1 - \dfrac{(\delta - y)^2}{\delta^2}\right]$

管道流动与平板边界层的不同之处是管道流动为封闭流动,而边界层理论中研究的是物体外部流动,易受到外界较强烈的扰动作用;管道流动中流动状态不是层流就是湍流,二者只可以居其一,而边界层中可以同时存在层流区、过渡区和湍流区。

10.2　边界层流动状态

流动状态类似管流,亦分为层流和湍流,它由雷诺数 $R_\delta = U_0\delta/\nu$ 和扰动共同决定。由

于 δ 与 x 有一定对应关系,且利用 R_x 较 R_δ 方便,因此一般采用式(10.1)定义的雷诺数 $R_x = U_0 x / \nu$ 来判断边界层流动的状态。

在边界层中由层流转变为湍流的雷诺数,称为临界雷诺数,其表达式为

$$R_{xcr} = \frac{U_0 x_{cr}}{\nu} \tag{10.2}$$

式中,x_{cr} 为层流转变为湍流的转折点位置。

根据实验测定,实际边界层中存在层流区,过渡区和湍流区(见图10.3)。对过渡区可以作如下的解释:当流动的雷诺数达到临界值后,黏性的稳定作用不能再克服扰动的影响,于是由于表面粗糙度或边界层外面旋涡等的扰动,就会在边界层内部不断地引起一小块一小块的湍流区,这便是过渡区的开始。但过渡区很短,在工程处理上通常认为从转掠点开始,流动状态直接转变为湍流区。

影响临界雷诺数 R_{xcr} 的因素很多,其中最主要的因素有边界层外流动的压强分布,固体边界壁面性质,来流本身的湍动强度与边界层外部的扰动等有关。由实验测定,$R_{xcr} = (3.5 \sim 5) \times 10^5$,通常取最高值,即 5×10^5。 另外在一定雷诺数的条件下,边界层从层流转变为湍流还与扰动的波长或频率有关。某一部分频率的扰动会发散,从而使层流转变为湍流,另一些频率的扰动则会衰减,使流动仍保持为层流。

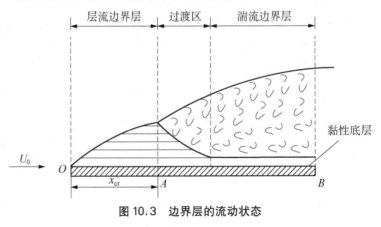

图10.3　边界层的流动状态

10.3　边界层基本微分方程

普朗特从边界层的物理概念出发,用量级对比法进行了简化处理,建立了边界层微分方程。本节先导出层流薄边界层的微分方程,然后加以推广到其他情况。

10.3.1　层流边界层微分方程

1. 假设

(1)满足牛顿内摩擦定律。

(2)μ 为常数。

(3) δ 极小,故小曲率物体的曲率可略去不计,物体表面可当作平面。

(4) 液体是不可压缩的,并可略去质量力。

(5) 流动是二维和定常的。

2. 坐标系选取

取自然坐标系:沿物体曲面取 x 轴,物体表面法线为 y 轴,如图 10.4(a)所示。由于 δ 极小,x 轴可近似看作直线,如图 10.4(b)所示。

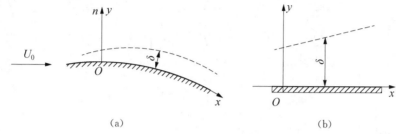

(a)   (b)

图 10.4 自然坐标系

3. N–S 方程简化

由假设,边界层流动满足 N–S 方程和连续方程:

$$v_x \frac{\partial v_x}{\partial x} + v_y \frac{\partial v_x}{\partial y} = -\frac{1}{\rho} \frac{\partial p}{\partial x} + \nu \left(\frac{\partial^2 v_x}{\partial x^2} + \frac{\partial^2 v_x}{\partial y^2} \right) \tag{10.3}$$

$$v_x \frac{\partial v_y}{\partial x} + v_y \frac{\partial v_y}{\partial y} = -\frac{1}{\rho} \frac{\partial p}{\partial y} + \nu \left(\frac{\partial^2 v_y}{\partial x^2} + \frac{\partial^2 v_y}{\partial y^2} \right) \tag{10.4}$$

$$\frac{\partial v_x}{\partial x} + \frac{\partial v_y}{\partial y} = 0 \tag{10.5}$$

1) 微分方程无量纲化

对上述方程采用量级比较法进行简化,首先将式(10.3)～式(10.5)中各项无量纲化,用边界层在 x 轴方向的特征长度 L 除上式中各长度项,用来流速度 U_0 除上式中各流速项,得无量纲量为

$$\begin{cases} x^0 = \dfrac{x}{L}, \\ y^0 = \dfrac{y}{L}, \end{cases} \begin{cases} v_x^0 = \dfrac{v_x}{U_0}, \\ v_y^0 = \dfrac{v_y}{U_0}, \end{cases} \begin{cases} p^0 = \dfrac{p}{\rho U_0^2}, \\ R_{eL} = \dfrac{U_0 L}{\nu}, \end{cases}$$

另假设 ρ, ν, g 均为常数,则有:

$$\begin{cases} v_x \dfrac{\partial v_x}{\partial x} = \dfrac{U_0^2}{L} v_x^0 \dfrac{\partial v_x^0}{\partial x^0} \\ v_y \dfrac{\partial v_x}{\partial y} = \dfrac{U_0^2}{L} v_y^0 \dfrac{\partial v_x^0}{\partial y^0} \end{cases}, \quad \begin{cases} \dfrac{1}{\rho} \dfrac{\partial p}{\partial x} = \dfrac{U_0^2}{L} \dfrac{\partial p^0}{\partial x^o} \\ \dfrac{1}{\rho} \dfrac{\partial p}{\partial y} = \dfrac{U_0^2}{L} \dfrac{\partial p^0}{\partial y^o} \\ \nu \dfrac{\partial^2 v_x}{\partial x^2} = \nu \dfrac{U_0}{L^2} \dfrac{\partial^2 v_x^0}{\partial x^{02}} \\ \nu \dfrac{\partial^2 v_x}{\partial y^2} = \nu \dfrac{U_0}{L^2} \dfrac{\partial^2 v_x^0}{\partial y^{02}} \end{cases}$$

将上面关系式代入式(10.3),得

$$\frac{U_0^2}{L}v_x^0\frac{\partial v_x^0}{\partial x^0}+\frac{U_0^2}{L}v_y^0\frac{\partial v_x^0}{\partial y^0}=-\frac{U_0^2}{L}\frac{\partial p^0}{\partial x^0}+\nu\frac{U_0}{L^2}\left(\frac{\partial^2 v_x^0}{\partial x^{02}}+\frac{\partial^2 v_x^0}{\partial y^{02}}\right)$$

即得其无量纲表达式,同理得其他两式表达式,即

$$v_x^0\frac{\partial v_x^0}{\partial x^0}+v_y^0\frac{\partial v_x^0}{\partial y^0}=-\frac{\partial p^0}{\partial x^0}+\frac{1}{R_{eL}}\left(\frac{\partial^2 v_x^0}{\partial x^{02}}+\frac{\partial^2 v_x^0}{\partial y^{02}}\right) \tag{10.6}$$

$$v_x^0\frac{\partial v_y^0}{\partial x^0}+v_y^0\frac{\partial v_y^0}{\partial y^0}=-\frac{\partial p^0}{\partial y^0}+\frac{1}{R_{eL}}\left(\frac{\partial^2 v_y^0}{\partial x^{02}}+\frac{\partial^2 v_y^0}{\partial y^{02}}\right) \tag{10.7}$$

$$\frac{\partial v_x^0}{\partial x^0}+\frac{\partial v_y^0}{\partial y^0}=0 \tag{10.8}$$

2) 量级比较

因为 $\delta\ll L$,从而 $\delta^0=\frac{\delta}{L}\ll1$,由此建立下面从大到小的量级

$$\frac{1}{\delta^{02}},\ \frac{1}{\delta^0},\ 1,\ \delta^0,\ \delta^{02}$$

其中,1 表示同一量级。由于

$$x^0=\frac{x}{L}\sim1,\ y^0=\frac{y}{L}\sim\delta^0,\ v_x^0=\frac{v_x}{U_0}\sim1$$

因此

$$\frac{\partial v_x^0}{\partial x^0}\sim1,\ \frac{\partial v_x^0}{\partial y^0}\sim\frac{1}{\delta^0}$$

由式(10.8)可知 $\dfrac{\partial v_y^0}{\partial y^0}=-\dfrac{\partial v_x^0}{\partial x^0}\sim1$,即 $v_y^0\sim\delta^0$,随之有

$$\frac{\partial v_y^0}{\partial x^0}\sim\delta^0,\ \frac{\partial^2 v_x^0}{\partial x^{02}}\sim1,\ \frac{\partial^2 v_x^0}{\partial y^{02}}\sim\frac{1}{\delta^{02}},\ \frac{\partial^2 v_y^0}{\partial x^{02}}\sim\delta^0,\ \frac{\partial^2 v_y^0}{\partial y^{02}}\sim\frac{1}{\delta^0}$$

R_{eL} 量级可根据边界层特性,即黏性力和惯性力同一量级导出,下面将作具体推导。

黏性项中,因 $\dfrac{\partial^2 v_x}{\partial x^2}\ll\dfrac{\partial^2 v_x}{\partial y^2}$,所以可忽略 $\dfrac{\partial^2 v_x}{\partial x^2}$ 项。由量纲分析可得惯性力项量纲为 $\left[\dfrac{U_0^2}{L}\right]$,黏性力项量纲为 $\left[\nu\dfrac{U_0}{\delta^2}\right]$,由于量级相同,故

$$\frac{U_0^2}{L}\sim\left(\nu\frac{U_0}{\delta^2}\right)\text{或}\frac{U_0}{L\nu}\sim\frac{1}{\delta^2},\text{即}\frac{U_0 L}{\nu}\sim\left(\frac{L}{\delta}\right)^2$$

所以

$$R_{eL} \sim \frac{1}{\delta^{02}}$$

至于 $\dfrac{\partial p^0}{\partial x^0}$ 与 $\dfrac{\partial p^0}{\partial y^0}$ 的量级,因为压强梯度是被动力,起调节作用,它们的量级由方程中其他类型力中的最大量级决定,方程组中共有两种主动力,即黏性力和惯性力,而它们是同一量级,所以

$$\frac{\partial p^0}{\partial x^0} \sim 1, \quad \frac{\partial p^0}{\partial y^0} \sim \delta^0$$

将上面分析得出的各项物理量级标注在方程式下边,以便比较

$$\begin{cases} v_x^0 \dfrac{\partial v_x^0}{\partial x^0} + v_y^0 \dfrac{\partial v_x^0}{\partial y^0} = -\dfrac{\partial p^0}{\partial x^0} + \dfrac{1}{R_{eL}} \left(\dfrac{\partial^2 v_x^0}{\partial x^{02}} + \dfrac{\partial^2 v_x^0}{\partial y^{02}} \right) \\ \quad (1) \quad (1) \qquad (\delta^o)(1/\delta^o) \quad (1) \quad (\delta_o^2) \quad (1) \quad (1/\delta^{o\,2}) \\ v_x^0 \dfrac{\partial v_y^0}{\partial x^0} + v_y^0 \dfrac{\partial v_y^0}{\partial y^0} = -\dfrac{\partial p^0}{\partial y^0} + \dfrac{1}{R_{eL}} \left(\dfrac{\partial^2 v_y^0}{\partial x^{02}} + \dfrac{\partial^2 v_y^0}{\partial y^{02}} \right) \\ \quad (1) \quad (\delta^o) \quad (\delta^o) \quad (1) \qquad (\delta^o) \qquad (\delta_o^2) \quad (\delta^o) \quad (1/\delta^o) \\ \dfrac{\partial v_x^0}{\partial x^0} + \dfrac{\partial v_y^0}{\partial y^0} = 0 \\ \quad (1) \quad (1) \end{cases}$$

在式中把所有量级小于 1 的项略去,将不会引起太大误差,故

$$\begin{cases} v_x^0 \dfrac{\partial v_x^0}{\partial x^0} + v_y^0 \dfrac{\partial v_x^0}{\partial y^0} = -\dfrac{\partial p^0}{\partial x^0} + \dfrac{1}{R_{eL}} \dfrac{\partial^2 v_x^0}{\partial y^{02}} \\ \dfrac{\partial p^0}{\partial y^0} = 0 \\ \dfrac{\partial v_x^0}{\partial x^0} + \dfrac{\partial v_y^0}{\partial y^0} = 0 \end{cases}$$

恢复有量纲得到边界层基本微分方程

$$\begin{cases} v_x \dfrac{\partial v_x}{\partial x} + v_y \dfrac{\partial v_x}{\partial y} = -\dfrac{1}{\rho} \dfrac{\partial p}{\partial x} + \nu \dfrac{\partial^2 v_x}{\partial y^2} \\ \dfrac{\partial p}{\partial y} = 0 \\ \dfrac{\partial v_x}{\partial x} + \dfrac{\partial v_y}{\partial y} = 0 \end{cases} \tag{10.9}$$

边界条件

$$\begin{cases} y = 0 : v_x = v_y = 0 \\ y = \infty(\delta) : v_x = U_e \end{cases}$$

式中,U_e 为边界层外缘的速度,一般与来流 U_∞ 不等,它是距离 x 的函数,只有平板绕流时

两者才相等。

4. 结论

（1）由于压强沿物体表面外法线方向的梯度 $\partial p^o/\partial y^o$，较沿界面切向梯度 $\partial p^o/\partial x^o$ 低一个量级，因此这两者比较在一级近似的范围内可认为：$\partial p^o/\partial y^o=0$，即 $\partial p/\partial y=0$，这表明压强在整个边界层厚度上是常数的特征，即 $p=p_e(x)$，其中 $p_e(x)$ 是主流在边界层外缘上的压强分布。这是由于边界层很薄，压强沿法向的变化可以忽略不计，这一点已被实验测试证实。因此

$$\frac{\partial p}{\partial x}=\frac{\mathrm{d}p}{\mathrm{d}x}=\frac{\mathrm{d}p_e}{\mathrm{d}x}$$

如果以 $U_e(x)$ 表示主流在边界层外缘上的速度分布，则可以根据边界层外势流的伯努利方程

$$p_e+\frac{1}{2}\rho U_e^2=C$$

将边界层内的压强用主流速度来表示。上式两边求导后可得

$$\frac{\partial p}{\partial x}=\frac{\mathrm{d}p}{\mathrm{d}x}=\frac{\mathrm{d}p_e}{\mathrm{d}x}=-\rho U_e\frac{\mathrm{d}U_e}{\mathrm{d}x} \tag{10.10}$$

从而边界层方程改写为

$$\begin{cases} v_x\dfrac{\partial v_x}{\partial x}+v_y\dfrac{\partial v_x}{\partial y}=U_e\dfrac{\mathrm{d}U_e}{\mathrm{d}x}+\nu\dfrac{\partial^2 v_x}{\partial y^2} \\[2mm] \dfrac{\partial p}{\partial y}=0 \\[2mm] \dfrac{\partial v_x}{\partial x}+\dfrac{\partial v_y}{\partial y}=0 \end{cases} \tag{10.11}$$

（2）由 $R_{eL}\sim\dfrac{1}{\delta_0^2}$，即 $\dfrac{UL}{\nu}\sim\dfrac{1}{\delta^2/L^2}$ 知：$\delta\sim\dfrac{L}{\sqrt{R_{eL}}}$

这说明 δ 与 $\sqrt{R_{eL}}$ 成反比，即 $R_{eL}\uparrow\to\delta\downarrow$。

10.3.2 边界层近似的推广

1. 湍流边界层方程

式(10.9)或式(10.11)仅适用于层流边界层，但只需适当改变形式就可以得到适用于湍流的边界层方程：

$$\begin{cases} v_x\dfrac{\partial v_x}{\partial x}+v_y\dfrac{\partial v_x}{\partial y}=-\dfrac{1}{\rho}\dfrac{\partial p}{\partial x}+\dfrac{1}{\rho}\dfrac{\partial\tau}{\partial y} \\[2mm] \dfrac{\partial p}{\partial y}=0 \\[2mm] \dfrac{\partial v_x}{\partial x}+\dfrac{\partial v_y}{\partial y}=0 \end{cases} \tag{10.12}$$

式中，$\tau = \mu \dfrac{\partial v_x}{\partial y} - \rho \overline{v_x' v_y'}$，方程中的速度、压强均为时均值，这里略写了时均标志（上方"—"）；$-\rho \overline{v_x' v_y'}$ 为湍流应力；v_x'，v_y' 为脉动值。根据普朗特混合长度理论有

$$\tau = \mu \frac{\partial v_x}{\partial y} + \rho l^2 \left| \frac{\partial v_x}{\partial y} \right| \frac{\partial v_x}{\partial y}$$

故边界层方程可统一写为

$$\begin{cases} v_x \dfrac{\partial v_x}{\partial x} + v_y \dfrac{\partial v_x}{\partial y} = -\dfrac{1}{\rho} \dfrac{\partial p}{\partial x} + \dfrac{1}{\rho} \dfrac{\partial \tau}{\partial y} = U_e \dfrac{\mathrm{d}U_e}{\mathrm{d}x} + \dfrac{1}{\rho} \dfrac{\partial \tau}{\partial y} \\[2mm] \dfrac{\partial p}{\partial y} = 0 \\[2mm] \dfrac{\partial v_x}{\partial x} + \dfrac{\partial v_y}{\partial y} = 0 \end{cases} \tag{10.13}$$

层流时

$$\tau = \mu \frac{\partial v_x}{\partial y}$$

湍流时

$$\tau = \mu \frac{\partial v_x}{\partial y} + \rho l^2 \left| \frac{\partial v_x}{\partial y} \right| \frac{\partial v_x}{\partial y}$$

2. 厚边界层理论

以上理论称为"薄剪切层理论"。当 $\delta/L \sim 1$ 时，需要考虑高阶效应，称为厚边界层理论或相当薄剪切层近似，此时，$\partial p / \partial y \neq 0$，$\delta_L / L \sim 1$，$V \gg W$（$V$ 为无限远处流体速度，W 为边界层内垂向最大速度）从而有

$$\left(\frac{\delta_L}{L} \right)^2 \sim \left(\frac{1}{R_{eL}} \right)$$

相应边界层方程可从薄边界层推出：

$$\begin{cases} v_x \dfrac{\partial v_x}{\partial x} + v_y \dfrac{\partial v_x}{\partial y} = U_e \dfrac{\mathrm{d}U_e}{\mathrm{d}x} + \dfrac{1}{\rho} \dfrac{\partial \tau}{\partial y} \\[2mm] \dfrac{v_x^2}{R} = -\dfrac{1}{\rho} \dfrac{\partial p}{\partial y} \\[2mm] \dfrac{\partial v_x}{\partial x} + \dfrac{\partial v_y}{\partial y} = 0 \end{cases} \tag{10.14}$$

式中，R 为物体表面曲率半径。

3. 部分抛物型边界层理论

斯伯丁（Spalding）所提出的"部分抛物型"（Partially-Parabolic）边界层理论在计算三维船体边界层中得到较为广泛的应用。从数学的观点来说，部分抛物型介于"完全椭圆型"（Fully

Elliptic Eq.)的 N-S 方程(或雷诺湍流方程)和"完全抛物型"(Fully Parabolic Eq.)的普朗特方程之间。对于后者,在流向下方的扰动对上流没有影响,因此在进行数值计算时,可以从前往后,逐点计算,一次完成。而对于前者,由于下方的扰动对上流有影响,因此需要反复迭代,直到满足精度的要求为止。对于部分抛物型流动,斯伯丁提出这样两个假设:

(1) 具有一个主要流动方向,沿这一方向的扩散通量很小而可略去不计。

(2) 仅仅在这一方向上有对流变化的影响。

如果 x 方向为主要流动方向,则二元边界层方程应具有如下形式:

$$\begin{cases} v_x \dfrac{\partial v_x}{\partial x} + v_y \dfrac{\partial v_x}{\partial y} = -\dfrac{1}{\rho}\dfrac{\partial p}{\partial x} + \dfrac{1}{\rho}\dfrac{\partial \tau_{12}}{\partial y} \\[2mm] v_x \dfrac{\partial v_y}{\partial x} + v_y \dfrac{\partial v_y}{\partial y} = -\dfrac{1}{\rho}\dfrac{\partial p}{\partial y} + \dfrac{1}{\rho}\dfrac{\partial \tau_{22}}{\partial y} \\[2mm] \dfrac{\partial v_x}{\partial x} + \dfrac{\partial v_y}{\partial y} = 0 \end{cases} \tag{10.15}$$

虽然出现了具有较复杂形式的各种边界层方程,例如厚边界层方程,部分抛物型边界层方程等。但是薄边界层方程仍然是有用的,一般可采用混合的方式,以节省计算工作量。如船体那样的流线型物体,前端 75% 仍可用薄边界层方程计算,后端 25% 再改用较复杂的厚边界层方程。

4. 绕流问题的边界层—势流耦合求解

应用 Prandtl 边界层理论可以构造大雷诺数黏性绕流问题的势流和边界层流动的组合解。具体步骤如下:

(1) 用理想流体边界条件求解物体绕流的势流方程,得到全流场的势流解:速度场 v_e 和压强分布 p_e。

(2) 以势流解在物面上的流动参数 $U_e(x) = U_e(x, 0)$ 和 $p_e(x) = p_e(x, 0)$ 作为边界层方程的外边界条件,求解边界层方程,得到边界层内的速度分布 v 和壁面摩擦应力 τ_0 等,从而得到边界层—势流解的一次近似解。

(3) 在完成第(2)步边界层计算后,若需进一步得到高阶近似,可采用逐次修正绕流物面型线的方法:用边界层排挤厚度修正势流(真实物面)的边界,即物面法线方向附加厚度形成一个虚拟的物面;然后计算修正边界的势流场;最后,由修正的外流场作为边界层的外边界条件,第二次计算边界层流动。

10.4 边界层动量积分方程

虽然边界层微分方程比纳维尔—斯托克斯方程要简单得多,但它仍是非线性方程,即使对诸如平板、楔形体等最简单物体的绕流,边界层微分方程的精确求解还是十分复杂的。于是就产生了一些解决边界层问题的近似方法,其中,积分法具有较高精确度,而且计算方便,计算量也不大,在工程上得到广泛应用。

在求边界层微分方程的精确解时,要求边界层内每一个流体质点都要满足微分方程。

而边界层积分法只要求边界层内的流动作为一个整体来满足动量守恒定律和能量守恒定律。也就是说,各物理量除了在壁面附近和接近边界层外边界的过渡区满足边界条件外,在两者之间的边界层区域内,只要以边界层厚度取得的这些物理量的平均值来满足边界层微分方程,而这些平均值是根据边界层的动量微分方程和能量微分方程沿边界层厚度进行积分得到的边界层动量积分方程和能量积分方程求得的。下面以平板边界层动量积分方程为例,介绍积分法的特点。

1. 假设

(1) δ 极小,小曲率物体表面的曲率可以略去不计。

(2) 略去质量力。

(3) 流动是二元定常的。

2. 方程导出

取如图 10.5 所示的控制体,根据动量定理,沿 x 方向列出动量方程:

$$K_{CD} - K_{AB} - K_{AC} = \sum F_x \qquad (10.16)$$

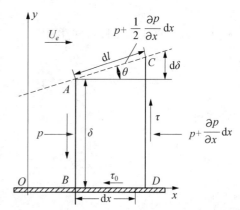

图 10.5　推导边界层动量方程的控制体微元

其中,K_{AB},K_{AC} 和 K_{CD} 分别为单位时间内通过控制体的边界面 AB,AC 流进和经 CD 流出的流体动量在 x 方向的分量,具体为

$$K_{AB} = \int_0^{\delta} \rho v_x v_x \, \mathrm{d}y$$

$$K_{CD} = K_{AB} + \frac{\partial K_{AB}}{\partial x} \mathrm{d}x = \int_0^{\delta} \rho v_x v_x \, \mathrm{d}y + \frac{\partial}{\partial x} \left(\int_0^{\delta} \rho v_x v_x \, \mathrm{d}y \right) \mathrm{d}x$$

$$K_{AC} = Q_{AC} \cdot U_e = (Q_{CD} - Q_{AB}) \cdot U_e = \left[-\int_0^{\delta} \rho v_x \, \mathrm{d}y + \int_0^{\delta} \rho v_x \, \mathrm{d}y + \frac{\partial}{\partial x} \left(\int_0^{\delta} \rho v_x \, \mathrm{d}y \right) \mathrm{d}x \right] U_e$$

$$= U_e \frac{\partial}{\partial x} \left(\int_0^{\delta} \rho v_x \, \mathrm{d}y \right) \mathrm{d}x$$

$$\sum F_x = p_e \cdot \delta - \left(p_e + \frac{\partial p_e}{\partial x} \mathrm{d}x \right) \cdot (\delta + \mathrm{d}\delta) + \left(p_e + \frac{1}{2} \frac{\partial p_e}{\partial x} \mathrm{d}x \right) \cdot \mathrm{d}l \cdot \sin\theta - \tau_o \mathrm{d}x$$

$$\approx -\delta \frac{\mathrm{d}p_e}{\mathrm{d}x} \mathrm{d}x - \tau_o \mathrm{d}x$$

式中已经考虑到 $\frac{\partial p}{\partial y} = 0$,$\frac{\partial p}{\partial x} = \frac{\mathrm{d}p}{\mathrm{d}x} = \frac{\mathrm{d}p_e}{\mathrm{d}x}$,$\mathrm{d}l \cdot \sin\theta = \mathrm{d}\delta$,并代入到式(10.16)简化得

$$U_e \frac{\mathrm{d}}{\mathrm{d}x} \int_0^{\delta} \rho v_x \, \mathrm{d}y - \frac{\mathrm{d}}{\mathrm{d}x} \int_0^{\delta} \rho v_x^2 \, \mathrm{d}y = \delta \frac{\mathrm{d}p_e}{\mathrm{d}x} + \tau_0 \qquad (10.17)$$

式(10.17)为卡门所提出的边界层动量方程,对于层流边界层和湍流边界层同样适用。

假设流体为不可压缩,由于

$$\frac{d}{dx}\left[U_e\left(\int_0^\delta \rho v_x \,dy\right)\right] = \frac{dU_e}{dx}\left[\left(\int_0^\delta \rho v_x \,dy\right)\right] + U_e \cdot \frac{d}{dx}\int_0^\delta \rho v_x \,dy$$

因为 $U_e = U_e(x)$，所以

$$U_e \frac{d}{dx}\int_0^\delta \rho v_x \,dy = \frac{d}{dx}\left[U_e\left(\int_0^\delta \rho v_x \,dy\right)\right] - \frac{dU_e}{dx}\int_0^\delta \rho v_x \,dy$$

$$= \frac{d}{dx}\int_0^\delta \rho U_e v_x \,dy - \frac{dU_e}{dx}\int_0^\delta \rho v_x \,dy$$

代入动量方程式(10.17)，并注意到 $\frac{dp_e}{dx} = -\rho U_e \frac{dU_e}{dx}$，得到

$$\frac{d}{dx}\int_0^\delta \rho U_e v_x \,dy - \frac{d}{dx}\int_0^\delta \rho v_x^2 \,dy + \rho U_e \delta \frac{dU_e}{dx} - \frac{dU_e}{dx}\int_0^\delta \rho v_x \,dy = \tau_0$$

合并得

$$\frac{d}{dx}\int_0^\delta \rho v_x(U_e - v_x)\,dy + \frac{dU_e}{dx}\int_0^\delta \rho(U_e - v_x)\,dy = \tau_0 \tag{10.18}$$

令

$$\begin{cases} \theta = \int_0^\delta \frac{v_x}{U_e}\left(1 - \frac{v_x}{U_e}\right)dy \\ \delta^* = \int_0^\delta \left(1 - \frac{v_x}{U_e}\right)dy \end{cases} \tag{10.19}$$

则

$$\frac{d}{dx}(\rho U_e^2 \theta) + \rho U_e \delta^* \frac{dU_e}{dx} = \tau_0 \tag{10.20}$$

即

$$\frac{d\theta}{dx} + \frac{1}{U_e}\frac{dU_e}{dx}(2\theta + \delta^*) = \frac{\tau_0}{\rho U_e^2} \tag{10.21}$$

式(10.21)即为不可压缩流边界层动量方程。

若物体是平板，δ 很小，则 $\frac{dU_e}{dx} = 0$，$U_e \approx U_0$，则得到平板边界层动量方程为

$$\frac{d\theta}{dx} = \frac{\tau_0}{\rho U_0^2} \tag{10.22}$$

将式(10.22)积分，可获得作用在平板上摩擦阻力为

$$R_f = \int_0^L \tau_0 \,dx = \int_0^L \rho U_0^2 \frac{d\theta}{dx}\,dx = \rho U_0^2 \int_0^{\theta_L} d\theta = \rho U_0^2 \theta_L \tag{10.23}$$

3. δ^* 和 θ 的物理含义

1）排挤厚度(位移厚度)δ^*

由 δ^* 定义式改写得到

$$\rho U_e \delta^* = \int_0^\delta \rho (U_e - v_x) \mathrm{d}y = \rho U_e \delta - \int_0^\delta \rho v_x \mathrm{d}y$$

式中,右边第一项表示当流体是理想流体时,以速度 U_e 匀速流过厚度为 δ 截面的流量;第二项则表示考虑黏性影响,有边界层存在时,流过同一截面的流量。它们之差则表示由于边界层存在排挤了厚度为 δ^* 的理想流体流量,故称 δ^* 为排挤厚度或称位移厚度,如图 10.6(a) 所示。对于平板,δ^* 是由于边界层存在,使得原来流线偏移了 δ^* 距离,从而保证流线和平板之间的质量流量保持不变,具体如图 10.6(b) 所示。图中实线为流线,虚线为边界层边界,δ^* 为偏移的距离。

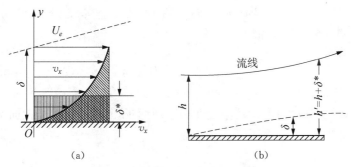

图 10.6 排挤厚度与动量损失厚度

2) 动量损失厚度 θ

将式(10.19)第二式改写得到

$$\rho U_e^2 \theta = \int_0^\delta \rho v_x (U_e - v_x) \mathrm{d}y = \int_0^\delta \rho U_e v_x \mathrm{d}y - \int_0^\delta \rho v_x^2 \mathrm{d}y$$

式中,右边第一项表示当流体是理想流体时,以速度 U_e 匀速流过厚度为 δ 截面的动量;第二项则表示考虑黏性影响,有边界层存在时,流过同一截面的动量。它们之差则表示由于边界层存在损失了厚度为 θ 的理想流体动量,称为动量损失厚度。

根据渐近的边界层厚度的概念,对应式(10.19)有

$$\begin{cases} \theta = \int_0^\infty \dfrac{v_x}{U_e}\left(1 - \dfrac{v_x}{U_e}\right) \mathrm{d}y \\[3mm] \delta^* = \int_0^\infty \left(1 - \dfrac{v_x}{U_e}\right) \mathrm{d}y \end{cases} \tag{10.24}$$

从图 10.7 边界层排挤厚度与动量损失厚度的定义可清楚看出,排挤厚度 δ^* 总是大于动量损失厚度 θ。

式(10.20)或式(10.21)是个常微分方程,含有 θ,δ^* 和 τ_0 3 个未知量,显然不封闭,但它们都与速度分布有关,因此只要给定边界层的速度分布 $\dfrac{v_x}{U_e} = f\left(\dfrac{y}{\delta}\right)$,则就可以通过式(10.20)或(10.21)求得相应解。因此边界层速度分布的确定是问题求解的关键。通常的办

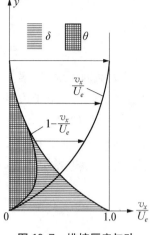

图 10.7　排挤厚度与动
量损失厚度

法是假定速度分布的形式,通过边界层的壁面条件以及外缘条件来确定有关系数。下面可以看到这样的近似表达式有多种形式,常用的一种是多项式拟合

$$\frac{v_x}{U_e}=f(\eta)=a_0+a_1\eta+a_2\eta^2+\cdots+a_n\eta^n,\ \eta=\frac{y}{\delta}$$

式中,系数 $a_n(n=0,1,\cdots,N)$ 由边界层方程的边界条件确定,其中,壁面条件由壁面上无滑移条件及边界层微分方程获得

$$v_x=0,\ \left(\frac{\partial^2 v_x}{\partial y^2}\right)_{y=0}=\frac{1}{\mu}\frac{\mathrm{d}p_e}{\mathrm{d}x}=-\frac{U_e}{\nu}\frac{\mathrm{d}U_e}{\mathrm{d}x}\quad(y=0)$$

边界层外缘渐近条件由边界层定义、特征及边界层微分方程获得

$$v_x=U_e(x),\ \frac{\partial v_x}{\partial y}=\frac{\partial^2 v_x}{\partial y^2}=\cdots=\frac{\partial^n v_x}{\partial y^n}=0\quad(y=\delta)$$

多项式中的阶数越高,速度分布的近似程度越好,但实际上最重要的是壁面条件和外缘渐近条件中的低阶导数项。

10.5　平板层流边界层

若 $R_{eL}<R_{xcr}$,或 $L<x_{cr}$ 时,整个平板为层流边界层。下面将应用动量积分方程求解平板层流问题的近似解。假设边界层的速度剖面与圆管中的黏性流动相近,即为二次多项式近似,即

$$\frac{v_x}{U_e}=\frac{v_x}{U_0}=f(\eta)=a_0+a_1\eta+a_2\eta^2,\ \eta=\frac{y}{\delta}$$

式中,常系数 $a_n(n=0,1,2)$ 由边界层方程的边界条件确定。由壁面无滑移条件 $v_x|_{y=0}=0$ 得 $a_0=0$;由边界层外缘渐近条件 $v_x|_{y=\delta}=U_e=U_0$, $\dfrac{\partial v_x}{\partial y}\bigg|_{y=\delta}=0$,可得 $a_1=2$, $a_2=-1$。于是边界层速度分布为

$$\frac{v_x}{U_0}=2\frac{y}{\delta}-\frac{y^2}{\delta^2}$$

将速度分布代入式(10.19)有

$$\theta=\int_0^\delta\frac{v_x}{U_0}\left(1-\frac{v_x}{U_0}\right)\mathrm{d}y=\frac{2}{15}\delta$$

$$\delta^*=\int_0^\delta\left(1-\frac{v_x}{U_0}\right)\mathrm{d}y=\frac{1}{3}\delta$$

可见在层流边界层中,对于不同的 x,θ 和 δ^* 相对于 δ 有一个确定的比例。

由动量方程得

$$\tau_0 = \rho U_0^2 \frac{\mathrm{d}\theta}{\mathrm{d}x} = \mu \left.\frac{\partial v_x}{\partial y}\right|_{y=0} = 2\mu \frac{U_0}{\delta}$$

$$\frac{2}{15}\frac{\mathrm{d}\delta}{\mathrm{d}x} = 2\mu \frac{U_0/\delta}{\rho U_0^2} \Rightarrow \delta = 5.48\sqrt{\frac{\nu x}{U_0}} \text{ 或 } \frac{\delta}{x} = \frac{5.48}{\sqrt{Re_x}}$$

当 $x = L$ 时

$$\frac{\delta_L}{L} = \frac{5.48}{\sqrt{Re_L}}$$

$$\tau_0 = 0.365\mu U_0\sqrt{\frac{U_0}{\nu x}}, \quad c_\tau = \frac{\tau_0}{\frac{1}{2}\rho U_0^2} = \frac{0.729}{\sqrt{R_x}}$$

$$R_f = \rho U_0^2 \theta_L = 0.731\rho U_0^2\sqrt{\frac{\nu L}{U_0}}$$

$$C_f = \frac{R_f}{\frac{1}{2}\rho U_0^2 L} = 1.460\sqrt{\frac{\nu}{U_0 L}} = \frac{1.460}{\sqrt{Re_L}}$$

卜拉休斯从普朗特边界层方程求得,并与实验结果相一致的精确解为

$$\begin{cases} \delta = 5\sqrt{\dfrac{\nu x}{U_0}} \\[2mm] R_f = 0.664\sqrt{\rho U_0^3 L\mu} \\[2mm] C_f = \dfrac{1.328}{\sqrt{Re_L}} \quad (3\times10^5 < Re_L < 10^6) \end{cases} \tag{10.25}$$

可见动量积分方程具有一定的精确性。

为了考察其他速度分布近似解,表 10.2 给出了 5 种不同速度分布下的计算结果,并与布拉修斯(Blasius)精确解和尼古拉兹(Nikuradse)实验值进行比较。

如表 10.2 所示,线性及抛物线速度分布近似的精度较低,总阻力系数与精确解的误差约为 10%,其余 3 种近似程度较高,误差小于 4%。这说明所假设的速度分布函数形式对计算结果并不敏感,这是动量积分方程的优点。

表 10.2 平板层流边界层计算结果

$\dfrac{v_x}{U_0} = f(\eta)$	$\dfrac{\delta}{x}\sqrt{R_x}$	$\dfrac{\theta}{\delta}$	$\dfrac{\delta^*}{\delta}$	$c_\tau\sqrt{R_x}$	$c_f\sqrt{Re_L}$
η	3.46	1/6	1/2	0.578	1.155
$2\eta - \eta^2$	5.48	2/15	1/3	0.730	1.460

续　表

$\dfrac{v_x}{U_0}=f(\eta)$	$\dfrac{\delta\sqrt{R_x}}{x}$	$\dfrac{\theta}{\delta}$	$\dfrac{\delta^*}{\delta}$	$c_\tau\sqrt{R_x}$	$c_f\sqrt{R_{eL}}$
$\dfrac{3}{2}\eta-\dfrac{1}{2}\eta^3$	4.64	39/280	3/8	0.646	1.292
$2\eta-2\eta^3+\eta^4$	5.83	37/315	3/10	0.686	1.372
$\sin\left(\dfrac{\pi}{2}\eta\right)$	4.79	$\dfrac{4-\pi}{2\pi}$	$\dfrac{\pi-2}{\pi}$	0.654	1.310
Blasius 精确解	4.92	0.133	0.344	0.664	1.328
Nikuradse 实验值	5.64				1.315，1.319

10.6　平板湍流边界层

如同将 N‑S 方程简化为层流边界层方程一样，利用边界层特点也可以将雷诺方程简化为湍流边界层方程，但是在湍流边界层方程中仍将出现雷诺应力项。由于尚未建立雷诺应力与时均速度之间的解析关系，无法求得湍流边界层方程精确解。目前求解湍流边界层的方法仍是以借助动量定理的边界层动量积分法为主。

用动量积分法求解边界层问题的关键在于确定边界层内的(时均)速度分布，对光滑平板湍流边界层的实验测量表明，与光滑管内湍流流动相比，在平板附近的区域内速度分布具有类似的分层结构，可分为黏性底层区、过渡区和湍流核心区。实验还表明在黏性底层区和核心区内的时均速度分布规律与圆管湍流相应区内的速度分布接近，因此可以将光滑圆管湍流的某些结论移植到光滑平板湍流边界层中来。

1. 平板湍流边界层速度分布

当 $R_{eL}>R_{xcr}(L>x_{cr})$ 时，则在 x_{cr} 后为湍流，此时称为混合边界层(见图 10.8)。当 $R_{eL}\gg R_{xcr}$ 时(或 $x_{cr}\leqslant 5\%L$)，可认为整个边界层为湍流边界层，湍流可分为两种：一种为自由湍流，例如物体后面的涡流，船体后面的伴流、喷柱的射流等；另一种为壁面湍流，例如管道、明渠中的流动等。壁面湍流受到壁面影响，服从壁面定律，速度分布可用 $v_+=f(y_+)$ 表示，它与圆管内湍流有一些相似之处。自由湍流则不受壁面影响，它的速度分布服从于涡流定律，可以用 $\dfrac{v_x}{U_0}=f\left(\dfrac{y}{b}\right)$ 来表示，其中，b 为射流宽度。

湍流边界层兼有这两种流动的性质：靠近平板表面的近壁区具有壁面湍流的性质，服从于壁面定律；靠近边界层边界部分，由于远离平板壁面，具有自由湍流的性质，服从于涡流定律。根据速度分布的不同，平板湍流边界层可以划分为 4 个区域，如图 10.9 所示。

1) 黏性底层

由于壁面的强烈作用，所以这里保持层流的性质，速度分布为线性规律，但是仍然有脉

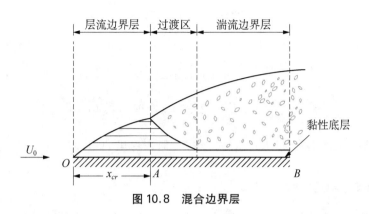

图 10.8   混合边界层

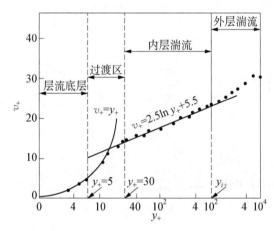

图 10.9   湍流边界层的 4 个区域

动性。速度分布为

$$v_+ = f(y_+) \quad 0 < y_+ \leqslant 5 \quad (y = 0.1 \sim 1\%\delta)$$

2）缓冲层

在这一层内,会发生间隙性的"猝发"现象:将一团团流体周期性地从壁面向边界层边界方向抛射。在约 $3\%\delta$ 的厚度内,却产生大约一半的湍流能量。其速度分布为

$$v_+ = 11\arctan\left(\frac{y_+}{11}\right) \quad 5 < y_+ \leqslant 30 \quad (\text{厚度约 } 3\%\delta)$$

3）内层湍流

这一层的速度分布为

$$v_+ = A\ln y_+ + B, \quad (\text{厚度约为 } 10\% \sim 20\%\delta)$$

其中,常数 A,B 由实验确定,如一般取 $A = 2.43$,$B = 4.9$。

此层厚度可近似确定为

$$\lg \frac{y}{\delta} = 0.292 - 0.225 \lg R_\delta, \quad R_\delta = U_0 \delta / \nu$$

4）外层湍流

在这一区域内速度分布服从涡流定律，可用速度亏缺定律的形式来表示，速度分布为

$$\frac{U_0 - v_x}{v_\tau} = 2.5 \ln \frac{\delta}{y} + 2.35 \quad （厚度约 0.4 \sim 1.2\delta）$$

另外在这一区域内也发现间隙性的"猝发"现象，但在这里向边界层边界方向抛射更大块团的流体。

2. 平板湍流边界层求解

求解平板湍流边界层厚度和摩擦阻力系数仍可采用动量积分方程 $\dfrac{\mathrm{d}\theta}{\mathrm{d}x} = \dfrac{\tau_0}{\rho U_0^2}$，求解时，一般需事先假定速度分布，为了简单、方便，一般取指数分布，即

$$\frac{v_x}{U_0} = \left(\frac{y}{\delta}\right)^{\frac{1}{n}}$$

对于不同雷诺数，n 取不同值

$$\begin{cases} Re_L = 3 \times 10^5 \sim 2 \times 10^7 & n = 7 \\ Re_L = 3 \times 10^7 \sim 3 \times 10^8 & n = 8 \\ Re_L = 2 \times 10^8 \sim 10^{10} & n = 9 \end{cases}$$

对于壁面摩擦剪应力，根据实验结果可用下式表示：

$$\tau_0 = \xi \frac{\rho U_0^2}{2} \left(\frac{U_0 \delta}{\nu}\right)^{-m}$$

其中，ξ, m 为决定于雷诺数的常数，由边界层实验来测定

$$\begin{cases} Re_L = 10^6 \sim 2 \times 10^7 & \xi = 0.045 \quad m = 1/4 \\ Re_L = 3 \times 10^7 \sim 3 \times 10^8 & \xi = 0.039 \quad m = 2/9 \\ Re_L = 2 \times 10^8 \sim 10^{10} & \xi = 0.032 \quad m = 1/5 \end{cases}$$

下面就 1/7 定律进行推导，即速度分布取

$$\frac{v_x}{U_0} = \left(\frac{y}{\delta}\right)^{\frac{1}{7}}$$

根据边界层动量损失厚度、排挤厚度以及牛顿内摩擦定律计算公式得

$$\begin{cases} \theta = \displaystyle\int_0^\delta \frac{v_x}{U_0}\left(1 - \frac{v_x}{U_0}\right)\mathrm{d}y = \frac{7}{72}\delta \\[2mm] \delta^* = \displaystyle\int_0^\delta \left(1 - \frac{v_x}{U_0}\right)\mathrm{d}y = \frac{1}{8}\delta \\[2mm] \tau_0 = 0.022\,5\rho\,\dfrac{\nu^{1/4} U_0^{7/4}}{\delta^{1/4}} \end{cases}$$

并代入 $\dfrac{\mathrm{d}\theta}{\mathrm{d}x}=\dfrac{\tau_0}{\rho U_0^2}$ 得

$$\frac{7}{72}\delta^{1/4}\mathrm{d}\delta=0.022\,5\left(\frac{\nu}{U_0}\right)^{1/4}\mathrm{d}x$$

$$\delta=0.37\left(\frac{\nu}{U_0}\right)^{1/5}x^{4/5}$$

或

$$\frac{\delta}{x}=\frac{0.37}{R_x^{1/5}}$$

式中表明,与层流相比湍流边界层厚度的增长要比层流快。这是由于湍流脉动更激烈,混合更充分的结果。

令 $x=L$,则可以得到平板单面受到的摩擦阻力系数:

$$\begin{cases}\delta_L/L=0.37R_{eL}^{-1/5}\\[2mm]R_f=\rho U_0\theta_L=0.036\rho U_0^2 L R_{eL}^{-1/5}\\[2mm]C_f=\dfrac{0.072}{R_{eL}^{1/5}}\end{cases} \tag{10.26}$$

根据实验结果修正得

$$C_f=\frac{0.074}{R_{eL}^{1/5}}$$

若按对数分布规律进行计算,则得到许立汀计算公式

$$C_f=\frac{0.455}{(\lg R_{eL})^{2.58}}$$

另外还有几个在船舶阻力计算中常用的几个摩擦阻力系数计算公式。

1) 桑海公式

$$\frac{0.242}{\sqrt{C_f}}=\lg(R_{eL}C_f),\ \text{当}\ R_{eL}=10^6\sim10^9,\ C_f=\frac{0.463\,1}{(\lg R_{eL})^{2.6}}$$

2) 第八届国际船模水池会议推荐公式

$$C_f=\frac{0.075}{(\lg R_{eL}-2)^2}$$

3) 低 R_{eL} 公式

$$C_f=\frac{0.076\,6}{(\lg R_{eL}-1.88)^2}+\frac{60}{R_{eL}}\quad(R_{eL}=10^5\sim10^7)$$

图 10.10 给出了上述几个公式的计算曲线,在一定使用范围内与实验值较接近。

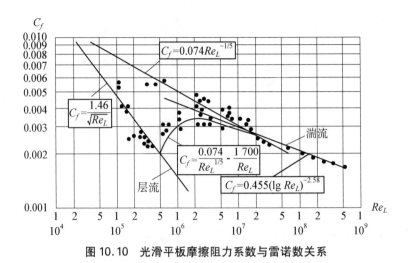

图 10.10　光滑平板摩擦阻力系数与雷诺数关系

10.7　平板混合边界层

$R_{eL} > R_{xcr}$ 或 $L > x_{cr}$ 时,边界层为如图 10.11(a)所示的混合边界层($x_{cr}/L > 5\%$):前端为层流边界层,后端为湍流边界层,中间为层流转变为湍流的过渡区。

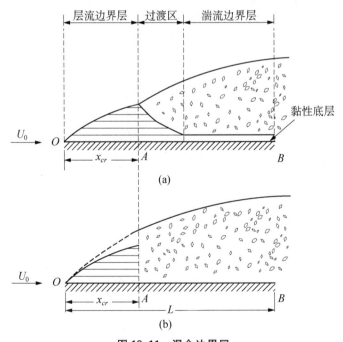

图 10.11　混合边界层

在计算混合边界层时,我们引入两个假设,如图 10.11(b)所示。

(1) 层流转变为湍流是在 x_{cr} 处瞬时发生,没有过渡区。

（2）混合边界层的湍流区可看作自 o 点开始的湍流边界层的一部分。

在此假设下有

$$R_f = R_{fAB}^t + R_{fOA}^l = (R_{fOB}^t - R_{fOA}^t) + R_{fOA}^l = R_{fOB}^t - (R_{fOA}^t - R_{fOA}^l) \qquad (10.27)$$

其中，上标有"t"的表示湍流（turbulence）边界层，上标有"l"的表示层流（laminar）边界层，以下相同。

将对应的摩擦阻力系数代入式（10.27），有

$$C_f \cdot \frac{1}{2}\rho U_0^2 L \cdot 1 = C_{fOB}^t \cdot \frac{1}{2}\rho U_0^2 L - (C_{fOA}^t - C_{fOA}^l) \cdot \frac{1}{2}\rho U_0^2 x_{cr}$$

即

$$C_f = C_{fOB}^t - (C_{fOA}^t - C_{fOA}^l)\frac{x_{cr}}{L}$$

或

$$C_f = C_{fOB}^t - (C_{fOA}^t - C_{fOA}^l)\frac{Re_{xcr}}{Re_L} \qquad (10.28)$$

将式（10.25）和式（10.26）代入式（10.28）得

$$C_f = \frac{0.074}{R_{eL}^{1/5}} - \left(\frac{0.074}{Re_{xcr}^{1/5}} - \frac{1.328}{Re_{xcr}^{1/2}}\right) \cdot \frac{Re_{xcr}}{Re_L}$$

或记作

$$C_f = \frac{0.074}{R_{eL}^{1/5}} - \frac{A}{R_{eL}} \qquad (10.29)$$

式中，$A = 0.074 Re_{xcr}^{4/5} - 1.328 Re_{xcr}^{1/2}$，其值如表 10.3 所示，它与临界雷诺数有关，通常 A 取 1 700。

表 10.3　常数 A 值

Re_{xcr}	10^5	3×10^5	5×10^5	10^6	3×10^6
A	320	1 050	1 700	3 300	3 700

如果采用许立汀公式代替式（10.26），则式（10.29）改写为

$$C_f = \frac{0.455}{(\lg Re_L)^{2.58}} - \frac{A}{Re_L} \qquad (10.30)$$

【例 10.1】一光滑平板宽 $B = 1.2\,\mathrm{m}$，长 $L = 5.0\,\mathrm{m}$，浸没在静水中并以速度 $U_0 = 0.6\,\mathrm{m/s}$，沿水平方向被拖曳，水温 $t = 10\,℃$，运动黏度 $\nu = 1.306 \times 10^{-6}\,\mathrm{m^2/s}$，密度 $\rho = 999.7\,\mathrm{kg/m^3}$，试求边界层最大厚度 δ_L 和所需水平总拖曳力 F。

解　首先判别边界层的流动状态。取临界雷诺数 $Re_{xcr} = 5 \times 10^5$，则

$$x_{cr} = \frac{Re_{xcr}\nu}{U_0} = \frac{5 \times 10^5 \times 1.306 \times 10^{-6}}{0.6} = 1.09 \text{ m} < 5 \text{ m}$$

表示 1.09 m 前为层流,后面为湍流。所以边界层最大厚度 δ_L 按湍流计算

$$\delta_L = \frac{0.37L}{R_{eL}^{1/5}} = \frac{0.37 \times 5}{(2.3 \times 10^6)^{1/5}} = 9.9\,(\text{cm})$$

由于

$$\frac{x_{cr}}{L} = 21.8\% > 5\%$$

所以按混合边界层计算摩擦阻力系数:

$$C_f = \frac{0.074}{R_{eL}^{1/5}} - \frac{A}{Re_L} = \frac{0.074}{(2.36 \times 10^6)^{1/5}} - \frac{1\,700}{2.3 \times 10^6} = 0.003\,21$$

$$F = 2C_f \cdot \frac{\rho U_o^2}{2} BL = 6.93\,(\text{N})$$

上面计算中,湿表面积按双面计算(若没有特殊说明,则一般按单面计算)。

【例 10.2】一平板宽为 2 m,长 5 m,在空气中运动速度为 2.42 m/s,试分别求沿宽度方向及沿长度方向运动时摩擦阻力。已知运动黏性系数和密度分别为 $\nu = 1.45 \times 10^{-5}$ m²/s,$\rho = 1.226$ kg/m³。

解 首先判别边界层流动状态

取临界雷诺数 $Re_{xcr} = 5 \times 10^5$,则

$$x_{cr} = \frac{5 \times 10^5 \times 1.45 \times 10^5}{2.42} = 3\,(\text{m})$$

可见宽度方向运动为层流边界层,而沿长度方向运动为混合边界层。

沿宽度雷诺数为

$$Re_L = \frac{2.42 \times 2}{1.45 \times 10^{-5}} = 3.34 \times 10^5$$

摩擦阻力系数按层流计算

$$C_f = \frac{1.462}{\sqrt{Re_L}} = 2.53 \times 10^{-3}$$

由于在空气中双面受力,则总阻力为

$$R_f = C_f \cdot \frac{1}{2}\rho U_0^2 S = (2.53 \times 10^{-3}) \times \frac{1}{2} \times (1.226 \times 2.42^2 \times 2 \times 5 \times 2) = 0.155 \text{ N}$$

类似沿长度方向有

$$Re_L = \frac{2.42 \times 5}{1.45 \times 10^{-5}} = 8.35 \times 10^5$$

$$C_f = \frac{0.074}{Re_L^{1/5}} - \frac{1700}{Re_L} = 2.81 \times 10^{-3}$$

$$R_f = C_f \cdot \frac{1}{2} \rho U_0^2 S = 0.172 (\text{N})$$

【例 10.3】一矩形平板长 2.25 m，宽 2 m，贴近海面以速度 $U = 4$ m/s 沿板宽方向运动，求：(1) 平板末端的边界层的厚度；(2) 所需水平拖拽力。设临界雷诺数为 $Re_{xcr} = 10^6$，并已知运动黏性系数和密度分别为 $\nu = 1.139 \times 10^{-6}$ m²/s，$\rho = 10^3$ kg/m³。

解 首先判断流动状态。由于临界雷诺数为 $Re_{xcr} = 10^6$，则对应 $A = 3\,300$。平板边界层流动状态转捩点的位置

$$x_{cr} = \frac{Re_{cr} \nu}{U} = \frac{10^6 \times 1.139 \times 10^{-6}}{4} = 0.284\,75 (\text{m})$$

平板

$$Re_B = \frac{UB}{\nu} = \frac{4 \times 2}{1.139 \times 10^{-6}} = 7.024 \times 10^6$$

(1) 平板末端的边界层是湍流边界层

$$\delta_B = \frac{0.37 B}{Re_B^{1/5}} = \frac{0.37 \times 2}{(7.024 \times 10^6)^{1/5}} = 0.032 (\text{m})$$

(2) 由于

$$\frac{x_{cr}}{B} = \frac{0.284\,75}{2} = 14.237\,5\% > 5\%$$

说明沿板宽方向边界层是混合边界层。摩擦阻力系数为

$$C_f = \frac{0.074}{Re_B^{1/5}} - \frac{A}{Re_B} = \frac{0.074}{(7.024 \times 10^6)^{1/5}} - \frac{3\,300}{7.024 \times 10^6} = 0.002\,7$$

所需拖曳力为（单侧）

$$F = C_f \cdot \frac{1}{2} \rho U^2 S = 0.002\,7 \times \frac{1}{2} \times 10^3 \times 4^2 \times 2.25 \times 2 = 96.9 (\text{N})$$

10.8 曲面边界层

前面都是针对平壁面边界层加以讨论的，但所获得的计算公式只需稍作修正，或者直接应用计算获得近似值，就可以应用于机翼、船体等流线型物体的边界层。

1. 曲面边界层的概念

曲面边界层和平板边界层重要区别之一是边界层外部势流的不同，因而引起边界层内部压力分布的不同。对于平板，边界层边界上的速度 U_e 及边界层内部的压强 p 沿流动方向均保持不变。而对于曲面，它们则沿物体表面发生变化：

$$U_e = U_e(x), \quad p = p_e = p_e(x)$$

其中,x 为沿物体表面的曲线坐标,而速度 U_e,p_e 可以通过边界层外理想流体运动的伯努利方程建立相应的联系:

$$p_e + \frac{1}{2}\rho U_e^2 = p + \frac{1}{2}\rho U_e^2 = C$$

在式中两边对 x 求导,得

$$\frac{\partial p}{\partial x} = \frac{dp}{dx} = -\rho U_e \frac{\partial U_e}{\partial x}$$

可见,当外部理想流加速时,边界层内部压强梯度为负值,表示压强减小,为减压过程;相反,当外部理想流减速时,内部为增压过程,即

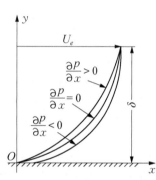

图 10.12 压强梯度对边界层速度分布的影响

$$\frac{\partial U_e}{\partial x} > 0 \text{ 时}, \frac{\partial p}{\partial x} < 0 \text{(减压或顺压)}$$

$$\frac{\partial U_e}{\partial x} < 0 \text{ 时}, \frac{\partial p}{\partial x} > 0 \text{(增压或逆压)}$$

因此曲面边界层中各物理量将决定于压强梯度。

压强梯度对层流边界层和湍流边界层的影响性质是一样的,即在减压过程中,沿垂直方向的速度分布较丰满,而在增压过程中,速度分布较瘦削,如图 10.12 所示。

通过实验测试比较平板边界层和回转体边界层的摩擦阻力系数结果后发现,两者的值较为接近,回转体的略高于平板的,边界层厚度在离前端 60% 体长上是基本一致的,原因是绕流速度相同时,在回转体表面上绝大部分区域的流速略高于平板的,因此 τ_0 将加大,从而增加了总的摩擦阻力。

2. 相当平板假设

为了计算曲面边界层的摩擦阻力和系数,引入相当平板假设:当曲面与平板的总长度 L、流体浸没表面积 S 以及来流速度 U 相同时,具有相同的摩擦阻力。

上述假设在计算船体摩擦阻力中得到成功应用。但考虑到曲面的影响,实际计算中需要做适当的修正,即

$$\begin{cases} C_f = K C_{f平板} \\ R_f = K C_{f平板} \cdot \frac{1}{2}\rho U^2 S \end{cases}$$

式中,K 为修正系数,对于舰船,它的数值与船体的长宽比(L/B)有关,具体如表 10.4 所示。

表 10.4 船体修正系数 K 与长宽比的关系

L/B	6	8	10	12
K	1.04	1.03	1.02	1.01

10.9 边界层分离及引起的阻力

1. 边界层分离定义

流体沿壁面流动过程中,边界层厚度逐渐加大,由于摩擦损失,使壁面近旁流体动能较主流区更为减少,如再加上流动存在正的压力梯度,则流体速度衰减更快,直到壁面处流体停止流动,甚至出现倒流,而主流则脱离开壁面流动,这种现象称边界层离体。

下面以图 10.13 表示的绕圆柱体流动来说明离体的原因,图中下半部分为理想流流情况,上半部分为考虑黏性影响的实际流动。

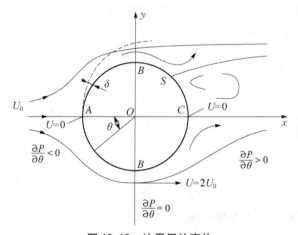

图 10.13 边界层的离体

对于下半部分对应的理想流体流动,在第 6 章中已作专门讨论,具体结果以表 10.5 的形式简要给出。

表 10.5 理想流体绕圆柱无环流流动

位置	速度	压力系数	能量转化
$A \rightarrow B$	$0 \rightarrow 2U_0$	$1 \sim -3$	压能→动能
$B \rightarrow C$	$2U_0 \rightarrow 0$	$-3 \sim 1$	动能→压能

从表中结果可见,在 $A \rightarrow B$ 的流动中,压强分布为顺压,使得流速加大;相反,在 $B \rightarrow C$ 流动中,压强为逆压,阻碍流体向前流动,但由于理想流体无能量损耗,使得流体动能可克服逆压引起的阻力,正好到达终点 C。

对于上半部分黏性流体绕流,自 A 点形成边界层,压强梯度变化与理想流体一样,为

$$\frac{\partial p}{\partial x}_{(A \rightarrow B)} < 0 \rightarrow \frac{\partial p}{\partial x}_{(B \rightarrow C)} > 0$$

但因黏性的存在,在 $B \rightarrow C$ 流动中,流体的惯性力不仅要克服流体黏性阻力而且还要克服由

逆压引起的阻力,在一定条件下,使流体无法继续向下游移动,在圆柱表面某点(图中 S 点)滞止不前,甚至出现倒流,在尾部形成旋涡区。S 点称为分离点。

2. 边界层分离条件

从边界层分离现象知,其分离的两个基本条件是:

(1) 黏性对速度有滞止作用。

(2) 流动方向与压强降相反,即存在逆压区。

只有上述两个条件同时存在时,流动才会产生离体现象。沿平板的流动没有压强降,所以没有离体;收缩管道内流动,由于流动方向与压强降的方向相同,也不产生离体;扩大管道内流动,由于流动的方向与压强降的方向相反,因而产生离体。

3. 边界层分离点的确定

下面将通过边界层特征来讨论流体分离过程。曲线坐标的薄边界层运动方程为

$$\begin{cases} v_x \dfrac{\partial v_x}{\partial x} + v_y \dfrac{\partial v_x}{\partial y} = -\dfrac{1}{\rho} \dfrac{\partial p}{\partial x} + \nu \dfrac{\partial^2 v_x}{\partial y^2} \\ \dfrac{\partial v_x}{\partial x} + \dfrac{\partial v_y}{\partial y} = 0 \end{cases}$$

在壁面 $y = 0$ 上,有

$$\begin{cases} v_x = 0, \ v_y = 0 \\ \mu \dfrac{\partial^2 v_x}{\partial y^2} = \dfrac{\partial p}{\partial x} \end{cases} \qquad y = 0$$

表明在壁面附近速度的曲线斜率取决于压强梯度。

边界层外缘 $y = \delta$ 处,有

$$\frac{\partial v_x}{\partial y} = 0, \frac{\partial^2 v_x}{\partial y^2} = 0 \quad y = \delta$$

(1) 顺压区 $\left(\dfrac{\partial p}{\partial x} < 0\right)$ 流动情况。在顺压区有

$$\frac{\partial p}{\partial x} < 0 \Rightarrow \frac{\partial^2 v_x}{\partial y^2}\bigg|_{y=0} < 0$$

表示 $\dfrac{\partial v_x}{\partial y}$ 为减函数,即在壁面附近,随 y 的增加而减小。

由于 $y = 0$ 处,$v_x = 0$;$y = \Delta y$ 处,$v_x > 0$,所以

$$\frac{\partial v_x}{\partial y}\bigg|_{y=0} > 0$$

由于在顺压区内速度分布是单调变化的,如图 10.14(a)所示,从而整个边界层内有

$$\frac{\partial v_x}{\partial y} > 0, \ 0 \leqslant y < \delta$$

在边界层内 $\dfrac{\partial v_x}{\partial y}\left(\dfrac{\partial v_x}{\partial y} > 0\right)$ 也是一条没有拐点的光滑曲线,如图 10.14(b)所示,相应

$\dfrac{\partial v_x^2}{\partial y^2}\left(\dfrac{\partial v_x^2}{\partial y^2}\leqslant 0\right)$ 的曲线也绘制在图 10.14(c) 中。

(2) 在逆压区 $\left(\dfrac{\partial p}{\partial x}>0\right)$ 流动情况。在逆压区有

$$\frac{\partial p}{\partial x}>0\Rightarrow\left.\frac{\partial^2 v_x}{\partial y^2}\right|_{y=0}>0$$

表示靠近壁面处，$\dfrac{\partial v_x}{\partial y}$ 为增函数，随 y 的增加而增加。

在 $y=0$ 处，$v_x=0$；$y=\Delta y$ 处，v_x 可能为正或负或零值；$y=\delta$ 处，$\dfrac{\partial v_x}{\partial y}=\dfrac{\partial^2 v_x}{\partial y^2}=0$。若 $v_x>0$，则 $\dfrac{\partial v_x}{\partial y}$ 在壁面附近 $(y\leqslant\Delta y)$ 随 y 增加而增加，即 $\dfrac{\partial v_x^2}{\partial y^2}>0$；而在 $(\Delta y\leqslant y\leqslant\delta)$ 区域，随 y 增加而减小直至为零，即 $\dfrac{\partial v_x^2}{\partial y^2}<0$。于是在 $0<y<\delta$ 范围内，必有 $\dfrac{\partial v_x^2}{\partial y^2}=0$，即 $v_x(y)$ 曲线出现了拐点，如图 10.15(a) 所示；如果 $\dfrac{\partial p}{\partial x}>0$ 的值进一步加大，使得 $y=\Delta y$ 处，可能出现 $v_x=0$ 情况（图 10.15 中虚线），$\left.\dfrac{\partial v_x}{\partial y}\right|_{y=0}=0$，表明已出现边界层分离，此点称为边界层分离点，用 S 表示。当压力梯度进一步加大，$\left.\dfrac{\partial v_x}{\partial y}\right|_{y=0}<0$，即出现逆流，如图 10.16 所示。$\left.\dfrac{\partial v_x}{\partial y}\right|_{y=0}>0$ 时，τ_0 为正，$\left.\dfrac{\partial v_x}{\partial y}\right|_{y=0}=0$ 时，$\tau_0=0$，因此分离点在 $\dfrac{\partial v_x}{\partial y}=0$ 或 $\tau_0=0$ 处。

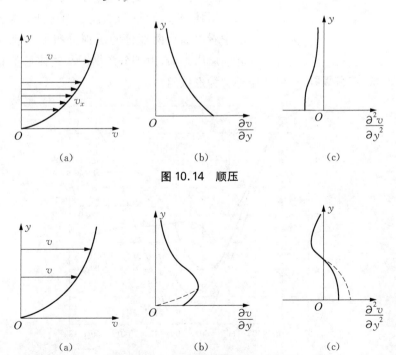

(a)　　　　　　(b)　　　　　　(c)

图 10.14　顺压

(a)　　　　　　(b)　　　　　　(c)

图 10.15　逆压（虚线为临界状态）

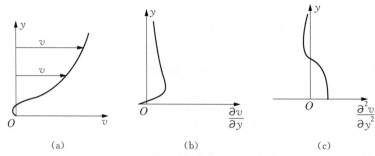

(a)   (b)   (c)

图 10.16　逆压区出现分离倒流

4. 分离引起的阻力——形状阻力

在离体点后面的边界层被破坏,边界层厚度急剧加大,前面的薄边界层理论已不再适用。离体后边界层边界外的速度和压强的分布也会发生变化。下面仍以绕圆柱体的流动为例,进一步讨论不同来流速度,即不同雷诺数情况下的流动分离特点以及引起的绕流阻力。

如果假定是层流边界层流动,并且认为边界层外缘的切向速度仍可由势流求得,即

$$U_e = 2U_\infty \sin\theta \tag{10.28}$$

式中,U_∞ 为入射流速度;θ 为角坐标,$\theta = 0$ 对应于圆柱表面上的前驻点(见图 10.17,这里的定义与第 6 章中圆柱绕流稍有差异,那里定义前驻点 $\theta = \pi$)。 这样,绕圆柱体流动大约在 $\theta = \pm 110°$ 处分离(Schlichting,1979)。但这与绕圆柱体层流边界层流动的实际情况不相符,测得的分离角大约为 $\theta = \pm 80°$。 这表明从无分离的势流理论得到的式(10.28)不能用来描述沿整个圆柱表面边界层外缘的速度场和压强分布,沿整个圆柱表面压强分布见图 10.18。从图中看出前后两部分的压强分布不再前后对称,从而引起前后压差力,由于分离情况与物体形状有关,故称这压差力为**形状阻力**。

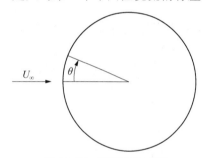

图 10.17　绕圆柱体流动

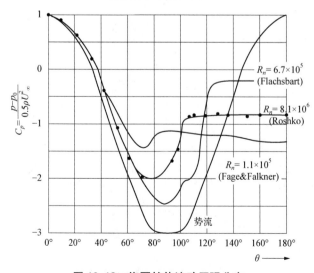

图 10.18　绕圆柱体流动压强分布

10.10 卡门涡街

流体流过物体,在结构后面形成的有规则的交错排列的旋涡组合称为卡门涡街。由于对其研究在船舶与海洋工程中具有重要的理论研究意义和工程应用价值,人们对其关注度越来越高,尤其体现在海洋结构物涡激振动领域中。早在 18 和 19 世纪就有学者开始对其特性加以研究,其中有 Strouhal (1878),Benard (1908)和 von Karman (1911)。

Benard 在 1908 年做圆柱体在流体中的运动实验,第一次发现圆柱体后面两侧分理出两排旋涡,它们两两间隔、旋转方向相反,旋涡间距不变,而两排涡列间距只与物体的线尺度有关,这就是有名的卡门涡街(见图 10.19)。

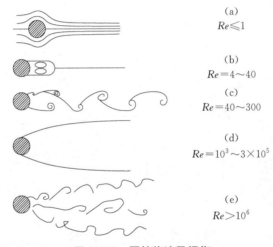

图 10.19 圆柱绕流及涡街

卡门涡街的发放会引起弹性物体的振动,而后者又会对前者发生反作用,形成了流体与弹性体的相互耦合运动,这成为了水弹性力学的重要研究内容之一。

通常用雷诺数和斯特洛哈数来表征绕物体流动的旋涡图形和旋涡的发放。在涡激振动研究中,还需引进折合速度或称约化速度(Reduced Velocity)和稳定参数(Stability Parameter)。

物体后面旋涡图形决定于物体速度和物体特征尺度和流体运动特性系数所组成的无因次量,即雷诺数。

$$Re = \frac{v_0 l}{\nu}$$

当物体为圆柱时,特征尺度取圆柱的直径 d。因此圆柱的雷诺数为

$$Re_d = \frac{v_0 d}{\nu}$$

只要雷诺数相同，便具有相同的旋涡图形。

当圆柱体在静止流体中运动，或者圆柱静止不动，流体从无限远处以某一速度流向圆柱体时，圆柱体后面将会出现旋涡。当 $Re_d < 40$ 时，产生依附在圆柱体上的对称旋涡（见图 10.19(a)）。给予外界扰动，也出现短暂的影响，但很快衰减，又恢复稳定的情况。$R_d > 40$ 时，柱体后面流体的流动出现不稳定，开始摆动，像鱼在游动时摆动尾巴一样（见图 10.19(b)）。以后在圆柱体后面一定距离处形成稳定的如图 10.19(c) 的涡街图形。在 $Re_d = 40 \sim 150$ 范围内，涡街的图形最清楚，最稳定。出现交错旋涡的稳定图形时，涡街的宽度与每列旋涡沿流向距离的比值将保持为 0.281。Re_d 继续增大时，涡街的图形逐渐消失，但仍具有周期性。当 Re_d 较大，周期性的振动就消失了，变为不规则的高频振动。当 Re_d 较大时，又会恢复周期性（见图 10.20）。

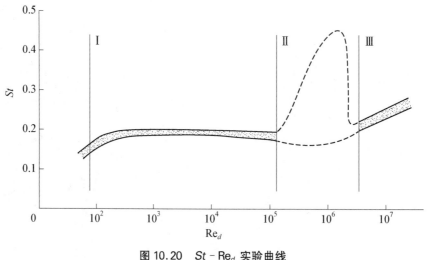

图 10.20　St - Re_d 实验曲线

圆柱体后面旋涡的发放频率与一无因次量有关

$$St = \frac{fd}{v_0}$$

这个无因次量称为斯特罗哈数，其物理意义将在相似理论章节中再作具体阐述。实验证明，斯特罗哈数由雷诺数所决定，图 10.20 为圆柱体的 St - Re_d 实验曲线（Lienhard，1966）。

从图 10.20 可以看出，旋涡的发放频率可以划分为四个阶段：

(1) Ⅰ 以前区间，$Re_d < 10^2$，St 直线上升，涡旋图形不稳定；

(2) Ⅰ 与 Ⅱ 的区间，$Re_d = 10^2 \sim 10^5$，St 近似地保持常数，其平均值为 $St \approx 0.2$

(3) Ⅱ 与 Ⅲ 的区间，周期性频率消失，但可以采用频谱来表示；

(4) Ⅲ 以后的区间，又恢复周期性，这时 $St \approx 0.3$。

涡旋周期性地脱离圆柱体，必将对圆柱体产生一个周期性的反作用力。对于卡门涡街，两列涡旋交错地、周期性地脱离圆柱体，不仅产生沿流向的周期性阻力，还将产生垂直于流向的周期性升力。因而圆柱体将产生沿流向和横向的两种振动。当涡街的发放频率接近于或等于圆柱体的自然振动频率时,将发生共振。产生共振的条件由下述无因次量所决定。

$$Vr = \frac{v_0}{nd}$$

这无因次量称为折合速度,其中 n 为自然振动频率。沿流向的激振现象产生于 $Vr = 2.8 \sim 3.2$,横向的激振现象产生于 $Vr = 6.5 \sim 8.0$。 这时涡街的发放频率与水流流速无关,而保持为常数等于圆柱体的自然频率。这种旋涡发放频率保持为常数的现象称为发放频率的锁定(Lock in)。

有关卡门涡街和涡激振动的详细理论和知识,可进一步参阅有关教材和文献。

10.11　圆柱与圆球绕流阻力

为了进一步说明边界层分离这一重要现象,本节将专门讨论无限长圆柱和圆球绕流,以便为计算海洋工程中有关圆柱结构,如张力腿、横撑、立柱、立管等的流场提供理论依据。

1. 圆柱绕流

图 10.21 为不同雷诺数下圆柱绕流图像。随着雷诺数的变化,圆柱绕流可以分为 5 个阶段

(1) 斯托克斯区($0 < Re \leqslant 4$)。 尾涡流动没有明显分离,上下游流动基本对称,圆柱尾涡尚未形成,黏性影响在圆柱四周广阔范围内[见图 10.21(a)]。

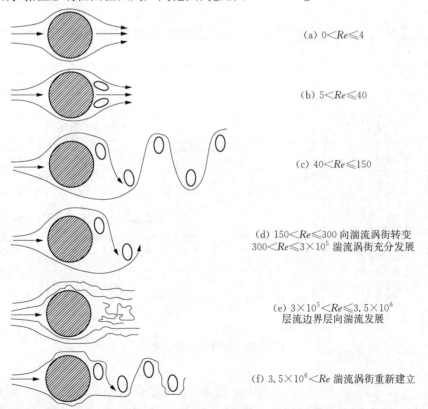

(a) $0 < Re \leqslant 4$

(b) $5 < Re \leqslant 40$

(c) $40 < Re \leqslant 150$

(d) $150 < Re \leqslant 300$ 向湍流涡街转变
$300 < Re \leqslant 3 \times 10^5$ 湍流涡街充分发展

(e) $3 \times 10^5 < Re \leqslant 3.5 \times 10^6$
层流边界层向湍流发展

(f) $3.5 \times 10^6 < Re$ 湍流涡街重新建立

图 10.21　不同雷诺数下圆柱绕流图像

（2）对称尾迹区（5＜Re≤40）。 流动分离,圆柱体后出现两个对称的旋涡,稳定吸附在圆柱体后部[见图10.21(b)]。

（3）卡门涡街区（40＜Re≤3×10^5）。 流动分离后,在圆柱体后形成卡门涡街。当40＜Re＜150时,在圆柱体两侧的涡对,开始周期性地交替离开圆柱体,离体后又在分离点后不断形成旋涡,周期性交替脱体的旋涡在尾迹中交叉排列,成为卡门涡街,并保持层流状态[见图10.21(c)];当150＜Re＜3×10^5时,涡街向湍流转变,Re＝300时,涡街在圆柱下游50D距离以外,出现完全湍流（见图10.21(d)）。在Re＝3×10^5附近,边界层内流动发生显著变化,一般将其定义为临界雷诺数（注:有文献取2.5×10^5,也有取3.5×10^5）。Re＜3×10^5时,这一区域叫做亚临界区。

（4）超临界区（3×10^5≤Re＜3.5×10^6）。 在超临界区,边界层分离点向后移动,涡旋区域变小,分离之前的边界层从层流转捩为湍流,逐渐不再能观察到规则的旋涡脱落[见图10.21(e)]。

（5）超高临界区（Re＞3.5×10^6）。 在超高临界区,湍流涡街又重新建立,尾迹中又出现周期性特征[见图10.21(f)]。

圆柱绕流的泻涡频率 f_{st} 或 St 数与 Re 的关系,已经在第5章有关卡门涡街内容中介绍,这里再给出圆柱绕流阻力系数 C_D 与 Re 的关系曲线（见图10.22）,其中 C_D 表达式为

$$C_D = \frac{F_D}{\frac{1}{2}\rho U_\infty^2 d}$$

式中,F_D 为单位长度圆柱受到的阻力;U_∞ 为来流速度;d 为圆柱直径;ρ 为流体密度。

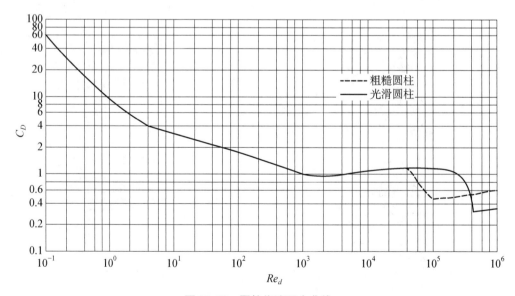

图 10.22　圆柱绕流阻力曲线

从图中可以看到,在 $Re＜10^3$ 范围内,随着 Re 数的增大,阻力系数 C_D 一直在减小,原因是流动状态为层流,类似平板层流流动,$C_D \propto (Re)^{-1/2}$,因此阻力与来流速度成正比。在

距离前驻点 $\theta=\pm80°$ 位置，层流边界层分离，产生分离后的涡流区，使该区域壁面处于低压区，作用于整个壁面的净压强差增大，导致阻力增大，两者相抵，C_D 不再减小，保持在 1～1.2 范围内，此时摩擦力对阻力不起主要作用，直到 $Re=3\times10^5$。Re 再增大时至 $2\times10^5<Re<5\times10^5$ 范围内，层流边界层尚未分离时，已经由层流转变为湍流。随后在 $\theta=\pm130°$ 位置出现湍流边界层分离，此时，由于净压强差引起的阻力增加不大，所以 C_D 急剧下降到 0.3 上下，此现象称为"失阻"。$Re>3.5\times10^6$ 后，湍流边界层分离点向前移到 $\theta=\pm103°$ 位置，于是 C_D 再度增大到 0.7 上下。图 10.23 给出了层流和湍流边界层情况下的流动图形和压强分布。

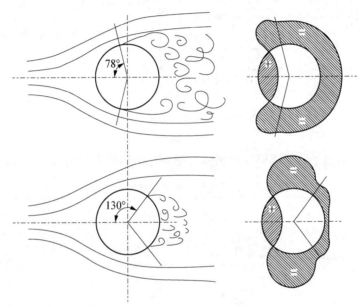

图 10.23　圆柱绕流的层流和湍流边界层

2. 圆球绕流

圆球绕流的流动现象以及 $C_D\sim Re$ 曲线与圆柱绕流相似。所不同的是圆球绕流时剥落下来的是一个接一个的螺旋形涡，而圆柱绕流剥落下来的是平面点涡，且形成卡门涡街。圆球绕流的 $C_D\sim Re$ 曲线见图 10.24，其临界雷诺数也为 $Re_{cr}=3\times10^5$。

在极低雷诺数时，斯托克斯通过求解 N-S 方程得到了解析解，其阻力系数为

$$C_D=\frac{24}{Re_d}$$

当 $Re\leqslant1$ 时，上式与实验值非常一致。现实生活经常遇到的粉尘、油滴、气泡等微粒在空气、烟气和水等流体中运动时，它们在运动中所受到的阻力可以近似用上式计算。

在图 10.24 的曲线中，$10<Re<10^5$ 的范围内，C_D 的近似公式为

$$C_D=\frac{10}{\sqrt{Re_d}}$$

$500<Re<2\times10^5$ 范围，阻力系数基本保持为 $C_D=0.44$。

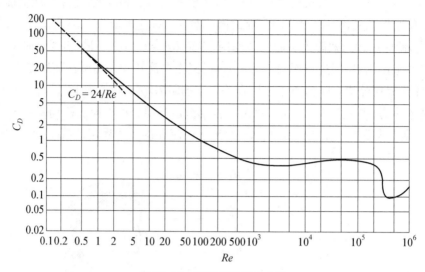

图 10.24　圆球绕流阻力曲线

最后表 10.6 给出了若干不同类型物体二维绕流的阻力系数的实验值,以供参考。

表 10.6　若干典型物体二维绕流阻力系数

二元物型		$Re = V_\infty d/\nu$	$C_D = D/\left(\dfrac{1}{2}\rho V_\infty^2 A\right)$
圆柱		$10^4 \sim 10^5$	1.2
半管		4×10^4	1.2
半管		4×10^4	2.3
方柱		3.5×10^4	2.0
平板		$10^4 \times 10^6$	1.98
椭柱	2:1	1×10^5	0.46
椭柱	8:1	2×10^5	**0.20**
三元物型		$Re = V_\infty d/\nu$	$C_D = D/\left(\dfrac{1}{2}\rho V_\infty^2 A\right)$
球		$10^4 \sim 10^5$	0.47
半球		$10^4 \sim 10^5$	0.42
半球		$10^4 \sim 10^5$	1.17
方块		$10^4 \sim 10^5$	1.05
方块		$10^4 \sim 10^5$	0.80
矩形板(长/宽=5)	宽	$10^3 \sim 10^5$	1.20

10.12　流动阻力及其减小办法

在前面各节已分别讨论了黏性流体流动阻力的两个部分：摩擦阻力和形状阻力。下面将进一步阐述这两种阻力产生的原因和变化规律，从而提出减小它们的方法。

1. 阻力成分

黏性阻力，或称型阻，包括摩擦阻力 R_f 和形状阻力 R_p 两部分。

1）R_f 是由于流体具有黏性，在物面形成边界层而形成的，计算办法 $R_f = C_f \cdot \dfrac{1}{2}\rho U_0^2 A_f$。

2）形状阻力 R_p：由于黏性存在，影响边界层（不管分离，不分离），造成流动方向上前后压力差不平衡而引起的。

流线型物体，虽没有边界层分离，但由于边界层排挤作用，在尾部 B 本是驻点的地方，不再成为驻点，从而压力形成了一个差，见图 10.25。

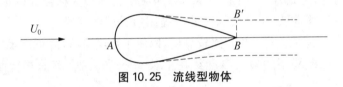

图 10.25　流线型物体

对于非流线型物体，边界层在尾部形成分离从而形成旋涡，从而造成尾部压力下降，在流动方向上形成了一压力差。

总黏性阻力：$R = R_f + R_p (C_f \cdot A_f + C_p \cdot A_p) \cdot \dfrac{\rho U_0^2}{2}$

测量整个物体表面上的压力分布，然后求出压力台力在物体运动方向上的投影，便可以计算出形状阻力。或者用实验方法来测定物体的黏性阻力，从中减去"相当平板"的摩擦阻力，也可以决定形状阻力的大小。

2. 黏性阻力减小办法

首先分析 R 与哪些因素有关，从阻力成分析知，

$$R = f\,(流动状态，流体密度，粗糙度，湿表面积等)$$

方法一：采用人工激流方法，以改变流动状态以降低黏压阻力。

当雷诺数大于某一临界值 Re_{xcr} 后，阻力突然急剧减小。许多非流线型物体都会发生类似的现象，称为阻力危机，这是因为雷诺数增大时，转变点前移。当转变点移至离体点前面时，边界层在离体前转变为湍流。湍流具有较丰满的速度分布，因此具有较大的动能，能够更好地克服压力的抵抗，将离体点推移向后，从而缩小旋涡区，降低形状阻力。圆球的黏性阻力绝大部分是形状阻力，所以当边界层的湍流区延长后，虽然增加了摩擦阻力，但却大大减小了形状阻力，所以黏性阻力还是减小了（解释高尔夫球表面粗糙原因）。

为使层流在小雷诺数时能够转变为湍流,可以在物体表面前部的层流区贴上沙纸或围以细铁丝,这样就会产生扰动,使流动状态提前转变。这种人为地促使层流提前转变为湍流的方法称为"人工激流",这在船模阻力中常用。

方法二:采用流线型物体,降低形状阻力 R_P。

采用流线型物体,可以有效避免边界层分离,从而起到降低形状阻力的作用。流线型物体的长宽比愈大,则压力梯度愈小,因而形状阻力愈小。但同时由于浸湿面积增加而摩擦阻力增加。所以有一个最理想的长宽比,这时摩擦阻力和形状阻力之和(即黏性阻力)为最小值。对于回转体,这个长宽比为 5～7。

在这里要注意,流线型物体仅是形状阻力较低而已。考虑到其他阻力时,物体可能采取其他形状。例如舰船为了减小兴波阻力,超音速飞机为了减小冲击波阻力等都采取首部尖锐的形状等等。

方法三:采用层流翼型以降低 R_f。

在采用流线型形状后,在黏性阻力中形状阻力所占的百分比大大降低,这时摩擦阻力便突出了。为了进一步减小黏性阻力便需要降低摩擦阻力。

在减压加速过程中,速度剖面比较丰满,层流边界层的稳定性可以提高,所以在物体最小压力点以前容易保持为层流。而最小压力点对应于物体最大横截面的地方,因此将物体最大横截面的位置后移,可以在更大的区域内提高边界层的稳定性,就有可能延长层流区,从而降低摩擦阻力。这种最大横截面比较靠后,以便延长层流区,降低摩擦阻力的翼剖面形状称为层流翼型。层流翼型的最大厚度约在全长 40～70％处(离前端),而普通翼型仅为 30％左右。

层流翼型可以将临界雷诺数提高至 $Re_{xcr} \approx 5 \times 10^6$。因此在 $Re_L \leqslant 10^7$ 时可以大大降低黏性阻力。当雷诺数很大时,层流翼型将失去作用,边界层基本上仍全部为湍流。另外层流翼型的加工和维护较困难,如果表面粗糙或沾污,都会引起扰动,边界层将会转变为湍流。

方法四:边界层控制

边界层控制的目的不仅是为了减小黏性阻力,还可以增大机翼的最大升力,以便进行机翼的操纵、增加船用舵的侧向力、增大增压器的效率和影响冲击波的状况等等。边界层控制的方法有如下几种:

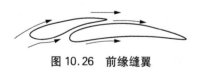

图 10.26　前缘缝翼

(1) 前缘缝翼:前缘缝翼(见图 10.26)是在机翼前面,和机翼之间有一条小隔缝的小机翼,这个隔缝由于进口宽,出口窄,流体经过它流向机翼的上表面时,流速增加,这样就能使上表面不发生离体,升力不致急剧下降,反而可以提高。前缘缝翼是挺高机翼(包括船用舵和水翼)最大升力较好方法之一。

(2) 抽吸作用:将边界层内迟滞下来的流体在离体前吸掉,流来新的、具有较大动能的流体,这样就有可能避免离体,从而降低形状阻力,同时将边界层内一部分流体抽吸后,改变了这里的速度分布,增加了流动的稳定性,延长层流区,从而减小摩擦阻力(见图 10.27)。

图 10.27　抽吸作用

（3）吹喷作用：利用某些设备自物体表面向后吹喷流体，可以增加边界层内流体的动能，从而防止或推迟边界层的离体。对于层流边界层，吹喷时引起扰动，使层流提前过渡为湍流，会增加摩擦阻力。对于湍流则全使边界层变厚，反而减小了摩擦阻力（见图 10.28）。

图 10.28　吹喷作用

（4）蒙皮作用：在物体表面上覆盖一层减震性能良好的橡皮，或覆盖一层薄的橡皮膜，膜内盛有减震油，这些材料可以吸收层流边界层内产生的扰动能量，使所产生的扰动衰减下来，不致发散而使流动状态转变为湍流。这样就可以延长层流区，从而减小摩擦阻力。

（5）聚合物溶液减阻作用

聚合物溶液（如聚氧化乙烯等）可以降低物体的摩擦阻力应该是肯定的。它的机理是什么？还不是很清楚的。但是能否降低形状阻力，可能与具体情况有关。溶液可以推迟湍流边界层的离体，却使层流边界层提前离体，所以可能减小前者的形状阻力，却增加后者的形状阻力。

习　题　10

1. 假设层流边界层中的速度分布为 $\dfrac{v_x}{U_0}=a\eta-b\eta^3+c\eta^4+d$，其中 $\eta=\dfrac{y}{\delta}$，a，b，c，d 为常数。试计算边界层的厚度及平板摩擦阻力系数。

2. 一平板顺流放置于均流中。今若将平板的长度增加一倍，试问平板所受的摩擦阻力将增加几倍（假设平板边界层内的流动为层流）。

3. 一平板置于流速为 $7.2\,\text{m/s}$ 的空气中，试分别计算在前缘 $0.3\,\text{m}$、$0.6\,\text{m}$、$1.2\,\text{m}$、$2.4\,\text{m}$ 处的边界层厚度。假设淡水水温为 $15\,℃$。

4. 一长为 $10\,\text{m}$ 的平板，水的流速为 $0.5\,\text{m/s}$。试判断平板边界层的流动状态。如为混合边界层，则转变点在何处？设 $x_{cr}/L\leqslant 5\%$ 时，称为湍流边界层。试分别确定这一平板为层流和湍流边界层时，水的流速应该为多少？假设淡水水温为 $15\,℃$。

5. 完全浸没在水中的一平板长为 $10\,\text{m}$，宽为 $2\,\text{m}$。设水流沿平板表面，且垂直于平板的长度，流速分别为：(1)$0.011\,45\,\text{m/s}$；(2)$1.6\,\text{m/s}$；(3)$6\,\text{m/s}$。试计算平板的摩擦阻力。假设淡水水温为 $15\,℃$。

6. 一长为 $50\,\text{m}$、浸水面积为 $469\,\text{m}^2$ 的船以 $15\,\text{m/s}$ 的速度在静水中航行，试求该船的摩擦阻力以及为克服此阻力所需要的功率。（设水的 $\nu=1.1\times10^{-6}\,\text{m}^2/\text{s}$，摩擦阻力可按同一长度的相当平板计算）。

7. 有一水滴形潜艇，其长 L 为 $134\,\text{m}$，宽 B 为 $11\,\text{m}$，吃水 T 为 $8\,\text{m}$，方形系数 C_B 为 0.50，水下最大航速 $35\,\text{kn}$（$1\,\text{kn}=0.5144\,\text{m/s}$）。试根据相当平板的概念计算在此航速下的摩擦阻力（设水的 $\nu=1.1\times10^{-6}\,\text{m}^2/\text{s}$）。潜艇湿表面积近似计算公式为
$$S=L\times(0.685\times T+4\times C_B\times B)$$

8. 潜艇潜望镜直径为 $20\,\text{cm}$，由于产生卡门涡街而引起振动，当航速为 $7\,\text{kn}$ 时振动最为强烈。求潜望镜的自振频率。

第1章 绪　　论

习题 1

1. $1.44\,N$，$0.216\,W$

2. $39.57\,N \cdot m$

3. $2.5 \times 10^8\,Pa$

第2章 流体静力学

习题 2

1. $p_4 > p_3 = p_2 > p_1$

2. $265.1\,kPa$

3. $88.263\,kN$，离底部 $1.5\,m$

4. $P = 23.470\,kN$，合力方向与水平夹角 $\theta = 19.92°$

5. $0.218\,m$

6. $a = 2g\left[\dfrac{h_2 - h_1}{l_1 + l_2}\right]$

7. $p = p_a - \rho g \dfrac{\omega^2 R^2}{2g}$

8. AB 段：$4.9\,kN$，距自由表面 $\dfrac{2}{3}$ m；BC 段：$13.3\,kN$，距自由表面 $1.386\,m$；CD 段：$33.5\,kN$，距自由表面 $2.414\,m$ 且在 CD 中点。

10. $\pi r^3\left(\dfrac{1}{8}\rho_1 g + \rho_2 g\right)$

第3章 流体运动学

习题 3

1. $a_x = 137$，$a_y = 72.5$ 或 $a = 155$

2. $x = -(t+1) + (a+1)e^t$，$y = -(t-1) + (b-1)e^{-t}$；$xy = ab$

3. $\begin{cases} x = (a+1)e^t - t - 1 \\ y = (b+1)e^t + t - 1 \\ z = c \end{cases}$; $\begin{cases} v_x = c_1 e^t - 1 \\ v_y = c_2 e^t + 1 \\ v_z = 0 \end{cases}$; $\begin{cases} v_x = x + t \\ v_y = y - t + 2 \\ v_z = 0 \end{cases}$; $\begin{cases} a_x = x + t + 1 \\ a_y = y - t + 1 \\ a_z = 0 \end{cases}$; 相同

4. 连续，$\psi = axy$，$xy = c$

5. $v_z = -yz^2 + c(x, y, t)$

7. (1) $v_x = 1$，$v_y = -1$；$a_x = a_y = 0$；$\varphi = x - y$。(2) $v_x = x$，$v_y = -y$；$a_x = x$，$a_y = y$；$\varphi = \frac{1}{2}(x^2 - y^2)$。(3) $v_x = -\frac{x}{y^2}$，$v_y = -\frac{1}{y}$；$a_x = -\frac{x}{y^4}$，$a_y = -\frac{1}{y^3}$；φ 不存在。(4) $v_x = 2y$，$v_y = -2x$；$a_x = -4x$，$a_y = -4y$；φ 不存在

8. $a = 39.6$，无旋，$\varepsilon_x = \varepsilon_y = \varepsilon_z = 0$，$\varepsilon_{xy} = z$，$\varepsilon_{xz} = y$，$\varepsilon_{yz} = x$

9. 是势流；$\varphi = x^3 - 3xy^2$

10. $\psi = a(x^2 - y^2)$，无旋，$x^2 - y^2 + 3 = 0$，$-18a$

第 4 章　理想流体动力学

习题 4

1. $v = \dfrac{A_2}{\sqrt{A_1^2 - A_2^2}} \sqrt{\dfrac{2\rho_m}{\rho} gh}$

3. $p_0 - \dfrac{2\rho}{r^2}$，ρ

4. $xy = 1$，$p_0 - \dfrac{\rho}{2}(x+y)^2$

5. $4.363 \times 10^4\,\text{Pa}$，$58.9\,\text{kn}$

6. $R = 456\,\text{N}$，$\alpha = 30°$

7. $1\,125\,\text{N}$，56.3%

9. $\rho Q \omega L^2 \sin^2 \alpha$

第 5 章　流体涡旋运动基本理论

习题 5

1. $18\pi/5$；10π；10π

2. 0；$\varGamma_0$；0；0

3. $\boldsymbol{\Omega} = \boldsymbol{i} + \boldsymbol{j} + \boldsymbol{k}$，$\begin{cases} x - y = c_1 \\ y - z = c_2 \end{cases}$；$1\,\text{mm}^2/\text{s}$；$\sqrt{3}\,\text{mm}^2/\text{s}$；$\sqrt{3}\,\text{mm}^2/\text{s}$

4. P 点：$v_x = v_y = 0$，$v_z = \dfrac{\varGamma}{2\pi l}$；$Q$ 点：$v_x = v_y = 0$，$v_z = \dfrac{\varGamma}{2\pi l}\left(1 + \dfrac{\sqrt{l^2 + d^2}}{d}\right)$；$R$ 点：

$v_x = v_y = 0$，$v_z = \dfrac{\varGamma}{2\pi l}\left(1 - \dfrac{\sqrt{l^2 + d^2}}{d}\right)$

5. $\xi_i^2 + \eta_i^2 = 1$，$i = 1, 4$

7. $v_\infty = \dfrac{\Gamma}{2\pi(2h)} = \dfrac{\Gamma}{4\pi h}$; $\dfrac{y}{h} + \ln\dfrac{x^2+(y-h)^2}{x^2+(y+h)^2} = C$

第6章 势流理论

习题6

1. $V_1 = \sqrt{u_1^2+v_1^2} = \dfrac{\sqrt{170}}{\pi} = 4.15(\text{m/s})$, $p_1 = 21\,\text{Pa}$; $V_2 = \sqrt{u_2^2+v_2^2} = \dfrac{\sqrt{260}}{\pi} = 5.13$ (m/s), $p_2 = 12.8\,\text{Pa}$

2. $\Gamma = 100\pi$; $20\,\text{m/s}$, $r\sin\theta + 5\ln\dfrac{r}{5} + 5 = 0$

3. $\theta_1 = -18.3°$, $\theta_2 = -198.3°$; $p_B = -1.0920\times10^5\,\text{Pa}$, $p_D = 1.6170\times10^5\,\text{Pa}$; $v_0 = 22.6\,\text{m/s}$

4. 0.272, $16.6\,\text{rpm/min}$

5. 匀速直线运动,0,0;点源、点汇和点涡组成,2π,-2π;绕圆柱横向流动,0,0

7. -6π,$12\rho\pi$

8. $v = \left(\dfrac{Q}{2\pi}\right)\dfrac{2b}{b^2+a^2}$; $v_{\max} = \dfrac{Q}{2\pi a}$,当 $\theta = \pm45°$

10. $\dfrac{1}{2}(\rho_水 + \rho_柱)\pi r_0^2 U^2$

11. $\rho\pi R^2 L l\Omega\left(\dfrac{G\Omega}{\rho g R^2 L} + \Omega + 2\omega\right)$

12. $F = (\rho+\sigma)\pi R^2 U_0$, $S = 2U_0$

第7章 水波理论

习题7

1. $21.65\,\text{m/s}$, $13.85\,\text{s}$

2. $625\,\text{m}$, $31.25\,\text{m/s}$

3. $25.45\,\text{m}$, $2.06\,\text{s}$

4. $41.32\,\text{m}$, $8.05\,\text{m/s}$

6. $d = (p_{\max}+p_{\min})/(2\rho g)$; $H = (p_{\max}-p_{\min})\text{ch}\,kd/(\rho g)$

第8章 黏性流体动力学

习题8

1. $3.55\times10^{-4}\,\text{m}^2/\text{s}$

2. $u = \dfrac{g\rho}{\mu}\left(yh - \dfrac{y^2}{2}\right)\sin\theta$; $p = p_a + \rho g(h-y)\cos\theta$

5. 层流,$153\,\text{m/s}$;湍流,$0.135\,\text{m/s}$;湍流,$0.514\,\text{m/s}$;湍流 $2.3\,\text{m/s}$

6. $1.7628\times10^4\,\text{Pa}$; $0.433\,\text{m/s}$

7. $1.47\times10^5\,\text{Pa}$, $3.06\,\text{Pa}$, $9.49\times10^{-5}\,\text{m}$; $1.66\times10^5\,\text{Pa}$, $3.46\,\text{Pa}$, $1.67\times10^{-4}\,\text{m}$

8. 0.004 1

9. 1.287 MPa

第 9 章　相似理论与量纲分析

习题 9

2. 0.417 m/s；1

3. (1) 水池中兴波阻力试验,1.71 m/s;水池中黏性阻力试验,355 m/s,这不可行。

(2) 风洞中兴波阻力试验不可能;黏性阻力试验,4535 m/s,也不可行。

4. 61 m/s；705.23 N

5. 1.876 m/s；282 kN(海水)或 275 kN(淡水)

6. $C_R = f\left(\dfrac{h}{l}, \alpha, Re, Eu, Fr\right)$

7. ① $C_R = f(Re, J)$；$J = \dfrac{U}{nD}$ ② 4.5 m/s；1 800 转/分；40 N ③ 40 N

8. 19.44 m/s, 51.321 kN, 997.692 kW

第 10 章　边界层理论

习题 10

1. $x\dfrac{5.83}{\sqrt{Re_x}}, \dfrac{1.372}{\sqrt{Re_L}}$

2. $\sqrt{2}$

3. 4.26 mm, 6.02 mm, 31.07 mm, 54.1 mm

4. 1.139 m；0.057 m/s, 1.139 m/s

5. 0.027 N；163.3 N；2.1 kN

6. 86 955 N, 1 304 kW

7. 872.538 kN

8. 3.6 Hz

参考文献

［1］ 许维德. 流体力学［M］. 北京：国防工业出版社，1989.

［2］ 张亮，李云波. 流体力学［M］. 哈尔滨：哈尔滨工程大学出版社，2006.

［3］ 周光垌，严宗毅，许世雄，等. 流体力学（上下册）［M］. 北京：高等教育出版社，2000.

［4］ 吴望一. 流体力学（上下册）［M］. 北京：北京大学出版社，1983.

［5］ 闻德荪，李兆年，黄正华. 工程流体力学（上下册）［M］. 北京：高等教育出版社，2004.

［6］ 刘岳元，冯铁城，刘应中. 水动力学基础［M］. 上海：上海交通大学出版社，1995.

［7］ 夏国泽. 船舶流体力学［M］. 湖北：华中科技大学出版社，2003.

［8］ 孔珑. 工程流体力学［M］. 北京：中国电力出版社，1992.

［9］ 朱仁庆，杨松林，杨大明. 实验流体力学［M］. 北京：国防工业出版社，2005.

［10］ 奚斌，闻建龙，朱仁庆. 水力学（工程流体力学）实验［M］. 北京：中国水利水电出版社，2007.

［11］ 朱之墀，王希麟. 流体力学理论例题与习题［M］. 北京：清华大学出版社，1986.

［12］ 潘文全. 工程流体力学［M］. 北京：清华大学出版社，1988.

［13］ 章梓雄，董曾南. 黏性流体力学［M］. 北京：清华大学出版社，1998.

［14］ 罗惕乾，程兆雪，谢永曜. 流体力学［M］. 北京：机械工业出版社，1999.

［15］ Faltinsen O M. Sea loads on ships and structures［M］. London：Cambridge University Press，1993.

［16］ 盛振邦，刘应中. 船舶原理（上下册）［M］. 上海：上海交通大学出版社，2003.